Le feuilleton de Thésée

테세우스 이야기
100편의 연속극으로 읽는 그리스 신화

작가 **뮈리엘 자크**는 프랑스 리옹에서 태어나 정치학과 근대문학을 전공하고, 파리 기자양성센터에서 공부했다. 이후 주간지 『레벤느망 뒤 죄디(L'Événement du jeudi)』 기자로 일했으며, 기록영화를 만들기도 했다. 현재 바야르 어린이 출판사에서 출간하는 월간지 편집장으로 활동하면서 여러 편의 단행본을 출간했다. 어린이를 위한 작품으로 『헤르메스 이야기: 100편의 연속극으로 읽는 그리스 신화』 『테세우스 이야기: 100편의 연속극으로 읽는 그리스 신화』 『율리시스 이야기: 100편의 연속극으로 읽는 그리스 신화』 『선생님은 세 번 울었다』 『이야기 나라의 어린이 여행 가이드』 『무거운 침묵』 『파업』 『늑대 루의 일곱 가지 이야기』 『폭발』 『레베카』 『엄마를 기다려요』 등이 있다.

삽화가 **레미 사이야르**는 프랑스 샹파뇰 태생으로 스트라스부르 예술장식학교를 졸업한 후 어린이책 그림작가로 활동하고 있다. 그의 책들은 바야르, 갈리마르, 밀란, 나탄 등 출판사에서 발행되었다.

옮긴이 **김희경**은 성심여자대학교(현 가톨릭대학교)에서 불어불문학을 전공했으며 프랑스 피카르디 대학에서 불어불문학 석사 및 박사 과정을 마쳤다. 현재 불어 전문 번역가로 활동하고 있다. 역서로 『뚱뚱해도 괜찮아!』 『어린이를 위한 갈리마르 생태환경교실』 『유치원에 처음 가는 날』 『미용사 레옹의 행복』 『소설가 줄리엣의 사랑』 『넌 누구니?』 『처음 그날부터』 『나는 나의 꿈이다』 『명작 스캔들』 『나의 첫 프랑스 자수』 『헤르메스 이야기: 100편의 연속극으로 읽는 그리스 신화』 『테세우스 이야기: 100편의 연속극으로 읽는 그리스 신화』 등이 있다.

Le Feuilleton de Thésée © Bayard Editions, 2011
© Murielle Szac & Rémi Saillard. Rights arranged by Sibylle Agency.
Korean translation © Esoope Publishing 2018.

이 책의 한국어판 저작권은 시빌 에이전시를 통해 바야르 출판사과 독점 계약한 도서출판 이숲에 있습니다.
저작권법에 의하여 한국 내에서 보호를 받는 저작물이므로 무단전재와 복제를 금합니다.

테세우스 이야기
100편의 연속극으로 읽는 그리스 신화

La mythologie grecque en cent épisodes

뮈리엘 자크 지음
레미 사이야르 그림
김희경 옮김

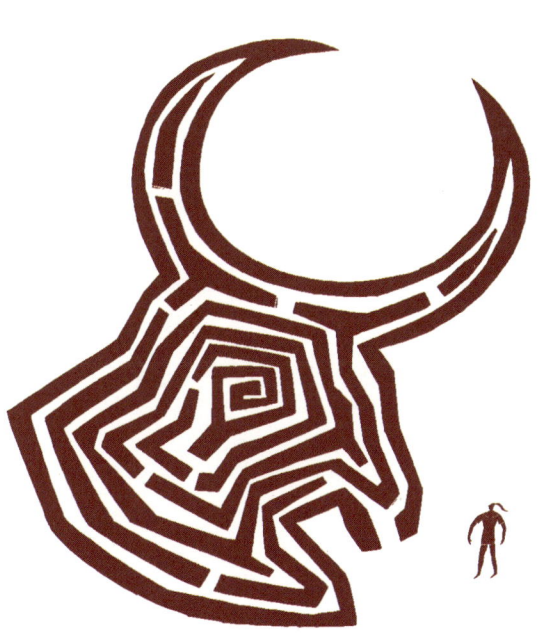

중도에 포기하지 않게 도와준 에스더에게,
나의 감시인 브뤼노에게 감사의 말을 전합니다.
신화에 대해 그토록 잘 알고,
신화의 내적 울림을 잘 이해했던
모리스 티트랑을 추모합니다.

뮈리엘 자크

미노타우로스, 라비린토스, 아리아드네의 실타래, 이카로스의 추락은 고대부터 인간의 환상적인 삶을 강조하는 매우 상징적인 이미지입니다. 우리는 『테세우스 이야기』를 읽으며 이런 이야기들을 상세히 알게 됩니다.

장난꾸러기 헤르메스*와 함께 신들의 세계를 여행할 수 있게 해줬던 뮈리엘 자크가 이번에는 여행의 동반자로 괴물 사냥꾼 테세우스를 선택했습니다.

우리는 아버지가 둘이나 있어도 홀어머니 손에서 자란 테세우스와 함께 아이게우스, 미노스, 다이달로스, 이카로스, 오이디푸스, 안티고네, 테이레시아스, 아리아드네, 파이드라 등 그리스 신화의 다양한 사건에 관련된 중요한 인물들을 만나게 됩니다. 성인이 된 그는 운명의 갈림길에서 여러 차례 중요한 선택을 하지만, 언제나 사사로운 이익을 절대 좇지 않고 모험을 계속합니다.

테세우스가 미노타우로스를 죽이고 나서 영웅으로서 아버지 아이게우스의 환영을 받아야 마땅한 순간에 흰색이 아니라 검은색 돛을 달아서 아버지를 죽게 한 까닭은 무엇일까요? 잠깐 잊었던 걸까요, 아니면 아버지 자리를 차지하고 싶었던 걸까요?

아테네의 왕이 된 그는 부족 간 전쟁을 막으려고 공동체들을 연합했습니다. 그리고 민주정치를 고안하고 노예 제도를 폐지하려 애썼습니다. 스승 코니다스의 가르침에 따라 따뜻하고 정의로운 도시국가를 건설했습니다. 바로 오이디푸스와 그의 딸 안티고네가 그 혜택을 받았죠.

드디어 용기뿐 아니라 결점도 있는 영웅이 등장했습니다. 위대해지려면 남을 배려해야 한다는 사실을 알려주는 영웅이 드디어 나타났습니다. 이러한 인생의 교훈은 우리 아이들 생각의 폭을 넓혀줄 것입니다. 또한 오랫동안 꾸준히 노력하지 않고는 성공할 수 없다는 사실을 알게 해주고, 복잡 미묘한 여러 선택을 서로 비교할 힘을 길러줄 것입니다. 테세우스는 행복을 거저 얻지 않았습니다. 고통과 실패를 이겨내고 스스로 행복을 하나하나 만들어갔습니다.

아이들의 성장을 도와주려면 아이들을 부추기는 모순된 욕망들에 관해 말하는 이 이야기들을 읽어주는 것보다 더 좋은 방법은 없을 것입니다. 소리 내어 읽어주는 이 이야기를 듣고 아이들은 감동하고 또 영원히 기억할 것입니다.

세르주 부아마르
교육심리학자
클로드 베르나르 연구소장

* 뮈리엘 자크의 『헤르메스 이야기, 100편의 연속극으로 읽는 그리스 신화』는 2017년 이숲 출판사에서 출간됐다.

차례

제1화　사자를 공격한 어린 테세우스　11
제2화　사촌 헤라클레스와 테세우스의 만남　14
제3화　테세우스의 롤모델 헤라클레스　17
제4화　헤라클레스의 다른 모습을 발견한 테세우스　19
제5화　테세우스 탄생의 비밀　21
제6화　전장에서의 이상한 귀환　24
제7화　드러난 제우스의 놀라운 부정행위　26
제8화　헤라의 질투심이 일으킨 재해　28
제9화　곧 태어날 두 아기　30
제10화　무시무시한 모이라이의 방해　33
제11화　불사의 존재가 된 헤라클레스　36
제12화　예언자 테이레시아스에게 도움을 요청한 코니다스　38
제13화　케리네이아의 암사슴을 포획한 헤라클레스　41
제14화　레르나의 히드라와 맞선 헤라클레스　44
제15화　살육을 부른 헤라클레스의 고집　47
제16화　매우 소중한 두 친구의 죽음　50
제17화　메가라와의 혼인　53
제18화　헤라의 가장 잔인한 복수　56
제19화　헤라클레스의 운명　58
제20화　헤라클레스의 열두 가지 과업　61
제21화　에리만토스의 멧돼지　64
제22화　스팀팔로스 호수의 새들　67
제23화　아우게이아스의 마구간 청소　70
제24화　육식 암말　73
제25화　혼자 모험을 떠난 헤라클레스　76
제26화　테세우스의 아버지　78
제27화　테세우스의 첫 번째 모험　82
제28화　영웅적인 전설을 만드는 테세우스　85
제29화　무서운 스키론과 대적하는 테세우스　88
제30화　아테네로 향하며 맞이한 또 다른 싸움　91
제31화　아테네에 도착한 테세우스　94
제32화　가공할 적과 대치한 테세우스　96
제33화　마라톤의 괴물 황소　99
제34화　헤라클레스와 황소의 싸움　102

제35화 테세우스와 마라톤의 황소의 싸움　105
제36화 메데이아의 음모에서 벗어난 테세우스　108
제37화 아테네에 내려진 끔찍한 저주　111
제38화 위험한 여행을 시작한 테세우스　114
제39화 신뢰할 수 있는 지지자를 만남　117
제40화 라비린토스에서 나오는 방법을 찾은 아리아드네　120
제41화 라비린토스에 간 테세우스　122
제42화 미노타우로스와의 대결　125
제43화 라비린토스의 저주　128
제44화 영원히 크레타섬을 떠나는 아리아드네　130
제45화 절망에 빠진 아리아드네　133
제46화 아리아드네의 장례를 치른 테세우스　135
제47화 미노스의 분노　138
제48화 다이달로스의 발명의 증거　141
제49화 이카로스의 추락　143
제50화 마침내 아테네로 돌아간 테세우스　145
제51화 아테네의 왕이 된 테세우스의 민주정치　148
제52화 헤라클레스와 테세우스의 재회　151
제53화 아마조네스의 여왕에 관한 진실　154
제54화 다이달로스와 미노스 왕의 재회　157
제55화 사라진 미노스와 불량배 같은 헤라클레스의 동료들　160
제56화 세간의 이목을 끄는 소송에 휘말린 게리온의 황소들　162
제57화 아테네에 도착한 이상한 남녀　165
제58화 나쁜 운명을 갖고 태어난 아기　168
제59화 오이디푸스라 불리는 아이　171
제60화 오이디푸스의 부모　173
제61화 오이디푸스에 관한 델포이의 신탁　175
제62화 자신도 모르게 신탁의 일부를 이행한 오이디푸스　178
제63화 스핑크스에게 승리한 오이디푸스　180
제64화 테바이에 창궐한 페스트　183
제65화 라이오스 왕을 살해한 자　185
제66화 라이오스의 늙은 하인　188
제67화 아버지의 죽음과 출생의 비밀을 알게 된 오이디푸스　190
제68화 끔찍한 진실　193

제69화	오이디푸스가 자신에게 가한 끔찍한 벌	195
제70화	오랜 방랑의 끝	197
제71화	안티고네와 오빠 에테오클레스의 만남	200
제72화	오이디푸스의 죽음	202
제73화	저주받은 테바이로 돌아간 테세우스	204
제74화	안티고네	206
제75화	이상한 전투로 맞선 두 형제	209
제76화	어떠한 희생을 치르더라도 자신의 의무를 다하는 안티고네	212
제77화	영원히 테바이를 떠나는 테세우스	215
제78화	사랑에 빠진 테세우스	218
제79화	삶의 보상	220
제80화	아마조네스와의 전쟁	223
제81화	올림픽 경기	226
제82화	소중한 친구와의 만남	229
제83화	삶의 의지를 되찾은 테세우스	231
제84화	테세우스의 재혼	234
제85화	비밀스러운 파이드라의 생각	236
제86화	서로 상처를 입힌 파이드라와 히폴리토스	239
제87화	포세이돈의 분노	242
제88화	테세우스의 어리석은 내기	245
제89화	코니다스에게 도움을 청한 테세우스	247
제90화	저승에 간 테세우스	250
제91화	하데스를 분노케 한 테세우스	252
제92화	저승을 찾아온 뜻밖의 손님들	254
제93화	헤라클레스의 도움	257
제94화	헤라클레스의 마지막 과업	260
제95화	데이아네이라를 소개받은 테세우스	262
제96화	이올라오스와 테세우스의 재회	264
제97화	프로메테우스와 아틀라스를 풀어준 헤라클레스	267
제98화	헤스페리데스의 사과 세 개를 얻은 헤라클레스	270
제99화	헤라클레스에게 닥친 끔찍한 일	274
제100화	영웅의 죽음과 신의 탄생	277

사자를 공격한 어린 테세우스

어린 테세우스가 할아버지 피테우스의 궁전을 빠져나왔을 때 날이 막 밝아오고 있었습니다. 아이는 샌들을 손에 든 채 맨발로 아무렇지도 않게 자갈길을 달렸습니다. 해가 중천에 뜨기 전에 어서 절벽까지 가려고 서둘렀죠. 이른 아침 선선한 공기와 빠른 걸음으로 뺨이 불그레해졌습니다. 그리고 불과 몇 분 만에 절벽 꼭대기에 올라 바다를 굽어봤습니다. 그렇게 아이는 절벽 위에 서서 춤추는 물결을 내려다보기를 좋아했죠. 파도는 한 번도 같은 색인 적이 없었고, 모양도 늘 달랐습니다. 한 무리의 돌고래, 날아가는 갈매기, 해변으로 떠밀려온 것들이 모두 황홀하기만 했습니다.

하지만 이른 새벽에 절벽에 오른 테세우스는 무언가 다른 것을 기다리고 있었습니다. 아이는 마치 누군가의 부름을 받기라도 한 것처럼 바다에 오지 않고는 못 배겼습니다. 이렇게 새벽마다 바다를 보러 오는 것은 언제부터였을까요? 그것은 몇 달 전 일곱 살 생일부터였습니다.

그날 아이는 궁전 조리실에서 하녀 세 명이 자기 생일상을 준비하며 나누는 이야기를 듣고 깜짝 놀랐습니다. 한 하녀가 물었습니다. "너희, 어린 테세우스의 아버지가 누군지 알아?" 아버지가 누군지 몰랐던 테세우스는 식탁 아래에 숨어 귀를 기울였습니다. 다른 하녀가 대답했습니다. "아테네의 왕 아이게우스래." 그

러자 세 번째 하녀가 속삭였습니다. "말도 안 돼! 바다의 신 포세이돈이라던데!" 테세우스는 이 말을 듣고 놀라 식탁 다리에 몸을 부딪치며 요란한 소리를 냈습니다. 다행히 그 순간 살찐 고양이가 생선 접시를 덮쳐 하녀들의 주의를 그쪽으로 돌리는 바람에 들키진 않았습니다. 그러나 슬그머니 자리를 떠난 뒤에도 조금 전 알게 된 사실로 테세우스는 몹시 혼란스러웠습니다. 바다의 신 포세이돈이 아버지일 수도 있다니!
그날 이후 매일 아침 아이는 바다의 부름에 따랐습니다. 아니, 바다가 불러주기를 바랐습니다.

하지만 이제 희망하며 기다리는 것만으로는 만족할 수 없었습니다. 그날 아침, 아이는 미간을 찌푸리고 수평선을 주의 깊게 살펴봤습니다. 할아버지가 특별한 손님을 기다리고 계시다는 걸 알고 있었으니까요. 그 손님은 바로 위대한 영웅 헤라클레스였습니다. 그리스에서 그의 모험담을 모르는 사람은 아무도 없었습니다. 테세우스는 헤라클레스를 직접 보고 싶었습니다. 수평선에 그를 태운 배의 돛이 보이자 아이가 소리쳤습니다. "그분이 오셨어요, 헤라클레스 사촌!" 흥분한 아이가 기쁜 소식을 알리려고 급히 궁으로 달려갔습니다.

하지만 궁에서는 나쁜 소식이 기다리고 있었습니다. 어머니 아이트라가 팔짱을 끼고 아들 방 앞에서 기다리고 있었습니다. 테세우스는 어머니의 표정만 봐도 화가 났다는 걸 금세 알 수 있었습니다. 평소의 다정한 모습은 사라지고 눈살을 찌푸린 채 입을 꼭 다물고 있었습니다. 어머니가 꾸짖었습니다. "이렇게 이른 아침부터 대체 어디 갔던 거야? 네가 새벽에 나가도 좋다고 누가 허락했지? 걱정했잖아!" 아들이 중얼거렸습니다. "엄마, 헤라클레스를 만나고 싶어서 참을 수가 없었어요." "그래서 엄마 말을 거역했다고? 내 허락 없이 혼자서 밖에 나가지 말라고 했지? 내 말을 어겼으니 벌을 받아야겠다. 온종일 코니다스 선생님과 함께 네 방에서 나오지 말아라." 벌은 너무나 가혹했습니다.

아침 내내 헤라클레스를 맞이하는 사람들의 흥겨운 목소리가 벌을 받고 있는 아이의 귓가에 맴돌았습니다. 테세우스가 좋아하는 스승 코니다스조차 웃게 할 수 없었습니다. 처음에 테세우스는 어머니가 곧 용서해주시리라 믿었습니다. 하지만 어머니는 돌아오지 않았습니다. 시간이 흐를수록 아이의 슬픔은 분노로 변했습니다. '어떻게 이럴 수 있지? 그리스에서 가장 위대한 영웅이 우리 집에 와 있는데 만날 수조차 없다고? 이건 너무해!'

오후가 되고 날이 따뜻해지자 코니다스는 몰려오는 졸음을 이기지 못했습니다. 테세우스는 스승이 잠든 틈을 타서 몰래 방에서 빠져나왔습니다. 스승이 낮잠을 자는 동안 헤라클레스를 보고 싶었던 거죠. 테세우스가 연회장으로 들어가는데 갑자기 겁에 질린 아이들이 소리를 지르며 뛰쳐나왔습니다. 깜짝 놀라 연회장 안을 들여다보니 입을 한껏 벌린 채 무시무시한 이빨을 드러낸 커다란 사자가 문을 가로막고 엎드려 있었습니다. 아이는 사자의 머리가 그토록 크고 이빨이 그토록 날카로우리라고는 상상조차 하지 못했습니다. 다리가 후들거렸지만 용기를 내며 '난 일곱 살밖에 되지 않았지만 테세우스가 누군지 세상에 보여주겠어.'라고 다짐했습니다. 아이는 벽에 걸려 있던 도끼를 들고 큰 소리로 고함을 지르며 사자에게 달려들었습니다. 어린 테세우스는 사자에게 잡아먹혔을까요?'

- 다음 편에 계속

사촌 헤라클레스와 테세우스의 만남

전편 요약 : 겨우 일곱 살짜리 테세우스가 도끼를 들고 커다란 사자와 홀로 맞섰습니다.

사자는 도끼를 들고 다가오는 테세우스를 보면서도 꿈쩍하지 않았습니다. 입을 크게 벌리고 위협했지만 포효하지는 않았습니다. 아이가 맹수를 공격하려는 순간, 조금 전 아이들의 비명과 도와달라는 외침을 들은 남자 셋이 연회장에 들이닥쳤습니다. 하지만 그들은 맹수에게 달려들기는커녕 오히려 유쾌하게 웃음을 터트렸습니다. 그리고 그들 중 덩치가 큰 근육질 남자가 테세우스가 들고 있던 도끼를 빼앗아 허공으로 던지며 큰 소리로 말했습니다. "이봐 친구, 그만하지. 그러다가 내 망토를 망가트리겠어!" 그는 몸을 숙여 마치 아기 고양이라도 다루듯이 사자의 목덜미를 잡아 어깨에 걸치고 머리를 두건처럼 자기 머리에 썼습니다. 이 멋진 남자는 분명히 헤라클레스였습니다! 그리고 사자는 살아 있는 동물이 아니라 털가죽일 뿐이었습니다! 그래서 아이들이 겁에 질려 비명을 질러도 남자들은 호탕하게 웃었던 것이죠!

그때 테세우스의 어머니 아이트라가 연회장에 나타났습니다. 그녀가 소리쳤습니다. "테세우스, 또 내 말을 거역하고 방 밖으로 나왔구나. 네 방에서 나오지 말라고 분명히 말했잖니!" 당황한 테세우스가 고개를 숙였습니다. 그러자 헤라클레스가 한 걸음 앞으로 나오며 말했습니다. "네가 테세우스냐? 네가 내 사촌 동생이야? 이렇게 용감한 소년을 알게 돼서 기쁘구나. 정말이야." 그러더니 아이트라를 향해 돌아서서 조금 전 일을 설명했습니다. 내색하지는 않았지만, 아들이 용감하다는 칭찬을 듣고 기분이 좋아진 아이트라는 마음이 누그러져 테세우스에게 헤라클레스 곁에 있어도 좋다고 했습니다.

테세우스는 영웅에게서 눈을 떼지 않았습니다. 그는 어깨까지 내려오는 곱슬곱슬한 머리카락을 그러모아 목 뒤에서 흰 끈으로 묶었고 이마가 시원하게 드러나 있었습니다. 아직 젊었지만 지금까지 살아온 험한 여정의 흔적이 그의 길고 잘생긴 얼굴에 그대로 새겨져 있었습니다. 테세우스는 특히 그의 근육에 매료됐습니다. 흰 토가를 걸쳤지만 그 밑에 숨어 있는 온몸의 근육을 짐작할 수 있었습니다. 헤라클레스는 방석에

앉아 아이에게 곁으로 오라고 손짓했습니다. 테세우스가 물었습니다. "그 사자 가죽은 어디서 구했어요?" 그 말에 헤라클레스가 큰 소리로 웃으며 말했습니다. "구한 게 아니라 사자와 싸워 얻은 거란다! 어떻게 싸웠는지 말해줄까?" 궁금해서 눈동자를 반짝이는 아이를 내려다보며 헤라클레스가 이야기를 시작했습니다. "내가 열여덟 살 때 네메아[1]를 공포의 도가니로 만든 거대한 사자에 관해 알게 됐단다. 그 사자는 그곳 주민과 동물을 마구 잡아먹었는데, 누구도 싸워 이기지 못했지. 그래서 내가 그 살육을 막기로 했어. 그 사자가 사는 동굴로 들어가면서 아주 큰 짐승이 들어 있으리라고 짐작은 했지만 그 정도로 덩치가 클 줄은 상상하지 못했어. 진짜 괴물이었지! 거대한 송곳니가 주둥이 밖으로 튀어나와 있었어. 발톱은 바위처럼 단단하고 칼날처럼 날카로웠어. 어떻게 해야 할까? 가지고 있던 화살을 모두 쐈지만, 사자 온몸을 둘러싼 두꺼운 가죽을 뚫지 못했어. 어찌나 단단한지 마치 갑옷 같았단다.

그래서 내 묵직한 몽둥이로 사자의 머리통을 후려쳤어. 그런데 테세우스, 믿을 수 없는 일이 일어났어. 그 짐승이 큰 소리로 으르렁거리자 그 바람에 몽둥이가 산산조각 났단다. 난 무기도 없으니 어떡하면 좋을지 알 수 없었어. 사자는 송곳니를 내밀고 나를 향해 다가왔지. 그래서 나는 재빨리 뒤로 돌아가 있는 힘을 다해 사자의 목을 죄고 죄고 또 죄었지." 헤라클레스가 이야기를 멈추고 아이를 내려다봤습니다. 그리고 그의 말을 한 마디도 놓치지 않고 듣고 있는 아이를 자극하려고 팔에 힘을 줘서 불끈불끈 움직이는 근육을 보여줬습니다. 그리고 이야기를 계속했습니다. "사자가 뒷발로 서서 울부짖으며 몸부림쳤어. 사자가 몸부림칠수록 나는 더 세게 목을 조였지. 그렇게 내 팔 힘만으로 사자를 목 졸라 죽였지. 그런데 가죽을 벗기려니 난감했어. 어찌나 단단한지 칼도 들어가지 않았거든. 그래서 무섭게 생긴 발톱을 뽑아서 칼 대신 사용했어. 그 사자 가죽을 뚫을 수 있는 건 그것밖에 없었던 거야. 알겠니? 용감한 내 어린 사촌. 난 이 망토를 그렇게 만들었단다." 헤라클레스는 자신의 모험담을 이야기하는 게 즐거워 보였습니다.

테세우스는 사촌 형의 이야기에 열광하며 감탄했습니다. "형은 이 지구상에서 가장 강한 사람이에요! 나도 어떻게든 커서 형처럼 될 거예요. 맹세해요!"

– 다음 편에 계속

1) Nemea. 펠로폰네소스 반도와 중부 그리스를 연결하는 교통로에 있는 지역이다. 제우스의 성지로 올림피아, 델포이, 이스트모스와 더불어 그리스 4대 제전이 열리던 곳이다. 역주.

제3화
테세우스의 롤모델 헤라클레스

전편 요약 : 헤라클레스는 테세우스에게 네메아의 무시무시한 사자를 맨손으로 목 졸라 죽인 이야기를 들려줬습니다.

헤라클레스는 테세우스의 할아버지인 피테우스의 궁전에서 며칠 묵었습니다. 테세우스는 헤라클레스를 쫓아다녔지만 늘 영웅을 숭배하는 사람들, 특히 여인들에게 둘러싸여 있었기에 접근하기 어려웠습니다. 가끔은 헤라클레스가 테세우스를 알아보고 몸짓으로 인사를 건네기도 했습니다. 그래도 저녁나절에 사촌 형에게 다가가는 데 성공할 때도 있었습니다. 그렇게 형의 모험담을 들으며 상상의 나래를 펴곤 했죠. 헤라클레스를 흠모하게 된 테세우스는 이 영웅의 삶을 본받기로 굳게 마음먹었습니다.

테세우스는 헤라클레스가 떠난 뒤에도 오랫동안 그의 이야기만 했습니다. 그를 롤모델로 삼고, 심지어 그의 걸음걸이까지 흉내 냈습니다. 결국 그런 행동은 스승 코니다스의 심기를 거슬렀습니다.

테세우스는 겁이 없었지만, 코니다스가 화낼 때만은 몹시 두려워했습니다. 코니다스는 테세우스의 교육을 책임졌고, 테세우스는 그를 무척 따랐습니다. 눈동자와 머리 색이 밝고 낯빛이 창백한 코니다스는 젊은이였습니다. 환한 얼굴에 미소가 온화해서 궁전 여인들은 모두 그를 좋아했죠. 하지만 코니다스는 그런 데 전혀 관심이 없었고, 오로지 지식만을 사랑했습니다. 낮에는 테세우스를 가르쳤고, 밤에는 연구에 몰두했습니다. 그렇게 해서 매우 박식한 학자가 됐습니다. 그는 천체의 운행, 식물의 약효, 동식물의 이름 등을 훤히 알고 있었습니다. 그중에서도 테세우스가 가장 동경한 점은 그가 시에 해박하며 놀라운 이야기도 많이 알고 있다는 사실이었습니다. 코니다스는 엄격하지만 공정했습니다. 아버지 없이 자란 테세우스에게 코니다스는 누구와도 바꿀 수 없는 귀중한 존재였습니다. 코니다스가 낮잠 자는 틈을 타서 테세우스가 슬그머니 밖으로 달아나자 스승은 제자에게 약간의 배신감을 느꼈습니다. 그래서 한동안 테세우스에게 냉정하게 대했습니다. 그것은 남의 신뢰를 배반해서는 안 된다는 걸 가르치려는 코니다스 나름의 교육법이었습니다. 그는 특히 테세우스가 헤라클레스의 모험에 열광하는 것이 마음에 들지 않았습니다.

매일 아침 해가 뜨면 테세우스는 체육관으로 훈련하러 갔습니다. 바다를 보러 가는 것도 잊고 근육을 만드는 데만 신경 썼습니다. 보통 때는 혹시라도 코니다스가 시 낭송을 잊은 채 수업을 마치면 테세우스가 해달라고 조르곤 했는데, 이제 테세우스는 숙제가 끝나자마자 오직 운동하러 가기 바빴습니다.

어느 날 나라에서 가장 훌륭한 선생님이 궁전에 왔습니다. 그리스의 모든 영웅과 왕자를 길러낸 연로한 켄타우로스 케이론이었습니다. 케이론은 코니다스를 높이 평가했고, 코니다스는 케이론을 존경했습니다. 두 사람은 오래도록 함께 이야기를 나눴습니다.

켄타우로스를 한 번도 본 적이 없었던 테세우스는 케이론을 보고 깜짝 놀랐습니다. 다른 켄타우로스처럼 케이론도 하체는 말이었고, 상체와 머리는 인간이었습니다. 케이론은 테세우스를 자세히 관찰했습니다. 실제로 그는 자기 제자에 관해 조언해달라는 코니다스의 부탁을 받고 온 참이었습니다. 며칠간 테세우스를 관찰한 케이론이 마침내 코니다스에게 말했습니다. "자네가 제자를 이미 훌륭하게 가르쳤군. 어린 테세우스가 바르게 자랐어. 패기 있고, 용맹하고, 성실해. 아주 좋아. 명예욕도 조절만 잘한다면 나쁘지 않아." 잠시 침묵이 흘렀습니다. 코니다스는 노스승이 말을 잇기를 기다렸습니다. "다행히도 난 최근에 아킬레스라는 아이를 가르쳤다네. 이 왕자는 지혜로우면서도 겸손해서 내가 특히 사랑한다네. 그런데 자네도 잘 알다시피 애석하게도 헤라클레스는 그렇지 않았어. 그는 난폭성을 조절하지도 못하고, 자제할 줄도 모르지." 케이론은 화가 난 듯 바닥에 침을 뱉으며 험하게 말했습니다. "그가 세상에서 가장 힘센 사람인지는 모르겠으나 머리는 참새보다 더 나쁠 거야!"

두 스승이 대화하는 방에 테세우스가 나타났습니다. 케이론의 마지막 말만을 들은 아이는 그가 침까지 뱉으며 누군가를 경멸하는 모습을 보고 어안이 벙벙했습니다. 케이론이 그토록 험담한 사람은 대체 누구일까요?

- 다음 편에 계속

제4화
헤라클레스의 다른 모습을 발견한 테세우스

전편 요약 : 테세우스가 헤라클레스만큼 강해지겠다는 생각만 하자 코니다스는 켄타우로스 케이론을 불렀습니다. 그는 헤라클레스를 짐승 같은 무뇌아로 취급하며 경멸했습니다.

케이론이 헤라클레스의 난폭함을 경멸하는 말을 하는 순간, 어린 소년과 테세우스가 방으로 들어왔습니다. 뺨이 벌겋게 부어오른 아이가 울고 있었습니다. 코니다스는 어떤 상황인지 이해할 수 있었습니다. 테세우스가 그 아이의 뺨을 때렸던 것이죠. 테세우스가 정색하며 설명했습니다. "얘, 너무 짜증 나요. 정말 짜증이 나서 저도 모르게 손이 올라갔어요." 테세우스가 누군가를 때린 것은 처음이었습니다. 코니다스는 자신의 제자가, 그것도 케이론 앞에서 그런 행동을 했다는 것이 수치스러웠습니다. 하지만 그가 화를 내기 전에 케이론이 먼저 말했습니다. "잘했군, 잘했어. 축하한다! 넌 네 우상인 헤라클레스와 똑같구나. 계속 그렇게 난폭하게 힘자랑만 한다면 네 영웅과 완전 똑같아지겠는걸."

테세우스는 화가 나면서 기분이 상했습니다. 그는 도움을 바라며 코니다스를 바라보았지만 스승은 아무 말 없이 그를 더욱 엄하게 바라봤습니다. 테세우스가 화를 냈습니다. "도대체 왜 그렇게 우리 형 헤라클레스를 싫어하시는 거죠? 그는 그리스에서 가장 위대한 영웅이에요. 그는 용기도 있고 초인적인 힘을 가지고 있어요!" 아이는 화를 내며 얼굴을 붉혔습니다. 두 스승이 마주 보더니, 이번에는 코니다스가 대답했습니다. "네 사촌에 대해선 나도 잘 알지. 실제로 그가 어떤 사람인지 얘기해주마. 나는 그와 그의 쌍둥이 동생 이피클레스와 함께 자랐어. 내가 여덟 살이 많았지만, 우리는 자주 어울렸지. 그의 동생은 온화하고 수더분한 반면, 헤라클레스는 성을 잘 내고 변덕이 심했지. 하인들은 그가 화를 낼까 봐 전전긍긍했어. 그에게 반대하거나 '아니' 혹은 '조금 있다가'라는 말만 해도 그는 불같이 화를 냈고, 그런 그를 아무도 진정시킬 수 없었단다. 하지만 심술궂은 아이는 아니었어. 팔을 비틀거나 때려서 우리를 울렸다가도 화가 가라앉으면 곧바로 사과했지. 우리를 발로 차거나 주먹질한 것에 대해 진심으로 마음 아파하며 무릎 꿇고 사과했어. 그때는 그의 매력이 통했어. 나도 좋은 마음으로 그를 용서하곤 했단다. 하지만 다음 날이면 그의 폭력은 반복됐어.

그가 저지른 끔찍한 행동 때문에 그에 대한 짜증이 혐오로 바뀌었단다."

코니다스가 잠시 말을 멈췄습니다. 고통스러운 추억이 떠오르는 듯 그의 표정이 긴장됐습니다. 테세우스는 앉아서 그의 이야기를 진지하게 듣고 있었습니다. 집중한 아이의 침묵에 힘을 얻어 코니다스가 말을 이었습니다. "우리는 리노스라는 분에게 배웠는데 고결하고 매력적인 분이셨어. 리라를 멋지게 연주하는, 매우 재능 있는 음악가셨지. 우리에게 예술, 특히 시와 음악을 가르치셨어. 난 리노스와 친구가 됐고, 그를 무한히 존경했어. 리노스는 헤라클레스를 참아주고 관대하게 대하며 그가 음악을 좋아하게 만들려고 하셨단다. 시간이 지나면서 그가 자신의 경솔한 행동에 대해 생각하고 폭력을 조절하는 법을 배울 수 있기를 바라셨어. 그에게 뭐든 즉석에서 이루려 하지 말고 기다릴 줄도 알아야 한다는 것을 가르치려고 하셨어. 하지만 헛수고였지. 헤라클레스는 아무것도 듣지 않고 그의 가르침을 따르지 않았어. 어느 날 리노스가 화를 내며 헤라클레스의 행동을 바로잡으려 하자 헤라클레스는 화를 내며 자제심을 잃고 말았지. 그는 리라로 우리의 스승을 쳤어. 너무 세게 치는 바람에 리노스는 그 자리에서 돌아가셨단다. 그날 이후 난 그를 용서할 수가 없어."

코니다스의 눈에 눈물이 가득했습니다. "그의 어리석은 행동 때문에 난 가장 좋은 친구를 잃었어. 정말 어리석은 행동이었어! 그런데 어처구니없는 게 뭔지 아니? 헤라클레스도 리노스를 좋아했다는 거야. 그는 자신의 행동이 어떤 결과를 낳았는지 깨닫고 얼이 빠졌단다. 그는 무슨 상황인지 모르겠다는 듯 자신의 거대한 주먹과 부서진 리라, 그리고 쓰러진 리노스의 시체를 번갈아 바라봤어. 그러다가 아기같이 엉엉 울기

시작했지. "나도 모르게 손이 나갔어…. 내가 무슨 짓을 한 거지? 나도 모르게 손이 나갔다고…." 하지만 너무 늦었단다. 그는 이미 돌이킬 수 없는 짓을 하고 말았어." 테세우스는 스승의 슬픔에 공감하며 눈물을 흘렸습니다. 그는 스승을 끌어안고 위로하고 싶었지만, 자제하며 떨리는 목소리로 말했습니다. "이제 더 이상 폭력적인 행동을 하지 않을게요. 약속해요." 코니다스가 속삭였습니다. "그래. 내가 계속 상기시켜줄게." 그러고는 온화한 미소를 지었습니다. 과연 어떻게 될까요?

– 다음 편에 계속

제5화

테세우스 탄생의 비밀

> **전편 요약** : 테세우스는 영웅으로 생각했던 헤라클레스가 폭력적인 행동 때문에 위험한 인물이 될 수 있다는 것을 알았습니다. 그는 스승에게 자제하는 법을 배우겠다고 약속했습니다.

테세우스는 성장하면서 점점 더 멋지고 강해졌습니다. 사촌 헤라클레스를 흠모하는 마음은 컸지만 예전과는 달랐습니다. 그는 여전히 헤라클레스와 닮기를, 아니 그보다 더 많은 모험을 하기를 꿈꿨지만, 그와는 달리 정의로운 일에만 자신의 힘을 사용하고 싶었습니다. 지식욕이 다시 충만해진 그는 마음을 다해 공부했습니다. 새로운 것을 배울 때마다 그는 세상을 경영하기 위해 나아가고 있는 것 같았습니다. 테세우스는 끊임없이 생각했습니다. 그는 자신이 현명해질수록 자유롭게 행동할 수 있다고 생각했습니다. 하지만 여전히 미성년자라는 현실이 안타깝고 우울해질 때면 혼자 어디론가 가곤 했습니다. 그러던 어느 날, 코니다스는 바닷가에 혼자 앉아 바다를 바라보고 있는 제자를 발견했습니다. 테세우스는 턱을 무릎에 괴고 앉아 수평선을 뚫어지게 바라보고 있었습니다. 코니다스는 말없이 그에게 다가가 어깨에 손을 얹으며 곁에 앉았습니다. 그는 제자가 슬퍼하는 이유를 잘 알고 있었습니다. 아이는 셀 수 없이 여러 번 자신의 탄생에 대해 물었습니다. "코니다스, 코니다스, 제발 부탁이에요. 제 아버지가 누군지 말해주세요. 엄마는 제가 열여섯 살이 되기 전에는 아무것도 말해주지 않을 거래요. 저는 아테네의 왕 아이게우스의 아들인가요, 아니면 바다의 신 포

세이돈의 아들인가요?" 코니다스는 결코 대답하지 않았습니다. 왜냐하면 어느 누구도, 테세우스의 어머니 아이트라조차도 정확한 답을 알지 못했으니까요.

테세우스는 자신이 잉태되던 날 밤 무슨 일이 있었는지 이미 알고 있었습니다. 하지만 궁금증이 해결되진 않았습니다. 아테네의 왕 아이게우스가 아이트라의 아버지 궁을 방문했을 때 그녀는 아직 어렸습니다. 그들은 첫눈에 사랑에 빠졌습니다. 물론 그녀가 그의 사랑을 받아들였을 때는 왕인 아이게우스가 자신의 나라 밖 먼 곳에서 오래 머무를 수 없을 것이라는 사실을 알지 못했습니다.

아들을 잉태한 날 밤 아이트라는 아이게우스와 동침했습니다. 그러다 한밤중에 이상한 꿈을 꾸고 잠이 깼습니다. 누군가 감미로운 목소리로 그녀에게 속삭였습니다. "지금 당장 저 포도주 항아리를 들고 바다로 가." 너무나 달콤한 목소리여서 저항할 수 없었습니다. 아이트라는 그 목소리에 순종할 수밖에 없었죠. 지혜의 여신 아테나의 목소리였으니까요.

아테나가 인간들의 삶에 개입하는 일은 드물었습니다. 그녀는 양피지에 기록된 문헌을 읽고 어려운 수학 문제를 풀고 천체를 관측하며 연구하는 것을 더 좋아했습니다. 그녀는 항상 자신의 어깨에 앉아 있는 부엉이와 생각을 교환하며 몇 시간씩 조용히 사색에 잠기곤 했습니다. 그런 그녀가 그날 밤만은 자신의 삼촌인 포세이돈과 결탁했습니다. 늙은 바다의 신은 무뚝뚝하고 불평이 많았습니다. 그는 자주 사랑에 빠졌지만, 여인들을 어떻게 유혹해야 하는지 도무지 알 수가 없었습니다. 그는 아이트라에게 반했습니다. 사랑으로 고통스러워하는 그를 본 아테나가 아이트라를 바다의 신의 품에 안겨주려고 잠자리에서 일어나게 했던 것입니다.

그렇게 해서 아이트라는 아테나의 목소리가 이끄는 대로 바닷가에 이르렀습니다. 바다의 신 포세이돈이 그곳에서 그녀를 기다리고 있었습니다. 사람들은 바로 그곳에서 그들이 결혼했다고 말했습니다.

다음 날 잠에서 깬 아이트라는 아이게우스의 곁, 자신의 침대에 누워 있었습니다. 포세이돈과 보낸 밤은 꿈처럼 기억되었습니다. 그녀에게서 이 이상한 꿈 이야기를 들은 코니다스도 아이트라처럼 이들 둘 중 누가 테세우스의 아버지인지 가늠할 수 없었습니다.

이 비밀은 가끔 소년의 마음을 무겁게 했습니다. 코니다스는 침울해하는 소년을 보며 가슴이 아팠습니다. 그날 바닷가에서 그의 스승은 그를 위로할 말이 떠올랐습니다. "테세우스, 출생의 비밀을 간직한 사람은 너만이 아니란다. 헤라클레스 역시 이상한 상황에서 태어났지. 모든 출생은 신비로운 것이란다." 테세우스가 고개를 번쩍 들었습니다. "진짜요? 전 그의 아버지가 암피트리온인 줄 알았는데요." 코니다스가 이상한 대답을 했습니다. "그게 그렇게 간단한 문제가 아니란다." 테세우스는 그에게 간청했습니다. "말씀해주세요, 말씀해주세요!"

— 다음 편에 계속

전장에서의 이상한 귀환

전편 요약 : 테세우스는 자신의 아버지가 누구인지 알지 못해 우울해했습니다. 그래서 코니다스는 헤라클레스의 잉태에 관한 이상한 이야기를 들려주기로 마음먹었습니다.

테세우스의 울적한 기분은 순식간에 사라졌습니다. 이제 그는 헤라클레스가 어떻게 태어났는지 알고 싶어 죽을 지경이었습니다. 테세우스가 이야기를 해달라고 간청하기도 전에 코니다스는 이야기를 시작했습니다. "헤라클레스가 태어날 당시 난 테바이에 있는 암피트리온의 궁전에서 살고 있었지. 헤라클레스의 어머니 알크메네는 매우 아름다운 여인이었어. 그녀의 남편 암피트리온은 그녀를 무척 사랑했고, 그녀 역시 그를 매우 사랑했단다. 그가 전쟁에 나가 있는 동안 그녀는 그만을 생각하며 기다렸지. 그건 누구보다 내가 잘 알아. 나의 어머니는 알크메네가 가장 총애하는 하녀였기 때문에 난 그녀의 거처를 떠난 적이 거의 없었거든. 아직 아이가 없었던 알크메네는 나와 놀아주며 남편이 없는 적적한 날들을 견뎠단다. 그러던 어느 날 저녁, 우리 둘만 방에 있을 때 한 남자가 창문으로 들어왔어. 알크메네는 놀라서 소리를 질렀어. 그 사내가 암피트리온이었거든! 난 그를 곧바로 알아봤지. 그런데 그는 왜 미리 알리지도 않고 혼자 전장에서 돌아와 창문으로 들어왔을까? 그는 손가락을 입술에 대고 우리를 조용히 시키며 속삭였단다. "나의 아름다운 신부, 여러 달 동안 헤어져 그대를 품에 안고 싶어 참을 수가 없었다오. 자, 여기 내가 무찌른 적에게서 가져온 황금 검이 있소." 알크메네는 너무나 행복해하며 내게 방을 나가라고 신호를 보냈어. 나는 그녀가 남편의 품에 안기는 것만 겨우 보고 내 방으로 돌아갔지. 그날 밤 아이가 잉태된 거야. 다음 날 아침 해가 뜨는 것과 동시에 잠에서 깬 나는 말발굽 소리를 들었어. 무장한 무리가 마을로 들어오고 있었어. 먼지로 뒤덮인 이 전사들의 선두에 말을 탄 암피트리온이 있었지. 갑옷을 입고 투구를 벗어 든 그의 모습은 기품이 있었어. 얼굴은 수염이 무성했고, 눈은 피로해 보였지. 난 아내의 침대에 있어야 할 그가 어떻게 부대의 선두에 있는지 도통 이해할 수 없었단다. 그가 궁전의 문으로 다가오자 나의 어머니는 알크메네를 깨우러 달려가서 그녀에게 말했단다. "마님, 빨리 와보세요. 부군께서 돌아오셨어요!" 알크메네는 유쾌한 웃음을 터트렸지. "나도 알아. 그이 품에서 밤을 보냈는걸." 나의 어머니는 마님이 농담을 한다고 생각하며 그녀가 남편을 맞이할 수 있도록 서둘러 옷을 입혔지. 알크메네는 멋진 빨간 튜닉 위에 그녀가 가지고 있는 장신구 중 가장 아름다운 것을 걸치고 나타났단다. 잘 손질된 머리에서 머리카락이 몇 가닥 삐져나와 있었지. 그녀는 눈이 부시게 아름다웠어.

암피트리온은 넋을 잃고 그녀에게 다가가서 포옹했지. 그러자 그녀가 그의 귀에 속삭였단다. "어젯밤의 멋진 선물 고마워요. 아직도 침대에 당신의 온기가 남아 있어요." 그러자 암피트리온이 거칠게 그녀의 팔을 밀쳐내며 외쳤단다. "어젯밤 난 당신의 침대에 들지 않았소! 배신자, 누구와 동침한 거요?" 알크메네가 깜짝 놀라 대답했지. "당연히 당신이죠."

그러고는 나를 향해 돌아보며 말을 이었단다. "코니다스에게 물어보세요, 이 아이가 당신이 내 방으로 들어오는 것을 봤어요." 모든 시선이 내게 쏠렸지. 난 약간 떨면서 대답했단다. "네, 주인님. 주인님이 어제저녁 여왕님의 방으로 들어오셨어요." 하지만 그가 소리 질렀단다. "절대로 난 아니야. 알크메네, 당신은 나를 배신하고 이 아이를 이용하는군!" 알크메네가 눈물을 흘렸고, 나 또한 눈물을 흘렸단다."

테세우스는 코니다스의 이야기를 한 마디도 놓치지 않았습니다. 그러니까 헤라클레스의 탄생도 자신의 탄생 못지않게 이상했던 것입니다. 코니다스가 말을 이었습니다. "난 내 눈앞에서 일어나는 일을 전혀 이해할 수 없었어. 알크메네는 자신이 진실을 말했다는 것을 증명하기 위해, 암피트리온이 승리하고 돌아온 전쟁에 대해 자세하게 이야기했단다. 그렇게 세세한 부분까지 그녀가 어떻게 알 수 있었을까? "당신이 어젯밤 내게 이야기해줬잖아요." 알크메네가 몸을 비틀며 울었습니다. 하지만 암피트리온이 외쳤습니다. "말도 안 돼! 난 어젯밤 여기에 없었다고." 그녀는 남편이 준 황금 검을 가져오라고 내게 시켰단다. 나는 그녀의 방으로 달려가서 침대보와 쿠션을 들추며 온 방을 뒤졌어. 마침내 침대 아래에서 그 검을 찾았지! 나는 완전히 흥분해서 뛰어 돌아갔어. 그건 확실한 증거였으니까. 그렇지 않니? 하지만 암피트리온은 불같이 화를 내며 검을 쳐다보지도 않더라고. 알크메네가 어떻게 자신의 결백을 입증할 수 있을까?"

– 다음 편에 계속

드러난 제우스의 놀라운 부정행위

전편 요약 : 코니다스는 헤라클레스의 어머니 알크메네가 전장에서 돌아온 남편에게 부정행위로 고발당한 이유를 설명했습니다.

코니다스는 기꺼이 이야기를 계속했습니다. "사람들은 이 이상한 일을 이해하려면 그리스 사람들 모두가 존경하는 위대한 테이레시아스를 모셔 와야 한다고 생각했단다.

사람들이 길을 내주자 나이를 가늠할 수 없고 흰 수염이 기다란 남자가 앞으로 나왔지. 기다란 막대기로 앞을 더듬으며 걸었지만 걸음걸이만큼은 단호해 보였어. 신들의 뜻을 예언할 수 있는 유일한 사람인 그 남자는 맹인이었지. 아직도 그의 허연 눈이 생생하게 기억날 정도로 인상이 매우 강하게 남아 있어. 너도 알다시피 당시 너보다 어렸던 내가 아이들과 상관없는 문제에 연루됐던 거지. 사람들이 나를 앞으로 밀었지만 난 엄마를 찾으며 뒤로 물러났어. 하지만 엄마를 찾을 수가 없었어. 난 손을 내밀며 내게 다가오는 예언자 테이레시아스를 보고 무서워서 울음이 터져 나왔지. 하지만 그가 내 머리에 손을 얹고 단언했어. "이 아이는 진실을 말했습니다. 어제저녁 이 아이는 알크메네의 방에서 암피트리온을 봤습니다." 청중이 놀라서 웅성거렸지. 암피트리온은 격분했어. 테이레시아스는 개의치 않았어. 그러고는 알크메네를 향해 돌아서서 큰 목소리로 선언했지. "이 여인 역시 진실을 말했습니다. 그녀는 어젯밤 남편의 품에서 잠들었습니다." 군중이 술렁거리는 사이 안심한 알크메네가 손에 얼굴을 묻고 중얼거렸지. "감사합니다! 감사합니다!" 사람들의 시선은 더 이상 분노를 참지 못하는 암피트리온에게 쏠렸단다. 그때 맹인이 그를 향해 돌아섰어. "이 남자 역시 진실을 말했습니다. 그는 여기서 밤을 보내지 않았습니다." 이 이상한 사건을 이해할 수 없었던 군중이 크게 동요했지. 암피트리온이 손짓으로 군중을 진정시켰어. 해가 이미 중천에 떠서 날이 점점 더워졌어. 암피트리온은 땀을 흘리며 초조하게 소리쳤단다. "어서 설명해보시오, 테이레시아스!" 그러자 예언자가 설명하기 시작했단다. "제우스, 신들의 신인 위대한 제우스가 암피트리온, 당신의 아내를 사랑한 것입니다. 하지만 그는 그녀가 남편을 배신하지 않을 거란 사실을 잘 알고 있었기 때문에 그녀를 차지하기 위해 당신의 모습으로 나타나는 것 외에 다른 방법을 찾을 수 없었던 것입니다. 알크메네는 어젯밤 맞아들인 사내가 당신이라고 믿었지만, 사실은 제우스였던 것입니다."

두 사람이 동시에 비명을 질렀지. 한 명은 자신도 모르게 부정을 저지른 알크메네였고, 다른 한 명은 미칠 듯이 화가 난 암피트리온이었지. 자신의 아내가 제우스와 밤을 보낸 사실을 알고 수치심을 느낀 그는 그녀를 산 채로 화형하기 위해 화형대를 세우라고 명령했단다. 그의 주변에 있던 사람들이 모두 울면서 차례로 무릎을 꿇고 그의 앞으로 나와 애원했지. "그녀를 용서해주십시오! 알크메네도 속은 것입니다. 그녀의 잘못이 아닙니다." 하지만 암피트리온은 완고했어. 나의 어머니, 맞아, 나의 어머니도 그의 발아래 엎드려 흐느끼며 용서를 구했어. 짜증이 난 그가 거칠게 나의 어머니를 밀쳐냈지만, 난 꼼짝할 수가 없었단다. 왜인지는 모르겠지만, 내게도 이 일에 부분적으로 책임이 있는 것 같았어. 아름다운 알크메네를 집어삼키려는 불길 앞에서 어린 내가 느꼈던 공포심은 절대로 잊을 수 없어."

코니다스는 잠시 조용히 추억에 잠겼습니다. 테세우스는 숨죽인 채 그의 말을 기다렸습니다. 스승이 이야기를 계속했습니다. "아가야, 알겠니? 그 순간에 내가 느꼈던 부당함에 대한 혐오감은 영원히 잊을 수가 없단다. 암피트리온의 분노는 가라앉지 않았어. 사람들이 알크메네를 화형대로 데려갔어. 나의 공포심은 이제 거센 반항심으로 바뀌었어. 남편의 근위병들이 창백한 알크메네를 붙잡았어. 그들이 그녀를 함부로 다루지는 않았지만 꽉 붙잡았어. 아무도 이 냉혹한 형벌에 대해 항의하지 못했어. 그녀는 손이 뒤로 묶였고, 기다란 빨간색 튜닉이 깃발처럼 나부꼈지. 나는 불타고 있는 나뭇단을 향해 그녀가 걸음을 내디딜 때마다 눈물이 났어. 누구였는지 기억나진 않지만, 누군가 나를 품에 안고 끔찍한 장면을 보지 못하게 내 눈을 가렸단다. 난 팔다리를 흔들며 발버둥 쳐서 그의 품에서 빠져나왔어. 그리고 바닥에 내려서서는 소리치며 알크메네에게 달려들었어. "안 돼요! 안 돼!" 근위병들이 나를 거칠게 밀었지. 그녀는 내게 온화한 미소를 지었단다. 그때 내가 큰 소리로 외쳤어. "제우스! 제우스! 당신 잘못으로 그녀가 죽게 생겼어요! 그녀를 살려주세요!" 신들의 신이 내 말을 들어줬는지, 아니면 그 전에 이미 개입하기로 결정했는지 모르겠지만, 화형대로 올라간 알크메네의 발이 불길에 닿으려는 순간, 제우스가 내린 폭우가 하늘에서 쏟아지며 불을 껐단다. 이 신성한 비는 암피트리온의 분노도 잠재웠어. 그가 악몽에서 깨어난 듯, 물이 뚝뚝 떨어지는 알크메네에게 다가가서 힘껏 포옹했지. 눈물과 비가 뒤범벅된 우리는 모두 비를 피해 안으로 들어갔단다. 그렇게 해서 알크메네는 죽음을 모면했어."

테세우스가 용기를 내어 머뭇거리며 질문했습니다. "헤라클레스는요?" 마치 잊고 있었다는 듯 코니다스가 대답했습니다. "그래, 헤라클레스…. 이 사건 후 알크메네는 자신이 임신했다는 것을 알았지. 자, 다음 이야기는 나중에 해줄게. 이제 자야 할 시간이구나."

- 다음 편에 계속

헤라의 질투심이 일으킨 재해

전편 요약 : 코니다스는 제우스가 꾀를 내어 알크메네의 남편으로 변신해 그녀를 유혹했다는 이야기를 테세우스에게 해줬습니다. 그날 밤 아기가 잉태됐습니다.

코니다스가 다시 이야기를 하기까지 여러 날이 흘렀습니다. 테세우스는 그 어느 때보다 학업에 열심이었습니다. 스승에게 다음 이야기를 듣기 위해 그의 비위를 거스르지 않으려고 노력했습니다. 드디어 어느 날 저녁, 코니다스는 테세우스에게 올리브 밭으로 산책을 가자고 했습니다. 아이는 푸르스름한 올리브 나무 잎사귀의 색을 좋아했습니다. 그는 올리브 나무들, 특히 줄기는 비틀어졌지만 튼튼한 고목 사이로 걷는 것을 좋아했습니다. 코니다스는 올리브 밭을 향해 걸으며 어린 시절의 추억에 잠겼습니다. "헤라클레스의 탄생에 영향을 미친 사건이 있었단다. 흰 팔을 가진 여신이라 불리는 제우스의 아내 헤라가 질투가 심하다는 건 너도 기억하지? 수많은 제우스의 연애 사건들을 보면 그녀가 그렇게 된 건 무리도 아니지. 아름다운 알크메네가 제우스의 아이를 임신했다는 소식을 알게 된 그녀는 어떻게 해서든 그 아이에게 해코지를 하기로 마음먹었어. 그럴 기회가 빨리 왔단다. 제우스는 올림포스의 신들을 소집해서 자신이 지배하는 세상의 운행에 관해 토론하는 것을 좋아했단다. 그의 결정은 모두 그곳에서 이루어지지. 다른 신들은 그를 반원 형태로 둘러싸고 앉아서 자신의 의견을 자유롭게 이야기한단다. 수많은 방문객이 접견실에서 이루어지는 신들의 의회에 참관하지만, 그곳에 넘쳐흐르는 넥타를 마시거나, 접시에 담아 돌리는 암브로시아를 먹을 수 있는 건 신들뿐이란다. 왜냐면 이 음식들이 신들을 불사의 존재로 만들어주기 때문이지. 이 의회에서 신들은 분쟁을 해결하고, 인간들의 운명을 결정한단다." 테세우스는 스승의 말을 막았습니다. "선생님은 그곳, 신들의 의회에 가본 적이 있나요?" 코니다스가 웃음을 터트렸습니다. "아니, 안타깝게도 난 그곳에 가본 적이 없어. 하지만 내게 그 이야기를 해준 자는 신들의 모든 의회에 참석했지. 그는 말을 아주 잘 하는 사람이라 내게 세세한 부분까지 하나도 빼지 않고 전부 이야기해줬단다." 테세우스는 깜짝 놀라 눈을 크게 떴습니다. "그게 누구죠? 누가 말해줬어요?" 코니다스가 입술에 손가락을 댔습니다. "그건 비밀이란다. 자, 다음 이야기가 궁금하지 않니?"
코니다스가 이야기를 계속했습니다. "바로 그날 신들의 의회에서는 미케네 도시가 안건이었어. 제우스가 근엄하게 말했단다. "그대들은 모두 고르고노스 메두사의 머리를 벰으로써 그녀와 시선이 마주치면 돌로 변한다는 공포심에서 사람들을 벗어나게 해준 페르세우스를 기억하는가?" 제우스의 옆쪽에서 이미 터져버린 웃음을 참으려고 애쓰는 소리가 들렸단다. "내 아들 헤르메스, 네 웃음소리가 들리는구나. 이 싸움에서 네가 페르세우스를 도운 것으로 기억하는데. 넌 그가 모험하는 동안 전령의 신으로서의 역할만 하진 않았지. 네가 직접 관여했잖니." 그의 왼쪽에서도 작은 기침 소리가 났어. 제우스는 관대한 미소를 지으며 자신이 가장 사랑하는 딸을 돌아봤단다. "물론 아테나 여신 너도 네 거울 방패를 그에게 빌려줌으로써 도움을 줬지. 그 덕분에 페르세우스가 고르고노스를 마주 보지 않아도 됐지." 제우스가 턱수염을 쓰다듬었어. 그건 그가 깊이 생각할 때 하는 버릇이란다. 그리고 계속해서 말했지. "비록 내 자식들인 너희가 그를 도왔지만 페르세우스는 담대하고 용감한 위대한 영웅이야. 존경받을 만한 사람이지. 그래서 난 곧 태어날 그의 증손자를 미케네의 왕으로 세우기로 결정했다." 장난꾸러기 헤르메스의 웃음보가 또다시 터졌어. 이번에는 제우스도 못 들은 척했지. 그러고는 손뼉을 치며 의회를 해산했어. 아테나가 헤르메스에게 물었어. "너 왜 그렇게 웃니?" 그러자 늘 망설임 없이 제우스의 편에 서는 전령의 신이 대답했어. "정말이지 우리 아버지는 지혜로운 분이셔. 누난 곧 사내아이를 출산할 페르세우스의 손녀 이름이 뭔지 알아?" 아테나가 고개를 가로젓자 헤르메스가 흥분했을 때 늘 하던 대로 그 자리에서 펄쩍펄쩍 뛰었어. "자, 그럼 그 손녀가 얼마 전 제

우스가 아기를 잉태하게 만든 알크메네라고 상상해 봐. 알겠어?" 아테나가 주변을 살펴보며 급하게 동생의 입을 손으로 막았어. "그렇게 크게 말하면 어떡해? 그 아기에게 곧 불행이 닥치면 어쩌려고." 그녀의 말이 맞았어. 헤라가 모두 듣고 말았지.

헤라는 미친 듯이 화를 내며 복수하기로 마음먹었어. 제우스는 몰랐지만, 하긴 그가 자기 아내에 대해 아는 것이 있긴 한지 모르겠다. 어쨌든 페르세우스의 또 다른 손녀가 아이를 낳으려 하고 있었어. 그녀가 먼저 출산하면 제우스의 아기가 아니라 그 아기가 미케네의 왕이 되는 거니까, 무슨 수를 써서라도 그녀가 먼저 출산하게 해야 했어. 헤라는 일을 성사시키기 위해 모이라이를 불렀단다."

모이라이의 이름을 듣는 순간 테세우스는 두려워서 소름이 돋았습니다. 그는 모든 인간의 생명 실을 짜고, 죽는 순간 그 실을 자르는 세 노파의 존재를 알고 있었습니다. 이들 모이라이는 모든 탄생과 죽음에 관여했습니다. 그들은 우주에서 가장 무서운 존재들이었습니다.

– 다음 편에 계속

곧 태어날 두 아기

전편 요약 : 테세우스는 제우스의 아내 헤라가 헤라클레스의 어머니가 출산하는 것을 방해하기 위해 무시무시한 모이라이를 불렀다는 것을 알게 됐습니다.

테세우스의 반응을 보며 코니다스가 미소 지었습니다. "어린 너도 모이라이가 누군지 알고 있나 보구나. 난 네 나이 때 그들을 알지 못했어. 무슨 일이 있었는지 들어보렴. 알크메네의 산통이 시작되자 내 어머니는 그녀 곁으로 달려갔단다. 난 아기가 태어나기만을 기다리며 궁전 주변을 어슬렁거리고 있었어. 그래서 누구보다 먼저 저 멀리에서 먼지구름이 몰려오는 것을 볼 수 있었지. 누군가 다가오고 있었어. 차츰 그들의 낯선 모습이 보였어. 세 노파였는데 기다란 흰 드레스를 입고 있었어. 눈처럼 하얀 머리카락은 발끝까지 닿았지. 난 그들의 얼굴을 보고 비명을 질렀단다. 테이레시아스처럼 허연 그들의 눈을 보고 그들이 맹인이라는 것을 알 수 있었지. 궁전에 있던 몇몇 하인이 내 비명 소리를 듣고 달려왔지. 그들 역시 이 세 여인을 보고 공포에 사로잡혔단다. 그때 알크메네의 신음 소리가 들렸어. 아이가 곧 나오려고 했지. 세 노파는 팔짱을 끼고 집 앞에 웅크리고 앉아 기다렸어. 그들은 야윈 입술로 이해할 수 없는 말을 중얼거렸어.

우리 어머니가 내 뒤에서 불쑥 나타나더니 급히 나를 안으로 데려가셨어. "거기에 있지 마라, 코니다스! 모이라이가 궁전에 주문을 걸고 있어!" 사실 나는 아무것도 두렵지 않았어. 그들은 헤라의 명령으로 아이의 출산을 지연시키려고 온 것이었어. 그들이 집 앞에서 팔짱을 끼고 버티고 있는 한, 알크메네는 출산할 수가 없었어.

그런데 또 다른 방문객이 올리브 나무 뒤에 숨어서 몰래 이 광경을 지켜보고 있었어. 그가 쓴 모자에도, 그가 신은 샌들에도 작은 날개가 달려 있었어. 그는 뱀 두 마리가 감겨 있는 우스꽝스러운 지팡이에 몸을 기대고 있었어. 하지만 무엇보다 강렬한 인상을 주는 건 그의 반짝이는 눈이었어. 온 궁전을 공포에 몰아넣은 노파들이 웅크리고 앉아 있는 모습을 보며 그는 오히려 재밌어하는 것 같더라니까. 난 내 방 창문을 통해 전부 보고 있었어. 내가 본 바로는 그래. 발에 달린 날개로 보아 그는 헤르메스 신이 분명했지! 그가 더 이상 못 참겠다는 듯 갑자기 소리 지르며 나무 뒤에서 나

타났어. "이봐 노파들, 급한 볼일 없어?" 그가 조롱해도 우리 문 앞에 웅크리고 앉은 모이라이는 꼼짝하지 않았어. 그는 여전히 창문 앞에 붙어 있는 나를 돌아보고는 정답게 인사하고 날아가 버렸어." 테세우스는 탄성을 질렀습니다. "그러니까 선생님은 헤르메스를 아시는군요! 선생님께 신들의 비밀 얘기를 해주는 이가 그인가요?" 코니다스는 그렇다는 듯 미소를 짓고는 이내 다시 이야기를 시작했습니다. "이야기를 중단시키지 않겠다고 약속했잖니! 전령의 신이 거기서 무엇을 했는지 설명하게 방해하지 마라! 헤르메스는 큰어머니 헤라가 나쁜 일을 꾸몄다는 이야기를 듣고 상황이 어떻게 돌아가는지 알아보러 온 거였어. 누이 아르테미스가 그에게 충고했지. "암피트리온 궁전으로 가서 무슨 일이 일어나는지 알아봐. 그리고 아르고 왕의 궁으로 가봐. 그러면 모든 걸 이해할 수 있을 거야." 헤르메스와 아르테미스는 서로에게 호감이 있었지. 그리고 둘 다 큰어머니 헤라를 몹시 싫어했고. 아르테미스의 임무가 출산을 돌보는 것이기 때문에 그녀는 곧 있을 출산에 대해서 전부 알고 있었어. 그래서 그녀만이 헤르메스에게 그런 충고를 할 수 있었던 거야.

알크메네의 궁전 상황을 살펴본 후 헤르메스는 날아가 버렸지. 난 매우 실망했어. 사실 남몰래 아르고 왕의 궁전으로 간 그는 그곳 상황을 보고 깜짝 놀랐단다. 그 순간 또 다른 여인이 출산의 고통을 겪고 있었거든. 하지만 그곳에서는 아무도 아기의 출산을 방해하지 않았어. 곧 엄마가 될 젊은 여인은 니키페였지. 하녀가 방으로 들어오자 헤르메스는 커튼 뒤에 숨어 그녀를 관찰했어. 하녀가 예비 엄마의 이마 위에 손을 얹고 진정시키며 말했단다. "어서요, 부인. 당신은 용감한 페르세우스의 손녀잖아요. 할아버지만큼 용감하다는 걸 보여주세요!" 헤르메스는 깜짝 놀랐어. 그러니까 그거였던 거야! 헤라의 술책은 악랄했어. 니키페가 먼저 아이를 낳는다면 알크메네의 아들 대신 그녀의 아들이 미케네의 왕이 되는 거였지.

헤르메스는 알크메네가 출산했기를 바라며 그녀가 있는 궁으로 다시 갔어. 그런데 그녀는 여전히 출산하지 못하고 있었어. 왜냐면 세 노파가 아흐레 낮과 밤 동안 꼼짝 않고 지키며 방해하고 있었거든.

걱정이 된 전령의 신은 아르고 왕의 궁으로 다시 가봤어. 그가 도착했을 때 궁 안에서 환호성이 울려 퍼졌지. "에우리스테우스여, 장수하길! 이토록 멋진 아들을 낳은 이에게 영광을!" 하녀가 젊은 여인에게 말했지. "할아버지 페르세우스께서 당신을 자랑스럽게 생각하실 겁니다!" 상황을 충분히 이해한 헤르메스는 가능한 한 서둘러서 알크메네의 궁으로 되돌아갔어. 그는 걱정이 됐던 거야. 에우리스테우스라는 이름의 그 아기가 미케네의 왕이 될 테니, 이제 모이라이는 다른 아기가 태어나지 않도록 방해하는 것을 중단해도 되지 않을까?"

– 다음 편에 계속

무시무시한 모이라이의 방해

전편 요약 : 페르세우스의 증손자가 태어났습니다. 그의 이름은 에우리스테우스로, 장차 미케네의 왕이 될 것입니다. 그가 헤라클레스보다 먼저 태어나도록 모이라이가 계속해서 헤라클레스의 탄생을 방해하고 있었습니다.

코니다스가 계속 말했습니다. "헤르메스 혼자만 걱정하는 건 아니었어. 오랫동안 계속된 통증으로 알크메네가 미쳐버릴까 봐 두려우셨던 우리 어머니는 어떡하든 모이라이가 출산을 방해하지 못하게 할 방법을 찾아야 했어. 그때 좋은 생각이 떠올랐단다. 어머니는 신음 소리가 밖으로 새어나가지 못하게 알크메네의 입을 손수건으로 막으라고 내게 시키시고는 모이라이에게 달려가 말씀하셨어. "됐어요, 아기가 태어났어요! 제우스가 아이의 탄생을 원했기 때문에, 당신들이 있음에도 불구하고 알크메네가 아이를 낳았어요!" 모이라이가 매우 화를 냈어. 어떻게 그럴 수 있지? 어떻게 제우스가 그들의 권한을 침범할 수 있을까? 모이라이는 분개하며 자리에서 일어났어. 그 바람에 팔짱이 풀어졌지. 알크메네의 출산을 방해하는 운명이 해제

된 거야. 그리고 곧 헤라클레스가 태어났지. 아흐레 동안의 고통 후에 그녀가 느낀 해방감은 말할 수 없이 컸어! 그건 내 인생에서 가장 큰 모험이었어. 아기가 태어나는 순간 방에는 그녀와 나 단둘뿐이었어. 내가 아기를 팔에 안자 또 다른 아기의 울음소리가 들렸어! 헤라클레스의 쌍둥이 동생 이피클레스가 어머니의 배 속에서 나왔던 거야. 내가 얼마나 놀랐을지 상상할 수 있겠니? 내가 직접 그 두 아이를 받아서 씻기고 포대기로 쌌단다."

테세우스가 이야기를 끊고 질문했습니다. "선생님의 어머님은요? 어머님은 어디 계셨어요?" 코니다스가 고개를 숙였습니다. 다시 고개를 든 그의 눈에는 눈물이 맺혀 있었습니다. "모이라이는 갓 태어난 아기들의 커다란 울음소리를 듣고 우리 어머니가 그들을 속였다는 것을 알았지. 그래서 우리 어머니를

영원히 족제비로 변신시켜버렸어."

올리브 밭에서는 작은 소음이 일었습니다. 테세우스와 코니다스는 벌들이 붕붕거리는 소리와 잎사귀를 스치는 바람 소리, 그들의 발에 밟혀 부러지는 나뭇가지 소리를 들으며 한참을 말없이 걸었습니다. 테세우스는 마치 아버지 없는 아이가 어머니 잃은 아이를 만난 것처럼 무의식적으로 스승의 손을 잡았습니다. 태양이 지기 전 바다를 붉게 물들일 즈음 코니다스가 다정하게 말했습니다. "어머니가 사라진 후, 그녀의 희생을 안타까워하며 알크메네는 나를 곁에 두고 자기 자식처럼 키웠단다. 그래서 암피트리온이 헤라클레스가 자신의 아들이 아닌 제우스의 아들이라고 확신하게 된 날, 내가 거기 있었던 거야. 이야기를 계속할까? 암피트리온과 알크메네는 아들의 이름을 '헤라의 영광'이라는 의미의 헤라클레스로 지으며 헤라의 분노가 진정되기를 바랐어. 하지만 그것은 이 여신의 질투심에 대해서 잘 모르는 처사였지. 헤라클레스와 이피클레스가 구 개월이나 십 개월쯤 됐을 거야. 그보다 더 되진 않았지. 두 쌍둥이는 한 요람에서 잤는데, 어느 날 밤 헤라가 아이들이 자고 있는 방으로 끔찍한 뱀 두 마리를 보냈어. 머리가 커다란 뱀이었지. 그것들은 주먹만큼 커다란 머리를 흔들며 천천히 요람에 다가가더니 안으로 기어 들어가서 아기들을 감았어. 이피클레스가 잠에서 깨 울었어. 동생의 울음소리에 헤라클레스도 잠에서 깼지. 그는 금발의 곱슬머리를 흔들고 눈을 비비고 나서 자신의 다리를 죄고 있는 짐승을 발견했지. 그는 혀를 날름거리며 이빨에 방울방울 독을 묻히고 다가오고 있는 뱀의 머리를 뚫어져라 쳐다봤지. 그는 전혀 동요하지 않고 한 손으로 뱀의 모가지를 잡고 다른 쪽 손으로 이피클레스를 위협하고 있던 두 번째 뱀을 잡았어. 아기인데도 악력이 어찌나 셌던지, 뱀들을 목 졸라 죽여버렸어!

이피클레스의 울음소리를 듣고 아버지 암피트리온이 칼을 뽑아 들고 달려왔어. 알크메네와 여러 하인들이 손에 횃불을 들고 그의 뒤를 쫓았지. 물론 그중에는 나도 있었어. 분홍빛 볼이 통통한 아기 헤라클레스가 요람에 앉아 양손에 죽은 뱀을 쥐고 흔들며 큰 소리로 웃고 있는 모습을 보고 어찌 놀라지 않을 수 있겠어! 암피트리온이 중얼거렸단다. "이건 기적이야. 의심의 여지 없이 이 아이는 제우스의 아이군." 이 엄청난 사건은 마을 전체에 퍼졌고, 곧 온 나라에 알려졌단다. 얼마 지나지 않아 그리스 전체가 엄청난 힘을 가진 이 아이의 존재를 알게 됐지. 테이레시아스가 알크메네에게 약속했었어. "이제 운명의 실을 자으며 그대의 아들을 칭송하는 여인은 없을 것이오. 그는 가장 위대한 영웅이 될 게요." 그래서 그리스 전체가 헤라클레스의 모험을 기다렸지."

테세우스는 바닥에 떨어진 올리브 몇 알을 주워 멀리 던졌습니다. 어느덧 완전히 밤이 됐지만 그는 궁으로 돌아갈 생각이 전혀 없었습니다. 헤라클레스는 자신이 신의 아들이란 걸 알고 있었습니다. 테세우스는 그의 이야기에서 자신의 운명에 대한 작은 신호라도 찾고 싶었습니다. 어쩌면 그도 신의 아들일지 모르니까요. 갑자기 의아한 생각이 들었습니다. 코니다스가 그보다 먼저 물었습니다. "더 알고 싶니?" 테세우스가 급히 물었습니다. "헤라클레스가 신의 아들인데 그도 언젠가 죽나요?"

– 다음 편에 계속

불사의 존재가 된 헤라클레스

전편 요약 : 아기 헤라클레스는 거대한 뱀 두 마리를 맨손으로 목 졸라 죽임으로써 자신이 신의 아들임을 증명했습니다.

올리브 나무 이파리들이 바람에 흔들리며 기분 좋은 소리가 났습니다. 젊은 스승은 어린 시절의 추억에 깊이 빠져 날이 밝아오는 것도 몰랐습니다. 코니다스가 말했습니다. "올림포스 신이나 여신에게서 태어났다고 해서 반드시 불사의 존재가 되는 건 아니야. 헤라클레스가 불사의 존재가 된 건 신들의 도움 덕분이지. 아들을 출산한 지 얼마 되지 않았을 때 난 알크메네가 남몰래 궁전을 빠져나가는 것을 봤어. 그녀는 커다란 망토를 두르고 무거워 보이는 보따리를 들고 있었지. 매우 이른 아침이었어. 나는 놀라 그녀를 뒤쫓았어. 마을 밖 자갈밭에 도착한 그녀가 몸을 숙여 보따리를 내려놓더니 달아나더라고. 보따리에서 들리는 아기 울음소리를 듣고 가까이 가보니 진짜 아기였어. 아기가 버둥거리면서 포대기가 벗겨졌는데, 헤라클레스였단다. 알크메네가 정말 그 아기를 버리려 한 걸까, 아니면 제우스가 그렇게 하라고 시킨 걸까? 난 아직도 그걸 모르겠어.

보따리 속에서 아기를 발견하고 당황한 나머지, 난 두 여인이 내 쪽으로 다가오고 있는 것도 몰랐어. 난 간신히 자갈밭 가에 있는 덤불숲에 뛰어들어 몸을 숨겼어. 그들은 누구일까? 한 명은 모자를 쓰고 방패를 들고 있었어. 반듯한 예쁜 얼굴에 자긍심이 흘렀지. 그녀 곁에서 올빼미 한 마리가 날고 있었어. 두 번째 여인 역시 매우 아름답고 관능적이었어. 금빛 물방울무늬가 수놓인 파란색 토가 밖으로 기다란 팔이 보였지. 모자를 쓴 여인이 헤라클레스를 들어 안더니 같이 온 친구에게 내밀며 말했어. "헤라, 아기가 배고픈가 봐요. 당신은 젖이 나오니 이 아기에게 조금만 먹여주세요." 헤라는 선행을 베풀 수 있어 자랑스러웠지. 그녀는 의기양양해져서 거만한 말투로 대답했어. "아테나, 네 말이 맞구나. 넌 애가 없으니 그 아기에게 젖을 물릴 수 없지." 아테나의 기분을 상하게 했다는 생각에 기분이 좋아진 헤라가 헤라클레스를 재빨리 데려가 젖을 물렸지. 나는 이 엄청난 장면을 하나도 놓치지 않았어. 내 눈앞에 올림포스의 두 여신이 있었을 뿐만 아니라 헤라클레스가 헤라의 젖을 빠는 것을 봤단다! 아기가 허겁지겁 젖을 빨다가 그만 여신의 젖을 물고 말았지. "아야!" 헤라가 소리치며 아기를 거칠게 밀쳤어. 그러자 그녀의 젖가슴에서 크게 솟구친 젖이 하늘까지 닿았어. 그렇게 해서 은하수가 만들어졌지.

헤라에게서 아기를 다시 받아 든 아테나는 의미심장한 미소를 지으며 어미에게 데려다주러 마을로 가자고 했어. 처음부터 이 아이가 누군지 알고 있었던 게 분명했어. 그래서 헤라가 아이에게 젖을 먹이게 한 거였어. 그녀는 헤라클레스가 헤라의 젖을 먹음으로써 불사의 존재가 된다는 것을 알고 있었지."

어린 테세우스의 눈이 흥분으로 반짝였습니다. 코니다스는 그런 그를 보며 잠시 이 모든 비밀을 이야기한 것을 후회했습니다. 아이가 제멋대로 상상할 위험이 있었으니까요. 그렇지 않아도 사촌 헤라클레스를 무한히 존경하는 아이에게 이런 엄청난 이야기를 해줬으니 헤라클레스에 대한 존경심이 더욱 커질 것이 분명했습니다. 스승은 테세우스를 그의 우상에서 벗어나게 하기 위해 더 자극적인 방법을 찾아봐야겠다고 생각했습니다. 하지만 지금은 집으로 돌아가야 했습니다.

테세우스가 작은 소리로 말했습니다. "한 가지만 여쭤볼게요. 제가 포세이돈의 아들인지 어떻게 알 수 있을까요? 제가 불사의 존재인지 어떻게 알 수 있죠?" 코니다스는 대답하기 전에 오래 생각했습니다. "그건 알 수 없을 거야. 우리는 모두 절대 죽지 않기를 꿈꾸지. 넌 언젠가 죽음이 닥칠 거란 사실을 평생 잊지 말고 행동해야 해. 그것이 인간들의 운명이지. 정의를 위해 쓰일 수 있도록 네 힘과 정신을 길러야 해. 그래야 길이길이 네 이름이 기억될 만큼 위대한 모험을 하게 될 거다. 그건 불사의 존재가 되는 또 다른 방법이지."

테세우스는 이 말을 듣고 갑자기 무슨 영감을 받은 듯

올리브 밭 끝 양 갈래 길에 놓여 있는 엄청나게 큰 바위로 다가갔습니다. 바위를 두 팔로 끌어안고 들어 올리려는 듯 잡아당기고 또 잡아당겼습니다. 한참을 노력했지만 바위는 미동도 하지 않았습니다. 그러더니 코니다스를 향해 돌아서서 지금껏 한 번도 들어보지 못한 말투로 말했습니다. "난 매일 이 바위를 들어 올리러 이곳에 올 거예요. 어른이 되면 성공하겠죠. 그럼 모험을 하러 떠날 거예요."

— 다음 편에 계속

제12화

예언자 테이레시아스에게 도움을 요청한 코니다스

전편 요약 : 테세우스는 헤라클레스의 기적 같은 탄생과 불사의 존재가 된 비밀을 알게 됐습니다. 그는 빨리 어른이 되고 싶었습니다.

여러 달이 흘렀습니다. 테세우스는 매일 그 거대한 바위를 들어 올리는 훈련을 했습니다. 그는 이제 강하고 용감한 청소년이 됐지만 여전히 가끔씩 바다를 바라봤습니다. 사촌 헤라클레스의 배의 돛이 보이기를 바라며 바다로 갔습니다. 하지만 헤라클레스는 모험을 하느라 정신이 없어 이후 한 번도 돌아오지 않았습니다.

코니다스의 이야기를 들은 후 헤라클레스에 관한 테세우스의 판단은 변했습니다. 그렇다고 해도 사촌의 힘과 명성을 미칠 듯이 부러워하던 마음이 사라지진 않았습니다. 그가 새로운 모험을 하고 있다는 소식이 끊임없이 들렸습니다. 그럴 때마다 테세우스는 코니다스에게 이야기하지 않을 수 없었습니다. "헤라클레스가 머리가 열 개인 괴물과 싸워 이겼대요!" "헤라클레스가 사나운 황소를 잡았대요!" 별 관심을 보이지 않는 스승 앞에서 테세우스는 더 이상 수선을 떨지 않았지만, 코니다스는 그런 소문들이 소년의 상상을 얼마나 부풀릴지 잘 알고 있었습니다.

어느 날 코니다스는 예언자 테이레시아스에게 테세우스에 관한 조언을 들으러, 제자와 함께 예언자가 살고 있는 동굴로 갔습니다. 테이레시아스는 아무 말 없이 그들을 안으로 들였습니다. 테세우스는 두려웠습니다. 테이레시아스의 허연 눈, 가난에 찌든 옷차림, 기다란 흰 수염, 등에 붙은 길고 흰 머리, 맨발 등 머리부터 발끝까지 테세우스를 떨게 했습니다. 동굴에 있는 것이라곤 침대, 테이블, 의자 한 개가 전부였습니다. 테이레시아스는 손님들을 불 근처에 앉히고 자신도 그 옆에 앉았습니다. 날이 춥고 습했습니다. 테세우스는 부르르 몸이 떨렸습니다. 테이레시아스가 그에게 말했습니다. "불을 쬐거라, 아가야." 그의 목소리는 거칠었지만 다정했습니다. 예언자는 코니다스의 손을 친근하게 잡으며 말했습니다. "나의 친구여, 찾아와 줘서 고맙구려. 무엇을 해드리리까?" 코니다스의 얼굴에 감동의 미소가 번졌습니다. 그가 숨을 내쉬고 말했습니다. "존경하는 선생님, 당신의 도움이 필요합니다. 저와 함께 온 이 아이는 테세우스입니다. 전 몇

년 전부터 이 아이의 교육을 맡고 있죠. 헤라클레스와 사촌지간입니다. 이 아이도 그와 같은 영웅이 되길 꿈꾸죠…." 테이레시아스는 코니다스의 손을 놓고 테세우스를 향해 반쯤 몸을 돌렸습니다. 그는 젊은 스승의 말이 끝나길 기다리지 않았습니다. 그의 뜻을 알았다는 듯 미소가 그의 입술에 퍼졌습니다. "더 말하지 않아도 됩니다, 친구. 알겠습니다." 테이레시아스는 자신의 얼굴을 테세우스의 얼굴에 가까이 댔습니다. 그리고 그에게 물었습니다. "네 영웅에 대해서 모든 걸 알고 싶지 않니? 모든 것, 진짜 모든 것을?" 테세우스가 대답했습니다. "물론이에요. 늘 알고 싶었어요." 맹인이 아무 말 없이 자리에서 일어났습니다. 그는 움푹한 그릇을 가져오더니 거기에 이상한 초록색 액체를 가득 채웠습니다. 그러고는 그것을 테세우스 앞에 내밀었습니다. "헤라클레스의 모험, 어제의 모험, 오늘의 모험, 그리고 내일의 모험을 알고 싶다면 이걸 마셔라. 그러면 넌 어디든 네 영웅과 함께 다니게 될 게다. 미리 말하지만, 이 여행은 위험한 여행이 될 게다. 그래도 가고 싶니?" 잠시 망설이던 테세우스가 코니다스에게 눈으로 물었습니다. 코니다스가 제안했습니다. "제 생각엔 제가 함께 가는 편이 더 나을 것 같군요." 테이레시아스는 고개를 끄떡이더니 움푹한 그릇을 하나 더 가져와 그 이상한 액체를 가득 채웠습니다. "이보시게들, 한 가지만 충고하겠네. 무슨 일이 있어도 그대들의 정체를 밝혀선 아니 되네. 다시 이곳으로 돌아오려면 그러기를 바라기만 하면 된다네. 돌아와서는 당신들이 보게 될 것들에 대해 아무에게도 말하면 안 되네. 준비됐나? 이제 마시게. 신들의 가호가 있기를." 테세우스는 그 음료를 마셨습니다. 쓴맛이 났습니다. 테세우스의 기억이 흐릿해졌습니다. 소년은 머리가 빙빙 도는 것 같았습니다. 몸을 숙이고 자신을 내려다보는 듯한 예언자의 허연 눈이 아직 보였습니다. 그러다 눈꺼풀이 감겼습니다.

눈을 다시 떴을 때, 테세우스는 깊은 숲 속 양치류 풀밭 위에 누워 있었습니다. 옆에서 무언가 움직이는 느낌에 깜짝 놀랐습니다. 코니다스였습니다. 그들은 함께 일어났지만 그곳이 어딘지 전혀 알 수 없었습니다. 그때 발소리가 들렸습니다. 그들은 커다란 떡갈나무 뒤로 숨었습니다. 소리가 점점 가까워졌습니다. 누군가 숲 속을 달리고 있는 것 같았습니다. 그때 테세우스와 코니다스 앞으로 너무나 멋진 암사슴이 지나갔습니다. 어찌나 빨리 지나갔는지 테세우스는 점박이 무늬의 큰 몸집과 반짝이는 뿔만 겨우 봤습니다. 그가 황홀해하며 "금 뿔이네."라고 중얼거리자 코니다스가 조용히 하라는 손짓을 했습니다. 도망간 암사슴이 지나간 자리에 한 남자가 엄청난 속도로 달려왔지만, 암사슴은 그보다 더 빠른 속도로 달아났습니다. 사촌을 알아본 테세우스가 소리쳤습니다. "헤라클레스다."

그 뒤로 다른 남자가 나타났습니다. 테세우스보다 겨우 몇 살 더 들어 보이는 매우 젊은 사람이었습니다. 그는 짐을 실은 말 두 마리의 고삐를 붙잡고 여유롭게 휘파람을 불었습니다. 테세우스는 궁금해 미칠 지경이었습니다. 그 소년은 누구일까요? 그리고 그의 사촌은 왜 그 멋진 동물을 쫓는 걸까요?

― 다음 편에 계속

제13화
케리네이아의 암사슴을 포획한 헤라클레스

전편 요약: 예언자 테이레시아스의 마법 덕분에 테세우스와 코니다스는 헤라클레스의 모험 속으로 들어갔습니다.

젊은이는 잡고 있던 고삐를 나무에 붙잡아 맨 후 차분하게 불을 피웠습니다. 잠시 후 헤라클레스가 나타났습니다. 그가 투덜거렸습니다. "또 놓쳤어! 할 수 없지 뭐. 내일은 그 못된 암사슴을 잡고 말 거야." 젊은이가 시큰둥하게 대답했습니다. "삼촌, 매일 저녁 그렇게 얘기한 지 벌써 일 년이 돼가요." 헤라클레스가 꾸짖었습니다. "이올라오스, 날 놀리려고 따라온 거라면 네 집으로 돌아가도 좋아!" 이올라오스는 삼촌을 자극하지 말아야 한다는 것을 잘 알고 있었기 때문에 침묵했습니다. 그들은 오래전부터 케리네이아의 암사슴을 잡으려고 뒤를 쫓고 있었습니다. 이 암사슴은 사냥과 자연의 여신인 아르테미스의 마차를 끄는 거대한 암사슴 무리의 일원이었습니다. 이 암사슴을 잡는 것이 헤라클레스의 임무였습니다. 하지만 아르테미스 여신이 보호하는 동물을 해치는 건 결코 용서받을 수 없는 일이었기에 절대로 상처를 입히지 말아야 했습니다. 두 젊은이는 허기를 채운 후 다시 사냥에 나섰습니다. 그늘에 숨어 있던 테세우스와 코니다스가 그들을 바짝 쫓았습니다. 이올라오스가 갑자기 중얼거렸습니다. "저기 있어요!" 암사슴이 개울을 건너고 있었습니다. 일 년 동안 계속된 이 추격전에 지쳤는지 암사슴이 비틀거리며 개울에 쓰러졌습니다. 암사슴은 인기척을 느끼고 일어나려고 애썼지만 몸이 너무 쇠약해졌는지 다리에 힘이 들어가질 않았습니다. 이올라오스가 물었습니다. "삼촌이 화살로 상처 입힌 거 아니에요?" 헤라클레스가 꾸짖었습니다. "바보 같은 소리 하지 마. 난 그저 이놈을 겁줘서 달리는 것을 늦추려고 허공에 쐈다고." 이올라오스는 말을 아꼈지만 표정으로 봐서 헤라클레스를 믿지 못하는 것 같았습니다.

헤라클레스가 점점 다가오자 상처 입은 동물은 절망적으로 몸부림을 쳤습니다. 테세우스는 암사슴이 가여워서 마음이 아팠습니다. 헤라클레스는 어떻게 하려는 걸까요? 그가 동물을 향해 몸을 숙였습니다. 승리한 후 용감하고 존경할 만한 상대에게 인사하듯 그 동물에게 인사하는 것 같았습니다. 그리고 암사슴을 어깨에 짊어졌습니다. 테세우스가 감탄하며 코니다스의 귀에 속삭였습니다. "우와! 진짜 힘이 세네요. 저 암사슴은 황소만큼 크잖아요." 스승은 짜증스럽지만 동의한다는 듯 말없이 어깨를 으쓱했습니다. 성큼성큼 개울에서 나오는 헤라클레스의 어깨 위에서 암사슴은 더 이상 저항하지 않고 힘없이 머리를 떨어트렸습니다.

반대쪽 개울가에 젊은 아가씨가 있었습니다. 짧은 튜닉을 입고 장딴지까지 높이 끈을 묶은 샌들을 신고 있었습니다. 화살이 가득 찬 은으로 만든 화살통을 찬 그녀는 너무나 화가 나서 얼굴이 하얗게 질려 있었습니다. 파리한 아름다움이 느껴졌습니다. 그녀는 헤라클레스가 땅을 밟기 전에 차가운 말투로 말했습니다. "감히 내 암사슴을 공격하다니! 넌 신성모독 죄를 범했어, 헤라클레스. 그 동물을 돌려줘. 그건 내 거야." 헤라클레스는 곧바로 한쪽 무릎을 꿇고 말했습니다. "아르테미스, 오 신성한 여신이여. 전 당신의 신성한 암사슴을 전혀 해치지 않았습니다. 맹세합니다. 오히려 개울에 쓰러진 암사슴을 제가 구한 겁니다." 아르테미스! 그러니까 그녀는 사냥의 신이었던 것입니다. 테세우스는 흥분으로 몸이 떨렸습니다. 올림포스의 여신을 직접 본 건 처음이었으니까요. 그녀는 짜증 섞인 몸짓으로 헤라클레스의 말을 끊었습니다. "됐어. 넌 네가 일 년 동안 쉬지도 못하게 나의 가여운 암사슴을 뒤쫓아 다닌 걸 내가 올림포스에서 못 봤다고 생각하나 보지!" 굵은 헤라클레스의 목소리가 부드러워졌습니다. "오, 위대하고 관대하신 아르테미스, 제 말씀 좀 들어보세요." 코니다스가 중얼거렸습니다. "바보 같은 놈! 너무 늦었어." 여신이 헤라클레스에게서 등을 돌렸습니다. 그리고 민첩한 동작으로 화살통에서 화살을 꺼내 활에 메기고, 여전히 무릎을 꿇고 있는 영웅을 향해 돌아서며 위협했습니다. "넌 충분히 얘기했어. 내

암사슴을 풀어줘. 아니면 내 화살이 네 심장을 뚫을 거야." 테세우스는 숨을 쉴 수가 없었습니다.

그 순간 이올라오스가 달려들며 외쳤습니다. "안 돼요! 헤라클레스는 암사슴을 해치려던 게 아니에요. 미케네의 왕, 그의 사촌 에우리스테우스가 그 암사슴을 잡아 오라고 명령한 거예요. 헤라클레스가 저지른 끔찍한 죄에 대한 벌로 에우리스테우스가 그에게 12가지 과업을 지시했어요." 헤라클레스가 범죄를 저질렀다고? 무슨 범죄? 테세우스는 코니다스에게 질문하는 눈빛을 던졌습니다. 코니다스는 조용히 하라는 몸짓을 했습니다. 이올라오스가 여신에게 계속 말했습니다. "헤라가 헤라클레스를 계속 괴롭히는 건 당신도 잘 아시잖아요. 당신과 당신의 형제 아폴론을 괴롭혔던 것처럼요." 이번에는 코니다스도 인정했습니다. "영리한 놈이 적어도 한 명은 있군! 저자는 아르테미스가 큰어머니인 헤라를 싫어한다는 걸 알고 있어." 실제로 아르테미스는 이 말을 듣고 활을 내렸습니다. 이올라오스가 설득하는 데 성공한 것이죠. 재치 있는 젊은이가 말을 이었습니다. "헤라클레스가 에우리스테우스에게 케리네이아의 암사슴을 데리고 가게 해주세요. 헤라클레스가 과업을 완수했다는 것만 에우리스테우스가 확인하면 이 암사슴은 안전하게 다시 데려다 놓을게요. 약속해요." 그녀가 짧게 말했습니다. "알았어. 젊은이, 널 믿어보겠어." 그녀는 암사슴의 이마에 입맞춤을 한 뒤 떠났습니다. 완전히 사라지기 전 마지막으로 한 번 더 뒤를 돌아본 그녀가 "헤라클레스! 신들에게 거짓말하면 안 돼. 내 암사슴을 다치게 한 네 화살이야. 받아."라고 말하며 화살 한 개를 쏘아 영웅의 발 사이에 꽂았습니다.

헤라클레스는 오랫동안 꼼짝 않고 그 자리에 서 있었습니다. 불길한 생각에 사로잡힌 것처럼 보였습니다. 마침내 그가 일어났지만 위기에서 구해준 이올라오스에게 고맙다는 말을 할 생각조차 하지 못했습니다. 그는 그저 "미케네로 돌아가자."라고 말했습니다. 테세우스가 코니다스를 향해 돌아보며 물었습니다. "따라갈까요?" 스승이 중얼거렸습니다. "네가 원한다면 그러자. 하지만 앞으로 일어날 일에 대해 마음의 준비를 해둬. 헤라클레스의 과업들은 하나같이 끔찍하단다."

– 다음 편에 계속

레르나의 히드라와 맞선 헤라클레스

전편 요약 : 테세우스는 헤라클레스가 범죄를 저질러 열두 가지 과업을 완수해야 하는 형벌을 받았다는 것을 알았습니다. 테세우스는 그 임무들 중 하나인 케리네이아의 암사슴을 포획하는 장면을 목격했습니다. 하지만 벌써 또 다른 임무가 시작됐습니다.

테세우스와 코니다스는 헤라클레스의 흔적을 따라 걸었습니다. 그들은 미케네까지 그와 동행했고, 지금은 새로운 과업을 완수하러 가는 그를 쫓는 것입니다. 짙은 안개가 모든 것을 집어삼켰습니다. 발끝만 겨우 보일 정도였습니다. 테세우스는 떨렸습니다. 이와 같은 늪지대가 싫었습니다. 용기 따윈 아무 소용이 없었습니다. 눈에 보이기만 한다면 어떤 위험에도 맞설 준비가 되어 있었지만, 이처럼 아무것도 보이지 않는 곳을 더듬으며 앞으로 가는 건 두려웠습니다. 제자의 생각을 들여다보듯 코니다스가 중얼거렸습니다. "인간을 위협하는 가장 큰 위험들은 이렇게 눈으로 보이지 않을 때 자주 나타나지."

두 길동무가 오래도록 걷고 있는데 갑자기 매캐하게 숨을 막는 고약한 냄새가 났습니다. 코니다스는 재빨리 가방에서 머플러 두 장을 꺼내 테세우스에게 한 장을 주며 코를 막으라는 몸짓을 했습니다. 그들은 길보다 낮은 쪽으로 갔습니다. 거기에서는 지나가는 사람들을 볼 수 있었습니다. 얼마 지나지 않아 마차 한 대가 나타났습니다. 이올라오스가 끄는 헤라클레스의 마차였습니다. 두 사내 역시 머플러로 얼굴을 가리고 있었습니다. 헤라클레스가 투덜거렸습니다. "난 이런 천 조각 뒤로 숨지 않아도 이 괴물의 악취를 견뎌낼 만큼 용감하다고." 이올라오스가 한숨지었습니다. "하지만 사람들이 레르나의 히드라에 대해서 이야기하는 것을 삼촌도 들었잖아요. 그의 숨은 치명적이에요. 잠을 자면서 들이마셔도 죽는다고요. 이건 용기 문제가 아니에요. 잘 생각해야 한다고요."

이올라오스는 안개 때문에 길을 찾기가 여간 힘들지 않았습니다. 늪에 말의 발이 빠져 헤어나지 못할까 봐 두려웠습니다. 그는 헤라클레스가 죽여야 할 히드라가 샘 근처의 플라타너스 아래에 살고 있다는 것을 알고 있었습니다. 하지만 어떻게 찾을 수 있을까요? 분명 불평하느라 정신없는 헤라클레스가 도움이 되진 않을 텐데 말이죠. 그때 길가에 무언가 나타났습니다. 모자를 쓰고 방패를 메고 있는 여인이었습니다. 올빼미가 그녀의 머리 위를 날고 있었습니다. 이미 그녀를 만난 적이 있는 코니다스는 아테나 신이라는 것을 금방 알아보았습니다. 그녀는 미소를 지으며 헤라클레스의 마차로 다가갔습니다. 또 다른 올림포스의 여신을 보게 되자 황홀해진 테세우스는 숨을 쉴 수가 없었습니다. 아테나가 보호자처럼 말했습니다. "내가 도와줄게, 헤라클레스. 걱정하지 마. 신들은 대부분 네 편이야. 레르나의 히드라가 숨어 있는 곳까지 안내해줄게." 그러고는 말고삐를 잡고 마차 앞에 서서 늪에 빠지지 않는 길을 알려줬습니다.

얼마 가지 않아 그들은 플라타너스 나무에 도착했습니다. 아테나는 헤라클레스에게 나무뿌리 사이에 있는 구멍을 몸짓으로 가르쳐줬습니다. "그녀가 저기 살아. 네가 나오게 해서 기습해서 쓰러트려야 해." 히드라는 시끄러운 소리가 들리자마자 자신의 소굴에서 나왔습니다. 헤라클레스가 검을 앞으로 내밀며 히드라에게 돌진했습니다. 히드라는 머리가 열 개인 끔찍한 뱀이었습니다. 주둥이들을 벌린 모습이 정말 흉측했지만, 헤라클레스는 아무렇지 않은 듯했습니다. 그가 첫 번째 머리를 완전히 잘랐습니다. 끔찍했습니다! 그런데 머리가 잘린 자리에서 곧바로 세 개의 머리가 자랐습니다. 그가 또 다른 머리를 자르자 이번에도 역시 세 개의 머리가 자랐습니다. 테세우스와 코니다스는 작은 관목 숲에 숨어, 끝나지 않을 것 같은 이 싸움을 지켜보며 공포에 떨었습니다. 헤라클레스는 자르고 자르기를 반복했습니다. 그가 머리를 자르면 자를수록 쉭쉭거리며 더 위협적인 머리들이 나타났습니다!

헤라클레스가 정신없이 싸우는 동안 이올라오스는 나뭇가지에 불을 붙였습니다. 그리고 헤라클레스를 붙잡았습니다. 이올라오스가 불이 붙은 가지를 휘두르자 헤라클레스는 그의 작전을 알아차렸습니다. 헤라클레스가 다시 무시무시한 괴물에게 덤벼들어 머리를 잘랐습니다. 그가 머리를 자를 때마다 이올라오스는 불이 붙은 가지를 들고 가까이 다가가, 머리가 다시 자라지 못하도록 살을 지졌습니다. 헤라클레스와 이올라오스는 오랫동안 함께 싸웠습니다. 테세우스는 머리 하나가 다른 머리들과 다르다는 것을 곧바로 알

아차렸습니다. 그것은 금으로 덮여 있는 불사의 머리였습니다. 히드라를 완전히 물리치려면 무슨 일이 있어도 그 머리를 잘라야 했습니다. 드디어 헤라클레스가 그 머리를 공격하려는 순간 늪에서 거대한 게가 나타났습니다. 여신 아테나가 큰 소리로 경고했습니다. "조심해, 헤라클레스, 뒤를 봐! 헤라의 끔찍한 괴물이 네게 거대한 게를 보냈어!" 하지만 이미 헤라의 게가 집게발로 사납게 그의 발목을 물었습니다. 헤라클레스는 고통스러워 소리를 질렀습니다. 하지만 그것은 그의 분노만 키웠습니다. 그는 몽둥이를 집어 들고 게를 후려쳤습니다. 게는 겨우 몽둥이질 두 번으로 짓이겨졌습니다. 그는 죽은 게 따위는 신경 쓰지 않고 히드라를 향해 돌아섰습니다. 테세우스는 그림자가 죽은 게를 붙잡아 하늘로 데려가는 것을 보았습니다. 헤라는 용감하게 싸운 게를 하늘로 데려가서 게자리로 만들어줬습니다.

마침내 헤라클레스가 히드라의 황금 머리를 잘라 구멍에 묻은 후 구멍을 거대한 바위로 막았습니다. 비록 불사의 존재였지만 그 머리는 더 이상 어느 누구에게도 해를 끼칠 수 없게 됐습니다! 이 승리로 과업을 달성한 헤라클레스는 스스로 자랑스럽고 행복해했습니다. 그는 자신의 모든 화살에 괴물의 피를 묻혀 독화살을 만들었습니다. 이제 헤라클레스의 화살을 맞는 희생자들은 작은 상처만 입어도 즉사할 것입니다.

이올라오스는 헤라클레스를 걱정스럽게 바라보며 중얼거렸습니다. "치명적인 독약이군…. 이것 때문에 곧 비극적인 사건이 일어나겠는걸." 그의 말은 틀리지 않았습니다.

– 다음 편에 계속

제15화

살육을 부른 헤라클레스의 고집

전편 요약 : 헤라클레스는 이올라오스와 여신 아테나의 도움으로 레르나의 히드라를 죽이는 데 성공했습니다. 그는 치명적인 독약인 괴물의 피를 자신의 화살들에 묻혔습니다.

눈앞에 보이는 광경이라곤 태양에 말라버린 작은 잡초 몇 뿌리 외에 아무것도 자라지 않는 갈라진 땅과 자갈이 전부였습니다. 테세우스는 오래 걸어 피곤했고, 장시간 길가에서 기다리는 데 지쳤습니다. 코니다스는 모르는 척했습니다. 그가 젊은 제자를 아르카디아 지역으로 데려온 데는 분명한 이유가 있으니까요. 헤라클레스는 이곳에서 에우리스테우스가 명령한 다른 과업을 완수해야 했습니다.

마침내 지평선에 먼지구름을 일으키며 여행객들이 다가왔습니다. 테세우스는 우뚝 선 헤라클레스를 보자마자 관심이 생겼습니다. 헤라클레스는 기분이 좋은지 목청껏 노래를 불렀습니다. 그의 곁에는 이올라오스가 영웅의 무기들을 들고 종종걸음 했습니다. 무거운 짐을 들고 그를 쫓는 게 상당히 고생스러워 보였습니다. 코니다스가 속삭였습니다. "저 칼은 헤르메스 신이 헤라클레스에게 준 거야. 저 반짝이는 갑옷은 헤파이스토스가 만들어준 거고, 저 활과 화살은 아폴론 신 거야." 테세우스가 부러운 눈으로 신들의 선물을 바라보고 있을 때 이올라오스가 한탄했습니다. "에휴! 이런 도구들이 있으면 누구든 영웅이 될 수 있을걸." 코니다스는 웃음을 참았습니다. 헤라클레스가 앞에 보이는 산을 손가락으로 가리키며 큰 소리로 말했습니다. "이봐, 조카! 저기가 우리가 가야 하는 에리만토스산이야. 새 과업을 완수하기 위해 이곳으로 오게 돼서 정말 기뻐. 이 기회에 옛 친구 폴로스를 한번 봐야겠어." 이올라오스는 헤라클레스의 무기들을 바닥으로 던지며 말했습니다. "그렇게 소리칠 거 없잖아요. 전 바로 옆에 있다고요!" 하지만 헤라클레스는 조카에게도, 자신의 무기에도 전혀 신경 쓰지 않았습니다. 그의 관심은 다른 곳에 있었습니다. 그가 여전히 큰 소리로 말했습니다. "봐! 독수리들이야! 길조라고! 이번 과업도 성공할 거야." 헤라클레스는 독수리들을 매우 존경했습니다. 그는 독수리들의 출현이 신들이 보내는 신호라고 생각했습니다. 이올라오스는 하늘을 보며 혼잣말을 했습니다. "다 미신이야!" 벌써 성큼성큼 저만치 걷고 있는 헤라클레스를 따라잡기 위해 이올라오스는 다시 짐을 들어야만 했습니다.

몇 시간 후 그들은 에리만토스 산기슭에 있는 동굴 입구에 도착했습니다. 켄타우로스 폴로스가 살고 있는 동굴이었습니다. 폴로스는 두 여행객을 환영하며 융숭하게 대접했습니다. 그는 헤라클레스가 좋아하는 구운 고기를 양껏 먹을 수 있을 만큼 내오고, 자신은 날고기를 먹었습니다. 그는 헤라클레스가 좋아하는 보리 케이크도 잔뜩 내왔습니다. 영웅은 매우 좋아하며 포도주를 주문했습니다. 폴로스가 대답했습니다. "이보게 친구, 포도주는 한 단지밖에 없는데 그건 줄 수 없네. 내 것이 아니고 숲에 있는 모든 켄타우로스의 것이거든. 내가 자네에게 포도주를 줘버리면 그들이 몹시 화를 낼 걸세." 헤라클레스는 못 들은 척하며, 동굴 구석에 놓인 단지를 가지러 갔습니다. 폴로스가 얼른 단지를 가로막으며 말했습니다. "이건 다른 켄타우로스를 무시하는 행동일세. 미안하지만 그들의 포도주를 자네에게 줄 순 없네." 갑자기 불쾌해진 헤라클레스가 눈살을 찌푸리며 투덜거렸습니다. "폴로스, 난 이 포도주가 마시고 싶단 말이야." 그러면서 켄타우로스에게 비키라는 몸짓을 했습니다. 하지만 켄타우로스는 그 자리에서 한 발짝도 움직이지 않았습니다. 그리고 나무라듯 고개를 가로저었습니다. "제발 고집 피우지 말게, 헤라클레스. 이 포도주는 내 것이 아니라니까. 자네에게 줄 수 없네." 순간 동굴 안에 긴장감이 돌았습니다. 헤라클레스는 무슨 일이 있어도 그 포도주를 마시고 싶었습니다. 그 어떤 것도 그의 욕망을 꺾을 수 없었습니다. 그가 볼멘소리로 말했습니다. "걱정하지 마. 켄타우로스들은 내가 알아서 할게." 그는 친구를 밀치고 술 단지를 집어 뚜껑을 열더니 게걸스럽게 마셨습니다. 그의 턱을 타고 흐른 포도주가 바닥을 흥건히 적셨습니다. 테세우스와 코니다스는 큰 바위 뒤에 숨어 이 모든 광경을 지켜보았습니다. 헤라클레스의 난폭함과 무례함이 폴로스의 신중함과 대조됐습니다. 오랫동안 단지 안에 담겨 있었던 포도주는 향이 매우 강했습니다. 켄타우로스들은 후각이 매우 예민하기 때문에 포도주 냄새를 금방 알아챘습니다. 그들은 화가 나서 모두 폴로스의 동굴로 모여들었습니다. 그들의 공격은 번개 같았습니다. 몇몇은 나무를 뿌리째 뽑아 흔들었고, 몇몇은 횃불에 불을 붙였습니다. 또 몇몇은 거대한 백정의 칼로 무장했습니다. 그들 모두가 무시무시하게 함성을 질렀습니다. 하얗게 질린 코니다스는 제자와 함께 겨우 바위 뒤로 숨었습니다. 이올라오스와 폴로스도 바위틈으로 피했습니다. 이들의 맹렬한 공격에 모든 이들이 공포에 떨었습니다. 헤라클레스는 동굴 입구에서 미친 사람처럼 정면으로 맞섰습니다. 그는 적을 물리치기 위해 양손에 횃불을 들고 있었는데 갑자기 비가 내리며 횃불이 꺼졌습니다. 헤라클레스는 개의치 않고 활을 꺼내 들었습니다. 그가 쏜 화살들은 모두 명중했습니다. 켄타우로스들은 그의 화살에 맞자마자 죽었습니다. 이 터무니없는 싸움의 결과가 어땠을까요?

— 다음 편에 계속

매우 소중한 두 친구의 죽음

전편 요약 : 켄타우로스 폴로스는 친구 헤라클레스를 따뜻하게 맞아줬습니다. 헤라클레스가 다른 켄타우로스들의 포도주를 마시겠다고 고집 피웠습니다. 매우 화가 난 켄타우로스들이 그를 공격해 맹렬한 싸움이 벌어졌습니다.

시체들이 즐비했습니다. 폴로스의 동굴 앞에는 헤라클레스가 학살한 켄타우로스 시체들이 쌓여 있었습니다. 비가 점점 거세게 쏟아졌습니다. 얼마 남지 않은 켄타우로스들이 공포에 질려 숲으로 도망갔지만 흥분한 헤라클레스가 그들을 쫓아갔습니다.

피난처에서 먼저 나온 폴로스의 얼굴은 눈물과 비가 범벅이 되어 흘렀습니다. 혼란에 빠진 그가 죽은 친구 켄타우로스들 가까이 가서 무릎을 꿇었습니다. "어찌 이런 살육을! 어찌 이런 살육을!" 그는 헤라클레스의 행동을 이해할 수 없었습니다. 비통했습니다. 어떻게 이런 일이 일어날 수 있을까요? 별것도 아닌 이유로 어떻게 이렇게 많은 생명을 앗아갈 수 있을까요? 그저 포도주를 마시고 싶은 하찮은 욕구 때문에 어떻게 이런 살육을 저지를 수 있는 걸까요? 너무나 빠르게 끔찍한 학살이 저질러졌습니다. 어떻게 그토록 용감한 켄타우로스들이 별것 아닌 상처로 그토록 빨리 죽었을까요? 이 모든 의문점들이 폴로스의 머릿속에서 충돌했습니다. 그가 한 시체에게서 화살을 뽑자 이올라오스가 숨어 있던 곳에서 뛰어나오며 다급하게 소리쳤습니다. "안 돼요! 화살을 만지지 마세요!" 하지만 너무 늦었습니다. 그 순간 폴로스가 화살을 놓쳐 화살이 발에 꽂혔습니다. 그는 쉰 목소리로 비명을 지르고 그 자리에 쓰러졌습니다. 죽고 말았죠. 테세우스가 중얼거렸습니다. "레르나의 히드라의 피야! 그 무서운 독에 화살들을 담갔어." 헤라클레스가 많은 공격자들을 혼자서 쉽게 물리칠 수 있었던 것은 그 때문이었습니다. 동굴로 돌아온 헤라클레스의 몸에서는 켄타우로스들의 피가 흐르며 김이 났습니다. 그의 팔에는 부상당한 켄타우로스 한 명이 안겨 있었습니다. 헤라클레스는 힘겹게 숨을 쉬는 켄타우로스를 밀짚 침대에 조심스럽게 내려놓았습니다. 부상당한 켄타우로스가 그를 향해 머리를 돌리는 순간 코니다스와 테세우스는 그를 알아보았습니다. 케이론, 존경스러운 대스승 케이론이었습니다! 헤라클레스는 당황해서 어쩔 줄 모르는 것 같았습니다. 그가 중얼거렸습니다. "선생님, 선생님, 제 부주의로 제 화살이 선생님께 상처를 입혔어요. 공격자들 중에 선생님이 계신 줄 몰랐어요." 케이론이 숨을 헐떡였습니다. 많이 고통스러워 보였습니다. 이성을 잃은 헤라클레스가 물었습니다. "선생님의 고통을 없애려면 어떻게 해야 하죠?" 숨을 헐떡이며 연로한 케이론이 대답했습니다. "죽음! 나를 죽여줘! 근데 애석하게도 난 죽을 수 없어. 내가 죽을 수만 있다면 내 몸을 괴롭히는 이 끔찍한 고통에서 벗어날 수 있을 텐데! 차라리 죽는 게 낫겠어!" 테세우스는 코니다스의 얼굴에 흐르는 눈물을 보았습니다. 그 역시 해결해줄 수 없는 이 고통 때문에 몹시 괴로웠습니다. 그때 커다란 그림자가 동굴 입구를 가렸습니다. 긴 머

리카락이 등 한가운데까지 닿고 키가 큰 남자가 입구를 향해 오고 있었습니다. 숱이 많은 검은 눈썹이 모든 것을 꿰뚫어 보는 듯한, 믿을 수 없을 정도로 맑은 눈을 감싸고 있었습니다. 그는 헤라클레스에게 눈길도 주지 않고 케이론 곁에 한쪽 무릎을 꿇고 앉았습니다. "존경하는 케이론, 당신의 고통을 거두러 왔습니다." 부상당하고 연로한 켄타우로스가 눈을 뜨고 미소를 지으려 애썼습니다. "프로메테우스! 네가 여기…." 프로메테우스가 켄타우로스의 머리를 다정하게 어루만졌습니다. "당신이 부상당해 끝없는 고통을 당하고 있는 것을 보았습니다. 그래서 우리가 가진 것을 교환할 수 있도록 제우스에게 허락을 받았습니다. 당신은 제게 불사의 능력을 주시고, 대신 제가 가지고 있는 인간의 죽을 수밖에 없는 운명을 가져가십시오. 그렇게 하면 당신은 평안을 되찾을 수 있을 겁니다." 테세우스는 전율했습니다. 그는 늘 이 땅에 최초의 인간을 탄생시킨 프로메테우스를 만나보는 것이 평생소원이었으니까요. 그런데 그 티탄이 불과 몇 미터 앞에 있었습니다. 프로메테우스가 천천히 몸을 숙여 케이론의 입술에 입맞춤했습니다. 연로한 켄타우로스는 평화롭게 미소 지으며 숨을 거두었습니다. 프로메테우스가 몸을 일으켰습니다. 이제 그는 불사의 존재가 됐습니다. 그는 눈물을 닦고, 여전히 헤라클레스는 쳐다보지도 않고 동굴을 떠났습니다. 테세우스는 그에게 감탄하지 않을 수 없었습니다. 저항할 수 없는 힘과 현명함이 그에게서 느껴졌습니다!

그 순간 헤라클레스는 친구 폴로스의 사체를 발견했습니다. 그는 이해할 수 없다는 듯 이올라오스를 바라봤습니다. 이올라오스는 "당신의 화살이 그도 죽였어요! 그래요, 당신 화살이오."라고 고함치고 동굴 밖으로 뛰쳐나갔습니다. 헤라클레스는 그 자리에 주저앉아 눈물을 흘렸습니다. 그는 폴로스를 품에 꼭 안고 신음했습니다. "도대체 내가 또 무슨 짓을 한 거지? 난 얼마나 끔찍한 괴물일까?" 에리만토스산에 비통한 침묵이 흘렀습니다. 기이한 냄새가 풍기며 테세우스의 마음을 자극했습니다. 싸움으로 생긴 먼지와 널리 퍼진 피 냄새, 그리고 포도주 향기가 뒤섞인 냄새였습니다.

며칠 후 켄타우로스들의 장례식이 거행됐습니다. 자신의 친구와 연로한 스승을 죽게 한 헤라클레스는 절망에 빠졌습니다. 그는 장례식을 성대하게 치러줬습니다. 악사 수십 명이 장례 행렬을 이끌고 여자들 수백 명이 곡을 하며 뒤따랐습니다. 이들의 행렬에 수많은 사람이 모여들었습니다. 폴로스와 케이론을 애도하는 행사는 열흘 낮 열흘 밤 계속됐습니다. 테세우스와 코니다스도 참배객 사이에 있었습니다. 코니다스는 슬픔과 분노의 감정이 들끓었습니다. 테세우스는 눈앞에서 벌어진 일을 이해해보려고 안간힘을 썼지만, 결국 스승에게 질문했습니다. "코니다스, 설명해주세요. 아무것도 이해하지 못하겠어요. 제 사촌 헤라클레스는 진짜 누군가요? 영웅인가요, 야만인인가요?" 코니다스는 분노로 이글거리는 시선으로 어린 제자를 바라보며 대답했습니다. "테세우스. 이해할 수 없는 것을 이해하고, 설명할 수 없는 것을 설명하고 싶겠지. 이제 너도 알아야 할 때가 됐구나. 한 가지 분명한 것은 내 얘기를 듣고 나면 넌 더 이상 헤라클레스를 전과 같이 생각할 수 없을 거라는 점이야."

- 다음 편에 계속

메가라와의 혼인

전편 요약 : 헤라클레스의 고집 때문에 살육이 벌어졌고, 그 와중에 그가 사랑하는 두 친구 켄타우로스, 즉 연로한 케이론과 폴로스도 죽었습니다. 테세우스는 사촌 형의 진짜 인품을 알고 싶었습니다.

코니다스가 이야기를 시작했습니다. "너도 알다시피 난 테바이에서 헤라클레스와 함께 어린 시절을 보냈어. 우리는 유쾌하게 소란 떠는 동무들과 함께 사자를 사냥하러 가곤 했지. 알크메네는 내게 아들을 따라가서 감시하라고 했어. 나는 오래전부터 헤라클레스의 행동에 영향을 주진 못했지만 다정한 알크메네의 부탁을 거절할 순 없었어. 그러던 어느 날 난 네 사촌의 실수를 목격했단다. 우리는 사자 사냥을 나갔다 허탕치고 돌아오고 있었지. 화가 난 헤라클레스는 기회만 있으면 싸우려고 들었어. 테바이에 도착하기 전 우리는 군인들과 마주쳤어. 그중 한 명이 "길을 비켜, 빨리!"라고 외치자 헤라클레스가 도발적인 말투로 대답했지. "내 앞을 가로막은 건 너야, 네가 비켜. 너 때문에 그늘이 졌잖아. 근데 너희는 누구냐? 어디로 가는 거지?" 무리의 대장은 헤라클레스를 알아보지 못하고 침착하게 말했어. "우리는 미니에스의 왕인 에르기노스의 사신이다. 테바이인들이 빚진 암소 백 마리를 받으러 테바이로 가고 있는 중이다. 그러니 저리 비켜, 어서!" 헤라클레스는 테바이와 미니에스 사이에 어떤 분쟁이 있는지 몰랐지만 그들과 싸움을 벌였어. 싸움은 시시하게 끝났지. 안타깝게도 헤라클레스는 그들이 도망가게 두지 않고 코와 귀를 잘라 목에 걸어 줬어. 그러고는 큰 소리로 말했지. "이제 너희 나라로 돌아가서 에르기노스 왕에게 새로운 지배자가 생겼다고 말해."

테세우스가 망설이다 물었습니다. "스승님이 그 군인들의 신체를 절단하지 못하게 막을 순 없었나요?" 코니다스가 한숨을 내쉬었습니다. "불행히도 그럴 수 없었어. 그보다 더 심각한 건 테바이 주민들이 이러한 행동을 보며 즐거워했다는 거지! 테바이의 크레온 왕은 용기가 없어서 저항 한 번 못하고 매년 미니에스에 가축 백 마리를 빼앗겼거든. 테바이에서는 헤라클레스를 승리자로 환영했어. 크레온은 그에게 감사하다고는 했지만 에르기노스가 어떻게 나올지 두려웠어. 물론 에르기노스는 즉각 반응했지. 보다시피 테바이는 언덕 꼭대기에 도시를 건설하고 둘레에 웅장한 벽을 세워놓았지. 그 아래쪽에 넓고 황량한 벌판이 있고. 얼마 지나지 않아 저 멀리 기병대가 보였어. 테바이 사람들은 성채에 있는 일곱 개의 문을 굳게 닫아걸었어. 크레온 왕은 이미 굴복할 마음을 먹고 서둘러 사신을 보냈어. 성벽 꼭대기에 있던 테바이 사람들은 적군이 전진하는 것을 보며 겁에 질렸지. 성에는 붉은 입술의 아름다운 아가씨 메가라가 있었어. 그녀는 크레온의 장녀였는데 헤라클레스에게 구해달라고 애원했단다. 헤라클레스는 마을의 젊은이들을 모아 사기를 북돋았어. "여러분, 저항하지 않을 건가요? 여러분은 겁쟁이인가요? 저 건달들은 몇 해 동안 뻔뻔하게 여러분을 약탈했습니다. 저놈들이 정한 법을 파기할 때가 됐습니다! 나를 따르세요, 내가 전투를 이끌겠습니다! 우리는 승리할 것입니다!" 난 또다시 그들이 무장하고 싸우는 걸 지켜볼 수밖에 없었어. 헤라클레스가 전쟁에서 냉철한 대장으로 변했다는 건 말할 필요도 없겠지? 그에게 전투는 너무 쉬웠어. 신들이 준 갑옷과 무기로 무장했을 뿐만 아니라 불사의 존재였으니 왜 안 그렇겠어."

테세우스는 전쟁이 시작되기 전 스승의 마음이 어땠을지 쉽게 상상할 수 있었습니다. 그 전쟁에서 많은 피를 흘리지 않게 한 코니다스의 지혜는 그저 놀라울 뿐이었습니다. "나는 언덕 꼭대기에 파놓은 커다란 저수조로 달려갔어. 테바이는 모든 사람에게 풍족하게 물을 공급할 수 있는 수로 체계가 자랑거리였어. 내가 도끼로 저수조에 커다란 구멍을 뚫자 저장되어 있던 물이 콸콸 쏟아졌지. 성벽 꼭대기에서 지켜보고 있던 메가라가 제일 먼저 움직였어. 그녀는 일곱 개의 성문을 모두 열라고 명령했어. 경사지를 따라 흐른 물에 평야가 순식간에 잠겼지. 쏟아지는 물을 피하려고 기병대는 서둘러 도망가야 했지!

테바이 사람들은 하나가 되어 "헤라클레스 만세!"를 외쳤고, 메가라 공주는 영웅의 품에 안겼어. 헤라클레스는 전투를 하지 못해 실망했지만, 사람들은 내가 헤라클레스의 명령에 따라 움직였다고 생각했기 때문에 실망감을 감출 수밖에 없었지! 내가 얼마나 안도했는지 상상할 수 있겠니? 죽은 사람도, 부상당한 사람도 전혀 없었어!"

코니다스는 오랫동안 침묵했습니다. 테세우스는 그가 다시 말하기를 기다렸습니다. 아직까지는 코니다스의 통찰력이 헤라클레스의 어리석음을 능가하고 있었습니다. "크레온은 감사의 표시로 자신의 딸인 붉은 입술을 가진 아름다운 메가라와 헤라클레스를 혼인시켰지. 난 이제 좀 쉴 수 있을 거라 생각했어." 코니다스가 한숨을 쉬었습니다. "이제 결혼도 했으니 헤라클레스가 이성적이 될 거라 생각했어. 내가 예상만 했더라면…."

– 다음 편에 계속

헤라의 가장 잔인한 복수

전편 요약: 코니다스는 테바이에서의 유혈 사태를 막는 데 성공했습니다. 이 승리는 헤라클레스의 공이 되어 그는 아름다운 크레온 왕의 딸 메가라와 혼인할 수 있었습니다.

코니다스는 제자에게 테바이에 관한 이야기를 하는 것이 정말 즐거웠습니다. 그는 그곳의 구불구불한 골목길을 좋아했습니다. 그는 물에 잠긴 평야가 내려다보이는 탁 트인 전망을 좋아했습니다. 그는 진심으로 친절했던 그곳 주민들을 좋아했습니다. 비록 어머니는 실종됐지만 알크메네의 집에서 행복한 청소년기를 보냈습니다. 그는 젊어서부터 왕궁에서 젊은이들의 가정교사로 일했습니다. 그는 크레온의 막내아들 하이몬도 돌보았는데, 활발하고 유순한 아이였습니다. 코니다스가 말했습니다. "난 내가 살면서 배운 모든 걸 그에게 가르쳤어. 시를 읽어주고, 새들과 시냇물의 노랫소리를 듣는 법을 가르쳐줬지." 테세우스는 이 말을 듣고 은근히 질투가 났습니다. 코니다스는 모르는 척했습니다. 그는 계속해서 추억을 더듬었습니다. "헤라클레스는 메가라와 행복해 보였어. 곧 아기가 태어났지. 쾌활한 사내아이였어. 곱슬머리가 아버지와 똑 닮았지. 헤라클레스는 그 아이를 사랑했어. 아버지가 된 네 사촌은 훨씬 온화하고 인간다워졌지. 그는 매일 아이와 놀아줬단다. 그가 아이와 놀면서 아이를 쓰러트리기도 했는데, 그건 그가 아들을 사랑하는 방식이었어. 조카 이올라오스가 아이를 보살피는 임무를 맡았지. 아이가 걸음마를 뗄 때 손을 잡아준 사람이 그였고, 처음 말문이 트였을 때 들어준 사람도 그였고, 처음으로 상처가 났을 때 치료해준 사람도 그였지. 메가라는 좋은 엄마였어. 그녀는 이올라오스를 전적으로 신뢰했어. 그래서 아이를 그에게 맡기고 헤라클레스가 주최하는 수많은 연회에 참석할 수 있었지.

두 번째 사내아이가 태어났어. 붉은 입술과 검은 머리칼이 엄마와 똑 닮은 그 아이는 섬세하고 예민했어. 얼마 지나지 않아 세 번째 사내아이가 태어났어. 한눈에도 다른 형제들과 닮지 않았다는 것을 알 수 있었지! 막내는 근육이 발달한 건장한 아기였어. 그 나이의 아기라고는 믿을 수 없을 정도로 힘이 셌지. 헤라클레스는 곧 그 아이를 총애하게 됐지. 헤라클레스는 매일 아침 사랑하는 자식들을 보러 갔어. 행복하고 평화로운 날들이었지. 세월이 흘러 헤라클레스의 아이들도 많이 성장했어. 그 사건이 일어났을 때 난 네 교육을 맡아달라는 네 어머니의 부름을 받고 테바이를 떠날 준비를 하고 있었어.

이올라오스는 매일 새벽 일찍 헤라클레스의 아들들을 살펴보러 갔는데, 어느 날 아침엔 길에서 주운 거북이를 들고 갔어. 아이들이 즐거워하자 이올라오스도 기뻤지. 그때 헤라클레스가 아이들 방으로 이어지는 계단을 올라오는 소리가 들렸어. 돌을 울리는 그의 육중한 발소리는 누구도 흉내 낼 수 없었지. 이올라오스는 어디서든 그 소리를 분간할 수 있었어. 그런데 무언가 불안정하고 주저하는 것 같았어. 게다가 헤라클레스가 그렇게 일찍 일어났다는 것도 이상한 일이었지. 아이들도 귀를 기울였어. 그렇게 이른 아침에 누가 방문하는 것일까? 큰 키의 아버지를 알아본 첫째가 "아빠!" 하고 소리치며 아버지를 향해 달려갔지. 둘째는 약간 불안해했지만 그 역시 헤라클레스에게 갔어. 하지만 셋째는 거북이처럼 느리게 움직였어. 그때의 일을 어떻게 말로 표현할 수 있겠니. 이올라오스는 헤라클레스의 눈이 끔찍하게 번뜩이는 것을 봤어. 그를 알아볼 수 없었어. 마치 광풍이 부는 것 같았어. 그의 혈관에 무슨 독이 흘렀던 걸까? 그는 더 이상 그가 아니었어. 그의 영원한 적 헤라가 그에게 광기에 사로잡히는 운명을 준 거였어. 아버지가 자신의 다리에 매달리는 자식들을 알아보지 못하고 소리쳤지. "아, 버러지 같은 것들! 더러운 벌레 같으니라고. 너희들은 누구냐?" 공포로 얼어버린 이올라오스가 뭐라 하기도 전에 그는 세 아이를 모두 죽였어. 하찮은 모기를 짓뭉개 버리듯.

그러고는 이올라오스에게 덤벼들었지. 젊은이가 소리쳤어. "삼촌! 삼촌! 저예요, 저, 이올라오스." 하지만 헤라클레스는 전혀 알아보지 못했어. 이올라오스는 지푸라기처럼 바닥에 내동댕이쳐졌지. 마지막 순간이라고 생각하니 숨을 쉴 수가 없었어. 그 순간 갑옷을 입고 모자를 쓰고 방패를 든 여인이 나타났어. 그녀는 무거운 바위를 번쩍 들더니 있는 힘을 다해 헤라클레스에게 던졌어. 가슴에 돌을 맞은 거인이 비틀거리다 바닥에 쓰러졌지. 이올라오스는 모자를 쓴 여인 위로 올빼미가 나는 것을 보고, 자신을 구해준 이가 바로 지혜와 전쟁의 여신 아테나라는 것을 알았어. 여신은 올 때처럼 소리 없이 사라졌지.

이올라오스가 울부짖는 소리에 온 궁전이 잠에서 깼어. 메가라가 즉시 달려왔어. 가슴이 찢어지는 어머니의 절규가 온 도시에 퍼졌어. 나도 달려가 보니 이올라오스가 절망하고 있었어. 그는 사지를 떨고 있었지. 나는 메가라를 품에 안고 달래주려고 했어. 온 테바이가 구슬피 울며 헤라클레스의 광기를 저주했어."

이야기를 들은 테세우스는 하얗게 질렸습니다. 어떻게 헤라클레스는 세상에서 가장 사랑하는 존재를 죽일 수 있었을까요? 어떤 무서운 힘이 그에게 자기 자식을 살해하게 했을까요? 용서받지 못할 죄를 저질러 놓고 많은 괴물들을 무찌르는 무훈을 세운들 무슨 소용이 있을까요?

- 다음 편에 계속

제19화

헤라클레스의 운명

전편 요약 : 헤라가 보낸 광기에 사로잡힌 헤라클레스는 자신의 아이들을 죽였습니다. 아테나의 개입으로 조카 이올라오스를 살해하는 것만은 막을 수 있었습니다.

코니다스의 이야기를 들은 테세우스는 언젠가 헤라클레스를 만난다면 자신의 아이들을 살육하는 모습을 상상하지 않고 두려움에 떨지 않은 채 그의 눈을 볼 수 있을지 궁금했습니다. 마치 그의 생각을 들은 듯 코니다스가 이야기를 계속했습니다. "메가라의 고통은 말로 표현할 수 없었지. 자식들이 죽었는데 어머니가 살 수 있겠니? 이올라오스의 고통 역시 컸어. 시시각각 끔찍한 장면이 생생하게 떠올랐고, 시시각각 아이들을 구하지 못한 것을 자책했지. 하지만 헤라클레스의 고통 역시 깊이를 가늠할 수 없었어. 제정신이 돌아온 그는 자신의 행동에 대해 아무것도 기억하지 못했어. 여전히 붉은 베일 같은 것이 남아 있었지. 자신이 얼마나 끔찍한 일을 저질렀는지 알았을 때 그는 완전 미치광이 같았어. 자신의 커다란 손을 무섭게 노려봤지. 그는 자신을 증오했어. 그가 온전히 삶을 살 수 있을까? 몇 주가 흘렀어. 헤라클레스는 자신의 범죄에 대해 다시 언급하지 않았지만 온종일 어두운 곳에 틀어박혀 그 사건을 상기했어. 그리고 전날 저녁 자신이 술을 많이 마셨다는 것을 기억해냈어. 그 후엔 붉은 베일밖에 생각나지 않았지. 그러고는 아이들의 시체 곁에서 깨어났지. 그는 끊임없이 중얼거렸어. "난 살 가치가 없어." 그는 자식들이 보이는 것 같았고, 그들의 발소리와 웃음소리가 들리는 것 같았어. 그는 너무나 수치스러워서 메가라를 볼 수조차 없었지. 이올라오스는 헤라클레스가 그를 다시 부를 때까지 그 가여운 어머니를 정성껏 돌봤어. 헤라클레스가 말했어. "조카, 넌 여전히 내게 충성을 다하는구나. 네게 부탁할 게 있어. 난 이제 메가라에게 다가갈 수가 없어. 나 대신 그녀를 아내로 받아줄 수 있겠니?" 이올라오스는 그가 이런 부탁을 하리라고는 전혀 예상하지 못했어. 숙모 메가라는 그보다 나이도 훨씬 많았어. 이제 겨우 청소년기를 벗어난 그는 거절의 의사를 밝혔지. "삼촌, 전 아직 어려요." 헤라클레스가 그의 말을 끊었어. "넌 선택의 여지가 없어. 난 이 길로 델포이 신전의 피티아에게 가서 내게 허락된 운명을 알아볼 거야. 내가 저지른 범죄를 속죄할 수 있는 방법도. 메가라 곁에는 남편이 필요해. 그런데 이제 나는 그럴 수 없어." 그렇게 해서 이올라오스는 메가라와 결혼했어. 헤라클레스는 델포이로 떠났어. 그는 내게 테바이를 떠나는 것을 연기하고 그와 동행해달라고 부탁했지."

테세우스는 지금껏 델포이에 가본 적은 없었지만 여러 이야기를 통해 그 신비한 장소에 관해 알고 있었습니다. 그 역시 오래지 않아 전통에 따라 자신의 긴 머리를 아폴론에게 바치기 위해 델포이로 가야 한다는 것도 알고 있었죠. 그는 이어지는 코니다스의 이야기에 흠뻑 빠져들었습니다. "아폴론 신전은 언덕 꼭대기에 있는데, 산기슭에는 올리브 밭이 바다처럼 펼쳐져 있지. 사람들은 그리스 도처에서, 아니 그보다 더 멀리에서 신들을 숭배하러 그곳으로 가지. 하지만 군중을 끌어모으는 것은 신전에 사는 아폴론의 사제 피티아야. 그녀에게는 예언을 하는 재능이 있어서, 그녀가 예언한 미래는 반드시 이루어지지.

헤라클레스는 군중 속에 섞여 조용히 자신의 차례를 기다렸어. 나는 피티아에게 완전히 홀려 그녀를 바라봤어. 머리카락이 얼굴을 따라 길게 내려왔고, 몸은 몹시 야위었어. 가장 인상 깊었던 것은 불꽃보다 더 반짝이는 눈이었어. 그녀는 돌로 만든 작은 건축물 가운데에 웅크리고 있었어. 월계수 잎들이 그녀를 감싸고 있었지. 향기 나는 연기가 그녀 주위로 피어올랐어. 그녀는 이상한 식물을 한 줌 입에 넣고 오랫동안 씹었어. 그러자 그녀 안에서 갑자기 빛이 나는 것 같았어. 사람들은 그녀가 망아지경이라고 했어. 몸이 심하게 요동치며 뱀처럼 뒤틀렸어. 눈알은 빙빙 돌고 얼굴을 찡그렸지. 그녀의 입에서 나오는 건 신탁이었어. 방문자가 그녀에게 던진 물음에 대한 답이었어. 아폴론이 그녀를 통해 말하고 있다는 것을 어느 누구도 의심하지 않았어. 각자 가져온 공물을 바치고 신의 충고를 듣고 떠났지. 피티아의 말은 분명하고 이해하기 쉬울 때도 있었지만, 애매하고 이치에 맞지 않을 때도 있었어. 하지만 피티아에게 질문을 할 순 없었어.

우리는 오랫동안 우리 차례가 되기를 기다렸어. 마침내 헤라클레스가 다가가자 피티아가 무서운 시선으로 그를 바라봤어. 그가 한 마디도 하지 않았는데 피티아는 그에게 무릎을 꿇으라는 몸짓을 했어. 그리고 귀청을 찢을 듯한 날카로운 소리로 말했어. "살인자! 넌 살인자야! 그것도 가장 나쁜 유아 살인자." 헤라클레스가 뭐라고 중얼거리자 그녀가 권위적인 동작으로 조용히 하라고 했어. "네 잘못을 속죄하는 방법은 한 가지밖에 없다, 헤라클레스. 미케네로 가서 사촌 에우리스테우스를 섬겨라. 그에게 복종하고 그가 네게 명하는 열두 가지 과업을 받아들여라. 이 열두 가지 과업을 완수해야만 네 잘못이 사해질 것이다."라고 했어."

헤라클레스는 과연 이 신탁을 받아들였을까요?

– 다음 편에 계속

제20화

헤라클레스의 열두 가지 과업

전편 요약 : 헤라클레스는 델포이의 피티아에게 상의하러 갔습니다. 그는 자신이 저지른 범죄를 속죄하려면 사촌 에우리스테우스에게 복종하라는 신탁을 받았습니다.

에우리스테우스! 그는 그리스 왕들 중 가장 허약하고 가장 용감하지 못한 자였습니다! 테세우스는 헤라클레스가 이런 신탁을 어떻게 받아들일지 무척 궁금했습니다. 코니다스가 이야기했습니다. "피티아가 그 이름을 말하자 헤라클레스는 펄쩍 뛰었지. "에우리스테우스는 안 돼요!" 위대한 영웅인 그가 그토록 비겁한 사람에게 복종한다는 것은 너무나 가혹한 일이었지.

나는 화가 나서 부들부들 떠는 헤라클레스를 보며 그가 또다시 모든 것을 파괴할 것이라고 생각했어. 하지만 규석처럼 단단하고 예리한 피티아의 시선은 단호하게 말하고 있었어. 달리 선택의 여지가 없었던 헤

라클레스는 시선을 떨구고 신탁을 수용했어."

테세우스는 자긍심이 강한 헤라클레스가 사촌 에우리스테우스의 명령을 받으러 가는 모습을 상상하기 힘들었습니다. 하지만 그것이 그가 받은 판결이었습니다. 코니다스가 계속해서 말했습니다. "돌아오는 길에 헤라클레스는 한 마디도 하지 않았어. 그는 테바이를 통과하는 것조차 원하지 않았기 때문에 미케네로 곧장 갔지. 도시의 입구에 세워진 거대한 사자 모양의 문에 가까워질수록 그가 주저하고 있다는 것을 느낄 수 있었지. 발걸음이 느려지고, 등은 약간 구부정했거든. 그러다 마침내 결심한 듯 주먹을 불끈 쥐더니 고개를 높이 들고 문을 통과했어.

너도 에우리스테우스를 볼 수 있겠구나. 그가 분명 화를 낼 거야! 헤라클레스는 늘

그에게 극심한 공포를 안겨줬지. 어렸을 때부터 끊임없이 그를 때렸으니까. 에우리스테우스는 혹시 일이 잘못될 경우 숨으려고 커다란 항아리를 만들게 했단다. 생각해봐, 항아리라니!" 이 기억을 떠올리며 코니다스가 웃음을 터트렸습니다. 테세우스는 안심이 됐습니다. 조금이라도 웃을 수 있어서 좋았습니다! 그 우스꽝스러운 상황을 전부 이해할 순 없었지만 테세우스 역시 웃었습니다.

"항아리에 숨어 있는 에우리스테우스와, 눈으로 그를 찾으며 걷는 헤라클레스라니. 그 장면을 상상해봐. 한 명은 항아리 안에 숨어 있고, 다른 한 명은 그를 찾을 수 없고! 헤라클레스는 신경질이 나서 소리를 질렀지. "어이, 사촌! 어이! 어디 있나?" 대답이 없었어. 그때 하인들이 접견실 중앙에 있는 항아리를 손가락으로 가리키며 웃음을 터트렸어. 그래서 난 그에게 항아리를 살펴보라고 속삭였지. 헤라클레스가 항아리로 가서 뚜껑을 주먹으로 치며 소리쳤어. "에우리스테우스! 거기서 나와! 난 네게 봉사하러 왔다고. 어서!" 그러자 뚜껑을 들어 올리며 에우리스테우스가 항아리에서 반쯤 몸을 내밀었어. 진짜 웃겼지. 헤라클레스도 웃음을 터트리고 말았어! 골이 난 에우리스테우스가 불만에 찬 목소리로 그에게 말했어. "그렇게 조롱하려거든 뭐 하러 왔어?" 헤라클레스가 대답했지. "나도 어쩔 수 없었어. 내 죗값을 치르려면 네게 복종하라는 판결을 받았어. 자, 명령해, 어서 끝내자."

에우리스테우스는 여전히 불안해서 항아리에서 나오지 않았어. 그러니까 항아리 안에서 상체만 내놓은 채 헤라클레스에게 네메아의 사자를 잡아 오라는 첫 번째 과업을 명령했지." 테세우스가 소리쳤습니다. "네메아의 사자! 그 가죽은 제가 어렸을 때 살아 있는 사자라고 생각했던 거잖아요!" 코니다스가 대답했습니다. "그렇단다. 그 사자를 잡은 이야기는 헤라클레스가 네게 직접 해줬으니 너도 알지? 하지만 네가 모르는 이야기가 두 개 있는데, 네메아의 사자를 기억하기 위해 제우스가 하늘에 사자자리라는 별자리를 만들어줬지. 또 사자를 잡아서 가지고 온 헤라클레스를 보고 공포에 질린 에우리스테우스는 이후 그가 미케네의 궁전에 들어오는 것을 금지했단다. 그는 탑 꼭대기에서 헤라클레스에게 레르나의 히드라와 싸우러 가고 말했지!" 테세우스는 다시 한 번 에우리스테우스의 비겁함에 웃음을 금치 못했습니다.

밤이 됐습니다. 에리만토스산에서 테세우스와 코니다스가 이야기를 한 지 많은 시간이 흘렀습니다. 테세우스가 하품을 참으며 물었습니다. "그러니까 에우리스테우스가 명령한 과업들 중 제가 두 가지를 본 거네요." 코니다스가 대답했습니다. "그렇지. 케리네이아의 암사슴은 헤라클레스가 해결해야 할 세 번째 과업이었어." 테세우스는 피곤해서 잠이 쏟아졌습니다. 완전히 잠이 들기 전 그가 물었습니다. "그럼 지금은요?" 코니다스가 분명하게 말했습니다. "헤라클레스가 에리만토스의 멧돼지를 잡으러 갔지. 이건 네 번째 과업이야. 우리는 에리만토스로 가는 도중에 친구 폴로스에게 간 그와 만난 거야." 이 말에 테세우스는 자신이 최근 목격한 사건이 생각났습니다. 헤라클레스는 자신의 자녀를 살해한 사건을 겪고도 자제력을 키우지 못했던 것입니다. 헤라클레스의 비극적인 과업에 관한 이야기를 알게 된 지금 테세우스는 잠이 들면서 다음 과업에서 어떤 것을 알게 될지 궁금했습니다.

– 다음 편에 계속

에리만토스의 멧돼지

전편 요약 : 테세우스는 헤라클레스가 자신의 죄를 속죄하기 위해 사촌 에우리스테우스의 명령에 복종하라는 판결을 받았다는 것을 알았습니다. 그는 헤라클레스에게 왜 그 같은 판결이 내려졌는지 이해할 수 있을 것 같았습니다.

헤라클레스는 한동안 말없이 걸었습니다. 테세우스와 코니다스가 적당한 거리를 유지하며 그를 쫓았습니다. 헤라클레스는 켄타우로스 폴로스와 케이론을 죽게 한 자신을 용서할 수 없었습니다. 그는 그 포도주 단지를 열겠다고 고집부린 것을 깊이 후회했습니다. 오솔길은 점점 더 가팔라졌습니다. 에리만토스산은 실편백[1] 나무로 덮여 있어 음침하게 느껴졌습니다. 여기저기 눈 더미들이 있었습니다. 이올라오스는 힘겹게 그를 따라갔습니다. 테세우스는 비록 조금 전 알게 된 사건들의 충격에서 벗어나지 못했지만 이 과업들이 어떻게 끝나게 될지 궁금했습니다. 그때 어디선가 커다란 비명 소리가 들렸습니다. 늑대의 울음처럼 비통한 소리였습니다. 피가 얼어붙는 것 같았습니다. 비명을 지른 사람은 헤라클레스였습니다! 즉각 코니다스가 반응했습니다. "여기서 잠시 쉬자. 그가 고통스러워 비명을 질렀는지, 아니면 또다시 미쳐 날뛰는 건지 모르겠지만 신중해야겠어." 테세우스와 코니다스는 빽빽한 실편백 나무 뒤로 몸을 숨기고 기다렸습니다.

비명 소리를 듣고 나서부터 수심이 가득했던 코니다스가 웃음을 터트렸습니다. "완전히 속았네. 이번엔 헤라클레스가 머리를 썼군. 멧돼지가 비명 소리를 듣고 잡목 숲에서 뛰쳐나오길 바란 거로군."

코니다스가 말을 마치자마자 실제로 털이 길고 어금니가 날카롭고 커다란 그 야생 짐승이 나타났습니다. 헤라클레스가 고함을 지르며 멧돼지를 쫓았습니다. 멧돼지는 테세우스와 코니다스가 숨어 있는 곳을 향해 지그재그로 달렸습니다. 테세우스가 숨을 참으며 코니다스의 손을 꽉 쥐었습니다. 그 괴물이 그들을 공격할까요? 헤라클레스가 토끼 몰듯 계속 쫓아오자 그 괴물은 오른쪽으로 방향을 바꿔 달렸습니다. 계속된 추격으로 둘 다 눈 속으로 사라졌습니다. 확실히 그 멧돼지를 쉽게 잡을 수는 없었습니다. 헤라클레스는 멧

---

[1] cyprès, 실편백. 고대인들이 애도의 상징으로 실편백을 묘지에 심었던 데서 유래하여 죽음, 애도, 슬픔이라는 의미가 있다.

돼지를 산 채로 잡아야 했기 때문에 독이 묻은 화살을 사용할 수 없었습니다. 따라서 그 짐승을 지치게 만들어야 했죠.

테세우스는 몇 시간째 기다리는 게 지루했습니다. 잡목 숲에 숨어 상황을 지켜보던 이올라오스가 조심스럽게 나와 불을 피우고 커다란 구멍을 팠습니다. 멧돼지와 헤라클레스의 소리가 이따금씩 들렸습니다. 온 숲을 뛰어다니던 짐승이 갑자기 오솔길 위쪽에서 다시 나타났습니다. 불을 보고 놀란 짐승이 불을 피하다가 이올라오스가 파놓은 구덩이에 빠졌습니다! 멧돼지가 눈 속에 파묻힌 풀들이 드러나도록 몸부림치는 동안 헤라클레스가 그를 결박하고 깃털처럼 가볍게 어깨에 짊어졌습니다. 그가 이올라오스에게 소리쳤습니다. "이봐 겁쟁이, 어디 갔다 온 거야?" 테세우스는 '정말이지 이올라오스의 도움에 감사할 줄 모르는군!'이라고 생각했습니다. 미케네로 돌아가는 길은 짧게 느껴졌습니다. 헤라클레스는 평소의 무사태평함과 쾌활함을 되찾았습니다. 거대한 야생 짐승을 결박해서 등에 지고 가는 그들은 사람들의 눈에 띄지 않을 수 없었습니다! 그들은 마주치는 주민들의 경악한 얼굴을 보며 마음껏 즐겼습니다. 헤라클레스가 에우리스테우스가 명령한 네 번째 과업을 완수했다는 소식은 그리스 전체에 퍼졌습니다. 이올라오스가 외쳤습니다. "거봐요, 내가 말했죠. 에우리스테우스의 명령에 복종하라는 판결이 실은 당신에게 행운이라고요. 과업에 성공할 때마다 사람들은 당신의 영광을 노래하고, 모든 가정에서 당신의 업적을 이야기하잖아요."

에우리스테우스는 자신의 궁전에 사촌이 돌아오는 것

이 두려웠습니다. 그는 이 허풍쟁이가 자신의 나라에 다시 들어오게 하고 싶은 마음이 전혀 없었습니다. 그래서 지금껏 헤라클레스가 성공할 수 없을 거라고 생각되는 것들을 명령했습니다. 그런데 헤라클레스는 별 어려움 없이 이 일들을 해냈습니다. 에우리스테우스의 걱정은 점점 커졌습니다. 앞으로 언제까지 헤라클레스가 화를 내지 않고 그의 명령을 따를지 알 수 없었습니다. 그래서 그는 전략을 바꿔 헤라클레스가 다시는 자신의 나라에 들어오지 못하게 하겠다고 결심했습니다. 헤라클레스는 미케네 사람들이 그를 대하는 태도에 놀랐습니다. 그는 결박한 에리만토스의 멧돼지를 성문 아래에 던져놓고 기다렸습니다. 자신의 청동 항아리 안에 숨은 에우리스테우스는 그 항아리를 성벽 꼭대기로 옮기게 했습니다. 목숨을 잃을까 봐 두려워서 머리도 내놓지 못한 채 그가 명령했습니다! 그의 신하가 항아리 벽에 귀를 바짝 대고 에우리스테우스가 한 말을 큰 소리로 전했습니다! 헤라클레스는 이 우스꽝스러운 모습을 보고 크게 웃었습니다. 신하가 수치심을 느끼며 말했습니다. "에우리스테우스 폐하께서 스팀팔로스 호수에서 맹위를 떨치는 끔찍한 새들을 없애라고 그대에게 명하셨다." 헤라클레스는 진지해지려고 노력하며 어깨를 으쓱하더니 다시 길을 떠났습니다. 테세우스가 속삭였습니다. "우리도 갈까요?" 코니다스는 망설였습니다. "충분히 보지 않았니?" 테세우스가 미간을 찌푸리며 물었습니다. "왜요? 그렇게 위험한가요?" 코니다스가 대답했습니다. "네가 생각하는 것보다 훨씬 더."

- 다음 편에 계속

스팀팔로스 호수의 새들

전편 요약: 헤라클레스는 에리만토스의 멧돼지를 포획하라는 네 번째 과업을 완수했습니다. 에우리스테우스는 다섯 번째 과업을 지시했습니다.

헤라클레스와 이올라오스가 스팀팔로스 호숫가 숲에 도착했습니다. 이제 막 해가 지기 시작했습니다. 우거진 숲 속은 한밤중처럼 어두웠습니다. 이올라오스가 본능적으로 목소리를 낮추며 중얼거렸습니다. "뭐가 이렇게 음산해…." 호수의 물은 배가 지나갈 수 없을 정도로 몹시 지저분했습니다. 헤엄을 치거나 걸어서 건너갔다가는 영원히 헤어나지 못할 것 같았습니다.

테세우스는 길을 가는 동안 점점 말이 없어진 코니다스에게서 겨우 몇 가지 정보를 얻을 수 있었습니다. 헤라클레스가 쫓아야 할 새들은 두려운 존재였습니다. 그들은 가까이 오는 모든 사람과 동물을 잡아먹었고, 그들의 배설물이 닿으면 모든 수확물이 파괴됐습니다! 테세우스가 물었습니다. "그 새들은 어떻게 생겼어요?" 코니다스가 대답했습니다. "곧 알게 될 거야…."

헤라클레스 일행을 따라 어두운 숲 속으로 들어간 테세우스는 눈앞의 광경을 보고 머리칼이 쭈뼛 섰습니다. 그곳은 호숫가에 있는 여느 숲과는 달랐습니다. 나뭇가지마다 덤불숲마다 새가 앉아 있었습니다. 십여 마리, 백여 마리가 아니라 수천 마리가 있었습니다! 그들은 모습마저 끔찍했습니다! 부리와 날개가 청동이었습니다. 숲이 유난히 어두웠던 것은 바로 이 위협적인 금속 새 무리가 태양을 가렸기 때문이었습니다! 재빨리 그들의 약점을 파악한 이올라오스가 헤라클레스에게 속삭였습니다. "이번만큼은 삼촌의 화살로 그들을 죽일 수 없어요. 하지만 그들이 날고 있을 때 옆구리에 화살을 쏘면 금속 날개로도 보호하지 못할 거예요." 헤라클레스가 중얼거렸습니다. "사람들이 왜 이 빌어먹을 새들을 전쟁의 신 아레스의 것이라고 하는지 알겠어. 저 부리는 분명 모든 갑옷을 뚫을 수 있을 거야. 아무리 그래도 대장장이의 신 헤파이스토스가 내게 만들어준 갑옷은 못 뚫겠지만 말이야." 이올라오스가 어깨를 으쓱했습니다. "문제는 그게 아니에요. 어떻게 해야 그들을 가지에서 쫓을 수 있을까요? 그래야 공격할 수 있는데…."

테세우스는 괴물 같은 새들의 눈에 띄어 공격당할까 봐 겁이 나서 숨도 제대로 쉴 수 없었습니다. 그들은 이비스[1]와 흡사하게 목이 길어서 멀리까지 주변을 볼 수 있었습니다. 테세우스는 자신의 호기심이 원망스러웠습니다. 신중한 코니다스가 주저했던 이유를 이해했습니다. 호수에서 나는 지독한 악취 때문에 숨을 쉴 수조차 없었습니다. 그때 한 여인이 나타났습니다. 모자를 쓰고 방패를 든 그녀의 어깨에 올빼미가 앉아 있었습니다. 테세우스는 아테나 여신을 보고 기뻤습니다. 그녀는 헤라클레스가 레르나의 히드라와 싸울 때 이미 도움을 줬으니 분명히 이번에도 값진 도움을 줄 것입니다.

헤라클레스는 아테나를 오랜 친구처럼 맞았습니다. 그녀가 그에게 미소 짓고 손바닥을 활짝 펼쳐 내밀었습니다. 그녀의 손에서 청동 캐스터네츠가 반짝였습니다. "헤파이스토스가 너를 위해 만들었어. 가져다가 유용하게 쓰길 바라, 친구." 헤라클레스는 아테나에게 고맙다는 말조차 하지 않고 캐스터네츠를 받았습니다. 여신은 곧바로 사라졌습니다.

헤라클레스는 캐스터네츠 사용법을 몰라 손가락 사이에 끼우고 돌렸습니다. 그의 커다란 손에 들린 작은 악기는 우스꽝스러워 보였습니다. 이올라오스가 터져

[1] Ibis, 열대 아메리카, 아프리카에 사는 저어샛과의 새.

나오려는 웃음을 참고 말했습니다. "이리 주세요. 제가 할게요. 삼촌은 활과 화살을 준비하세요. 이건 금속 캐스터네츠라 이런 소리라면 새들이 놀라서 날아갈 거예요." 마침내 헤라클레스도 이해했습니다. 그는 이올라오스의 손에서 거칠게 캐스터네츠를 뺏으며 시끄럽게 해도 된다는 허락을 받은 아이처럼 말했습니다. "아니, 내가 할 거야."

그는 말을 마치자마자 행동으로 옮겼습니다. 그가 있는 힘껏 캐스터네츠를 치자 요란한 소리가 났습니다. 테세우스와 코니다스는 귀를 막을 수밖에 없었습니다. 헤라클레스의 엄청난 힘 때문에 강렬한 소리가 났습니다. 소리가 새들의 청동 날개에 부딪혀 점점 더 커졌습니다. 어느 누구도 도저히 견딜 수 없을 정도였습니다. 결국 새들도 소음을 피해 도망가느라 앉아 있던 가지에서 날아올랐습니다. 그들이 구름처럼 거대한 덩어리가 돼서 태양을 완전히 가리는 바람에 숲은 완전히 어두워졌습니다. 소름이 끼쳤습니다. 이제 헤라클레스는 그들에게 화살을 겨눠 있는 힘껏 쏘기만 하면 됐습니다. 그는 활 솜씨가 어찌나 훌륭한지, 마지막 한 마리까지 모든 새들을 화살로 맞히는 데 10분도 걸리지 않았습니다.

헤라클레스는 자신의 솜씨가 자랑스럽고 기뻐서 어쩔 줄 몰랐습니다. "봤지, 이올라오스? 내가 어떻게 그들을 모두 죽였는지 봤지, 응?" 테세우스는 사촌 형이 이룬 업적에 깜짝 놀랐습니다. 그러나 아테나 여신과 이올라오스의 도움이 없었다면 과연 그가 영웅이 될 수 있었을까요? 헤라클레스는 이미 그들의 도움에 대해 잊은 듯 보였습니다. 미케네가 가까워오자 헤라클레스가 허세를 부렸습니다. "서둘러! 바쁘다고. 에우리스테우스가 내게 또 다른 과업을 맡길 거야! 정말 재밌어." 곧바로 이 말을 보고받은 에우리스테우스 왕은 화가 났습니다. "불한당 같은 놈. 그래, 재미있단 말이지? 그렇다면 이번 과업도 즐기면서 할 수 있는지 두고 보자…."

– 다음 편에 계속

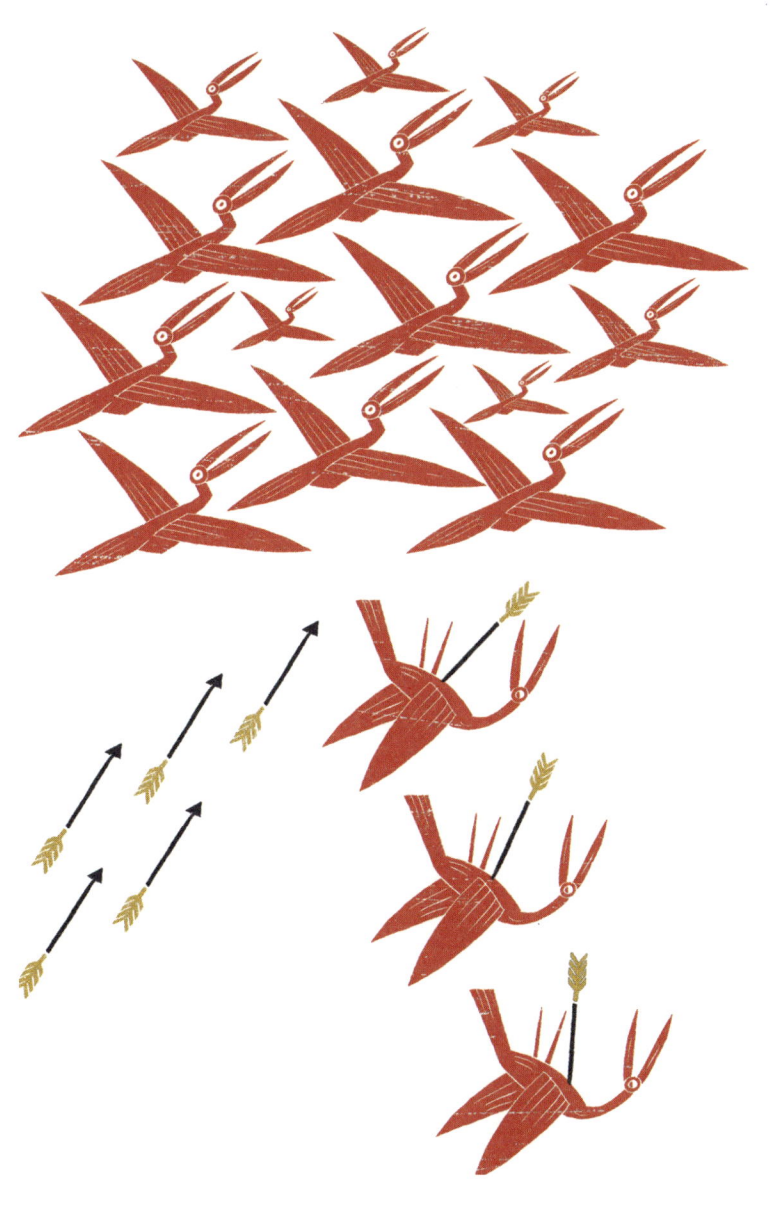

제23화

아우게이아스의 마구간 청소

전편 요약: 헤라클레스는 아테나와 이올라오스의 도움으로 스팀팔로스 호수의 새들을 몰살하는 데 성공했습니다. 에우리스테우스는 애써 힘들게 선택한 과업들을 헤라클레스가 재밌어하자 그에게 더 끔찍한 과업을 내려야겠다고 마음먹었습니다.

아름다운 초원을 따라 길이 길게 이어졌습니다. 테세우스와 코니다스는 새벽 일찍 아우게이아스의 나라로 출발한 이올라오스와 헤라클레스를 놓치지 않기 위해 열심히 걸었습니다. 아우게이아스는 태양의 신 헬리오스의 아들이었습니다. 그리고 그 나라에서 가장 많은 가축을 소유한 부자였습니다. 그가 소유한 가축은 그리스 전체에서 가장 건강했습니다. 사람들은 그의 가축들이 신들의 보호를 받기 때문에 절대로 병들지 않고 끊임없이 번성한다고 말했습니다. 테세우스는 길에서 만난 가축들을 보며 감탄을 금할 수 없었습니다. 아우게이아스는 발이 하얀 검은 소 300마리와 붉은 소 200마리를 소유했습니다. 하지만 가장 대단한 것은 은빛이 도는 흰 소 열두 마리였습니다. 정말 놀라웠습니다! 그런데 아우게이아스의 집으로 다가갈수록 고약한 냄새가 여행객들의 코를 찔렀습니다. 신경이 쓰인 테세우스가 물었습니다. "이런 썩은 내가 어디서 나는 거죠?" 코니다스가 대답했습니다. "저기를 봐. 밭이 오물투성이잖니." 테세우스가 놀라며 중얼거렸습니다. "저런 쇠똥 밭에선 아무것도 경작할 수 없겠어!" 코니다스가 설명했습니다. "바로 그게 문제지. 코를 막고, 저 헛간 뒤로 숨자."

그 순간 밭 주인이 느긋하게 걸어왔습니다. 아우게이아스는 돼지처럼 살이 쪘습니다. 최근 며칠 동안 무엇을 먹었는지 짐작할 수 있을 정도로 옷에 얼룩이 잔뜩 묻어 있었습니다! 그에게는 고약한 냄새가 아무렇지 않아 보였습니다. 테세우스는 아우게이아스가 들어간 마구간 내부를 흘깃 보았습니다. 그곳은 끔찍했습니다. 오물이 산더미처럼 쌓여 있었습니다! 아우게이아스는 방문객 헤라클레스와 이올라오스와 격렬하게 악수했습니다. 그가 말했습니다. "마구간 청소를 안 한 지 몇 년 됐다오. 오물을 치울 사람을 찾지 못하다 보니 이렇게 많아졌다오. 사람들은 더럽다고 모두 도망갔어도 다행히 가축들은 개의치 않는다오. 난 익숙해졌소." 헤라클레스는 토하기 직전이었습니다. 이올라오스는 냄새를 걸러보려고 스카프로 코를 가렸습니다. 그는 헤라클레스를 이 궁지에서 구할 방법을 찾기

위해 벌써 구석구석 샅샅이 살펴보고 있었습니다. 바로 그곳 아우게이아스의 마구간을 하루 만에 청소하는 것이 에우리스테우스가 헤라클레스에게 명한 과업이었습니다!

테세우스는 코를 틀어쥔 채 문 근처에 숨어서 헤라클레스와 아우게이아스의 대화를 겨우 엿들었습니다. 헤라클레스가 요구했습니다. "내가 하루 만에 이 오물을 전부 청소하는 데 성공한다면 그 대가로 당신의 가축 10분의 1을 내게 주시오." 아우게이아스는 놀라면서도 재미있다고 생각하며 제안을 받아들였습니다. 24시간 안에 그 일을 성공하는 것은 분명 불가능한 일이었습니다.

헤라클레스는 거래가 성사되자마자 오물을 집어 등에 져 나르기 시작했습니다. 평소같이 거침없는 태도로 한 번에 많은 양의 오물을 잡았습니다. 이올라오스가 그에게 소리쳤습니다. "그만해요! 그렇게 해서는 절대로 오늘 안에 못 끝내요. 양이 너무 많다고요. 게다가 삼촌이 이 지독한 냄새가 나는 오물 더미에서 굴러 온몸에 똥을 묻히는 게 정확히 에우리스테우스가 바라는 거라고요! 그에게 그런 즐거움을 선사하는 건 너무 바보 같잖아요. 생각을 좀 해봐요." 헤라클레스는 이올라오스가 무슨 말을 하는지 전혀 이해하지 못한다는 듯 그를 바라보았습니다. 이올라오스가 계속 말했습니다. "조금 전 마구간을 둘러보았어요. 근처에 강이 두 줄기 흐르고 있어요. 마구간 벽에 구멍을 두 개 뚫고 강의 흐름을 바꾸면 오물이 강물에 씻겨 내려갈 거예요." 테세우스는 생각했습니다. '정말이지, 이올라오스는 헤라클레스에게 생각하라 하고선 결국 자기 혼자 다 생각해내는군!'

헤라클레스가 구멍 두 개를 뚫는 데는 오랜 시간이 걸리지 않았습니다. 잘 발달한 근육을 사용해 삽으로 힘껏 구멍을 뚫자, 얼마 지나지 않아 물길의 방향이 바뀌었습니다. 그러자 기적이 일어났습니다. 첫 번째 구멍으로 들어온 강물이 두 번째 구멍으로 빠져나가면서 모든 오물을 실어 갔습니다. 그뿐만 아니라 오물을 실어 간 강물이 주변의 평야도 청소하면서 흘러 토지를 비옥하게 만들기까지 했습니다.

하루도 안 걸려서 아우게이아스의 마구간은 완전히 청소됐습니다!

마구간으로 돌아온 아우게이아스는 깨끗해진 마구간을 보며 몹시 놀랐지만, 핑계를 대며 약속을 지키지 않았습니다. "그대는 지금 한 일이 에우리스테우스가 지시한 과업 중 한 가지라는 사실을 내게 말하지 않았소. 그런 조건이라면 그대에게 보상할 수 없소." 헤라클레

스는 몹시 기분이 상한 채 미케네로 돌아갔습니다. 성벽 위에 있는 사촌 에우리스테우스의 모습이 보이자 헤라클레스는 분노가 치밀어 올라 소리쳤습니다. "지겨워. 알겠니, 이올라오스? 저 형편없는 놈의 명령을 따라야 한다는 게 지긋지긋하다고! 이런 우스꽝스러운 짓은 당장 그만둘래! 저놈을 벽에 던져 산산조각 내버릴 거야." 하지만 이올라오스가 차분히 설득하며 진정시켰습니다. "조용히 하고 들어봐요! 에우리스테우스는 기뻐하지 않고 있어요. 아니, 오히려 화가 났다고요." 그들을 뒤따르며 이 말을 들은 테세우스는 성벽 위의 상황을 보기 위해 목을 빼고 바라봤습니다. 에우리스테우스가 신경질적인 동작을 하고 있었습니다. 그는 헤라클레스가 도착한 것을 보지 못했습니다. 그는 높은 곳에 있었기 때문에 멀리에서도 그의 목소리를 들을 수 있었습니다. 그가 말했습니다. "그가 오물을 뒤집어쓴 모습을 보고 싶었는데. 쇠똥에서 구를 수밖에 없었을 텐데! 그 오물을 건드리지도 않고 과업을 완수했다니…. 아이고, 원통해라!" 순간 기분이 좋아진 헤라클레스가 얼굴에 환한 미소를 띠고 이올라오스에게 윙크했습니다. 그는 다음 말을 듣지 않았습니다. 테세우스가 들은 말을 들었다면 그의 기쁨이 사그라졌을 것입니다. 왜냐하면 에우리스테우스가 "이번엔 기필코 성공하지 못할 과업을 지시할 거야. 지금까지 내린 과업보다 훨씬 위험할 테니까…."라고 말했기 때문입니다.

– 다음 편에 계속

육식 암말

전편 요약 : 이올라오스의 지혜 덕분에 헤라클레스는 아우게이아스의 마구간을 청소하는 데 하루도 걸리지 않았습니다. 그는 에우리스테우스가 명령한 열두 개 과업 중 반을 성공했습니다.

헤라클레스는 미케네에 도착하자마자 다시 출발해야 했습니다. 에우리스테우스가 트라키아의 왕 디오메데스의 암말들을 데려오라고 명령했으니까요. 그들은 젊은이들과 함께 트라키아로 향했습니다. 테세우스는 '야생 암말을 데려오라고? 과업치고는 쉬워 보이는걸.'이라고 생각했습니다.

소년과 스승은 벌써 몇 시간째 바닷가를 걸었습니다. 바다는 평화로웠습니다. 몇몇 어선만이 수평선에서 반짝거렸습니다. 테세우스는 푸른 물을 보니 고향 생각이 났습니다. 그는 걱정 없이 웃으며 바닷가에서 뛰놀던 소년으로 돌아가고 싶었습니다. 이번 여행 중에 얼마나 끔찍한 것들을 눈앞에서 지켜봤는지…. 다시는 즐거운 어린 시절로 돌아갈 수 없을 것 같았습니다. 코니다스는 그의 곁에서 말없이 걸었습니다. 그는 테세우스의 마음을 읽은 듯했지만 몇 시간 전 심각하게 말다툼을 벌였기 때문에 그와 거리를 두고 있었습니다. 코니다스가 권했습니다. "이제 돌아가는 게 좋겠어. 헤라클레스에게는 아직 여섯 가지 과업이 남아 있지만 내 생각에 넌 이미 충분히 본 것 같구나." 테세우스가 화를 냈습니다. "절대 안 돼요! 전 그의 모험을 끝까지 보고 싶어요." 코니다스와 테세우스는 각기 자신의 주장을 굽히지 않았습니다. 스승은 제자에게 양보했지만 벌써 후회하며, 기회만 있으면 테세우스를 집으로 데려가야겠다고 결심했습니다. 그들이 갈증을 풀기 위해 맑은 물가에서 걸음을 멈추었을 때 코니다스와 테세우스는 다른 여행객과 마주쳤습니다. 테세우스는 자신의 생각에 빠져 그를 눈여겨보지 않았지만 항상 경계를 늦추지 않는 코니다스는 우연히 만난 이 길동무의 태도가 이상하다고 생각했습니다. 그는 발끝까지 닿는 기다란 케이프를 두르고, 태양이 뜨거운데도 불구하고 모자를 벗고 있었습니다. 코니다스는 날카로운 시선으로 케이프 사이로 그 남자가 감추고 있는 것을 봤습니다. 그는 날개 달린 샌들을 신고 있었습니다! 그뿐만 아니라 모자에도 날개가 달려 있었습니다. 더 이상 의심할 여지가 없었습니다. 그는 헤르메스 신이었습니다. 테세우스는 서로를 알아본 코

니다스와 헤르메스가 포옹하는 것을 놀란 눈으로 바라보았습니다. 코니다스가 물었습니다. "이렇게 먼지 나는 길에 웬일입니까?" 약간 난처해하며 헤르메스가 이 여행의 이유를 설명했습니다. "그대도 알다시피 헤라클레스와 이올라오스가 단둘이 새로운 모험을 위해 떠난 게 아니잖나. 동반자들 중에 압데로스라는 젊은이가 있지." 헤르메스는 점점 더 곤란한 듯 입을 다물었습니다. 코니다스는 미소로 다음 말을 재촉했습니다. 그러자 헤르메스가 말을 이었습니다. "압데로스는 혈기 넘치고 열정적인 젊은이지. 누군가 그를 감시해야 해. 그래, 그가 내 아들이라네." 코니다스가 웃음을 터트렸습니다. 멋졌습니다! 헤르메스는 여전히 주의 깊은 아버지였던 것입니다. 그가 멀리서 압데로스의 뒤를 쫓는 건 전혀 놀라운 일이 아니었습니다. 코니다스가 그에게 말했습니다. "이번 과업은 어떤 것인지 전혀 모르겠어요." 헤르메스가 대답했습니다. "내가 설명해주겠네. 헤라클레스는 야생 암말 네 마리를 소유하고 있는 트라키아의 왕 디오메데스에게 가야 하네. 그는 그 말들을 에우리스테우스에게 산 채로 데려가야 한다네." 코니다스가 깜짝 놀랐습니다. "그게 전부예요? 단순히 암말들만 데려가면 된다고요?" 헤르메스가 목소리를 낮추며 덧붙였습니다. "아니지, 그것들은 아주 특별한 암말들이야. 인육을 먹는다네." 이 말을 듣고 테세우스가 몸서리를 쳤습니다. 헤르메스가 걱정하며 계속 말했습니다. "헤라클레스와 그의 친구들은 이 사실을 모른다네. 단 일 분도 지체해선 안 돼! 어서 그들을 따라가세!"

그러는 동안 헤라클레스와 그의 동무들은 디오메데스의 궁전을 기습적으로 포위하고 순식간에 마구간의 하인들을 제압했습니다. 헤라클레스가 그 유명한 암말에게 다가갔습니다. 말들은 크고 위풍당당했는데 무거운 쇠사슬로 구유에 묶여 있었습니다. 헤라클레스가 사슬을 푼 후, 젊은이들은 말과 함께 달아났습니다.

그들이 궁전에서 몇백 미터 떨어진, 바닷가가 굽어보이는 언덕 위에 다다랐을 때, 그들을 추격하던 디오메데스 왕과 추종자들이 그들을 따라잡았습니다. 헤라클레스가 갑자기 화를 냈습니다. 싸움이 예상됐습니다. 그가 말했습니다. "압데로스와 이올라오스는 말들을 맡아. 다른 사람들은 나를 따르라. 공격!"

코니다스, 테세우스, 헤르메스는 전장을 가로지르지 않고는 그들을 쫓을 수가 없었습니다. 그들은 언덕의 움푹한 곳에 숨어 이제 막 시작된 싸움을 걱정스럽게 바라보았습니다. 헤라클레스 일행보다 월등히 수가 많은 공격자들이 우세해 보였습니다. 갑자기 둔덕 꼭대기에 나타난 이올라오스가 헤라클레스에게 외쳤습니다. "이리 와서 터널을 파게 도와줘요!" 헤라클레스는 재빨리 터널을 팠습니다. 터널이 완성되자 파도가 밀려오며 디오메데스 무리를 삼켰습니다. 디오메데스 왕만이 포로가 됐습니다. 헤라클레스가 승리의 함성을 지르는 순간 비명 소리가 들렸습니다. 이올라오스가 외쳤습니다. "압데로스! 압데로스가 도와달라고 소리쳤어요!" 인육을 먹는 암말들과 같이 있던 그에게 무슨 일이 벌어진 걸까요?

— 다음 편에 계속

혼자 모험을 떠난 헤라클레스

전편 요약 : 헤라클레스는 디오메데스 왕의 육식 암말을 잡으러 떠났습니다. 암말을 잡은 후 추격자들을 물리쳤지만 갑자기 울부짖는 소리가 들렸습니다.

도움을 요청하는 압데로스의 외침은 애절했습니다. 헤라클레스와 이올라오스가 급히 달려갔습니다. 헤르메스도 쫓아갔습니다. 그는 발각될 위험도 잊고 날아갔습니다. 코니다스는 헤르메스를 쫓아가려고 하는 테세우스를 단호하게 붙잡았습니다. 이미 끔찍한 사건이 벌어졌으리라 예상한 그는 테세우스에게 그런 광경을 보이고 싶지 않았던 것입니다.

이올라오스가 제일 먼저 언덕 꼭대기에 도착했습니다. 그는 말로 형용할 수 없이 끔찍한 광경을 보고 말았습니다. 압데로스가 괴물 같은 암말들에게 먹히고 있었습니다. 이올라오스가 다가가자 말들은 피가 흐르는 주둥이를 그에게 들이밀었습니다.

그날 저녁 헤르메스가 사건의 전말을 테세우스와 코니다스에게 이야기해줬습니다. 전령의 신은 총애하는 아들을 잃고 비탄에 빠졌지만, 이후에 벌어진 헤라클레스의 야만적 행동을 통렬히 비난했습니다. 헤라클레스는 현장에 도착하자 가슴을 후비는 비명을 질렀습니다. 불길한 섬광, 광기의 붉은빛이 그의 눈에서 번뜩였습니다. 모두가 꼼짝 못하고 있을 때 그는 디오메데스 왕을 붙잡아 결박한 후 고약한 육식 암말들 앞에 던져줬습니다. 피에 굶주린 짐승들은 주인도 알아보지 못하고 먹어치웠습니다! 끔찍한 장면을 보고 공포에 질린 이올라오스는 이 학살 장면을 외면하고 흐느끼다 구토했습니다. 헤르메스는 혼란스러운 틈을 타 남아 있는 아들의 시신에 다가갔습니다. 그리고 죽음의 왕국에 갈 수 있도록 정성스럽게 묻어줬습니다. 죽은 자들의 영혼을 지옥으로 인도하는 것이 그의 임무 중 하나였지만 아들의 영혼을 지옥으로 데려갈 것이라고는 생각조차 하지 못했습니다.

그는 눈물을 흘리며 이 끔찍한 얘기를 길동무들에게 해줬습니다. 테세우스는 그가 그토록 고통스러워하는 것을 보며 놀랐습니다. 신들도 고통을 느끼는 걸까요? 신 역시 전지전능한 존재가 아니라는 말인가요?

다음 날 헤르메스는 올림포스로 떠나고 코니다스와 테세우스는 헤라클레스를 쫓아 미케네로 갔습니다. 우울한 여행이었습니다. 암말들은 인육으로 배를 채운 후 다시 얌전해졌습니다. 여전히 얼이 빠진 이올라오스는 "그를 혼자 두지 말았어야 했어. 그러지 말았어야 했어…."라는 말만 반복했습니다. 헤라클레스가 다정하게 위로했습니다. "그런 일이 일어날 줄 몰랐잖아." 이올라오스가 화를 냈습니다. "아뇨, 알았어요. 내 예감을 따랐어야 했어요. 난 이 짐승들을 믿지 않았어요. 저 눈이 맘에 들지 않았어요. 붉게 충혈된 눈으로 나를 똑바로 바라보는 게 싫었다고요. 어떻게 가여운 압데로스를 혼자 말들 곁에 둘 생각을 했을까요?" 헤라클레스가 처음으로 인정했습니다. "네 도움이 없었다면 디오메데스의 병사들을 이길 수 없었을 거야. 어쩔 수 없었어…." 하지만 그 어떤 말도 이올라오스를 위로할 수 없었습니다.

미케네에 도착한 헤라클레스는 말들을 에우리스테우스에게 넘겨줬습니다. 이번 역시 과업에 성공했지만 끔찍하게 불행한 성공이었습니다.

헤라클레스의 기분이 어떤지 알지 못하는 에우리스테우스가 궁전 안에서 몹시 화를 냈습니다. 그의 사촌은 그가 명령한 과업을 모두 성공했을 뿐만 아니라, 매번 더 많은 영광을 얻었습니다! 에우리스테우스는 화를 내며 여덟 번째 과업으로 지금까지보다 더 어려운 일을 찾았습니다.

그는 게리온의 소들을 데려오라고 명령했습니다. 이 소들은 머리가 둘인 사나운 개와 함께 엄청나게 큰 거인 목동이 지키고 있었습니다. 그뿐만 아니라 이 소들은 매우 먼 외딴섬에 있었기 때문에 그곳으로 가려면 대양을 건너야 했습니다! 에우리스테우스는 이번 여행에서만큼은 헤라클레스가 멀쩡히 살아 돌아오지 못할 것이라고 생각했습니다.

이올라오스와 헤라클레스는 여행자들이 드나드는 선술집에 앉아 진지한 대화를 나누고 있었습니다. 코니다스와 테세우스는 그들 뒤쪽에 앉아 그들의 대화를 한 마디도 놓치지 않았습니다. 헤라클레스가 물었습니다. "조카, 그 결정을 바꿀 순 없을까?" 그의 말투는 허세라고는 찾아볼 수 없이 거의 애원조에 가까웠습니다. 지칠 대로 지친 이올라오스는 놀랍게도 헤라클레스의 말을 들으려 하지 않았습니다. "죄송해요, 삼촌. 이 모험들이 무슨 의미가 있죠? 케이론의 죽음, 폴로스의 죽음, 거기다 압데로스와 디오메데스의 죽음까지…. 더 이상 모험하고 싶지 않아요. 아니, 오히려 씁쓸해요. 테바이로 돌아갈래요." 헤라클레스는 아이처럼 작은 소리로 중얼거렸습니다. "넌 운이 좋구나. 난 그럴 수 없어. 너도 알다시피 네가 없다면 난 열두 가지 과업을 성공하지 못할 거야. 그리고 바보 같은 짓도 많이 하겠지." 이올라오스가 돌이킬 수 없는 대답을 했습니다. "제가 있어도 어리석은 행동을 하시잖아요. 행운을 빌어요."

이올라오스는 불쑥 일어나더니 밖으로 나갔습니다. 분명 마음이 약해질까 봐 자리를 피하는 것이라고 테세우스는 생각했습니다. 외롭게 혼자 남겨진 헤라클레스가 안쓰러워 보였습니다. 코니다스는 오래도록 그를 동정만 하고 있진 않았습니다. "테세우스, 우리도 돌아가자." 테세우스가 이의를 제기했습니다. "하지만 게리온의 소들은요? 전 무슨 일이 벌어지는지 보고 싶어요!" 코니다스가 쌀쌀하게 대답했습니다. "나중에, 나중에. 지금으로선 충분히 봤어. 이제 네 인생을 살아야지."

- 다음 편에 계속

제26화

테세우스의 아버지

전편 요약 : 헤라클레스는 디오메데스의 암말들을 데려왔지만, 이 암말들이 살육을 저질렀습니다. 구역질이 난 이올라오스는 더 이상 헤라클레스와 모험을 하지 않고 테바이로 돌아가기로 결심했습니다. 코니다스와 테세우스 역시 현실로 돌아가기로 했습니다.

예언자 테이레시아스의 능력은 대단했습니다. 테세우스와 코니다스가 헤라클레스를 쫓아 여행한 기간은 여러 달이었지만 테바이로 돌아왔을 때 예언자의 동굴에서 흐른 시간은 겨우 한 시간이었습니다. 예언자는 그들이 여행하는 동안 시간을 멈추게 했습니다. 그래서 아무도 그들이 없어졌다는 것을 눈치채지 못했습니다.

테세우스와 코니다스는 할아버지의 왕궁이 있는 트리지나로 돌아갔습니다. 테세우스는 말없이 걸으며 조금 전 겪었던 모험을 전부 되짚어 봤습니다. 궁전에 도착하기 직전 여러 갈래 길이 교차하는 지점에 거대한 바위가 있었습니다. 그 바위는 테세우스가 매일 들어 올리려고 훈련하던 바위였습니다. 그는 다시 시도해보았습니다. 처음으로 바위가 흔들렸습니다. 테세우스가 승리의 기쁨에 나지막하게 말했습니다. "와우! 보셨어요, 코니다스? 내가 바위를 움직였어요!" 코니다스는 억지 미소를 지으며 제자를 치하했지만 머릿속은 걱정으로 가득했습니다. 테세우스가 자신의 출생의 비밀을 알아야 할 시기가 다가오고 있었습니다. 혼자 자신의 운명을 개척하러 떠나야 하는 순간이 다가오고 있었죠. 코니다스는 자신의 피보호자가 준비가 됐는지 걱정스러웠습니다.

몇 주 후, 테세우스는 열여섯 살이 됐습니다. 그날 그는 무거운 마음으로 코니다스와 함께 델포이에 갔습니다. 관습에 따라 아폴론 신에게 자신의 아름다운 머리카락을 제물로 바쳐야 했으니까요. 테세우스는 자신의 긴 머리카락을 한 움큼 쥐었습니다. 비록 아폴론에게 제물로 바치는 것이지만 머리카락을 자를 생각에 마음이 아팠습니다. 그는 길을 가는 내내 구불구불한 머리카락을 자르지 않아도 될 이유를 여러 가지 찾았습니다. 아폴론 신전에 도착하기 직전 테세우스는 원하는 것을 얻었습니다. 코니다스가 양보한 것이죠. 아폴론 대사제들이 내미는 면도기를 떨리는 손으로 받아 든 테세우스는 탐스러운 머리카락을 자르는 대신 정수리를 밀었습니다. 그는 이렇게 해서 자신이 소중히 여기는 머리카락을 잃지 않고 아폴론을 숭배할

수 있었습니다.
돌아오는 길에 젊은이는 즐거워서 휘파람이 절로 나왔습니다. 코니다스는 그를 온화하게 바라보았습니다. 적어도 테세우스는 기개와 끈기가 있었습니다. 스승은 제자의 재치가 내심 자랑스러웠습니다.

테세우스는 트리지나에서 멀지 않은 갈림길에서 자신을 기다리고 있는 어머니 아이트라를 발견하고 놀랐습니다. 그녀는 테세우스가 여러 해 동안 훈련했던 바위에 기대 있었습니다. 청년은 자신의 힘을 자랑할 수 있는 것이 기뻐 어머니에게 달려갔습니다. 그녀가 말했습니다. "아들아, 오늘 넌 열여섯 살이 됐구나. 넌 멋지고 강하게 성장했어. 이 돌을 들 수 있니?" 테세우스는 두 팔로 바위를 안고는 가뿐히 들어 올림으로써 자신이 성장했다는 것을 어머니에게 자랑했습니다. 그는 스스로도 놀라 바위를 약간 떨어진 곳에 내려놓았습니다. 바위가 있던 자리에 검과 샌들 한 켤레가 있었습니다. 테세우스는 재빨리 그것들을 집었습니다. 상아 손잡이에 엉켜 있는 뱀 무늬가 섬세하게 새겨진, 강철로 벼린 멋진 무기였습니다. 샌들은 부드럽고 튼튼한 가죽으로 만든 것이었습니다.

어머니를 향해 돌아선 테세우스는 어머니의 뺨을 타고 흐르는 눈물을 보았습니다. 그가 그녀를 품에 안고 외쳤습니다. "어머니! 무슨 일이에요?" 아이트라는 눈물을 흘리며 온화한 미소를 지으며 대답했습니다. "이제 너도 네 출생의 비밀을 알 때가 됐구나. 그걸 알게 되면 네가 떠날 것이라는 걸 알기에 눈물이 나는구나. 잘 듣거라.

이 검과 샌들은 아테네의 왕 아이게우스가 너를 위해서 바위 아래에 넣어두었단다. 우리는 서로 매우 사랑했지. 난 너를 임신했지만, 그는 자신의 왕국인 아테네로 돌아가야 했어. 그가 떠나기 전에 내게 말했단다.

"내게 후계자가 있다는 것을 알게 되면 수많은 적들이 그 아이를 죽이려 들 테니 당신이 가진 아이는 이곳에 있어야 하오. 그 아이가 청년이 될 때까지 그 아이의 출생의 비밀을 지키겠다고 약속해주시오. 내 사랑, 그래야 그 아이가 살 수 있다오." 내가 그러마고 약속했더니 그가 이 커다란 바위 아래에 자신의 검과 샌들을 숨기며 "그 아이가 이 바위를 혼자 들어 옮길 수 있게 되면 진실을 말해주시오. 자신의 생명을 지킬 수 있을 만큼 강해졌다는 것이니 그때 그 아이를 내게 보내시오. 그 아이를 기다리겠소. 아니, 벌써 기다려진다오."라고 말했지."

테세우스는 흥분으로 몸이 떨렸습니다. 그러니까 그에게도 아버지가 있었습니다. 존재하기만 하는 게 아니라, 그를 기다리고 있다고 했습니다. 당황한 그가 물었습니다. "어머니, 사람들이 제가 잉태된 날 밤에 대해 많은 이야기를 하던데요…." 그는 망설이는 듯 잠시 말을 끊었다가 용기를 내어 말했습니다. "어머니를 존경하지 않는 것은 아니지만, 사람들이 말하길 신 포세이돈과 어머니가…." 그는 차마 끝까지 말을 잇지 못했습니다. 하지만 아이트라는 전혀 난처해하지 않고 대답했습니다. "사람들이 네게 해준 이야기도 맞는단다. 사실 네가 태어났을 때 누구를 닮았는지 보려고 네 얼굴을 유심히 살펴봤지. 하지만 네 아버진 술책으로 나를 취한 신이 아니라 내가 사랑한 남자라고 확신한다. 네 오른쪽 엉덩이에 있는 별 모양의 갈색 점이 그 증거야. 아이게우스 왕도 너처럼 그곳에 갈색 점이 있거든. 의심의 여지는 없어. 아이게우스가 너의 아버지란다." 그녀가 온화하게 웃으며 말했습니다. "어른이 되니 네 아버지와 더 닮았구나…."

테세우스는 지금 막 밝혀진 진실을 곰곰이 생각했습니다. 드디어 알았습니다! 이제 더 이상 무거운 비밀이

그의 어깨를 짓누르지 않을 것입니다! 그의 운명은 헤라클레스의 운명과 같지 않았습니다. 다시 말해서 그는 신의 아들이 아니라 인간의 아들이었습니다. 하지만 이상하게도 전혀 실망스럽지 않았습니다. 오히려 홀가분하면서도 강해지는 것 같았습니다. 그의 시선은 심각한 코니다스의 얼굴에서 당황해하는 어머니의 얼굴로 옮겨 갔습니다. 그는 자신의 어린 시절이 끝났다는 것을 알았습니다. 그는 어머니의 어깨를 감싼 팔을 풀고 무릎을 꿇은 후 마지막으로 보호와 위로를 구하는 어린아이가 되어 어머니에게 기댔습니다. 아이트라가 그를 힘껏 껴안았습니다. 그녀는 천천히 그의 이마를 쓸어주고는 축복을 내리듯 이마에 입맞춤을 했습니다. 테세우스가 일어났습니다. 이제 그는 성인으로서 미래에 맞설 준비가 됐습니다.

- 다음 편에 계속

제27화

테세우스의 첫 번째 모험

전편 요약 : 큰 바위를 들어 올린 테세우스는 아버지가 그 아래에 숨겨놓은 검과 샌들을 발견했습니다. 자신이 아테네 왕의 아들이라는 사실을 알게 된 그는 아버지를 만나러 가기로 결심했습니다.

그날 아침, 구름 한 점 없이 푸르른 하늘 높이 제비들이 날았습니다. 어깨에 보따리를 짊어진 테세우스가 맑은 공기를 한껏 들이마셨습니다. 아버지를 만난다는 생각에 설레고 흥분됐습니다. 아버지의 얼굴을 상상해보았습니다. 그의 짙은 눈썹이 아버지를 닮은 것일까요? 고수머리도 그런 걸까요? 테세우스는 큰 소리로 노래했습니다. 가끔 '아버지를 어떻게 알아보지?' 또는 '그가 날 사랑해주실까?'라는 걱정이 들기도 했습니다. 하지만 곧 걱정을 떨쳐버리고 '난 아버지가 양팔 벌려 맞아주실 만큼 충분히 용감해.'라고 생각했습니다. 그가 아버지에게 걸어서 가려는 데는 다 이유가 있었습니다.

출발하기 전날 벌어진 사건이 떠올랐습니다. 아이트라는 그가 걸어서 아테네까지 가야 한다는 생각에 불안을 떨칠 수가 없었습니다. "아들아, 마지막으로 내 말 좀 들어봐! 너의 아버지도 아테네에 갈 때 바다로 가셨어. 이제는 바닷길이 더 안전해. 트리지나에서 아테네로 가는 육로는 도처에 위험이 도사리고 있어! 제발 배를 타고 가…."

하지만 테세우스는 고개를 가로저으며 고집을 피웠습니다. 그는 혼자 걸어가며 어떤 괴물과 산적이 길을 가로막는다 해도 해야 할 일을 하고 말 것입니다!

현명한 코니다스는 제자가 고집 피우는 이유를 잘 알았습니다. "테세우스, 왜 도보 여행을 하겠다고 고집 피우지? 모험을 해서 아버지가 널 영웅으로 맞아주길 바라는 거니?" 의도를 들켰다고 생각한 테세우스가 미소를 지으며 대답했습니다. "네, 그런 것도 있고요…." 그러자 코니다스가 그의 어깨에 두 손을 얹으며 말했습니다. "네가 제우스의 아들이 아니라는 사실을 잊지 말거라. 헤라클레스와 달리 네겐 신들이 준 무기가 없어. 믿을 거라곤 네 자신뿐이다." 젊은이가 담담하게 대답했습니다. "잊지 않을게요…." 코니다스가 덧붙였습니다. "사실 아버지에게 아들로 인정받기 위해 모험할 필요는 없어. 공정하고 선한, 있는 그대로의 너 자신이면 충분해." 코니다스가 그를 꼭 껴안았습니다. 테세우스는 감동의 눈물을 흘렸습니다. 하지만 스승의 현명한 충고도 그의 계획을 바꾸진 못했습니다.

아침에 있었던 이 광경을 떠올리며 테세우스는 뜻을 굽히지 않은 자신을 격려했습니다. 그는 헤라클레스처럼 신들의 총애를 받는 것은 아니지만 온 세상에 자신의 능력을 보여줄 것입니다!

그는 즐거운 마음에 걸음이 빨라졌습니다. 그만큼 행복했고, 아테네에 빨리 가고 싶었습니다. 그는 아버지에게 받은 샌들을 신고 허리에 검을 찼습니다. 그것만으로도 그는 아버지와 올림포스 모든 신들의 보호를 받아 무적이 된 것 같았습니다.

에피다우루스 대극장 앞에 도착한 그는 극장 안을 살펴보고 싶은 마음을 억누를 수 없었습니다. 코니다스가 자주 데리고 가서 연극을 보여주던 멋진 곳이었으니까요. 그가 안으로 들어가려고 서두르는데 불한당이 앞을 막았습니다. 그자는 커다란 털북숭이 손에 기다란 청동 곤봉을 들고 다리를 절었는데, 상처투성이의 얼굴이 혐오스러웠습니다. 테세우스는 이미 짐승 같은 그자에 대한 이야기를 들은 적이 있었습니다. 곤봉으로 지나가는 여행객들을 때려 죽여 에피다우루스 부근에 공포심을 일으키는 자였습니다. 코리네테스, 즉 곤봉의 사나이라 불렸죠. 테세우스는 코니다스의 가르침을 생각했습니다. "절대로 먼저 공격하지 마라. 에스키브[1]가 최상의 방어야."

불한당이 거친 소리를 지르며 그에게 덤벼들었습니다. 테세우스는 정면으로 그를 보고 있다가 유연하게 옆으로 피했습니다. 테세우스의 민첩함에 놀란 그자가 소리를 지르며 돌아섰습니다. 맨손의 젊은이가 정면에 있었습니다. 불한당이 곤봉을 휘두르며 그에게 덤벼들었습니다. 테세우스는 갑자기 어린 시절 생각이 나며 자신을 향해 다가오는 그자가 염소처럼 보였습니다. 어린 그는 스승이 지켜보는 가운데 집 앞 풀밭에서 풀을 뜯던 염소들과 뛰놀고 있었습니다. 그가 노는 것을 바라보던 할아버지 피테우스가 깜짝 놀라며 물으셨습니다. "코니다스, 저 아이에게 양이나 뛰어넘으며 노는 것보다는 싸움이나 투창 기술을 가르쳐야 하지 않나?" 코니다스가 대답했습니다. "이 아이는 오늘 배운 것을 평생 활용하게 될 것입니다. 장애물 뛰어넘기를 통해 장애물을 극복할 수 있습니다." 테세우스는 불한당의 등을 지지대로 사용하여 번개처럼 뛰어넘었습니다. 균형을 잃은 불한당이 바닥에 쓰러졌습니다. 당황한 그가 놓친 곤봉을 민첩하게 집어서 치려는 순간, 테세우스는 "방어하는 데만 힘을 쓰거라."라던 코니다스의 말이 떠올라 곤봉을 내려놓았습니다. 그리고 아직 정신을 차리지 못한 불한당을 끈으로 단단히 포박하기만 했습니다. 불한당은 이제 다른 사람에게 전혀 해를 끼칠 수 없는 상태가 됐습니다. 테세우스는 자신이 싸움에서 이겼다는 사실에 놀랐습니다.

[1] esquive : 권투, 펜싱 같은 운동에서 상대의 공격을 살짝 피하는 동작.

그가 성인으로서 처음 치른 싸움이었습니다. 주변 집들에서는 주민들이 창문으로 머리를 내놓고 바라보고 있었습니다. 에피다우루스의 주민 몇몇이 용기를 내어 문 밖으로 나왔습니다. 오랫동안 그들을 공포에 떨게 한 불한당이 제거됐다는 사실을 확인한 주민들은 테세우스에게 갈채를 보냈습니다. 젊은이는 기쁜 마음으로 그들이 제공하는 음식과 음료를 받고, 많은 치하를 받은 후, 길을 떠났습니다. 그는 이 첫 번째 모험에 대한 기념으로 불한당의 무거운 청동 곤봉을 어깨에 짊어졌습니다. 그 곤봉을 보면 헤라클레스의 곤봉이 생각났습니다. 길 가다 마주친 여인이 그에게 소리쳤습니다. "크롬미온의 암퇘지를 조심해요!" 하지만 테세우스는 태평하게 어깨를 으쓱했습니다. 때가 되면 보게 되겠죠!

― 다음 편에 계속

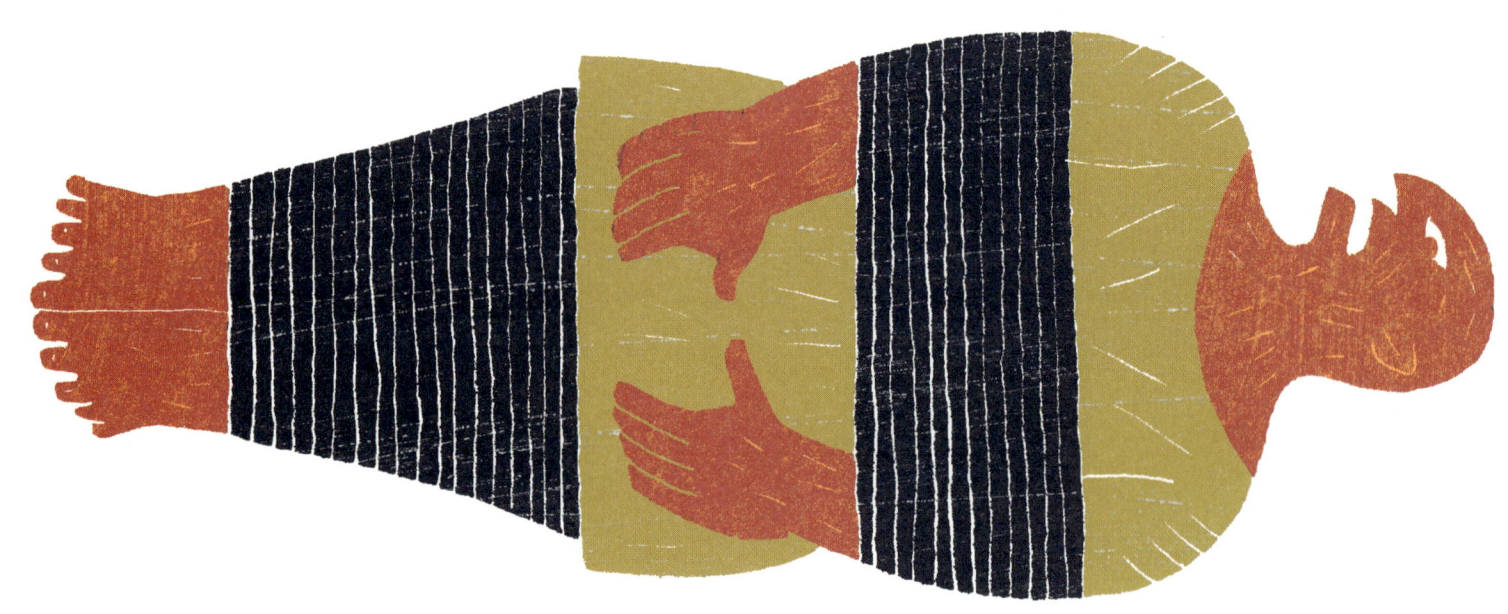

제28화

영웅적인 전설을 만드는 테세우스

전편 요약 : 테세우스는 아테네 왕인 아버지를 만나러 길을 떠났습니다. 그는 혼자서 도보 여행을 했습니다. 그는 첫 번째 모험으로 사람들을 괴롭히던 무서운 불한당을 잡았습니다.

테세우스가 가야 할 길은 멀었습니다. 그 길이 늘 마을이나 사람이 사는 곳을 지나는 것은 아니었습니다. 하지만 젊은이는 고독한 이 여정도, 살아 있는 생명을 만나지 못한 날들도 모두 감사히 받아들였습니다. 혼자서 사색하며 삶의 욕구가 충만해졌습니다. 걸을 때마다 흙먼지가 날리는 건조한 땅도 좋았습니다. 거의 아무것도 자라지 않는 거친 불모의 풍경도 좋았습니다. 목덜미를 비추는 강렬한 태양도 좋았습니다. 그가 빠르고 확신에 찬 걸음을 옮길 때마다 곤충들이 날개를 비비는 소리가 들렸습니다. 때로는 들판 한가운데에 버려진 오두막에서 밤을 보내기도 했습니다. 때로는 목동들과 함께 불 곁에 앉아 조용히 무화과와 치즈 조각을 나눠 먹기도 했습니다. 하지만 테세우스는 하늘을 지붕 삼아 별을 보며 밤을 보내는 것이 가장 좋았습니다. 그는 올림포스의 신들이 보낸 비밀 메시지인 양 오래도록 별을 바라보며 자신의 운명을 읽어보려 했습니다. 그는 그 밤들이 그의 인생에서 가장 아름다운 밤이 될 것이라는 사실을 몰랐습니다. 그저 자신의 혈관으로 하루 종일 태양열을 간직하고 있던 땅의 기운이 흐르는 것을 느꼈습니다. 그리고 이 여행을 통해 평생의 자양분을 얻을 수 있으리라 생각했습니다. 별이 아름답게 빛나는 밤, 테세우스는 새로운 괴물과 대결했습니다. 오래도록 잠이 오지 않았습니다. 버려진 들판 한가운데에 누운 테세우스는 무성하게 자란 풀숲에 가려 보이지 않았습니다. 갑자기 요란하게 들리는 으르렁 소리에 놀라 잠이 깼습니다. 누군가 신음하는 것 같기도 하고 코를 고는 것 같기도 했습니다. 테세우스는 아직 완전히 잠이 깨지 않았지만 벌떡 일어났습니다. 그가 조금 전까지 누워 있던 곳을 검은 물체가 덮쳤습니다. 테세우스는 희미한 달빛에 비친 거대한 돼지를 본 듯했습니다. 그러자 깜짝 놀란 자신이 우스웠습니다. '돼지에게 놀라다니 꼴좋군! 하찮은 돼지가 뭐가 위험하다고!' 하지만 테세우스는 피할 겨를도 없이 그 짐승에게 세게 들이받혀 옆으로 나가떨어졌습니다. 돼지가 다시 공격을 시작했습니다.

테세우스는 이 사나운 짐승을 보자 다시 생각하기도 싫은 오래된 기억이 떠올랐습니다. 테세우스는 어려서부터 할아버지의 목장에서 일하는 목동들과 어울리곤 했습니다. 그들은 서로 비밀이 없었습니다. 또한 포식 동물들로부터 양 떼를 지키는 커다란 개들과도 친했습니다. 그는 그 개들 중 털이 길고 검은 개를 특히 좋아했습니다. 어느 여름날 저녁, 폭풍이 치는데 어린 테세우스는 그 커다란 검은 개와 단둘이 남게 됐습니다. 예민해진 개가 나직하게 으르렁거렸지만 어린아이는 신경 쓰지 않고 계속 개에게 장난을 걸었습니다. 갑자기 개가 이빨을 드러내며 그를 위협했습니다. 테세우스는 겁이 났습니다. 그러다 개가 그를 덮쳤습니다. 다행히 그의 비명을 듣고 멀지 않은 곳에 있던 코니다스가 달려왔습니다. 코니다스는 커다란 몽둥이로 개의 머리를 쳐서 겨우 그를 구했습니다. 테세우스는 겁이 나서 울고 개가 죽어서 울었습니다. 코니다스가 그를 가르쳤습니다. "자기 목숨을 지켜야 할 때도 있어. 그럴 때 네 자신을 지키려면 너를 공격하는 자를 인정사정 볼 것 없이 공격해야 해." 그날 이후 어린 소년은 오래도록 불안한 악몽을 꾸며 소스라쳐 깨곤 했습니다. 꿈에서는 매번 긴 털의 검은 짐승이 그를 잡아먹으려고 덮쳤습니다. 그가 비명을 지르며 깨어나면, 그때마다 코니다스가 횃불을 들고 그의 곁을 지켜줬습니다. 그가 시원한 손으로 머리를 쓸어주면 안정을 찾고 다시 잠이 들었습니다. 그 사건이 일어났을 때 테세우스는 여섯 살도 되지 않았습니다.

그런데 그 악몽이 다시 시작됐습니다! 이번에는 테세우스 혼자 그 짐승과 싸워야 했습니다. 그는 자신의 청동 곤봉을 들고 검고 긴 털의 돼지를 치려고 했습니다. 하지만 매번 곤봉을 교묘히 피한 짐승이 다시 테세우스를 들이받았습니다. 한 번, 두 번, 열 번. 싸움이 길어졌습니다. 동이 틀 무렵이 되어서야 돼지에게 지친 기색이 나타나기 시작했습니다. 테세우스는 디오메데스의 암말들에게서 보았던 핏발을 돼지의 눈에서 보았습니다. 그가 마지막으로 곤봉을 휘두르자 짐승은 거친 비명을 내지르고 쓰러져서 검은 개처럼 그 자리에서 죽고 말았습니다.

지친 테세우스 역시 돌투성이의 바닥에 쓰러져서 잠이 들었습니다.

그가 시끄러운 소리에 잠이 깼을 땐 이미 해가 중천에 떠 있었습니다. 그는 기지개를 켜며 하품을 하고 일어났습니다. 상당한 거리를 두고 마을 사람들 십여 명이 에워싸고 있는데도 그는 놀라지 않았습니다. 테세우스가 그들에게 소리쳤습니다. "안녕하세요. 당신들은 누구죠? 내게 원하는 게 뭐예요?" 한 노인이 앞으로 나와 테세우스에게서 멀지 않은 곳에 널브러져 있는 돼지의 사체를 손으로 가리켰습니다. 테세우스가 대

답했습니다. "왜요? 저걸 잊고 있었네. 저 돼지가 날 죽이려고 해서 그대로 갚아줬을 뿐이에요. 여러분 중에 저 돼지의 주인이 계신가요?" 마을 사람들이 웃음을 터트렸습니다. 노인이 말했습니다. "자네가 누구든, 돼지를 죽여줘서 정말 고맙네. 자네가 말한 이 돼지가 바로 크롬미온의 암퇘지라네. 괴물에게서 태어난 이놈이 사람들을 마구 잡아먹었지. 희생자가 벌써 수십 명에 이른다네. 우리는 길 가다 그놈과 마주칠까 봐 두려움에 떨며 살았지. 그놈 소굴 근처에 밭이 있는 사람들은 잡아먹힐까 봐 감히 경작하러 갈 엄두조차 못 냈다네!" 테세우스는 자신이 그 지역을 위험에서 벗어나게 해줬다는 이야기를 듣고 놀라워하며 자신의 이름을 밝혔습니다. 그러자 머리를 땋은 여인이 큰 소리로 말했습니다. "이 사람이에요! 이 사람이 에피다우루스의 불한당을 물리친 사람이에요!" 모여 있던 사람들이 그에게 진심 어린 갈채를 보냈습니다. 그의 모험 이야기는 빠르게 퍼졌습니다. 테세우스는 '내가 도착하기 전에 내 모험들에 대한 이야기를 아버지가 들었으면 좋겠어…'라고 바랐습니다.

– 다음 편에 계속

무서운 스키론과 대적하는 테세우스

전편 요약 : 테세우스는 아무것도 모른 채, 그 지역을 공포에 떨게 한 잔인한 식인 암퇘지를 제거했습니다. 그는 아테네에 도착하기 전 자신의 모험들에 대해 아버지가 알기를 바랐습니다.

그날 아침 다시 길을 나선 테세우스는 자신이 선택한 여행 방식이 마음에 들었습니다. 해안의 가파른 절벽에 도착한 젊은이는 잠시 머무르며 멋진 경치를 감상했습니다. 짙은 푸른빛 바다에 점점이 떠 있는 어두운 색의 바위들은 한 폭의 그림 같았습니다. 그는 눈을 감고 따사로운 태양을 즐겼습니다. 모든 근육이 움직이는 것 같았습니다. 다시 눈을 뜬 그는 살아있다는 기쁨과 행복감에 소리치고 싶었습니다. 기쁨에 겨운 그의 외침이 바위 사이에서 길게 메아리쳤습니다.

불현듯 그의 앞에 나타난 사람이 말을 걸었습니다. "목청이 엄청 좋은 친구군!" 테세우스는 눈이 부셔 손으로 해를 가리며 말을 건 사람을 바라봤습니다. 절벽 위 바위에 거대해 보이는 노인이 앉아 있었습니다. 노인이 절벽 끝에 앉아 중심을 잡고 있다니 이상하지 않습니까? 그의 작은 눈은 교활하다 해야 할까요? 테세우스는 자신도 모르게 뒤로 물러났습니다. 이 만남이 어딘가 수상쩍게 여겨졌습니다. 하지만 길이라곤 그 노인 앞으로 지나가는 길밖에 없었습니다.

노인은 정말 이상했습니다. 그는 맨발로 근육이 불룩불룩 튀어나온 다리를 절벽 아래로 떨군 채 흔들고 있었습니다. 그의 곁에는 물이 가득 든 단지와 비누가 놓여 있었습니다. "젊은 친구, 알겠나? 이쪽으로 지나가는 모든 여행객은 이곳이 스키론의 영역이라는 것을 알고 있네. 스키론, 흥미롭지 않나?" 테세우스가 대답했습니다. "아니요." 노인은 화가 난 듯했습니다. 그 이름만 들어도 여행객들이 공포에 떨었던 게 분명했습니다. 그는 테세우스에게 가까이 오라고 손짓하고는 불만스러운 듯 말했습니다. "내 발을 씻겨야 통행을 허가할 수 있네. 이것이 규칙이야." 그러고는 테세우스에게 물과 비누를 가리켰습니다. 테세우스는 단박에 함정이라는 것을 알아차렸습니다. 그의 명령을 따르자면 누구든 절벽 끝에서 바다를 등지고 앉아야 했습니다. 스키론이 발로 세게 걷어차기만 하면 그들을 아래로 떨어트릴 수 있었죠! 스키론은 나이가 많았지만 여전히 근육질로 힘이 세 보였습니다. 테세우스

는 재빨리 바다 쪽을 훑어보았습니다. 그를 향해 물 밖으로 머리를 내밀고 있는 거대한 거북이들이 보였습니다. 두려움에 얼어붙은 그가 혼자 중얼거렸습니다. "육식 거북이들이군!" 의심의 여지 없이 이 끔찍한 상황에 길들여진 거북이들이 먹이를 기다리고 있는 것 같았습니다. 테세우스는 이들의 먹잇감으로 인생을 마쳤을 수많은 여행자들을 생각하자 마음이 아팠고 이어서 분노가 치밀었습니다. 스키론이 히죽거렸습니다. 그는 상대를 공포에 떨게 하는 이 상황을 즐기고 있었습니다. 테세우스는 그의 눈을 똑바로 바라보며 말했습니다. "내가 당신의 발을 씻겨야 할 이유를 한 가지만 말해봐요." 테세우스의 반응에 놀란 늙은 스키론이 중얼거렸습니다. "그러니까, 음…, 내 명령이니까!" 테세우스가 당황하지 않고 말했습니다. "뭐라고? 인간일 뿐인 당신이 인간인 내게 명령한다고? 당신이랑 나는 동등한데?" 스키론이 잠시 말을 잃었습니다.

건방진 이 어린 녀석에게 뭐라고 대답해야 할까요? 어떻게 대답해야 할지 모르는 게 분명했습니다. 그가 투덜댔습니다. "됐고! 너 때문에 정신없잖아. 복종해, 그게 내가 네게 요구하는 전부야!" 하지만 테세우스가 물고 늘어졌습니다. 그는 스승과 함께 이렇게 승자도 패자도 없는 토론을 수없이 반복했었습니다. 그는 논증하는 법을 배우느라 청소년기를 다 보낸 것만 같았습니다. 게다가 그는 코니다스의 지혜를 이기기 위해 자신의 지혜를 총동원해야 하는 이러한 논쟁을 좋아했습니다.

그의 민첩한 두뇌가 코니다스를 이긴 건 딱 한 번뿐이었습니다. 그 논쟁은 권위에 관한 것이었습니다. 항상 그랬던 것처럼 그들의 토론은 일상적인 것에서 시작됐습니다. 코니다스는 테세우스가 트리지나 축제 때 암송할, 할아버지를 찬양하는 시를 외우기를 바랐습니다. 하지만 테세우스는 그 시가 신들의 영광을 찬양하는 시이며, 할아버지는 부둣가에서 선원들이 그에게 가르쳐준 노래를 훨씬 더 좋아하실 것이라고 주장하며 스승의 뜻을 거역했습니다. 고집부리는 테세우스와 싸우다 지친 코니다스는 결국 "난 네 스승이야. 결정은 내가 하고 넌 따라야 해. 이제 그만."이라고 말했습니다. 그러자 테세우스가 화를 냈습니다. "코니다스 당신이 어떻게 그런 논리를 펴는 건가요? 나를 존중하는 사람들의 말만을 따르라고 늘 제게 말씀하셨던 당신이? 그러니까 당신은 제 선택을 존중하지 않는군요!" 코니다스는 이 토론으로 짜증이 났지만 미소 짓지 않을 수 없었습니다. 이 고집스러운 아이가 올바른 교육을 받은 것이었습니다. 그는 쉽게 조종당하지 않을 것입니다. "물론 네 말이 맞지만, 무엇이 네게 좋은지 내가 안다고 충분히 설명했잖니." 테세우스는 팔짱을 끼고 말을 이었습니다. "전 그렇게 생각하지 않아요! 그리고 이 경우 저도 선생님만큼 할아버지의 취향을 잘

알고 있다고요!" 처음으로 코니다스가 테세우스의 뜻에 따랐습니다. 테세우스는 축제 때 신들의 영광을 찬양하는 시를 암송하지 않았습니다. 대신 선원들의 노래를 불러 큰 성공을 거두었습니다.

늙은 스키론은 짜증을 내며 바위에서 일어났습니다. 그는 몸동작을 크게 하며 말했습니다. "뭐라고? 도대체 무슨 얘길 하는 거냐? 난 이곳을 지나가는 모든 여행자들에게 명령한다고. 더 이상 무슨 말이 필요하지?" '이런, 이자는 자신의 권위를 내세울 논거가 전혀 없군.' 하고 생각한 테세우스는 그를 조소하며 당당하게 말했습니다. "당신이 나더러 당신 발을 씻기라고 하는 걸 보니 당신은 나를 존중하지 않아. 그래서 난 그러고 싶지 않아." 그러고는 복종하지 않겠다는 의사를 명확히 표시하기 위해 조금 전 조롱할 때처럼 팔짱을 끼었습니다. 스키론은 어떻게 반응할까요?

- 다음 편에 계속

아테네로 향하며 맞이한 또 다른 싸움

전편 요약 : 테세우스는 늙은 스키론이 파놓은 위험한 함정에서 벗어나려고 노력했습니다. 스키론이 모든 여행자들에게 그의 발을 씻기라고 요구하고 그들을 바다로 밀면 끔찍한 육식 거북이들이 그들을 삼켰습니다. 테세우스는 그의 명령을 거부했습니다.

가공할 만큼 두려운 존재였던 스키론은 누군가 자신에게 반항하는 것이 낯설었습니다. 테세우스의 반항으로 그는 제정신이 아니었습니다. 분노에 휩싸인 그가 주먹을 휘두르며 젊은이에게 다가갔습니다. "여기서 명령하는 자가 누군지 알게 해주마!" 테세우스는 겨우 팔을 들어 그의 주먹을 막았습니다. 스키론은 균형을 잃고 위험하게 흔들거리다 발이 미끄러져 절벽 아래로 떨어졌습니다. 그가 바다에 빠지자마자 육식 거북이들이 덮쳤습니다.

테세우스가 중얼거렸습니다. "다른 사람들을 죽게 한 방법과 똑같이 스키론이 죽다니 정말 이상하다." 그는 아름다운 동시에 잔인한 바다를 바라보았습니다. 그리고 곧 다시 아테네를 향해 걸었습니다. 그는 마지막으로 출렁이는 파도를 바라보며 생각했습니다. '아버지가 이 일을 어떻게 생각하실지 궁금한걸…'

며칠 후 테세우스는 어촌에 도착했습니다. 여행에 지친 그는 하룻밤을 편안하게 보내고 싶었습니다. 하지만 마을로 들어갈 수가 없었습니다. 위압적인 사내가 팔짱을 끼고 길을 막고 있었습니다. 그 무뢰한이 천둥같은 소리를 질렀습니다. "거기 정지! 난 지나가는 모든 여행자들에게 결투를 신청하지. 아무도 거절할 수 없어!" 사내의 팔은 유난히 커 보였습니다. 상대를 모두 목 졸라 죽였을 것입니다. 이 싸움에서 살아남으려면 그자보다 더 민첩하고 약아야 했습니다. 테세우스는 싸우는 척 자세를 취했습니다. 그 순간 어린 시절의 한 장면이 떠올랐습니다.

그가 예닐곱 살도 되지 않았을 때였습니다. 그는 또래 친구들과 함께 바닷가로 놀러 갔습니다. 코니다스가 함께 갔지만 그들의 놀이에 아무런 관심이 없다는 듯 거리를 두고 있었습니다. 소년들은 서로 밀치며 소란을 떨었습니다. 그러다 테세우스가 씨름 시합을 제안했습니다. 응원의 외침, 자극적인 웃음, 상대의 헐떡임 등 운명의 순간까지 모든 것이 기억났습니다. 거의 모든 동무들이 씨름 시합에서 졌습니다. 이제 남은 사람은 테세우스와 궁전의 대장장이 아들뿐이었습니다. 테세우스는 소년의 우람한 근육에 놀랐습니다. 그 소

년은 적어도 테세우스보다 머리 하나는 더 컸습니다. 테세우스는 무엇보다 강력한 손가락이 있는 그의 거대한 손에 매료됐습니다. 어느 날 이 소년이 참새 한 마리를 잡았습니다. 꽉 쥔 그의 주먹 사이로 몹시 불안해하는 새의 머리만 겨우 나와 있었습니다. 그가 주먹을 더 세게 쥐자 새의 머리가 박살 났습니다. 겨우 한 번 쥐었을 뿐인데 말이죠. 잔인한 행동으로 소년은 혼이 났지만 그 사건 이후 모든 소년들이 그를 두려워하게 됐습니다.

어린 테세우스는 대장장이의 아들이 다가오는 것을 보고도 떨지 않았습니다. 그는 사실 한시도 그에게서 눈을 떼지 않은 코니다스를 재빨리 바라보며 "모든 상대는 약점이 있어. 그걸 알아낸다면 넌 항상 승리할 거야."라는 그의 말을 떠올렸습니다. 테세우스는 크게 숨을 들이쉬고 상대와 마주했습니다. 테세우스는 소년의 커다란 손과 강력한 팔에 잡히지 않으려고 재빨리 그의 다리 사이로 미끄러지듯 빠져나갔습니다. 그러고는 펄쩍 뛰며 돌아서서 그의 무릎을 잡았습니다. 그가 어찌나 세게 잡았던지, 소년은 균형을 잃고 모래 위로 넘어졌습니다. 테세우스가 그를 깔고 앉아 승자가 됐습니다!

이런 어린 시절의 강렬한 추억은 즉시 효과가 나타났습니다. 테세우스는 두 팔로 상대의 허리를 잡는 대신 교묘히 그의 양다리 사이로 들어가 뒤에서 능숙하게 그의 무릎을 잡고는 조이고 또 조였습니다. 상대는 분노의 고함을 지르며 풀려나려고 발버둥 쳤지만, 테세우스는 놓아주지 않았습니다. 상대는 균형을 잃고 쓰러져 바닥에 머리를 찧었습니다. 거대한 팔을 가진 씨름꾼은 자신이 죽음으로 내몰았던 사람들과 같은 방식으로 그렇게 사망했습니다.

테세우스는 그리스를 괴롭히던 괴물과 무뢰한 들을 하나씩 제거했습니다. 그는 헤라클레스와 맞먹는 영웅이 됐습니다. 하지만 그는 이 도둑의 죽음을 원치 않았습니다. 스키론의 죽음도, 크롬미온의 암퇘지의 죽음도 원치 않았습니다. 테세우스는 갑자기 몹시 피곤해졌습니다. 눈물이 나려는지 눈앞이 흐려졌습니다. 그때 한 여인이 다가왔습니다. 어촌에서 온 그녀의 얼굴이 맑은 물과 태양처럼 그를 진정시켜줬습니다. 그녀가 테세우스에게 말했습니다. "우리 집에 가서 쉬세요. 오, 영웅이여, 그대는 휴식을 취해야 할 뿐 아니라 그대가 저지른 행동을 정화해야겠군요. 비록 당신 스스로를 방어하기 위한 행동이었다 하더라도 그 죽음들로 당신 손이 더러워졌어요. 당신이 원할 때까지 우리 집에 가서 기운을 차리세요. 당신이 다시 떠나기 전에 우리가 제우스 신전에서 피를 흘려 당신을 씻어줄게요." 어머니와 같은 여인이 부드러운 음성으로 이렇게 말하자 영웅 테세우스의 눈에서 눈물이 흘렀습니다. 이제 영웅이 된 그를 모든 사람들이 환호했지만, 그는 올바르고 스스로를 자랑스럽게 생각하는 한 사람으로서 아버지를 만나고 싶었습니다.

- 다음 편에 계속

아테네에 도착한 테세우스

전편 요약 : 테세우스는 스키론을 제거했습니다. 그리고 지나가는 여행자들을 목 졸라 죽인 불한당을 제거했습니다. 어부 가족이 그에게 숙식을 제공했습니다.

테세우스는 나날이 기력을 회복했습니다. 그는 자신을 맞아준 가족과 함께 지내는 것이 좋았습니다. 여행의 막바지에 이르자 남몰래 고민에 빠진 그는 이상하게도 서둘러 아테네로 가고 싶었던 마음이 사라졌습니다.

그러던 어느 날, 평소 조용하던 마을이 시끌벅적했습니다. 여인들은 음식이 가득 든 무거운 바구니를 들고 이리저리 돌아다녔습니다. 남자들은 나무를 베어 큰 불을 피웠습니다. 무슨 준비를 하는지 물어볼 틈조차 없었습니다. 마을의 젊은이들은 그를 강으로 데려가 목욕을 시켰습니다.

그들이 목욕을 마치고 돌아오자 마을 사람들은 모두 큰 불 가까이에  모여 젊은이들이 합류하기를 기다리고 있었습니다. 평소답지 않게 침묵이 흘렀습니다. 다른 젊은이들이 침착한 것과 달리 테세우스는 걱정이 됐습니다. 도대체 무슨 일일까요?

높이 치솟은 불꽃이 강에 비쳤습니다. 붉은 불빛과 석양이 어우러지며 강은 피로 물든 것 같았습니다. 테세우스는 강한 열기에도 불구하고 몸이 떨렸습니다. 그를 맞아준 여인의 남편인 마을의 이장이 그를 향해 다가왔습니다. 그가 테세우스의 양어깨에 두 손을 얹고 말했습니다. "친구여, 때가 됐네. 자네가 이곳으로 오며 길에 흘린 피를 정화해야 하네. 그래야만 자네가 계속 길을 갈 수 있다네." 그것이었습니다. 테세우스는 그제야 이 모든 준비가 무엇을 위한 것인지 이해했습니다. 그는 노인을 따라 강둑에 있는 제우스 신전으로 갔습니다. 두 여인이 다가와 밝은색의 베로 짠 기다란 옷을 그에게 내밀었습니다. 테세우스는 목례로 감사 인사를 한 후 옷을 갈아입었습니다. 여인들은 그의 머리를 땋고 사라졌습니다.

테세우스는 신전의 계단에 홀로 남았습니다. 그는 신들의 신인 제우스에게 바치는 공물들이 놓여 있는 작은 제단으로 천천히 다가갔습니다. 뜻하지 않은 감동이 몰려왔습니다. 무릎을 꿇고 앉은 그의 눈앞에 자신이 여행하며 죽인 사람들의 얼굴이 나타났습니다. 연로한 어부가 물이 가득 든 컵을 들고 그에게로 왔습니다. 그는 정화 제례의 주문을 속삭이며 고개를 숙이고 있는 젊은이의 머리에 조금씩 물을 부었습니다. 물은 그가 본의 아니게 저지른 살인죄를 씻기며 몸을 타고 흘러내렸습니다.

컵에 있던 물이 한 방울도 남지 않고, 모든 물방울이 정화의 임무를 완수하고 땅속으로 스며들자, 테세우스는 그제야 고개를 들었습니다. 연로한 어부가 다정하게 그를 바라보았습니다. 기분이 좋아진 테세우스는 일어나서 신전을 나왔습니다. 마을 사람들은 기뻐했습니다. 테세우스가 식탁에 앉자 풍요로운 식사가 제공됐습니다. 테세우스는 미소를 띠며 그들에게 선언했습니다. "전 내일 분홍색 손가락을 가진 오로라가 일어나자마자 떠나겠습니다."

다음 날은 7월 8일이었습니다. 테세우스는 곧 있을 아버지와의 만남을 생각하면 매미 소리와 가시덤불 숲에서 올라오는 골치 아픈 향까지, 모든 것이 즐겁기만 했습니다. 아테네 도시의 성벽이 보이자 기쁨에 겨운 그의 심장이 빠르게 뛰었습니다. 하지만 무언가 서두르지 말라고 그에게 조언하는 것 같았습니다. 그는 자신의 신분을 드러내지 않기로 마음먹었습니다. 먼저 자신의 모험 이야기가 아테네에 전해졌는지 확인하고 싶었습니다.

그가 가까스로 도시에 다다르자, 그가 도착했다는 소식이 마을 곳곳으로 퍼졌습니다. 사람들은 정수리를 민 채 길게 머리를 땋고 흰옷을 입고 무거운 칼을 찬 낯선 젊은이에게 감탄하며 모여들었습니다. 한 아이가 외쳤습니다. "당신이 정말로 에피다우루스의 불한당을 체포했어요?" 그러자 다른 사람이 대담하게 물었습니다. "무시무시한 크롬미온의 암퇘지도 죽였다면서요?" 세 번째 사람이 소리쳤습니다. "사람들을 겁박하여 죽이던 스키론도요?" 테세우스는 자신의 귀를 믿을 수가 없었습니다! 아테네 사람들은 그가 싸워 이긴 상대의 이름을 전부 알고 있었습니다.

그는 엄청나게 많은 사람들의 호위를 받으며 아이게우스 왕의 궁전에 도착했습니다. 테세우스는 열광적인 환대에 취해 아무것도 경계하지 않았습니다. 하지만 궁전에 들어가기 직전 창문을 통해 여인의 얼굴을 얼핏 보았습니다. 그녀는 매우 아름다웠지만 그녀에게서 느껴지는 증오가 테세우스를 얼어붙게 만들었습니다. 이 여인은 누구일까요? 젊은이는 그녀가 누구인지 몰랐지만, 그의 느낌은 틀리지 않았습니다. 그녀는 치명적으로 위험한 사람이었습니다. 테세우스는 그녀에게서 벗어날 수 있을까요?

– 다음 편에 계속

제32화

가공할 적과 대치한 테세우스

전편 요약 : 테세우스는 여행을 하며 저지른 살인죄를 정화했습니다. 아테네에 도착한 그는 영웅 대접을 받았습니다. 하지만 그에게 악의를 품은 여인이 궁전에 있었습니다.

테세우스가 아테네 사람들의 환대를 즐기는 동안, 증오심에 차 있던 그 여인은 시간을 낭비하지 않고 아이게우스 왕의 방으로 달려가, 새로 도착한 손님으로부터 왕을 지키려고 했습니다. 그녀가 말했습니다. "나의 왕, 나의 남편, 아이게우스. 내가 마법사라는 건 잘 아시죠? 그러니 내 충고를 따르세요. 백성들의 갈채를 받으며 궁전으로 오고 있는 젊은이를 경계하세요. 그가 당신의 왕좌를 뺏을 거예요!" 아내를 전적으로 신뢰하는 왕이 물었습니다. "당신이 나라면 어떻게 하겠소, 메데이아?" 메데이아는 살짝 미소 지으며 주저 없이 대답했습니다. "그를 궁으로 맞아들여서 영웅으로 대접하신 다음, 무시무시한 마라톤의 황소를 쫓으라고 보내세요. 살아서 돌아올 가능성이 거의 없을 거예요." 흡족해진 아이게우스 왕은 아내의 검은 머리에 입을 맞췄습니다. 그녀에게는 그를 보호하기 위한 계략이 늘 풍부했습니다. 그는 아내의 마음속 깊은 곳이 잔인하다는 것을 잘 알고 있었지만, 그와 결혼하기 전 너무나 많은 고통을 겪은 그녀였기에 그는 그녀의 냉혹한 행동들을 용서했습니다. 메데이아는 이아손이라는 영웅을 열정적으로 사랑했었습니다. 그녀와 그녀의 주술이 없었다면 이아손이 황금 양털을 빼앗는 위험한 모험에서 성공하지 못했을 것입니다. 그들 사이에는 아들이 둘 있었고, 이아손의 명성은 그리스 전체에, 아니 그보다 더 멀리 퍼졌습니다. 하지만 영웅은 메데이아에게 감사하지는 못할망정 바람을 피웠습니다. 이아손에게 배신당한 마법사 메데이아는 미칠 듯이 괴로워했습니다. 그녀는 이아손에게 복수하고 고통을 주기 위해 자신의 아이들을 살해했습니다!

여러 해가 흐른 후 메데이아는 아테네의 왕 아이게우스와 재혼하여 새 가정을 꾸리고 아들을 하나 낳았습니다. 아이게우스에게는 트리지나에 두고 떠나온 장남이 비밀스러운 상처로 남아 있었습니다. 그날 방문객이 자신의 아들이라는 것은 꿈에도 모르는 아이게우스가 아내의 충고에 따라 정장을 하고 그를 맞으러 나왔습니다.

메데이아의 눈에서 작은 불꽃이 춤을 추었습니다. 지금 오고 있는 젊은이가 아이게우스의 장자라는 것을 짐작하는 사람은 마법사인 그녀뿐이었습니다. '아이게우스가 죽으면 내 아들이 아테네의 왕이 되는 거야. 테세우스가 아니라.' 그녀는 남몰래 쾌재를 불렀습니다. 궁전의 문 앞까지 영접하러 나온 아이게우스 왕은 방문객을 따르는 아테네 시민들을 보고 놀랐습니다. 하지만 그를 더욱 놀라게 한 것은 젊은이에게서 느껴지는 강한 힘이었습니다. 그는 메데이아의 말이 옳았고, 허세를 부리는 그가 위험하다고 생각했습니다. 반면 아버지를 처음 만난 테세우스는 감격했습니다. 그는 왕의 눈을 똑바로 바라보며 그의 앞에 꼼짝 않고 서 있었습니다. 사실 매우 불손한 태도였죠! 그렇게 오래 마주 보고 있을 수만은 없었습니다. 그것을 알아차린 테세우스가 왕 앞에서 몸을 숙였습니다. 잠시 침묵하던 군중은 다시 기쁨의 함성을 지르기 시작했습니다. 그러자 아이게우스 왕이 어색한 미소를 지었습니다. 그는 팔을 벌려 방문객을 안으로 맞아들였습니다.

테세우스는 융숭한 대접을 받았습니다. 몇 시간 후 그는 아버지와 함께 식탁에 앉았습니다. 테세우스는 기쁘고 행복했습니다. 하지만 무언가 찜찜했습니다. 연회실로 들어가자 창문으로 봤던 여인이 있었습니다. 그 여인은 왕의 곁에 앉았는데, 바로 아버지의 아내인 마법사 메데이아였습니다. 그녀의 아름다움은 세월이 흘러 혹은 내면의 고통으로 이미 퇴색했습니다. 당황한 테세우스는 자신이 아들임을 왕에게 즉시 밝히지 못했습니다.

연회가 시작되자마자 아이게우스 왕이 연설을 시작했습니다. "손님에게 건배합시다." 그러더니 테세우스를 향해 돌아서서 덧붙였습니다. "자네에게 부탁할 것이 하나 있네. 이곳에서 가까운 마라톤 평야에서 무서운 흰 황소가 나의 백성들을 학살한다네. 그 소는 코로 불을 뿜고 지나가는 모든 것을 불태우지. 자네 같은 영웅이라면 그 소를 잡아 산 채로 이리로 데려오는 것이 어렵지 않을 거야."

연회장이 술렁거렸습니다. 아이게우스 왕이 손님을 사지로 몬 것입니다! 이미 크레타 왕 미노스의 젊은 아들 역시 아이게우스 왕의 부탁으로 마라톤의 황소와 싸우다 목숨을 잃었습니다. 테세우스는 그의 부탁을 거절해야 했습니다! 하지만 아버지의 눈에 겁쟁이로 보이고 싶지 않았습니다. 그는 자리에서 일어나 정중하게 말했습니다. "폐하, 당신의 요구는 명령입니다. 마라톤의 황소와 싸우러 가겠습니다." 그 순간, 그는 메데이아의 시선이 기쁨으로 빛나는 것을 알아채고 마음이 아팠습니다.

다음 날 아침, 테세우스는 무서운 황소를 사냥하러 떠났습니다. 언제나처럼 그는 용기와 지혜로 무장했습니다. 하지만 '내가 싸워야 할 황소가 사촌 헤라클레스가 과업을 완수하며 에우리스테우스에게 데려와야 했던 그 황소가 아닐까?'라는 생각이 머릿속을 떠나지 않았습니다. 만약 그렇다면 그 어려운 일을 시작하기 전에 헤라클레스가 황소를 잡은 방법을 미리 알아보고 싶었습니다.

- 다음 편에 계속

마라톤의 괴물 황소

전편 요약: 아이게우스 왕은 아들을 알아보지 못하고, 아내인 마법사 메데이아의 충고에 따라 테세우스에게 마라톤의 황소를 잡아 오라고 요구합니다. 테세우스는 헤라클레스가 그 황소를 어떻게 사로잡았는지 알고 싶었습니다.

테세우스가 마라톤을 향해 떠나는 날 아침, 수많은 아테네 시민들이 마을 어귀에서 그를 배웅했습니다. 이른 아침이었지만 날씨가 더웠고 분위기도 무거웠습니다. 그를 배웅하는 사람들의 표정이 심각했습니다. 테세우스는 사람들의 호의에 감동했습니다. 젊은이들은 마치 근접 경호를 하듯 그를 에워쌌습니다. 남녀노소 가릴 것 없이 이 젊은 영웅을 잔인한 황소와 싸우라고 보내는 왕을 원망하며 그를 따랐습니다. 사람들은 마법사와 그녀의 마법에 대해 불만을 토했습니다. 그리고 그녀의 영향하에 있는 왕을 통렬히 비난했습니다.

모두들 아테네의 미래를 염려했습니다. 테세우스는 아무 말도 하지 않았지만 이 모든 것을 감지했습니다. "왕이 백성의 말을 들을 줄 안다면, 신하들을 대등하게 대할 줄 안다면, 위대한 왕이 될 거야."라는 코니다스의 말이 떠올랐습니다. 젊은이는 아버지에게서 왕위를 물려받게 된다면 백성을 위해 선정을 베풀겠다고 다짐했습니다. 그는 아테네 사람들의 보호를 받으며 걷는 이 순간을 결코 잊지 못할 것입니다.

마을의 경계에 이르자 대중은 발길을 멈췄습니다. 노파가 다가오더니 악운을 쫓으려는 듯 테세우스의 이마에 손을 얹고 말했습니다. "살아서 우리에게 돌아오렴, 이곳은 네가 필요해." 턱수염이 무성한 남자가 무리에서 나왔습니다. "나도 너와 같은 방향으로 가는데, 함께 가도 될까?" 테세우스는 그의 제안을 받아들였습니다. 그리고 착잡한 심정으로 아테네를 떠났습니다.

테세우스와 동행한 남자는 천성이 쾌활하고 수다스러웠습니다. 그는 유머로 테세우스의 근심을 날려버렸습니다. 그는 이런저런 이야기를 재밌게 했습니다. 아주 조금 이상한 모양의 돌멩이나 풀잎도 배꼽 잡고 웃을 이야깃거리가 됐습니다. 그들은 두어 시간을 걷고 나서 유칼립투스 나무 그늘 아래에 앉았습니다. 길동무를 완전히 신뢰하게 된 테세우스는 그를 예전부터 알고 있었던 것 같았습니다. 그가 물었습니다. "이름이 뭐니?" 상대가 그를 놀렸습니다. "하하, 내가 이름을 알려줄 것 같아? 날 잘 보면 알 수 있을걸…." 테세우스가 깜짝 놀라 길동무의 얼굴을 뚫어지게 바라보았습니다. 커다란 턱수염으로 얼굴을 반이나 가렸지만 놀리는 듯한 미소와 반항적인 곱슬머리는 전에 본 것 같았습니다. 그가 본능적으로 길동무의 발, 정확히 말해서 그의 샌들을 봤습니다. 그의 직감이 맞았습니다. 샌들에는 작은 날개가 달려 있었습니다. 그게 어떻게 가능했을까요? 그는 헤르메스와 동행하면서도 전혀 알아보지 못하고 있었습니다. 헤르메스가 웃음을 터트리며 유쾌하게 대답했습니다. "오래도 걸렸네!" 그러고는 가짜 턱수염을 뜯어냈습니다. 테세우스는 매우 흥분했습니다. 헤르메스가 그에게 말했습니다. "난 네 스승 코니다스를 좋아하지. 그리고 너도 알다시피 사람들의 일에 간섭하는 것도 좋아하고. 네가 어떻게 컸는지도 보고 싶었어."

그들은 촉박한 시간 때문에 다시 길을 떠나야 했습니다. 헤르메스 신이 물었습니다. "네가 잡아야 할 마라

톤의 황소가 무엇과 비슷한지 아니? 잡을 방법은 생각해봤어?" 테세우스가 솔직히 대답했습니다. "전혀요. 사촌 헤라클레스가 그 황소를 상대한 적이 있다는 것만 알아요. 그가 어떻게 잡았는지 알고 싶어요." 헤르메스가 장난스럽게 속삭였습니다. "난 알고 있지! 그 자리에 있었거든! 얘기해줄까?" 수다 왕이기도 한 전령 신은 테세우스의 대답도 기다리지 않고 곧바로 이야기를 시작했습니다.

"우선 황소에 대해서 얘기할게. 이 멋진 황소가 바다에서 태어났다는 걸 상상할 수 있겠니? 어느 날 불쑥 대양에서 나타나서는 크레타섬에 살게 됐단다. 원래는 바다의 신인 나의 삼촌 포세이돈에게 바쳐질 운명이었어. 포세이돈은 그 황소가 바다에서 태어난 것을 대수롭지 않게 생각했지. 하지만 크레타의 미노스 왕은 생각이 달랐어. 그는 그 황소를 잡아 자기 것으로 만들고 싶을 만큼 멋지다고 생각했어. 그는 포세이돈에게 훨씬 평범한 다른 소를 공물로 바쳤어. 그러자 포세이돈은 화가 났지." 헤르메스는 웃음이 터져 나와 잠시 말을 잇지 못했습니다. "포세이돈의 성격이 못됐다는 말은 너도 들어봤을 거야." 테세우스는 모든 사람들이 알고 있으며, 그렇기 때문에 사람들이 바다의 신의 분노를 두려워한다고 대답했습니다. 헤르메스가 목소리를 낮췄습니다. "맞아. 그런데 이번에는 그가 폭풍우를 보내는 대신 두 가지 끔찍한 벌을 내렸는데, 미노스의 아내 파시파에 왕비가 그 황소를 사랑하게 만든 게 그중 한 가지였지!" 테세우스는 길동무의 말을 한 마디도 놓치지 않고 귀담아들으며 물었습니다. "그래서요?" 헤르메스가 야릇한 말투로 말을 이었습니다. "그래서 여왕은 어느 날 밤 황소를 만나러 갔어. 그들의 결합으로 반은 인간이고 반은 황소인 괴물이 태어났는데, 사람들은 그를 미노타우로스라고 불렀지. 나중에 너도 그에 관해 알게 될 거야…." 이 말에 테세우스는 오랫동안 침묵한 후 물었습니다. "포세이돈이 내린 두 번째 끔찍한 벌은 뭐였나요?" "두 번째 벌로 그 멋진 흰 황소를 인간이 다가올 때마다 미친 듯이 화를 내며 불을 뿜는 끔찍한 짐승으로 만들었어." 테세우스는 부들부들 떨렸습니다. 그가 산 채로 잡아 아버지에게 데려가야 할 황소가 바로 그 짐승이었으니까요.

– 다음 편에 계속

헤라클레스와 황소의 싸움

전편 요약 : 테세우스의 길동무는 다름 아닌 헤르메스 신이었습니다. 그는 테세우스가 잡아야 할 괴물 황소에 대해 알려줬습니다.

이제 테세우스는 여행의 끝에 무엇이 기다리고 있는지 알았습니다. 그는 헤라클레스가 마라톤의 황소를 어떻게 잡았는지 알고 싶어서 초조해졌습니다. 이야기하기를 좋아하는 헤르메스가 기꺼이 이 모험에 대해 이야기하기 시작했습니다.

"그에게 주어진 과업들을 해결하기 위해서 그는 처음부터 사자, 암사슴, 멧돼지, 새들을 상대해야 했어. 물론 이 동물들에게는 모두 무시무시한 능력이 있었지만. 그런데 황소라고 해서 그가 특별히 두려워했을 것 같니? 그는 이 황소가 코로 불을 뿜는다는 사실은 아직 몰랐어. 그에게는 다른 걱정거리가 있었거든." 헤르메스는 궁금증을 자아내기 위해 잠시 말을 멈췄습니다. 테세우스는 그의 의도를 알면서도 재차 물을 수밖에 없었습니다. "그래서요? 그래서요?"

헤르메스는 비밀을 알려주듯 대답했습니다. "내가 비밀 하나 말해줄게. 용감한 헤라클레스가 유일하게 두려워하는 것이 뭔지 아니? 바로 바다란다! 그래, 그는 바다에서 균형감을 잃고 지독하게 뱃멀미를 하는데, 이 황소를 잡으려면 크레타섬으로 가야 했지." 헤라클레스의 비밀스러운 약점을 알게 된 테세우스는 웃음을 터트렸습니다. 그 뒤에 벌어진 일은 쉽게 짐작할 수 있었습니다. 헤르메스가 즐겁게 이야기했습니다. "헤라클레스는 어쩔 수 없이 크레타섬으로 가는 배에 타야 했지. 그리고 항해를 하는 동안 줄곧 뱃멀미를 했으니 얼마나 어려운 과업이었겠니…. 그는 자신의 약점을 비밀로 하기 위해 동승한 선원들에게 비싼 대가를 치렀단다." 테세우스는 놀랐습니다. "정말 바보 같군요! 제 스승님은 우리 모두에게 장점과 약점이 있고, 그것이 우리를 인간답게 해준다고 늘 제게 말씀하셨어요." 헤르메스가 대답했습니다. "헤라클레스는 반신반인이잖니. 그런데 이상하지? 그에게는 인간미가 없으니…."

그들은 오렌지 나무 그늘 아래서 멈췄습니다. 헤르메스가 계속 이야기했습니다. "헤라클레스가 크레타에 도착했을 때, 미노스 왕은 그를 영접하며 위험한 황소를 잡는 데 도움을 주겠다고 했어. 하지만 헤라클레스

가 그의 호의를 거절했어. 그의 머릿속은 온통 돌아가는 배를 타야 할 걱정밖에 없었어. 그는 선착장에서 별을 보며 자겠다고 했어. 너도 알다시피 내가 헤라클레스를 자주 도와줬잖아. 제우스는 내게 그를 돌보는 임무를 맡겼고, 난 그 임무를 즐거운 마음으로 수행하고 있단다. 난 경험 많은 선원으로 가장해 그를 수행하는 선원들 속에 끼어들었어.

크레타에서 보낸 첫날 밤은 별이 멋졌단다. 헤라클레스는 잠들지 못했어. 풀 죽은 듯 불 곁에 앉은 그는 기가 꺾여 있었어. 난 슬그머니 그에게 다가가서 곁에 앉았어. 그는 나를 알아보지도 못하고 괴로운 듯 한숨을 내쉬었어. 테세우스, 네게 단언컨대 당시 위대한 영웅은 굉장히 힘들어했단다. 두려움에 떠는 어린아이 같았지. 내가 다정하게 물었어. "뭐가 문제지?" 그가 대답 대신 또다시 한숨을 쉬었어. 그러다 길동무들 중 한 명인 줄 알고 내게 속마음을 털어놨지. "난 다시 이 배를 타고 떠날 수 없을 거 같아. 너무 힘들어." 내가 속삭였단다. "두렵구나, 그렇지?" 헤라클레스가 거만하게 고개를 들었단다. "내가? 두려우냐고? 난 아무것도 두렵지 않아!" 난 그를 똑바로 바라보며 기다렸지. 마침내 당황한 그가 한숨을 쉬며 기어 들어가는 소리로 "맞아, 난 두려워."라고 내게 말했단다.

테세우스는 자기 귀를 의심했습니다. 그는 감동했습니다. 처음으로 헤라클레스가 진정 친근하게 느껴졌습니다.

젊은이의 생각을 읽은 듯 헤르메스가 계속 말했습니다. "나 역시 그의 고백을 듣고 감동했어. 난 그를 위로하려고 했지. "두려움을 부정하지 않고 인정해야만 그 두려움을 극복할 수 있어. 왜 꼭 배를 타야만 그 황소를 데려갈 수 있다고 생각하지?" 헤라클레스는 이해하지 못했어. 그래서 내가 그에게 넌지시 얘기해줬어. "그 황소는 굉장해. 생각해봐, 바다에서 태어나 포세이돈에게 바쳐진 제물이잖아. 넌 그냥 그 황소 등에 올라타고 황소가 헤엄치게 하면 되잖아." 내 말을 듣고 헤라클레스 얼굴이 얼마나 환해졌는지 너도 봤어야 해. 그가 펄쩍펄쩍 뛰며 좋아했어.

다음 날 헤라클레스는 맨손으로 크레타의 황소와 싸우러 갔단다. 나는 수풀 속에 숨어서 그들의 싸움을 한 장면도 놓치지 않고 지켜봤어. 짐승의 코에서 나오는 연기, 소가 발을 구르며 나는 흙먼지 등으로 주변에 연기가 자욱했어. 황소가 끔찍한 소리를 지르며 화를 냈지만 헤라클레스도 꺾이지 않았어. 싸움은 격렬했지. 짐승은 오래 저항했지만 결국 헤라클레스가 승리했어. 엄청난 힘으로 쇠뿔을 움켜잡았지. 그 뿔은 길고 칼처럼 예리했어. 그는 뿔을 온 체중을 실어 눌렀어. 내가 다 떨리더라니까. 황소의 근육이 팽팽해지며 활처럼 휘었어. 헤라클레스의 근육도 튀어나왔지. 결코 끝나지 않을 것 같은 대결이었지만 이처럼 마주하고 몇 분이 흐르자 결국 황소가 무릎을 꿇고 바닥에 쓰러졌어. 헤라클레스가 곧바로 황소의 등에 올라탔어. 헤라클레스에게 길들여진 황소는 순순히 그의 명령에 따랐어. 그가 이끄는 대로 해안으로 가서 바다로 들어갔지. 헤라클레스는 기뻤어. 그는 여덟 번째 과업을 완수했을 뿐만 아니라 또다시 지독한 뱃멀미를 하지 않아도 됐으니까.

황소는 매우 빨리 헤엄쳤어. 헤라클레스는 황소를 곧장 에우리스테우스에게 데려갔어. 그가 황소를 헤라 여신에게 바쳤지만 여신은 헤라클레스를 돋보이게 하는 제물을 거절하고 황소를 풀어줬단다. 그래서 그 사나운 황소가 그때 이후 마라톤의 초원에 살게 된 거지. 너도 곧 그 황소와 만나게 될 거야." 테세우스는 이야기를 해준 헤르메스에게 진심으로 감사했습니다. 그리고 걱정스럽게 말했습니다. "저의 사촌이 그 황소를 이겼으니 저도 이길 수 있을 거예요!" 하지만 헤르메스가 진지하게 대답했습니다. "헤라클레스는 올림포스 신들의 보호를 받았다는 것을 잊지 마라. 테세우스 넌 인간이고 네 자신 외에 어느 누구도 의지할 데가 없어."

- 다음 편에 계속

제35화

테세우스와 마라톤의 황소의 싸움

전편 요약 : 테세우스는 헤라클레스가 어떻게 크레타의 황소를 생포했는지 알게 됐습니다. 그의 사촌은 신들의 도움을 받았지만 그는 아무 도움 없이 그 사나운 짐승과 대적해야 합니다.

서서히 밤이 됐습니다. 헤르메스는 이야기를 마친 후 젊은이에게 작별 인사를 했습니다. 그에게는 또 다른 임무가 기다리고 있었으니까요. 테세우스는 몇 시간째 혼자 걸었습니다. 피곤이 엄습했습니다. 걱정도 몰려왔습니다. 마라톤까지 그리 멀진 않았지만 테세우스에게는 밤의 휴식이 필요했습니다. 그때 어느 집에서 새어 나오는 불빛이 보였습니다. 그는 불이 밝혀진 창문으로 다갔습니다. 테세우스가 문을 두드리자 쓰러져가는 작은 집에서 노파가 문을 열어줬습니다. 그녀의 얼굴은 오래된 과일처럼 주름이 가득

했습니다. 그녀가 환영한다는 듯 쭈글쭈글한 손을 내밀며 말했습니다. "들어오게나. 자네 집처럼 편하게 지내시게."
헤칼레라 불리는 그녀는 오래 전부터 이 누추한 초가에서 혼자 살았습니다. 그녀는 기운 없어 세월만 보내는 노인들처럼 작은 동작으로 종종걸음 했습니다. 그녀의 음성은 마음을 어루만지듯 따뜻했습니다. 불 가까이 그녀 곁에 앉은 테세우스는 매우 편안해졌습니다. 그가 온 이유를 알게 된 헤칼레는 그를 정성껏 보살폈습니다. 그녀는 그에게 수프 한 그릇을 내주고 조용히 앉아 양털로 실을 자았습니다. 테세우스

는 일을 하며 흥얼거리는 노파의 감미로운 노랫소리에 어린 시절이 떠올랐습니다. 그는 불가에 있는 어린 소년이었던 자신의 모습을 회상했습니다. 어머니 아이트라의 무릎에 머리를 기대고 있었습니다. 그 시절이 그리웠습니다. 그러다 회의가 들었습니다. 자신이 무엇을 하는 걸까요? 무엇을 찾아 이렇게 다니는 걸까요? 왜 죽을 위험을 감수하려는 걸까요? 헤칼레는 젊은이의 마음을 알고 있는 것처럼 알 듯 모를 듯 자신에게 오라는 손짓을 했습니다. 테세우스가 노파의 무릎에 머리를 기댔습니다. 헤칼레는 계속 다정하게 흥얼거렸습니다. 테세우스는 그렇게 흔들흔들 보호받으며 잠이 들었습니다. 그리고 원기를 회복했습니다.

휴식을 취한 후 자신감을 되찾은 테세우스가 아침 일찍 길을 나섰습니다. 그가 떠나기 전 헤칼레는 오래전에 죽은 남편의 투구와 방패를 건네주며 말했습니다. "아가야, 넌 승리하고 돌아오게 될 게다. 널 위해 제우스에게 기도하마." 테세우스는 처음으로 투구를 쓰고 방패를 들었습니다. 그에게 전혀 어울리지 않았지만 헤칼레의 기분을 상하게 할까 봐 감히 거절하지 못했습니다. 그녀는 문 앞에 서서 멀어지는 그가 지평선의 점이 될 때까지 오래오래 바라봤습니다.

테세우스는 목과 코를 찌르는 매캐한 탄내로 목적지가 가까워졌다는 것을 알 수 있었습니다. 길가에는 듬성듬성 난 수풀이 황소의 코에서 뿜어져 나온 불에 검게 타 있었습니다! 땅은 얇게 재로 덮여 있었습니다. 하지만 가장 두려운 건 아직 보지도 못했습니다. 마침내 한 무더기의 뼈를 발견한 테세우스는 덜덜 떨렸습니다. 그러니까 이 무시무시한 동물은 마라톤 평야에서 생명이 있는 것이라면 모조리 살육했던 것입니다. 그런데 두려워할 시간도 없이 갑자기 거대한 무언가가 테세우스에게 돌진했습니다. 바로 그 황소였죠! 그는 짐승의 아름다움에 깜짝 놀랐습니다. 하지만 그러는 사이 짐승이 다시 달려들었습니다. 두려움을 느낀 그가 옆으로 몸을 던져 공격을 피했습니다. 황소가 방향을 돌려 또다시 그를 공격했고, 테세우스는 다시 공격을 피했습니다. 그는 투구의 면갑을 내리고 방패로 황소의 코에서 뿜어져 나오는 불을 막았습니다.

테세우스는 처음 공포의 순간이 지나자 괴물과 맞설 용기가 났습니다. 테세우스는 짐승과 교차할 때마다 최후의 순간과 마주했습니다. 황소가 숨을 헐떡였습니다. 싸움은, 아니 싸움을 피하는 것은 몇 시간 동안 계속됐습니다. 불현듯 동물의 눈에 피곤한 기운이 서렸습니다. 황소가 지쳐 보이자 테세우스는 때가 됐다고 생각했습니다. 동물이 그에게 뿔을 겨누며 다시 돌진했습니다. 테세우스는 이번에는 그의 공격을 피하지 않고 황소의 뿔을 잡았습니다. 그가 온 힘을 다해 누르자 깜짝 놀란 황소가 빠져나가려고 안간힘을 썼지만 허사였습니다. 테세우스는 강철같이 힘센 손으로 뿔을 꽉 붙잡고 있었습니다. 오랜 시간의 싸움으로 지친 황소가 무릎을 꿇었지만 테세우스는 힘을 풀지 않았습니다. 정복당한 괴물이 싸움을 포기하고 패배를 인정했습니다.

테세우스는 자랑스러웠습니다. 괴물보다 영리한 그가 계략을 써서 황소의 힘을 뺀 후 힘으로 제압한 것이었습니다. 그는 황소를 사슬로 묶어 끌고 갔습니다. 황소는 순순히 그를 따랐습니다. 젊은이는 이 승리를 헤칼레에게 빨리 전하고 싶었습니다. 황소와 싸우는 내내 그는 그녀가 자신을 응원하고 있다는 것을 느꼈습니다. 투구와 방패가 없었다면 그는 황소의 공격으로부터 자신을 지키지 못했을 것입니다. 두 팔 벌려 친절하게 그를 맞아줬던 헤칼레는 그에게 이제 가족이나 다름없었습니다.

멀리 그녀의 집이 보이자 테세우스는 몹시 기뻤습니다. 마치 집에 돌아간 것 같았습니다. 노파와 함께 보낸 밤이 생각났습니다. 하지만 그녀의 집이 가까워질수록 테세우스는 걱정이 됐습니다. 헤칼레는 왜 문 앞에 나와서 그를 환영해주지 않는 걸까요? 왜 굴뚝에서 연기가 나지 않을까요?

― 다음 편에 계속

메데이아의 음모에서 벗어난 테세우스

전편 요약 : 테세우스는 무시무시한 마라톤의 황소를 잡았습니다. 여행을 하는 동안 헤칼레라는 노파와 친분을 맺었는데, 그녀를 빨리 다시 만나고 싶었습니다.

테세우스는 밤이 되어서야 헤칼레 노파의 집에 도착했습니다. 문을 열고 들어가 보니 집 안은 어둠에 잠겨 있었습니다. 화로도 꺼져 있었습니다. 그는 헤칼레의 침대를 바라보았습니다. 짚을 넣은 매트 위에 노파가 누워 있었습니다. 그는 초에 불을 붙여 들고 침대로 다가갔습니다. 헤칼레는 잠든 것 같았습니다. 그녀의 얼굴은 전날처럼 다정하고 평온했습니다. 테세우스가 작은 목소리로 불렀습니다. "헤칼레! 헤칼레! 친절한 헤칼레!" 하지만 그는 그녀가 다시는 깨어나지 못할 것임을 이미 알고 있었습니다. 그녀는 그렇게 조용히 죽어 있었습니다. 그녀는 그를 보호할 수 있는 마지막 수단인 것처럼 오랫동안 제우스에게 테세우스의 성공을 기도한 후 영원히 떠났습니다. 테세우스의 얼굴에 눈물이 흘렀습니다. 그는 침대 옆에 무릎을 꿇고 밤을 지새웠습니다. 테세우스는 전날 밤 노파가 그를 돌봐줬던 것처럼 노파의 사체를 돌봤습니다. 새벽이 되자 이웃들이 찾아와 장례를 준비했습니다. 테세우스는 헤칼레의 손을 부드럽게 어루만지고 이마에 입을 맞춘 뒤 떠났습니다. 그는 자신을 선택하고 사랑해준 이 할머니에 대한 추억을 결코 잊지 않을 것입니다.

그는 곧장 아테네로 돌아갔습니다. 처음 왔을 때보다 더 많은 군중이 성공을 거두고 돌아온 그를 환영했습니다. 그는 양처럼 순해진 사나운 황소를 궁전에 있는 아버지 앞으로 끌고 갔습니다. 아이게우스 왕은 깜짝 놀라 테세우스에게 감사를 표하며 그의 승리를 축하하는 연회를 열었습니다.

테세우스는 귀빈실로 가는 길에 복도에서 길을 잃고 헤매다 시종과 마주쳤습니다. 시종은 다름 아닌 헤르메스였습니다! 그들은 오랜 친구처럼 얼싸안았습니다. 테세우스는 시종의 옷을 입은 신을 보며 계속 히죽히죽 웃었습니다. 헤르메스도 그런 차림을 하고 싶진 않았지만 사람들의 주의를 끌지 않고 맘대로 드나들 수 있는 차림으론 그만이었습니다! 헤르메스가 젊은이의 웃음을 중단시키며 서두르는 기색으로 속삭였습니다. "테세우스, 넌 오늘 밤 아버지에게 인정받아야 해. 그렇지 않으면 메데이아가 널 죽일 거야." 테세우스가 물었습니다. "정말이에요?" 헤르메스가 대답했습니다. "분명히 그럴 거야. 부엌에서 하는 이야기를 몰래 들었어. 마법사 메데이아가 밤새도록 묘약을 준비했다고 하녀가 요리사에게 말했어. 그리고 "이번엔 정말로 그 멋진 말총머리 영웅이 위험해질 거야. 분명해."라는 말도 했어. 그러니 제발 조심해야 해." 이들이 대화를 나누는 시간에도 메데이아는 왕의 침실에서 계속 음모를 꾸미고 있었습니다. 그녀가 아이게우스 왕에게 말했습니다. "전부 준비됐어요. 보세요! 이 병에는 아무도 살아남을 수 없는 치명적인 독약이 있어요. 케르베로스의 침 몇 방울이 들었거든요." 아이게우스 왕은 몸이 떨렸습니다. 머리가 셋인, 지옥을 지키는 무서운 개 케르베로스라니! 그는 아내가 마법사라는 것을 알고 있었지만 그래도 가끔 그녀가 두려웠습니다. 왕은 병을 잡으려고 떨리는 손을 내밀었습니다. 메데이아가 저지했습니다. "안 돼요, 안 돼! 내가 직접 테세우스의 포도주 잔에 독약을 넣을 거예요. 당신은 내가 내미는 포도주 잔을 그에게 건네주기만 하세요." 아이게우스는 조용히 동의했습니다.

연회는 성대했습니다. 음식이 가득 차려진 테이블 주위로 초대받은 사람들 수백 명이 모여들었습니다. 테세우스는 축제에 참여하는 것은 즐거웠지만 헤칼레를 잃은 슬픔이 채 가시지 않았습니다. 그는 미소를 띠고 다른 생각에 빠진 듯 축제에서 약간 뒤로 물러나 있었습니다. 헤르메스의 충고에 따라 경계를 늦추지 않았던 것이죠. 아이게우스 왕은 친절하게도 끊임없이 그를 칭찬했습니다. 그는 기분이 좋은 듯 식사 중에도 초대 손님을 칭송하는 말을 했습니다. "가장 위대한 영웅에게 건배!" 그러고는 테세우스에게 포도주가 가득 든 은잔을 내밀었습니다. 아내 메데이아가 몰래 건네

준 잔이었습니다.

젊은이는 메데이아의 움직임과 갑자기 창백해진 왕의 안색을 알아차렸습니다. 이제 자신의 정체를 밝혀야 했습니다. 테세우스에게 좋은 생각이 떠올랐습니다. 그는 자신의 무거운 칼을 들어서 테이블 위에 놓았습니다. 아이게우스 왕의 시선이 무기에 멈췄습니다. 그러더니 커다란 비명을 지르며 의자에서 벌떡 일어나 테세우스가 입에 댄 잔을 거칠게 밀쳤습니다. 테세우스가 포도주를 마시려던 참이었습니다! 잔이 허공에 날아가며 포도주가 바닥에 쏟아졌습니다. 아이게우스 왕이 소리쳤습니다. "내 아들! 내 아들이야, 넌 내 아들이야! 네 검은 내 거야!" 그는 떨리는 손으로 검의 손잡이에 새겨진, 서로 감고 있는 뱀을 가리켰습니다. 감격한 그가 테세우스를 꼭 안았습니다.

초대된 사람들은 눈앞에서 벌어진 광경에 감동했습니다. 갑자기 큰 소리가 길게 울렸습니다. 연회 테이블 아래에 있던, 궁전에서 사는 작은 개가 내는 소리였습니다. 잠시 후 그 개는 쓰러져서 뻣뻣해졌습니다. 한 여인이 외쳤습니다. "죽었어요!" 다른 사람이 말했습니다. "이것 좀 봐요." 그녀는 손가락으로 포도주 잔을 가리켰습니다. 그 개가 조금 전 바닥에 쏟아진 포도주 세 방울을 핥아 먹었던 것입니다! 손님들은 모두 충격에 빠졌습니다.

아이게우스 왕은 부인이 자신을 조종했다는 것을 알게 됐습니다! 엄청난 분노가 밀려왔습니다. 그가 그녀를 향해 돌아섰지만, 메데이아는 사라지고 없었습니다. 그녀는 어디로 갔을까요? 아이게우스 왕이 큰 소리로 말했습니다. "잘됐어! 그녀가 내 집에서 영원히 떠났으면 좋겠군! 내가 내 아들을 독살하게 하려 하다니! 자, 여기 있는 나의 사랑하는 아들을 여러분에게 소개합니다!" 환호성이 터져 나왔습니다. 그는 "이제부터 골치 아픈 일들이 생기겠군…"이라고 중얼거리는 헤르메스의 말을 듣지 못했습니다.

– 다음 편에 계속

아테네에 내려진 끔찍한 저주

전편 요약 : 테세우스는 가까스로 메데이아의 독약을 피하고 아버지에게 아들로 인정받았습니다. 메데이아는 궁에서 쫓겨났습니다.

테세우스에게 꿀처럼 달콤한 시간이 흘렀습니다. 아이게우스 왕도 행복해서 얼굴이 환해졌습니다. 어린 시절을 함께하지 못하고 성년이 되어 만나긴 했지만 아버지는 아들이 자랑스러웠습니다. 테세우스 스스로도 성숙하게 잘 자랐다고 느낄 만큼 그는 아들을 감탄 어린 시선으로 바라봤습니다. 테세우스는 자신이 드디어 어른이 됐다고 느꼈습니다. 그는 가능한 한 아버지의 모든 활동을 함께했습니다. 그는 동분서주하는 아이게우스 왕을 따라다니며 다정하게 "아버지, 아버지!"를 반복해서 불렀습니다. 오랫동안 꿈꾸고 원했던 단어는 아무리 불러도 지겹지 않았습니다. 아이게우스 왕은 테세우스에게 아버지를 찾아줬을 뿐만 아니라 국가도 넘겨줬습니다. 도시국가 아테네 사람들은 모두 하늘에서 떨어진 새로운 후계자를 열렬히 환영했습니다. 또한 잔인한 메데이아가 떠난 것을 축하했습니다. 테세우스는 아테네와 주민들에게 깊은 애정을 느꼈습니다. 그는 아테네 구석구석을 다니며 살폈습니다.

그러던 어느 날 테세우스는 아테네의 거리에서 길을 잃었습니다. 도시는 컸고, 딴생각을 하느라 처음에는 자신이 길을 잃었다는 것도 몰랐습니다. 문득 정신을 차리고 보니 자신이 어디에 있는지 전혀 알 수 없었습니다. 근처에 있는 집에 가서 길을 물으려 문을 두드리려고 하는데 안에서 흐느끼는 소리가 들렸습니다. 여인이 울고 있었습니다.

테세우스가 조심스럽게 문을 두드리자 울음이 멈췄습니다. 그는 잠시 기다렸다 다시 문을 두드렸습니다. 발소리가 들리더니 문이 열렸습니다. 눈이 빨갛게 충혈된 여인이 고개를 내밀었습니다. 어머니 연배인 것 같았습니다. 테세우스는 생각할 겨를도 없이 그녀에게 물었습니다. "죄송합니다. 지나가는 길인데 울음소리가 들려서…. 제가 도와드릴 일이 있을까요?" 놀란 여인은 대답하기를 망설였습니다. 슬픈 그녀의 눈에는 분노가 가득했습니다. 마침내 그녀가 말을 내뱉었습니다. "네 어머니는 아들이 아테네의 저주를 면했으니 운이 좋구나. 하지만 내 아들은 저주를 피하지 못했어. 아이게우스 왕이 뽑은 일곱 명의 제물 중에 내 아들이 있어. 그들은 곧 죽을 거야. 그만 가라. 나를 위해 무언가 해줄 수 있는 사람은 아무도 없어." 여인이 문을 세게 닫았습니다. 그리고 다시 울음소리가 들렸습니다.
테세우스는 이해할 수 없었습니다. 여인이 말하는 저주란 무엇일까요? 아버지는 왜 이 여인의 아들을 죽음으로 내모는 것일까요?
그는 다시 발길 닿는 대로 걸었습니다. 그러다 이상할 정도로 소란스러운 작은 광장에 다다랐습니다. 테세우스는 귀를 기울였습니다. 한 여성이 탄식했습니다.

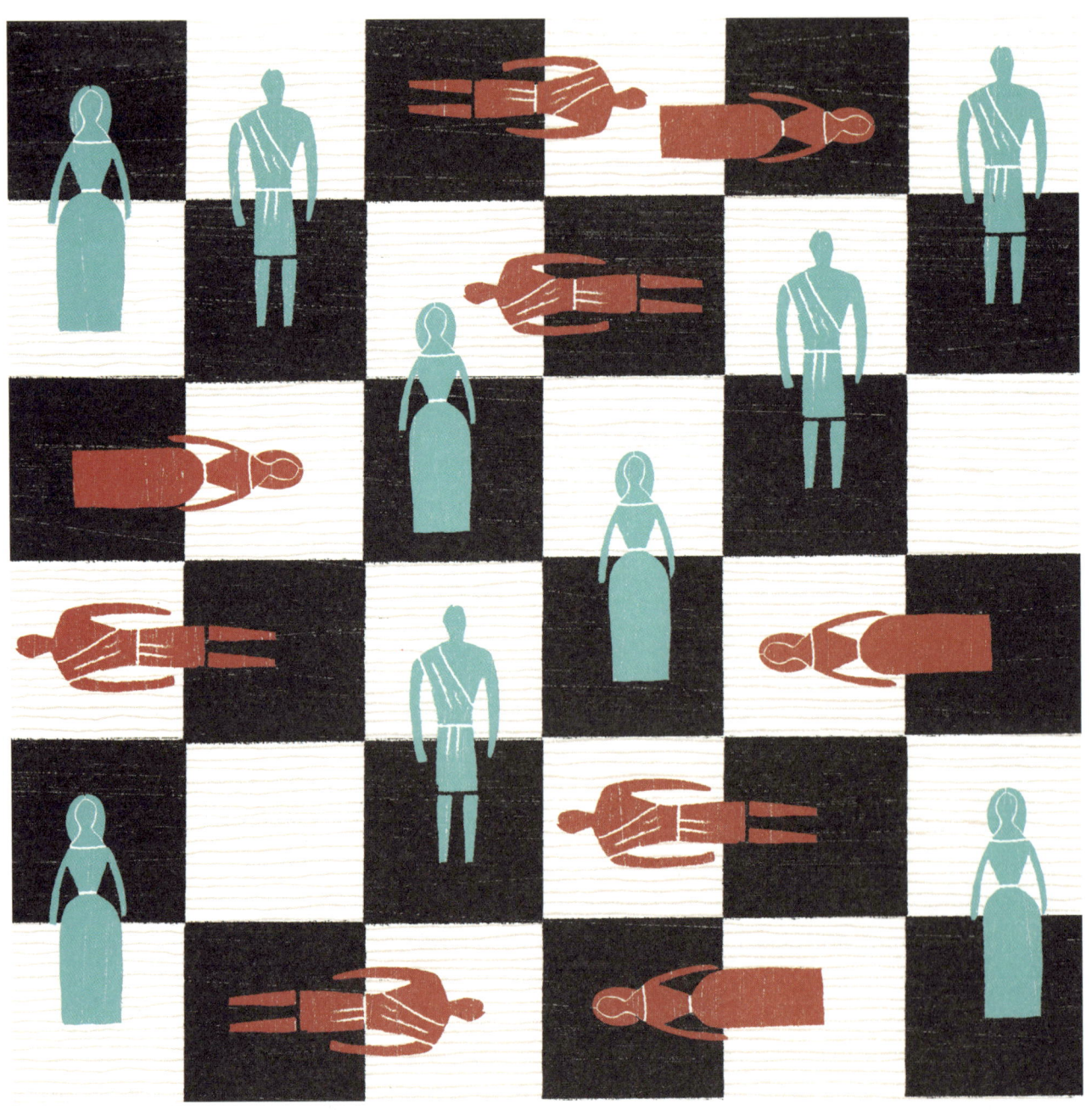

"벌써 세 번째예요! 아무도 안전하지 않아요!" 다른 여성이 외쳤습니다. "우리 이웃집 딸도 그 명단에 있어요!" 한 남성이 중얼거렸습니다. "왕은 자신의 아들을 보내야 해요!" 또 다른 여성이 울부짖었습니다. "어쨌거나 이 모든 게 그의 잘못 때문이라고요." 테세우스는 점점 더 불편해졌습니다. 누군가 그를 알아보고 다른 사람들에게 조용히 하라는 신호를 보냈습니다. 그는 조용히 그곳을 떠났습니다.

마침내 궁전으로 돌아간 테세우스가 서둘러 아버지의 거처로 갔습니다. 방으로 들어오는 테세우스를 본 아이게우스 왕이 유쾌하게 물었습니다. "무슨 일이냐, 아들아?" 테세우스가 침울하게 대답했습니다. "좋은 일은 절대 아니에요, 아버지. 아테네 사람들은 무언가 안 좋은 일 때문에 절망하고 있는데, 그게 무엇인지 모르겠어요. 무슨 일인지 아버지께서 제게 말씀해주시겠어요?" 왕의 얼굴은 어느새 미소가 사라지고 걱정으로 이마에 주름이 생겼습니다. 그가 탄식했습니다. "유감천만이게도 저주가 돌아왔다. 이 저주는 9년에 한 번씩 찾아오는데, 나도 어쩔 수가 없어!" 테세우스는 더 이상 참을 수가 없었습니다. 그는 소리를 지르듯 말했습니다. "그러니까 그게 무슨 일인데요? 아테네 사람들은 아버지가 뭔가 하실 수 있다고 생각하던걸요!"

자존심이 상한 아이게우스가 대답했습니다. "정말이야, 나로서도 어쩔 수 없어! 오래전에 크레타의 미노스 왕은 자신의 아들 안드로게오스를 아테네로 보냈어. 그도 너처럼 멋진 청년이었지. 우린 기마창 시합을 열었는데 그가 모든 상을 휩쓸었단다. 그가 거둔 성공을 보며 내가 마라톤의 황소를 제거해달라고 그에게 부탁했어." 테세우스가 그의 말을 끊었습니다. "제게 그런 것처럼 그를 없애려고 하셨군요…." 아이게우스가 말을 더듬었습니다. "아니야, 전혀 그렇지 않아. 난 그냥 그가 그 끔찍한 황소를 없애주기를 바랐어." 테세우스가 침묵했습니다. 아버지의 말을 믿지 못하는 것 같았습니다. "그런데… 황소가 안드로게오스를 죽였단다. 일이 그렇게 된 거야. 미노스는 아테네에 미친 듯 화를 내며 보상으로 9년마다 일곱 명의 소년과 일곱 명의 소녀를 보내라고 요구했어." 아이게우스 왕은 목이 메었습니다. 얼굴이 하얘진 테세우스가 냉정하게 물었습니다. "그들은 어떻게 됐나요?" 왕이 기어들어가는 소리로 대답했습니다. "그들은 크레타에 살고 있는 끔찍한 괴물의 먹이가 됐어. 미노타우로스라 불리는 괴물이 그들을 한 명씩 잡아먹었단다." 미노타우로스라면 헤르메스에게서 이야기를 들은 적이 있었습니다. 마라톤의 황소와 파시파에 왕비 사이에서 태어난, 반은 사람이고 반은 황소인 괴물로, 살아 있는 모든 것을 삼켜버린다고 했습니다! 테세우스는 마음이 어지러웠습니다. 그가 물었습니다. "그럼 아버지가 희생자 명단을 만드시는 거예요?" 왕은 두 손으로 머리를 감싼 채 아무런 대답도 하지 않았습니다. 테세우스는 그날 아침에 만났던 희생자 어머니의 눈물에 젖은 얼굴이 떠올랐습니다. 그 얼굴에 자신의 어머니의 얼굴이 겹쳐졌습니다. 젊은이가 단호하게 말했습니다. "아버지, 저도 그들과 함께 보내주세요." 아이게우스가 정신 나간 표정으로 고개를 번쩍 들었습니다. 그는 테세우스의 눈빛을 보고 아무것도 그의 결심을 바꿀 수 없다는 것을 알았습니다. 테세우스는 목숨을 잃을 위험을 감수하고 그 끔찍한 미노타우로스와 싸우러 갈 것입니다.

— 다음 편에 계속

위험한 여행을 시작한 테세우스

전편 요약 : 테세우스는 아테네에 저주가 내려졌다는 것을 알게 됐습니다. 젊은이 열네 명이 크레타섬으로 보내져 죽음을 맞이해야 했습니다. 그는 그 젊은이들 중 한 명이 되기로 결심했습니다.

4월 6일 아침, 날씨가 좋았습니다. 테세우스와 젊은이 열세 명은 끔찍한 미노타우로스에게 데려다줄 배에 올랐습니다. 날씨는 화창했지만 태양도 죽음의 여행을 떠나는 자식들을 바라보는 부모의 마음을 따뜻하게 해주진 못했습니다. 어머니들이 흐느끼고 아버지들은 경직된 얼굴 뒤로 눈물을 감추었습니다. 아테네 사람들은 그들을 위로하러 항구로 달려왔습니다. 하지만 감정이 격해져서 아무 말도 하지 못했습니다. 검은색 돛이 벌써 바람에 펄럭였습니다. 사람들은 배를 조종하려는 남자를 손가락으로 가리키며 수군거렸습니다. 그의 이름 나우시토오스가 사람들의 입에서 입으로 전해졌습니다. 육지보다 바다에서 많은 시간을 보낸 사람들이 그렇듯 구릿빛으로 그은 피부는 주름투성이였습니다. 그는 사람들의 존경을 받는, 마을에서 제일가는 항해사였습니다.

테세우스가 도착하자 사람들이 물러났습니다. 그의 단호한 걸음걸이가 사람들에게 믿음을 줬습니다. 그의 태도에서 걱정이라곤 전혀 찾아볼 수 없었습니다.

그는 나우시토오스에게 인사를 하고, 그와 함께 승선할 준비가 된 열세 명의 젊은이를 향해 섰습니다. 그는 너무나 젊고 연약한 일곱 명의 아가씨를 다정하게 바라보았습니다. 가장 어린 소녀 두 명의 어깨를 잡고 그들의 어머니 품에 안겨줬습니다. 그리고 가장 어린 두 소년에게 소녀들의 자리로 가라는 신호를 보냈습니다. 두 소년은 웃으며 그의 말에 따랐습니다. 고운 얼굴의 소년들은 여인의 옷을 입자 소녀처럼 보였습니다. 그들은 야유회라도 가는 것 같았습니다. 미노스 왕을 속이는 것이 재미있어 죽겠다는 듯 웃었습니다! 테세우스가 그들에게 말했습니다. "너희들은 용감해. 고마워. 하지만 내 말을 잊어선 안 돼. 향수를 뿌리고 흰 피부를 유지하기 위해 태양을 피해야 해. 그리고 여인들처럼 말하고 행동하는 것을 연습해야 해!" 기쁨의 함성으로 그의 말이 중단됐습니다. 사람들이 두 소녀의 목숨을 구해준 두 영웅에게 갈채를 보냈습니다. 테세우스가 외쳤습니다. "걱정하지 마세요. 우리는 모두 살아서 돌아올 겁니다. 우리는 미노타우로스를 이길

겁니다!"

소년들의 웃음과 테세우스의 확고한 자신감은 군중에게 긍정적인 효과로 나타났습니다. 사람들은 웃음을 되찾고 희망을 갖게 됐습니다. 아이게우스 왕이 왔을 때 그들은 이미 모두 배에 타 있었습니다. 그는 무거운 흰 상자를 가져와 갑판 위에 내려놓으라고 명령했습니다. 그리고 아들의 어깨에 손을 얹으며 말했습니다. "네게 이 흰 돛을 맡기마. 미노타우로스를 이긴다면 돌아오는 배에 반드시 이 흰 돛을 올리거라. 그러면 난 네가 살아 있음을 알고 기뻐할 수 있을 거야. 만약 배가 검은 돛을 달고 아테네로 돌아온다면 수평선에 뜬 돛을 보고 이미 희망이 없음을 알게 될 게다. 아들아, 이제 가거라. 올림포스의 모든 신들이 너와 함께하길 빈다!"

배가 서서히 항구에서 멀어지며 크레타로의 여행이 시작됐습니다.

테세우스는 나우시토오스 곁에서 많은 시간을 보냈습니다. 난생처음 항해하는 젊은이는 그에게서 바다의 비밀들을 배웠습니다. 어린 시절엔 바다의 신 포세이돈의 아들일지도 모른다고 생각했던 그였으니까요. 나우시토오스는 해류, 바람 등 선원들 세계의 지식을 채우기 위해 기회가 있을 때마다 수많은 질문을 하며 정보들을 하나하나 모으는 이 젊은이에게 차츰 애정을 느꼈습니다. 코니다스는 호기심은 좋은 것이며, 만나는 사람들을 이용할 줄 아는 것이 지혜라고 늘 테세우스에게 가르쳤습니다. 나우시토오스는 곰보딱지 같은 얼굴 때문에 다른 사람들의 호감을 사지 못했지만 테세우스는 거기에 속지 않았습니다. 흉측한 외모 속에 나눠줄 준비가 된 많은 것을 감추고 있었습니다. 보름달이 강한 빛을 비추던 어느 날 밤, 나우시토오스가 테세우스에게 말했습니다. "오늘같이 보름달이 뜬 밤에 미노타우로스가 잉태됐어. 넌 곧 그와 싸우게 될 텐데 그의 탄생의 비밀을 알고 있니?" 테세우스가 작은 목소리로 대답습니다. "네." 그가 계속 말했습니다. "그런데 그 이상한 밤 이후에 그가 어떻게 됐는지 아니?" 테세우스는 모른다고 고개를 가로저었습니다. 나우시토오스는 자신 있는 목소리로 말했습니다. "그러니까 여왕이 낳은 건 평범한 아기가 아니었어. 반은 인간이고 반은 짐승인, 황소의 머리를 가진 사람이었지! 사람들은 그를 아스테리오스라고 불렀어. 이 괴물을 숨기려고 미노스 왕은 갓난아기를 가두라고 명령했어. 아기는 거의 완벽한 어둠 속에 혼자 갇혔어. 그곳에서 나오는 건 금지됐지. 그런 어두운 곳에 계속 갇혀 있었기 때문에 그가 그토록 잔혹한 미치광이가 된 거야. 그와 싸우러 가는 넌 미노타우로스의 큰 고통과 엄청난 외로움을 절대 잊지 말아야 해. 감옥에서 살았기 때문에 악랄한 괴물이 된 거지, 악랄한 괴물이었기 때문에 갇힌 게 아니라고."

테세우스는 침묵했습니다. 그는 바다 건너에서 그를 기다리고 있는 괴물을 자신이 이길 수 있을지 생각했습니다.

― 다음 편에 계속

신뢰할 수 있는 지지자를 만남

전편 요약 : 테세우스와 열세 명의 불행한 동료를 태운 배가 크레타섬으로 출발했습니다. 테세우스는 미노타우로스가 누군지 알게 됐습니다.

크레타섬은 번영의 도시라는 명성에 걸맞았습니다. 테세우스는 도착하자마자 세련된 건축물과 화려한 건물들을 눈여겨보았습니다. 미노스 왕이 그를 만나기 위해 앞으로 나왔습니다. 말을 타고 있는 그의 주변으로 희생자들의 얼굴을 보고 싶은 이상야릇한 호기심으로 가득 찬 대중과 신하 들이 가득했습니다. 미노스 왕이 땅에 발을 디뎠습니다. 그는 키가 컸지만 테세우스가 더 컸습니다. 두 사람은 서로 노려보았습니다. 테세우스가 교묘하게 바닥에 무릎을 꿇는 바람에 미노스 왕은 그를 일으켜 세우느라 허리를 숙일 수밖에 없었습니다. 가까이에서 시선이 마주치자 테세우스는 왕이 강한 증오를 품고 있다는 것을 느낄 수 있었습니다.

그날 저녁 아테네에서 온 젊은이들은 왕의 궁전에 초대됐습니다. 그들을 위해 연회가 준비됐습니다. 그들에게 영광을 돌리는 자리였죠. 미노스 왕은 자신들을 기다리는 운명이 어떤 것인지 모른다는 듯 그들이 즐기는 것을 보고 놀랐습니다. 테세우스는 왕과 그의 딸 아리아드네 사이에 앉았습니다. 그는 그녀와 끊임없이 농담했습니다. 아리아드네의 웃음이 만찬을 흥겹게 했습니다. 모임을 마칠 무렵 신경이 거슬린 미노스 왕이 테세우스에게 물었습니다. "자네 동료들은 내일 미노타우로스에게 넘겨질 거라는 걸 모르고 있나?" 테세우스가 도발적인 말투로 대답했습니다. "아니요. 하지만 그들은 제가 그 괴물을 이길 것이라고 믿고 있습니다." 미노스가 약간 비웃으며 말했습니다. "그래? 하지만 미노타우로스를 이기는 것만으로는 충분하지 않을걸. 라비린토스에서 나올 수 있어야 해." 테세우스가 눈썹을 찌푸렸습니다. 라비린토스는 무엇일까요? 드디어 불안해하는 테세우스를 보며 만족한 미노스가 계속 말했습니다. "라비린토스에 대해서 전혀 모르는 것 같은데, 지금껏 어느 누구도 미노타우로스가 살고 있는 라비린토스의 출구를 찾지 못했다네. 젊은이, 편안한 밤이 되길 비네." 말을 마친 미노스 왕은 연회실을 떠났습니다.

연회의 분위기가 갑자기 무거워졌습니다. 테세우스조

차 무언가 알 수 없는 두려움에 휩싸였습니다. 생각에 잠긴 그를 보고 아리아드네는 젊은이의 팔에 손을 얹으며 "걱정하지 마세요, 제가 도와드릴게요. 한 시간 후에 항구에서 만나요."라고 속삭이고는 어둠 속으로 사라졌습니다.

아리아드네는 태어날 때부터 미노타우로스의 존재를 알고 있었습니다. 궁전의 하녀들이 목소리를 낮춰 그에 대해 이야기했으니까요. 젊은 아가씨는 자신의 어머니가 그 흉측한 괴물을 낳았다는 것을 알고 있었습니다. 그녀가 그 괴물의 먹이로 온 아테네 젊은이들을 본 건 열 살 때였습니다. 항구에 도착해 말없이 침통하게 있던 그들을 기억하고 있었습니다. 그녀는 그 괴물이 궁전의 금지된 구역에 갇혀 있다는 것도 알고 있었습니다. 그곳으로 가려면 육중한 문을 통과해야 하는데, 입구에서 무장한 보초 두 명이 하루 24시간 지키고 있었습니다. 가끔 아리아드네와 동생 파이드라는 무시무시한 놀이를 했습니다. 그들은 살금살금 라비린토스로 들어가려 했지만 그 입구 너머로는 갈 수 없었습니다.

아리아드네는 밤마다 악몽을 꿨습니다. 미노타우로스가 그 문으로 나와 그녀를 덮쳐 잡아먹는 꿈이었습니다. 그 괴물이 그녀에게 말을 걸며 동생의 이름을 부를 때도 있었습니다. "파이드라, 파이드라…." 그런 밤이면 그녀는 비명을 지르고 동생을 부르다 잠에서 깼습니다. 하지만 그녀의 어머니는 그녀의 비명 소리도, 애타게 동생을 찾는 소리도 듣지 못했습니다. 어린 공주는 혼자서 두려움에 떨었습니다. 어둠 속에서 눈을 뜨면 그녀에게 다가오는 괴물의 콧바람이 느껴졌습니다. 미친 듯이 뛰는 가슴을 부여잡고 새벽이 밝기만 기다렸습니다. 하지만 이러한 밤의 공포를 어느 누구에게도 말하지 않았습니다.

미노스 궁전의 구조는 이상했습니다. 수많은 복도와 홀과 침실이 있는 그곳에서 길을 잃지 않기란 여간 힘들지 않았습니다. 아리아드네와 궁전의 아이들은 그곳에서 숨바꼭질하며 노는 것을 좋아했습니다.

어느 날은 아리아드네가 숨을 곳을 찾는데 한 아이가 그녀를 아무도 찾을 수 없는 비밀스러운 장소로 데려갔습니다. 그 친구는 궁전을 지은 건축가의 아들 이카로스였습니다. 그렇기 때문에 누구보다 궁전의 후미진 곳을 잘 알고 있었습니다. 왕의 딸이 좋아하자 우쭐해진 이카로스가 말했습니다. "이게 다가 아냐! 라비린토스를 어떻게 만들었는지 우리 아버지 다이달로스가 내게 말해줬어." 어린 공주는 감탄했습니다. "정말? 거기 가봤어?" 이카로스가 대답했습니다. "음, 그건 아니야. 하지만 생각해봐. 그곳은 길을 찾을 수 없게 만들어졌어. 그러니까 길을 찾아 끊임없이 뱅뱅 돌 수밖에 없는 거야. 이 복도에서 저 복도로 가고, 막다른 길로 가게 되지. 그럼 반대 방향으로 갈 수밖에 없고, 그래서 또 다른 복도로 가게 되면 이젠 오른쪽으로 가야 할지 왼쪽으로 가야 할지 알 수 없게 되는 거야. 더 이상 기준점이 없어지면서 길을 잃을 수밖에 없지." 깜짝 놀란 아리아드네가 속삭였습니다. "아무도 거기서 나올 수 없다는 거야? 너의 아버지도?" 이카로스가 대답했습니다. "응. 아버지가 라비린토스의 지도를 일부러 버리셨대. 일단 라비린토스에 들어가면 아무도 나올 수 없어."

테세우스와 만나서 사랑에 빠진 날 저녁, 이 말이 아리아드네의 머릿속에서 맴돌았습니다. 젊은 여인은 잠시라도 이 멋진 아테네 청년을 그런 함정에 빠트린다는 것을 상상조차 할 수 없었습니다. 그녀는 어떻게 라비린토스에서 그를 다시 나오게 할 수 있을까요?

– 다음 편에 계속

제40화

라비린토스에서 나오는 방법을 찾은 아리아드네

전편 요약 : 미노스 왕의 딸 아리아드네는 첫눈에 테세우스를 사랑하게 됐습니다. 그녀는 라비린토스에 갇혀 있는 미노타우로스에게 승리하더라도 나오는 길을 찾아야 한다는 것을 알고 있었습니다.

아리아드네는 고양이처럼 유연하게 이곳저곳을 교묘히 빠져나갔습니다. 연회석을 떠난 지 불과 몇 분 후 그녀는 궁전의 한 침실 문을 두드렸습니다. 문이 열릴 때까지 고집스럽게 두드렸습니다. 누군가 걸쭉한 목소리로 투덜거렸습니다. "도대체 누가 한밤중에 성가시게 구는 거야?" "저예요, 아리아드네! 제발 절 들여보내 주세요!" 헝클어진 머리의 사내가 문을 열어주며 젊은 아가씨가 들어갈 수 있도록 옆으로 비켜섰습니다. 책과 종이 들이 바닥과 선반 여기저기에 쌓여 있었습니다. 방 한가운데에 있는 큰 테이블은 무언가 적힌 커다란 종이로 덮여 있었습니다. 기름 램프의 희미한 빛이 이 모든 것을 비추고 있었습니다. 아리아드네는 그곳에 쌓여 있는 이상하게 생긴 측량 기구나 방 주인이 휘갈겨 쓴 기호엔 눈길도 주지 않았습니다. "다이달로스, 제발 제게 라비린토스의 비밀을 알려주세요." 이 말을 들은 건축가의 얼굴에서 무덤덤한 표정이 가셨습니다. 그의 눈에서 불안감을 읽을 수 있었습니다. 그는 문으로 달려가서 제대로 닫혀 있는지 확인했습니다. 아리아드네가 그의 손을 잡으며 말했습니다. "제발 부탁이에요. 시간이 없어요! 이 죽음의 함정에서 빠져나올 방법을 찾지 못하면 저 불행한 젊은이들은 죽고 말 거예요!" 이번에는 다이달로스가 사시나무처럼 벌벌 떨었습니다. 그는 용감하지도 않았지만 그가 배신했다는 것을 알면 미노스 왕이 결코 용서하지 않을 것이란 걸 잘 알고 있었습니다. 하지만 아리아드네가 또다시 간청했습니다. "당신은 자신이 그들의 무덤을 만들었다는 사실을 알면서 편히 잠잘 수 있나요?" 다이달로스는 소스라치게 놀랐습니다. 젊은 아가씨가 그의 생각을 읽고 있는 것 같았습니다. 건축가는 이미 많은 젊은이의 목숨을 앗아간 거미줄 같은 라비린토스를 만든 것을 끊임없이 후회하고 있었습니다. 그의 기술과 재능이 죄를 짓는 데 사용된 것입니다. 그로서는 왕을 거역할 수 없었습니다. 복종할 수밖에 없었다 할지라도 자신이 비난받아 마땅하다는 생각이 그의 머릿속을 떠나지 않았습니다. 건축가의 입에서 한숨이 새어 나오자 아리아드네는 그를 설득할 수 있다고 느꼈습니다. 다이달로스가 속삭였습니다. "공주님, 라비린토스의 지도는 남아 있지 않습니다. 저 자신도 출구로 가는 길을 찾지 못할 겁니다." 그러니까 이카로스의 말은 사실이었습니다. 아리아드네는 창백해졌습니다. 테세우스가 죽을 수밖에 없단 말인가요? 젊은 아가씨는 그를 잃느니 차라리 그와 함께 라비린토스에 가야겠다고 생각했습니다.

그때 다이달로스가 자리에서 일어났습니다. 그리고 상자를 뒤져 실몽당이를 꺼내 아리아드네에게 내밀며 설명했습니다. "공주님이 라비린토스의 입구에서 이 실을 단단히 잡고 계시면 그 실 끝을 잡고 라비린토스에 들어간 남자가 길을 잃지 않고 돌아올 수 있을 겁니다. 하지만 실을 놓치지 않도록 주의하셔야 합니다! 그러지 않으면…." 다이달로스가 말을 마치기도 전에 아리아드네는 기쁨의 함성을 지르며 방을 뛰쳐나갔습니다. 다이달로스는 젊은 아가씨가 다녀간 것을 아무도 보지 못했기를 바라며 서둘러 방문을 닫았습니다.

그의 바람과 달리 아리아드네의 동생 파이드라가 어둠 속에 숨어서 지켜보고 있었습니다. 그녀는 한밤중에 언니가 누구를 만나러 가는지 궁금해서 뒤를 쫓았던 것입니다. 다이달로스의 방을 나온 아리아드네가 테세우스를 만나러 항구로 가는데 파이드라가 길을 막아섰습니다. 매우 흥분한 그녀가 애원했습니다. "나도 데려가!" 아리아드네는 다리를 붙잡은 소녀의 팔을 뿌리치며 다정하게 속삭였습니다. "그럴 수 없어. 그럴 수 없어." 파이드라는 궁전을 빠져나가는 언니를 바라보았습니다. 아직 어린아이였던 그녀는 화가 나서 참을 수 없었습니다. 연회가 열리는 동안 테세우스를 향한 언니의 시선을 눈치챈 사람은 그녀뿐이었습니다. 언니가 사랑에 빠졌고, 그 낯선 이방인을 몰래 만나러 갈 것이란 것을 짐작한 사람도 그녀뿐이었습니다. 그녀는 울면서 소리쳤습니다. "테세우스가 싫어. 그가 싫어."

항구는 조용했습니다. 조약돌을 훑는 파도 소리만 들렸습니다. 가볍게 찰랑거리는 소리가 마음을 안정시켰습니다. 바다는 여자 친구의 손길처럼 부드럽게 선체를 어루만졌습니다. 테세우스는 갑판에서 망을 보고 있던 나우시토오스를 보려고 했습니다. 배의 검은 돛이 잠든 박쥐의 날개처럼 접혀 있었습니다. 내일 있을 과업은 현실이 아닌 듯 멀게만 느껴졌습니다. 테세우스는 어둠 속에서 누군가 다가오는 것을 보았습니다. 아리아드네였습니다. 극도로 창백한 그녀의 땋은 머리가 허리까지 내려와 있었습니다. 달려온 탓에 아리아드네가 숨을 헐떡였습니다. 가쁜 호흡 때문에 그녀의 말에 이상한 긴장감이 흘렀습니다. 그녀가 말을 돌리지 않고 물었습니다. "제가 미노타우로스에게서 벗어날 수 있게 도와주면 저를 데려가서 결혼해주시겠어요?" 테세우스가 미소를 지으며 아가씨를 바라보았습니다. 그녀는 아직 어려 보였습니다. 그는 대답 대신 그녀의 입술에 키스했습니다. 미노타우로스와 그로 인한 위험은 나중에 이야기해도 될 것 같았습니다. 하지만 아리아드네의 생각은 달랐습니다. 그녀는 다이달로스가 준 실몽당이를 꺼내 들고 진지하게 말했습니다. "테세우스, 이건 당신의 목숨을 살릴 실이에요. 제가 이 실몽당이를 잡고 있을 거예요. 당신은 다른 쪽 끝을 잡고 라비린토스로 들어가세요. 이 실을 절대 놓으면 안 돼요. 그래야 이 과업에서 무사히 살아남을 수 있을 거예요. 이제 우리의 운명은 하나로 묶였어요. 약속해주세요!" 공주의 진지한 태도를 보며 테세우스가 속삭였습니다. "맹세하오." 그는 실제로 자신에게 무슨 일이 일어날지 짐작조차 하지 못했습니다.

- 다음 편에 계속

라비린토스에 간 테세우스

> **전편 요약 :** 아리아드네는 테세우스를 살릴 수 있다는 희망으로 실몽당이를 가져왔습니다. 그녀는 자신의 도움으로 테세우스가 라비린토스에서 나올 수 있다면 그녀와 결혼하겠다는 약속을 받아냈습니다.

열네 명의 아테네 젊은이들이 피처럼 붉은 색 튜닉을 입고 라비린토스의 육중한 문 앞에 나타났습니다. 미노스 왕과 신하들이 그들의 행렬을 따랐습니다. 리라와 심벌즈를 든 악사들도 그들을 따르며 연주했습니다. 사람들은 그들에게 과일과 음료를 줬습니다. 그들과 열렬히 악수를 하는 사람들도 있었고, 몰래 눈물을 훔치는 사람들도 있었습니다. 테세우스는 이 사람들의 애정 어린 몸짓을 보며 생각했습니다. '복수심을 갖고 있는 미노스 왕과 달리 크레타섬 사람들은 우리에게 호의적이구나. 좋은 징조야. 우리가 여기서 살아 나온다면 이들이 우리를 끝까지 괴롭히려 들진 않을 거야.'

미노스 왕이 선언했습니다. "우리는 닷새 낮과 밤 동안 문을 열어둘 것이다. 하지만 닷새째 되는 날 낮과 밤이 지나도 여러분이 나오지 않는다면 이 문은 영원히 닫힐 것이다." 궁전의 문들처럼 강렬한 색으로 칠해진 라비린토스의 문은 9년 전부터 굳게 닫혀 있었습니다. 그 문을 열기 위해 건장한 남자 여러 명이 힘을 모아야 했습니다. 문짝이 삐걱거리며 열렸습니다. 탁한 공기와 습한 열기가 뿜어져 나오며 코를 찌르는 냄새가 진동했습니다. 보이는 것이라곤 길고 어두운 복도뿐이었습니다. 하지만 테세우스는 추호의 주저함도 없었습니다. 그는 뒤도 돌아보지 않고 단호하게 안으로 걸어 들어갔고, 불행한 동료들이 그의 뒤를 따랐습니다. 그가 아무도 모르게 손목에 묶은 실은 거의 보이지 않았습니다. 젊은이들이 어두운 복도로 사라지자 미노스 왕과 신하들도 뿔뿔이 흩어졌습니다. 젊은 아가씨 한 명만 문 앞에 서 있었습니다. 아리아드네였죠. 그녀는 튜닉 안에 실몽당이를 감추고 있었습니다. 그녀의 손가락 사이로 실이 풀렸습니다. 실은 풀리고 또 풀렸습니다. 아리아드네는 그렇게 구불구불한 복도를 걷고 있는 테세우스를 살피고 있었습니다.

라비린토스 안의 벽은 장식이 전혀 없었습니다. 거친 돌덩어리들을 만지자 손가락이 쓸렸습니다. 테세우스는 횃불을 들고 맨 앞에서 걸었습니다. 벽에서 춤을 추듯 너울거리는 불빛이 비현실적으로 느껴졌습니

다. 한 소녀가 떨리는 음성으로 속삭였습니다. "지옥에 들어온 것 같아요." 테세우스는 대답하지 않았습니다. 왼쪽으로 돌자 출입구는 더 이상 보이지 않았습니다. 벌써 선택을 해야 했습니다. 곧장 가야 할까요? 왼쪽으로 돌아야 할까요? 아니면 오른쪽으로 돌아야 할까요? 똑같이 생긴 복도 세 개가 나왔습니다. 그는 오른쪽으로 꺾어지는 길을 선택했습니다. 몇 미터 가자 그 복도는 막다른 길이었습니다. 테세우스와 동료들은 벽에 막혀 되돌아 나와야 했습니다. 기준으로 삼을 만한 것은 아무것도 없었습니다. 테세우스는 다른 복도로 갔습니다. 얼마 지나지 않아 또다시 세 갈래 길이 나타났습니다. 정면으로 가야 할까요, 왼쪽으로 가야 할까요, 아니면 오른쪽으로 가야 할까요? 선택은 운명에 맡길 수밖에 없었습니다. 공기가 희박해지면서 횃불이 약해졌습니다. 한 시간째 이렇게 더듬으며 앞으로 나아가자 테세우스는 점점 더 걱정이 됐습니다. 그는 라비린토스의 마법을 이해하기 시작했습니다.

아리아드네는 실의 다른 쪽 끝을 붙잡고 사랑하는 남자가 전진하는 것을 따랐습니다. 젊은 아가씨는 이따금씩 느껴지는 다급한 실의 진동으로 테세우스의 상태를 짐작했습니다. 어떨 때는 테세우스가 어떤 방향으로 가야 할지 주저하는 듯 실이 움직이지 않았습니다. 시간이 더디 흘렀습니다. 아리아드네의 목숨이 그 실에 달려 있었습니다. 그녀는 '그가 살아 돌아오지 못한다면 나도 죽을 거야.'라고 생각했습니다. 젊은이들은 끝없이 이렇게 무작정 걷기만 해야 할 것 같았습니다. 아무도 한 마디도 말하지 않았습니다. 공기 중에 서서히 야수의 악취가 풍기기 시작했습니다. 테세우스는 자신의 후각을 믿고 짐승을 찾기로 했습니다. 하지만 동료들이 지쳤습니다. 몇몇 아가씨가 조용히 흐느꼈습니다. 다시 한 번 벽으로 길이 막혀 돌아 나오기 위해 걸음을 멈추자 아가씨 한 명이 기절했습니다. 테세우스는 혼자 짐승을 찾아 나서기로 결심했습니다. 그는 미노타우로스가 멀리 있지 않을 것이라 짐작했습니다. 그는 지칠 대로 지친 젊은이 열세 명에게, 그가 돌아올 때까지 꼼짝하지 말고 기다리라고 명령했습니다. "특히, 어떤 핑계로도 이곳에서 벗어나지 마. 그러지 않으면 절대로 여기서 나가지 못할 거야." 몇십 분이 지나도록 실이 움직이지 않았습니다. 아리아드네는 걱정이 돼서 미칠 것만 같았습니다. 그녀가 직접 라비린토스로 들어가 봐야 하지 않을까요? 젊은 공주는 자신의 손목을 손가락으로 꽉 쥐고 있었습니다. 갑자기 다시 실의 진동이 느껴졌습니다. 테세우스가 다시 길을 나선 것입니다.

테세우스가 숨을 쉬자 공기 중에 가득한 짐승의 냄새가 느껴졌습니다. 그가 걸을 때마다 미노타우로스와 가까워졌습니다. 그는 더 이상 주저하지 않고 자연스럽게 썩은 내가 풍기는 복도로 갔습니다. 차츰차츰 둔탁한 소리가 들렸습니다. 무언가 긁는 소리였습니다. 순간 불어온 바람에 테세우스가 들고 있던 횃불이 꺼졌습니다. 그는 완전한 어둠 속에 갇혔습니다. 그때 복도 끝에서 빛이 보였습니다. 본능적으로 살금살금 천천히 걸었습니다. 테세우스는 빛이 새어 나오는 구멍까지 벽을 스치듯 걸었습니다. 긁는 소리와 함께 불만스럽게 으르렁대는 소리가 들렸습니다. 테세우스는 망연자실 그 자리에서 얼어붙었습니다.

― 다음 편에 계속

제42화

미노타우로스와의 대결

전편 요약: 테세우스와 동료들은 라비린토스에 들어갔습니다. 아리아드네가 실몽당이를 붙잡고 출구를 살피는 동안 그들은 복도에서 길을 잃었습니다.

그것은 테세우스의 상상을 초월하는 것이었습니다. 미노타우로스는 인간의 몸에 거대한 황소의 머리가 붙은 괴물이었습니다. 헝클어진 머리카락이 등 한가운데까지 자라 있었습니다. 근육이 얼마나 탄탄한지 갑옷 같았습니다. 테세우스는 혐오감에도 불구하고 미노타우로스의 아버지인 마라톤의 흰 황소를 쓰러트리기 전 그에게 감탄했던 것처럼 그 괴물에게 매혹되지 않을 수 없었습니다.

가장 인상적인 것은 미노타우로스가 갈고 있던 거대한 뿔이었습니다. 그는 바위 벽에 계속 뿔을 문지르고 있었습니다. 때때로 불꽃이 일었습니다. 테세우스가 중얼거렸습니다. "무언가 긁는 소리가 저거였군." 등에 소름이 돋았습니다. 그 짐승은 사람 고기 파티를 준비하고 있었던 것입니다. 벽에 바짝 붙어 선 테세우스는 숨을 쉬기도 힘들었습니다. 몇십 분이 흘렀습니다. 라비린토스 중에서도 미노타우로스가 살고 있는 곳은 다른 곳과 달랐습니다. 그곳은 구석도 없고 후미진 곳도 없는, 우물처럼 둥근 방이었습니다. 방 한가운데에서 고개를 들면 하늘을 조금 볼 수 있었습니다. 테세우스를 그곳까지 인도한 빛이 그곳으로 들어오는 것이었습니다. 괴물은 완전한 어둠 속에서 살고 있는 것이 아니었습니다. 그에게 약간의 빛이 허락됐던 것입니다. 그저 영원히 태양을 보지 못한다는 것을 안타까워할 만큼, 그저 새들이 나는 것을 상상할 수 있을 만큼의 빛이 허락됐던 것이죠.

미노타우로스가 뿔 갈기를 멈췄습니다. 그는 인간과 같은 자세로 자리에 앉았습니다. 그의 넓은 콧구멍에서 테세우스가 으르렁대는 소리라고 생각했던 소리가 났습니다. 그것은 으르렁대는 것이 아니었습니다. 오히려 신음에 가까운 끙끙대는 소리였습니다. 미노타우로스가 턱을 가슴에 대고 우는 것 같았습니다. 테세우스는 그의 은신처 바닥 여기저기에 뒹굴고 있는 해골과 뼈들, 그리고 짐승에게서 풍기는 악취를 잊었습니다. 두려움조차 잊었습니다. 그는 갑자기 이 괴물이 몹시 가엾다는 생각이 들었습니다. 연륜이 있는 선원 나우시토오스의 말이 생각났습니다. "미노타우로스의 큰 고통과 엄청난 외로움을 절대 잊지 말아야 해. 감옥에서 살았기 때문에 악랄한 괴물이 된 거지, 악랄한 괴물이었기 때문에 갇힌 게 아니라고." 미노타우로스는 단지 다르게 태어났다는 이유로 영원히 이 지옥에 갇힌 것입니다. 그런데 테세우스의 눈앞에서 그 괴물이 울고 있었습니다!

충격을 받은 테세우스가 비틀거렸습니다. 미노타우로스가 깜짝 놀라 고개를 들었습니다. 슬픈 그의 시선과 테세우스의 시선이 마주쳤습니다. 잠시 후 미노타우로스가 일어서서 싸울 태세를 갖췄습니다. 그의 눈에 드리웠던 슬픔이 사라지고 핏발이 섰습니다. 그는 인간과 마주하면 죽을 때까지 싸우는 것밖에 몰랐습니다. 그는 테세우스를 향해 뿔을 겨누고 돌진했습니다. 그의 뿔은 칼처럼 날카로웠습니다. 테세우스는 그 뿔에 찔리지 않기 위해 옆으로 피할 시간밖에 없었습니다. 미노타우로스가 그를 향해 돌아서더니 다시 덤볐습니다. 그가 사납게 울부짖었습니다. 그에게서 인간의 흔적은 찾아볼 수 없었습니다.

테세우스는 오랫동안 맞대결을 피했습니다. 그의 마음속에서 무언가 그와의 싸움을 거부하고 있었습니다. 그는 미노타우로스를 때리지 않고 교묘히 공격을 피하기만 했습니다. 싸움 같지 않은 싸움이 계속됐습니다. 미노타우로스는 강했지만 테세우스는 빨랐습니다. 테세우스는 미노타우로스를 피했습니다. 미노타우로스가 숨을 헐떡이기 시작했습니다. 그의 힘이 조금씩 약해졌습니다.

그때 놀라운 일이 벌어졌습니다. 미노타우로스가 갑자기 공격을 멈췄습니다. 그는 마치 무언가 할 말이 있다는 듯 테세우스를 강렬하게 쳐다봤습니다. 괴물의 거친 숨소리만 들렸습니다. 하지만 테세우스는 그가 말하는 것처럼 느껴졌습니다. 미노타우로스는 아무 말이 없었지만 더 이상 견딜 수 없다고, 더 이상 이렇게 살고

싶지 않다고 테세우스에게 애원하고 있었습니다.
테세우스는 그의 마음을 이해했습니다. 그는 싸움을 하겠다는 의미로 고개를 끄덕였습니다. 그러자 미노타우로스가 덤벼들었습니다. 이번에는 테세우스도 피하려고 하지 않았습니다. 미노타우로스가 적당한 거리까지 다가오자 테세우스가 뛰어올라 그의 머리카락을 잡고 심하게 목을 비틀었습니다. 뾰족한 뿔은 다시 한 번 목표를 잃었습니다. 테세우스는 맨손으로 정확히 괴물의 두 뿔 사이를 때렸습니다. 쉴 새 없이 쏟아지는 주먹질이 점점 거칠어졌습니다. 테세우스는 미노타우로스에게서 난폭함이 전염된 듯 그를 내리쳤습니다. 미노타우로스는 그의 손아귀에서 빠져나오지 못했습니다. 상처받은 짐승이 신음 소리를 지르며 바닥에 쓰러졌습니다. 테세우스는 그가 눈으로 감사하다고 말하는 것 같았습니다. 그저 그의 바람이었을지도 모르죠. 미노타우로스가 영원히 눈을 감았습니다.
테세우스는 현기증이 났습니다. 그는 입에서 죽음의 쓴맛이 느껴졌습니다. 그가 중얼거렸습니다. "두 번 다시 하지 않겠어, 두 번 다신." 그리고 탈진해서 바닥에 쓰러졌습니다.
테세우스가 미노타우로스의 시체 곁에 쓰러진 채로 얼마나 오랜 시간이 흘렀을까요? 아무도 알 수 없었습니다. 그가 다시 눈을 떴을 땐 주변이 어두웠습니다. 밤이 된 것이죠. 테세우스는 두려움에서 벗어나기 위해 자신의 손목을 더듬었습니다. 그런데 어떻게 된 일일까요? 안타깝게도 아무것도 만져지질 않았습니다. 몹시 당황한 그는 아리아드네가 손목에 묶어준 실을 찾았습니다. 헛수고였습니다. 미노타우로스와 싸우는 동안 실이 끊어진 것입니다!

– 다음 편에 계속

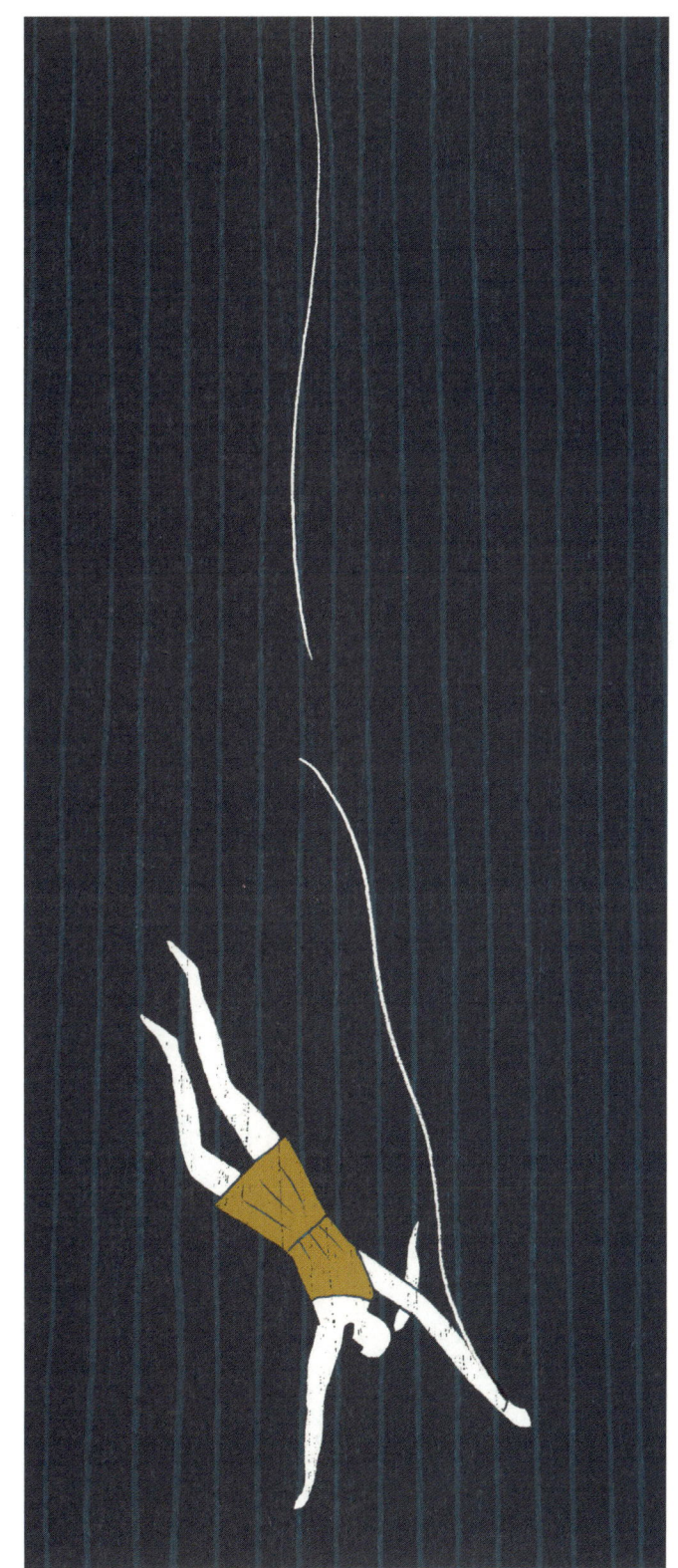

제43화

라비린토스의 저주

전편 요약 : 테세우스는 맨손으로 미노타우로스를 무찔렀습니다. 하지만 그와 싸우는 동안 아리아드네와 연결된 실이 풀어졌습니다.

테세우스는 바닥을 더듬었습니다. 그의 생명을 살려줄 가는 실이 느껴지기를 바라며 손가락을 포석 위로 미끄러지듯 움직였습니다. 미노타우로스의 상처에서 흐르는 뜨끈하고 끈적끈적한 액체가 만져지고 악취가 진동했지만 그런 것쯤은 문제가 되지 않았습니다. 그는 어둠 속에서 계속 실을 찾았습니다.

아리아드네는 실의 반대편 끝에서 무슨 일이 일어났는지 짐작했습니다. 그녀가 느꼈던 강한 진동으로 봐서 의심의 여지 없이 테세우스는 미노타우로스와 대결했습니다. 실이 갑자기 풀어지며 진동이 멈췄습니다. 그녀는 갑자기 진동이 멈춘 것이 미노타우로스가 테세우스에게 승리했기 때문이라고 이해했습니다. 아리아드네는 밤새 지켰던 문을 떠나지 못한 채 비명도 못 지르고 소리 없이 울기 시작했습니다. 손가락에 움켜쥔 실뭉당이도 무용지물이 됐습니다. 그녀는 실을 풀기 위해 손가락을 펼 수조차 없었습니다.

그러던 중 바닥을 더듬던 테세우스의 손가락에 실이 느껴졌습니다. 손가락들이 탐욕스럽게 실을 움켜잡았습니다. 생명의 실, 바로 그것이었습니다! 젊은이는 그 실을 손목에 어설프게 묶고 일어섰습니다. 그리고 맹인처럼 더듬으며 어두운 복도로 다시 들어갔습니다. 발걸음을 내디딜 때마다 망설였습니다. 그는 그곳까지 가면서 풀어놓은 실을 감으며 온 길을 되돌아갔습니다. 막다른 길, 짓누르듯 압박하는 벽, 좁은 통로 등 그가 지나왔던 길을 거꾸로 지나갔습니다. 테세우스는 '이 함정을 고안한 사람은 천재인 동시에 미치광이군.' 이라고 생각했습니다. 한편 아리아드네는 깜짝 놀랐습니다. 실이 다시 요동치기 시작했으니까요. 테세우스가 죽지 않았던 것입니다! 그녀는 온몸이 떨렸습니다. 사랑하는 사람이 살아서 그녀에게 돌아오고 있었습니다! 그녀의 괴물 동복형제는 죽어 마땅했습니다! 그렇게 생각하자 큰 위로가 됐습니다. 젊은 아가씨는 아주 오래전부터 이 동복형제에 대해 두려움을 느끼며 살았습니다. 그녀는 그의 존재를 알게 된 날이 떠올랐습니다. 그날부터 그녀의 삶이 흔들렸습니다. 그녀가 궁전의 복도에서 놀고 있으면 유모와 몇몇 하녀들이 수군거렸습니다. 그녀들은 전부 아이의 존재를 잊고 대화했습니다. 누군가가 "가끔씩 밤이면 미노타우로스의 신음 소리가 들려!"라고 말했습니다. 또 다른 누군가는 "소름 끼쳐."라고 말했습니다. 또 다른 누군가는 "사람들이 그러는데, 그 괴물은 살아 있는 건 뭐든 먹어치운대."라고 강조했습니다. 공포에 질린 어린 아리아드네는 흐느끼며 유모의 목을 끌어안았습니다. 그때 유모가 그녀를 안심시키려고 사려 깊지 못한 말을 했습니다. "우리 예쁜이, 걱정하지 마. 미노타우로스는 갇혀 있는걸. 전혀 걱정하지 않아도 돼. 그가 널 해치진 않을 거야, 어쨌든 네 형제인걸!" 그녀의 형제라니요! 유모가 얼떨결에 말해버린 비밀을 듣고 어린 소녀는 충격에 빠졌습니다. 그녀는 갑자기 형제가 생겼다는 것도 마음에 들지 않았는데, 거기다가 괴물이라니요! 그날 이후 아리아드네는 밤마다 악몽을 꾸었습니다.

테세우스는 라비린토스에서 계속 걸었습니다. 마침내 동료들이 기다리는 장소에 도착했습니다. 그들의 기쁨은 이루 말할 수 없었습니다. 그들 중 살아 있는 그를 다시 볼 수 있을 거라 기대한 사람은 아무도 없었으니까요. 그들은 오래전부터 먹지도 마시지도 못하고, 그저 울면서 죽음을 기다리고 있었으니까요. 테세우스는 기쁨의 포옹을 풀고 그곳에서 나가야 한다고 그들을 재촉했습니다. 단 일 분도 허비할 시간이 없었습니다. 시간이 얼마나 흘렀는지 알 수 없었습니다. 이미 닷새가 지나 그 무거운 문이 영원히 닫혔을지도 몰랐습니다. 테세우스와 동료들은 일렬로 서서 튼튼한 사람이 약한 사람을 부축하며 다시 출발했습니다. 물론 테세우스가 행렬의 가장 앞에 섰습니다. 그는 살아 있는 사람들의 세계와 그를 연결해주는 탯줄과 같은 실을 따라갔습니다. 그는 그들을 다시 빛의 세계로 인도하는, 장애물 가득한 길을 더듬으며 걷는 이 행진을 결코 잊지 못할 것입니다. 테세우스는 '아리아드네의 실이 없었다면 여기에서 우리가 살아나갈 가망은 전혀 없었을 거야.'라고 생각했습니다. 그는 라비린토스 안에 놓고 온 미노타우로스를 잊을 수 없었습니다. 그는 살아 있을 때 혼자였던 것처럼 죽어서도 혼자 남겨진 것입니다.

그들이 어둠 속에서 힘겹게 걸은 지 몇 시간이 흘렀습니다. 마침내 멀리서 조그마한 빛이 보였습니다. 문이었습니다! 테세우스는 속력을 올렸습니다. 모두 지쳤지만 동료들도 걸음이 빨라졌습니다. 그들은 문 밖으로 뛰어나갔습니다. 아리아드네는 테세우스를 보자마자 그의 품에 안겼습니다. 그의 온몸이 짐승의 피로 범벅이었지만 그녀는 신경 쓰지 않았습니다. 하지만 그렇게 여유롭게 포옹만 하고 있을 수는 없었습니다. 서둘러 모여드는 사람들의 발소리가 들렸습니다. 아리아드네가 소리쳤습니다. "서둘러요, 도망가야 해요! 병사들이 당신들을 잡으러 올 거예요!"

– 다음 편에 계속

제44화

영원히 크레타섬을 떠나는 아리아드네

전편 요약 : 테세우스는 아리아드네가 잡고 있는 실을 찾았습니다. 그는 그 실 덕분에 라비린토스의 출구를 찾아 동료들을 데리고 무사히 나갈 수 있었습니다. 그들은 이제 가능한 한 빨리 도망쳐야 했습니다.

라비린토스를 빠져나온 젊은이들은 숨 가쁘게 달렸습니다. 조용히 달리던 그들의 모습이 밤의 어둠 속으로 사라졌습니다. 그들이 항구에 도착했을 때 주변은 조용했습니다. 위풍당당한 미노스 왕의 선박들은 언제든 닻을 올리고 출항할 준비가 된 채 얌전히 줄을 맞춰 정박되어 있었습니다. 이 배들은 미노스 왕의 자랑거리였습니다. 그가 테세우스를 식사에 초대한 날 저녁, "너희들이 이 과업에서 살아나온다 해도 내게서 도망가진 못할 게다. 세계에서 가장 빠른 내 함대의 배들이 짧은 시간 안에 너희들을 따라잡을 테니…"라며 마음껏 조롱할 수 있었던 이유이기도 했죠. 테세우스는 희미한 달빛 아래에 정박한 크레타의 선박들을 발견하자 그 말이 떠올랐습니다. 그가 도끼를 집어 들어 선체를 부수기 시작했습니다. 동료들도 그를 따라 했습니다. 미노스 왕의 함대의 선박들이 모두 가라앉았습니다. 남자들이 배를 부수는 동안 아리아드네와 다른 아가씨들은 테세우스의 배에 올라탔습니다.

아리아드네는 갑판에서 꼼짝 않고 그들의 행동을 지켜봤습니다. 배들이 물속으로 가라앉기 시작하자 마음이 아팠습니다. 그녀는 자신의 가족을 완전히 배반했습니다.

하늘에 생긴 장밋빛 흔적으로 보아 새벽이 곧 밝을 것입니다.

테세우스와 동료들은 미노스 왕의 병사들이 항구에 도착한 순간 배에 올라탔습니다. 나우시토오스가 재빨리 검은 돛을 펼쳤습니다. 바람의 신은 그들 편이었습니다. 돛을 펄럭이며 신속하게 배가 항구를 떠났습니다. 아리아드네는 여전히 갑판에서 꼼짝 않고 있었습니다. 그녀는 해안의 바위 절벽을 뚫어지게 바라봤습니다. 그녀는 친숙한 작은 항구, 황량한 크레타를 떠나고 있었습니다. 이제 돌아갈 수 없는 고향을 영원히 떠나며 눈물이 고였습니다. 그녀는 동생 파이드라와 어머니는 물론 아버지에게조차 작별 인사도 하지 못했습니다.

아리아드네는 결연히 자신이 태어난 섬에 등을 돌리고 테세우스에게 다가갔습니다. 그녀는 이 남자를 두 번 태어나게 했습니다. 그녀는 그와 결혼을 약속했고 전혀 후회하지 않았습니다. 얼굴에 미소를 띠며 그녀가 자랑스럽게 중얼거렸습니다. "그는 내 남편이 될 거야, 내 남편." 그녀가 사랑의 여신 아프로디테를 본 뜬 작은 동상을 그에게 내밀었습니다. 이 동상은 건축가 다이달로스가 조각한 것이었습니다. 그녀는 그들 부부에게 사랑의 여신의 은총이 내리길 바랐습니다.

테세우스는 그녀의 선물을 받았습니다. 그는 창백한 이 아가씨를 주의 깊게 관찰했습니다. 그는 자신이 그녀에게 무엇을 빚졌는지 잘 알고 있었습니다. 그는 약속을 지킬 준비가 돼 있었습니다. 그는 그녀가 고마웠습니다. 하지만 그것이 사랑일까요? 물론 처음 만난 날 저녁 그가 그녀에게 키스한 것은 사실입니다. 그는 이 아가씨의 능력과 우아함에 반했었습니다. 그는 그녀의 도움을 받아들였고 그녀와 결혼할 것을 약속했습니다. 그렇지만 테세우스는 사랑이라는 신비한 감정이 내면에서 느껴지지 않았습니다. 그는 스승 코니다스에게 했던 질문이 생각났습니다. "누군가를 사랑하게 되면 어떻게 알아요?" 그때 스승이 대답했습니다. "그건 알 수 없지, 그건 느끼는 거란다. 사랑은 지식이 아니라 감정이란다. 네가 사랑하는지 아닌지 알려고 스스로에게 질문하게 된다면 그건 사랑이 아니야.

무시해도 돼."

테세우스는 그를 바라보는 아가씨의 얼굴, 자신에 찬 행복한 얼굴을 바라보았습니다. 그는 자신의 어깨에 기대는 그녀의 무게를 느끼며 마음속에 일어난 의심을 몰아냈습니다.

돌아가는 여행은 행운이 따랐습니다. 배에 탄 아테네 사람들은 행복감에 젖었습니다. 그들이 살아서 고향으로 돌아가는 것은 기적이었습니다. 웃음과 노래가 끊이지 않았습니다. 아무도 그들을 추격하지 않았습니다. 바다는 잔잔했고 순풍이 불었습니다. 나우시토오스가 "오래가지 않을 거야."라고 말했지만 테세우스를 포함한 어느 누구도 귀담아듣지 않았습니다. 그들은 더 이상 속을 터놓고 이야기하는 사이가 아니었습니다. 테세우스는 배에 오르자마자 경험 많은 선원에게 가서 미노타우로스의 최후를 이야기했습니다. "그는 최선을 다해 자신을 방어하지 않았어요. 당신이 옳았어요. 그는 고독하고 고통스러운 삶을 마치고 싶어 했어요." 테세우스는 나우시토오스가 동의해주길 바랐습니다. 그가 미노타우로스를 살해한 이후 모든 사람들이 그를 축하했지만, 테세우스는 자신의 행동을 정당화해야 할 필요가 있었습니다. 이상하게도 늙은 선원은 침묵했습니다. 테세우스가 고집스럽게 말했습니다. "당신이 그의 고통에 대해 내게 말해주셨잖아요." 나우시토오스는 여전히 말없이 바다만 바라보았습니다. 테세우스가 신경질을 부렸습니다. 그러자 나우시토오스가 그를 바라보며 말했습니다. "너 아니면 그, 둘 중 하나가 죽는 거였어. 다행히 네가 살았지. 하지만 그는 죽었어. 어쩌면 네게 그의 야만성 한 부분이 전염됐을지도 모르지. 누가 알겠어." 테세우스는 돌연 혼란스러웠습니다. 이후 그는 애써 그를 피했습니다.

갑자기 바다에 폭풍우가 몰아쳤습니다. 번개가 먹구름을 가르며 하늘을 수놓았습니다. 갑판에 물이 넘치며 배가 사방으로 흔들렸습니다. 젊은이 대부분이 뱃멀미를 했습니다. 그중 아리아드네가 가장 심하게 힘들어했습니다. 평소보다 더 창백해진 아가씨의 얼굴은 납빛 같았습니다. 온몸을 부들부들 떠는 그녀의 고통을 덜어줄 수 있는 것은 아무것도 없을 것 같았습니다. 그녀가 너무 아파하자 테세우스는 더럭 겁이 났습니다. 그에게 불행이 닥친 것일까요?

– 다음 편에 계속

제45화

절망에 빠진 아리아드네

전편 요약 : 테세우스와 동료들은 크레타섬을 탈출하는 데 성공했습니다. 아리아드네는 고향인 섬을 영원히 떠나 그들과 함께 도망쳤습니다. 하지만 폭풍우가 몰아치고, 아리아드네는 병에 걸렸습니다.

오랜 시간이 흐른 후 폭풍우가 잠잠해졌습니다. 그때 해안이 나타났습니다. 나우시토오스가 말했습니다. "낙소스섬의 해안이야." 테세우스는 이 해안에 뱃머리를 대라고 명령했습니다. 긴급하게 아리아드네를 안전한 곳으로 옮겨야 했으니까요. 하지만 파도가 여전히 높았습니다. 나우시토오스는 그 섬에 가고 싶지 않았습니다. 폭풍우가 다시 시작돼서 배가 바위에 부딪혀 부서질까 봐 걱정됐습니다. 그렇지만 아리아드네의 목숨이 위태로웠기 때문에 선원은 테세우스의 명령에 따라 황급히 배를 정박했습니다.
서둘러 아리아드네를 배에서 내

렸습니다. 테세우스는 아가씨를 모래에 눕힌 후 자신의 케이프로 감싸고 머리카락에 입을 맞추며 속삭였습니다. "아름다운 아리아드네, 이제 걱정하지 마. 이 밤을 편히 보내고 나면 내일은 괜찮아질 거야." 단단한 땅에 내리자 마음이 놓인 아리아드네는 가벼운 한숨을 내쉬며 테세우스의 어깨에 머리를 기대고 해변에서 잠이 들었습니다.
테세우스도 잠이 들었습니다. 그날 밤 정확히 무슨 일이 일어났을까요? 잠이 든 테세우스에게 뿔과 수염이 난 이상한 존재가 찾아왔습니다. 테세우스는 자신이 잠들었다는 걸 알았지만 그를 찾아온 자가 실제로 존재하는 것처럼 느껴졌습니다. 그가 말했습니다. "나는 쾌락의

신이자 포도주와 도취의 신 디오니소스야. 네 아내 아리아드네를 보고 그녀의 아름다움에 반했어. 그녀를 아내로 삼고 싶으니 내게 줘. 그러지 않으면…." 신은 말을 끝맺지 않았습니다. 테세우스가 놀라 물었습니다. "그러지 않으면 뭐요?" 디오니소스가 고함쳤습니다. "그렇지 않으면 너와 네 동료들은 절대로 살아서 아테네로 돌아가지 못할 거야!"

위협에 놀란 테세우스가 잠에서 깼습니다. 그는 아리아드네에게 내줬던 팔을 슬그머니 빼고 일어났습니다. 심장이 뛰었습니다. 커다란 구름이 달을 가렸습니다. 그의 배가 아주 가까이 있었지만 짐작만 할 수 있을 정도로 어둡고 추운 밤이었습니다. 테세우스는 꿈 때문에 몸이 부르르 떨렸습니다. 갑자기 바람이 사납게 불었습니다. 어두운 색 돛이 거의 초자연적인 힘으로 펄럭였습니다. 배가 곧 출항할 것 같았습니다. 테세우스는 갑판에 나타난 나우시토오스의 모습을 본 것 같았습니다. 완전히 잠이 깬 그가 외쳤습니다. "서둘러, 닻을 단단히 내려야 해. 그러지 않으면 배가 해안에서 멀리 떠밀릴 거야!" 그는 배를 향해 달렸습니다. 그리고 갑판으로 뛰어 올라가서 나우시토오스와 힘을 합쳐 항구에 배를 붙잡아두려고 했습니다. 하지만 바람이 어찌나 센지, 인간의 힘으로 맞설 수 없었습니다. 단 몇 분 만에 배를 묶은 밧줄이 끊어졌습니다. 검은 돛이 부풀면서 막무가내로 배를 먼바다로 이끌었습니다. 테세우스는 해변을 바라보며 절망적으로 외쳤습니다. "아리아드네! 아리아드네!" 하지만 바람 때문에 그의 말은 아가씨가 잠들어 있는 섬까지 들리지 않았습니다. 그녀가 잠에서 깨면 무슨 일이 일어날까요? 바다를 횡단하며 심하게 아팠던 아리아드네는 폭풍우에도 잠에서 깨지 않았습니다. 하지만 그날 밤 그녀는 악몽을 꿨습니다. 그녀는 라비린토스의 복도에서 길을 잃고 벽에 부딪히며 절망적으로 출구를 찾고 있었습니다. 미친 듯이 달리는 그녀를 함정에 빠진 동물이 헐떡이며 쫓았습니다. 또 새벽에는 자신이 죽는 꿈도 꿨습니다. 그러다 갑자기 잠에서 깼습니다. 그녀를 감싸고 있는 케이프가 잔뜩 비에 젖어 수의처럼 그녀의 어깨를 짓누르고 있었습니다. 가슴이 답답해진 아가씨가 버둥거리며 팔을 빼고 케이프를 벗은 후에야 겨우 일어날 수 있었습니다. 그녀는 눈으로 테세우스와 배를 찾았지만, 배도 테세우스도 찾을 수 없었습니다. 배가 보이지 않고 잠잠해진 바다 위로 태양이 떴습니다. 아리아드네는 비명을 질렀습니다. 가슴이 찢어지는 소리였습니다. 혼자였습니다. 그녀는 혼자 남겨졌습니다! 이게 가능한 얘기일까요? 그녀는 파도를 훑으며 멀리 수평선에서 검은 돛이 멀어지는 것을 본 듯했습니다. 아가씨는 모래 위에 주저앉았습니다. "아, 잔인한 사람, 말도 없이 떠나다니! 배신자 중의 배신자! 어떻게 네가 감히 이처럼 황량한 해안에 나를 버릴 수 있지? 테세우스 널 저주해! 목숨을 살려줬더니 날 죽음에 이르게 하다니! 신들의 신 제우스시여, 제 복수를 해주세요! 당신의 분노가 테세우스의 머리에 떨어지길 빕니다!" 몸이 흔들릴 정도로 격하게 흐느껴 울던 아리아드네는 힘이 빠져 모래에 얼굴을 묻었습니다. 그녀는 사랑하는 남자를 따르기 위해 가족을 배반한 것을 후회했습니다. 그럼에도 불구하고 그가 그리웠습니다. 사랑의 상처는 컸습니다. 목소리, 얼굴, 손, 그의 모든 것이 벌써 그리웠습니다. 모든 것이 그의 부재를 드러내는 것 같았습니다. 고통을 달랠 길 없는 아리아드네는 모래에 얼굴을 묻고 꼼짝하지 않았습니다. 버림받은 그녀는 어떻게 살아갈 수 있을까요?

– 다음 편에 계속

아리아드네의 장례를 치른 테세우스

> **전편 요약** : 테세우스는 아리아드네가 몹시 아팠기 때문에 그녀를 데리고 낙소스섬에 내렸습니다. 그런데 다시 시작된 폭풍우가 아리아드네를 섬에 버려둔 채 배를 멀리 이끌었습니다.

이른 시간이었지만 태양이 이글거렸습니다. 아리아드네는 피부가 타는 것도 느끼지 못했습니다. 그녀는 일어설 힘도 없어 그렇게 모래 위에 누워 있었습니다. 그녀는 몰랐지만 여인들이 그녀를 몰래 바라보고 있었습니다. 낙소스섬의 주민들이었습니다. 해변을 둘러싸고 있는 숲에 숨어서 감히 그녀에게 다가가지 못하고 바라보고만 있었습니다. 그들은 깊은 절망에 빠진 그녀를 동정했습니다. 한 여인이 섬의 수호신에게 애원하기 시작했습니다. "우리에게 번영과 풍요 그리고 행복을 주는 디오니소스 신이여, 낙소스섬의 수호자 디오니소스 신이여, 이 여인을 받아주소서. 그녀를 번민하게 하는 사랑을 앗아가시고 그녀를 보호하소서."

디오니소스 신도 조금 떨어진 곳에서 아리아드네를 지켜보고 있었습니다. 그는 그녀의 슬픔에 깊이 공감했습니다. 뿔 달린 신은 인간이 불행해지는 것을 싫어했습니다. 그는 축제, 춤, 쾌락, 잘 먹고 잘 마시는 것만을 좋아했습니다. 그의 보호를 받는 사람들은 고통과 괴로움에서 벗어나 있었습니다. 디오니소스는 인간들의 고통을 이해하지 못했습니다. 그는 그의 도움을 간청하는 섬의 여인들에게 나타나서 말했습니다. "너희들이 할 수 있는 만큼 그녀를 위로해라. 나의 누이인 사랑의 여신 아프로디테에게 너희들을 도와달라고 부탁하마. 그 사랑이 그녀의 마음에서 떠나면 그녀는 테세우스로부터 치유될 것이고, 그러면 내가 그녀와 결혼하겠다."

수호신의 약속에 안심이 된 낙소스섬의 여인들이 아리아드네에게 다가가 둘러섰습니다. 그들은 거의 움직이지도 못하는 그녀를 일으켜 한 여인의 집으로 데려갔습니다. 그들은 아리아드네가 치유되는 데 얼마나 걸릴지 몰랐지만 그녀를 안심시켰습니다. 디오니소스의 아내가 되면 아리아드네는 행복해질 수 있을 테니까요. 신이 직접 이 모든 것을 지휘했을까요? 지금껏 그것은 수수께끼입니다. 몇 년 후 아리아드네가 디오니소스와 멋진 아이들을 여러 명 갖게 되지만, 그녀는 자신이 낙소스섬에 버려지는 데 남편이 역할을

했다는 것을 영원히 모를 것입니다.

그사이 폭풍우는 테세우스의 배를 델로스섬까지 밀어냈습니다. 테세우스는 괴로움에 시달렸습니다. 어떻게 아리아드네를 해변에 버릴 수 있었을까요? 어떻게 그토록 배은망덕한 짓을 할 수 있었을까요? 왜 아가씨를 데려가지 않고 혼자 배에 올라탔을까요? 디오니소스가 위협하는 꿈 때문이었을까요? 아니면 아리아드네에 대한 사랑이 부족했던 것일까요? 잘못은 이미 저질러졌고 돌이킬 수 없었습니다.

그날 저녁 테세우스와 동료들은 그들의 목숨을 구해준 여인을 애도하기로 결정했습니다. 횃불을 밝혔습니다. 포도주를 잔에 넘치게 따르며 제사를 지냈습니다. 테세우스는 둥글게 설치한 횃불 한가운데에 다이달로스가 조각한 아프로디테의 조각상을 놓았습니다. 아리아드네가 그에게 준 선물이었습니다. 횃불이 여신의 실루엣을 투영했습니다. 아리아드네의 이미지가 여신의 이미지와 겹치면서 그녀가 불 속에 있는 것 같았습니다. 테세우스는 자리에서 일어나 횃불을 들고 조각상 주변을 돌았습니다. 의도치 않게 그의 몸이 춤을 추었습니다. 처음에는 느릿하게 움직이던 동작이 점점 빨라졌습니다. 그의 춤은 원을 그리고 또 구불구불한 모양도 그렸습니다. 여행 동무 중 한 명이 말했습니다. "라비린토스를 그리나 봐." 테세우스의 동작에 취한 어린 소녀가 자리에서 일어나 함께 춤을 추었습니다. 아리아드네가 목숨을 구해준 젊은 아테네 사람 열두 명이 그녀의 뒤를 따랐습니다. 델로스섬 주민들이 홀린 듯 그들을 바라보았습니다. 그들의 춤에서 기쁨과 고통이 뒤섞인 무언가가 발산했습니다. 그 춤은 죽음의 두려움, 길을 잃은 비참함, 악에 대한 승리, 해방 그리고 마음 아픈 이별을 이야기했습니다.

젊은이들은 오랫동안 서로 마주 보고 지나가며 접촉했습니다. 그들은 몸으로 복잡하고 우아한 곡선을 그렸습니다. 그들은 모두 아프로디테 조각상 주변을 돌았습니다. 일종의 취기가 돌았습니다. 그들은 아프로디테 여신의 이름이나 아리아드네의 이름을 중얼거렸습니다. 테세우스는 땀이 줄줄 흘렀습니다. 그는 미노타우로스와의 싸움과, 아리아드네의 실을 붙잡고 더듬으며 걸었던 기억이 떠올랐습니다. 섬에 혼자 버려진 아리아드네가 다시 보이자 목이 멨습니다. 동료들은 디오니소스가 꿈에 나타나 아리아드네의 목숨과 그들의 목숨을 바꾸라고 협박한 것을 알지 못했습니다. 나우시토오스에게만 비밀을 털어놨습니다. 변함없이 충성스러운 늙은 선원이 그의 말을 듣고 말했습니다. "테세우스, 이제 그것을 품고 살아가는 법을 배우게 될 거야. 아리아드네의 장례식을 치러줘. 그리고 신들의 복수를 두려워해야 해."

매혹적인 라비린토스 춤은 끝날 것 같지 않았습니다. 원 모양의 불 밖에 있던 나우시토오스는 불행을 몰아내고 있는 테세우스를 관찰했습니다. 이 의식으로 신들의 분노를 잠재울 수 있을까요?

— 다음 편에 계속

제47화

미노스의 분노

전편 요약 : 버림받은 아리아드네는 절망했습니다. 하지만 디오니소스 신이 그녀를 보호했습니다. 한편 테세우스는 아리아드네와 사랑의 여신 아프로디테를 기리는 의식을 치렀습니다.

크레타섬의 미노스 왕은 분노로 부글부글했습니다. 테세우스가 라비린토스에서 살아 나왔을 뿐만 아니라 그의 장녀를 납치하고 그의 멋진 함대의 배 전체에 구멍을 뚫어 가라앉혔으니까요! 화가 나고 모욕당한 그는 분풀이 상대를 찾았습니다. 그는 신하들을 모두 불러모아 질책했습니다. "저주받을 아테네 놈들과 공모한 놈이 내 궁전 안에 있다. 어떤 놈인지 내가 찾아내고 말 테다! 누가 정보를 주겠나?" 대답 대신 무거운 침묵이 흘렀습니다. 그가 다시 말했습니다. "아무도 없어? 내 지붕 아래 있는 혐의자를 아무도 못 봤어?" 그때 어린 파이드라

가 아버지 앞으로 나가더니 귓속말로 무언가를 속삭였습니다. 그러자 미노스 왕이 벌떡 일어나더니 건축가 다이달로스를 가리키며 외쳤습니다. "근위병, 저 배신자를 체포하라!" 다이달로스는 무언가 무슨 생각에 골몰한 듯 얼빠진 표정으로 서 있었습니다. 그의 주머니와 가방에는 끈, 깨진 그릇 조각, 새의 깃털, 병마개, 자갈 등 쓸데없어 보이는 기괴한 잡동사니로 가득했습니다. 다이달로스는 왕이 자신의 이름을 소리쳐 부르는 것을 듣고 깜짝 놀라 몽상에서 깨어났습니다. 하지만 항변할 틈도 없이 근위병에게 붙잡혔습니다. 누군가가 소리쳤습

니다. "아닙니다! 그를 풀어주세요! 그는 아무 짓도 안 했습니다!" 항변한 사람이 병사들 사이로 힘겹게 빠져나왔습니다. 그는 아리아드네의 옛 놀이 친구이자 다이달로스의 아들인 이카로스였습니다. 다이달로스는 이카로스가 나타나는 것을 보자 겁에 질렸습니다. 미노스의 잔인성을 잘 아는 그는 아들에게 빨리 도망가라는 신호를 보냈습니다. 하지만 너무 늦었습니다. 미노스가 소리쳤습니다. "아! 너도 네 아비와 함께하고 싶다? 잘됐네, 배신자의 아들! 근위병, 둘 다 라비린토스에 던져 넣고 문을 잠가버려. 다이달로스, 네 건축물이 네 무덤이 될 게다!" 왕은 사악하게 웃었습니다. 사람들이 수군댔지만 아무도 나서지 못했습니다. 다이달로스는 변명하려고도 하지 않았습니다. 그가 근위병들에게 끌려가려는 순간 증오에 찬 어린 파이드라의 시선과 마주쳤습니다. 아이가 소리쳤습니다. "아리아드네가 떠난 건 당신 잘못이야!" 언니가 사라진 후 그녀는 절망에 빠졌습니다. 그녀는 다이달로스의 방에서 나오는 아리아드네를 봤습니다. 복수를 위해 그 사실을 폭로했던 것이죠.

몇 분 후, 다이달로스와 이카로스의 뒤로 라비린토스

의 문이 닫혔습니다.

파이드라는 라비린토스의 문 앞에서 울었습니다. 그녀가 우는 것은 순진함을 잃어버렸기 때문일지도 모릅니다. 영원히 사라져버린 어린 시절 때문일 수도 있고요.

라비린토스에 갇힌 다이달로스는 오랫동안 실의에 빠져 있었습니다. 그는 오래전부터 이 함정을 건축한 자신을 저주했습니다. 그렇다 해도 자신이 희생자가 된다는 상상은 단 한 번도 하지 못했습니다. 그는 이미 오래 살았고, 많은 작품을 조각했으며, 지중해 주변의 수많은 신전과 궁전을 설계했습니다. 생명을 포기하고 싶은 유혹이 컸습니다. 하지만 이카로스가 그와 함께 있었습니다. 늙은 건축가는 아기처럼 울고 있는 아들을 애정 어린 시선으로 바라보았습니다. 이카로스, 언제나 허세를 부리는 데 일등이고, 궁전에서 제일가는 허풍쟁이인 그가 오늘은 갓난쟁이처럼 약했습니다. 다이달로스는 생각했습니다. '세월이 너무 빨라.' 건축가는 서서히 추억에 잠겼습니다.

오래전 그는 미노스 왕 곁으로 망명하기 위해 크레타 섬으로 오는 배를 탔습니다. 그는 고향 아테네에서 제자 탈로스를 살해했다는 죄목으로 형을 선고받았습니다. 다이달로스는 그 생각에서 벗어나려 했지만 헛수고였습니다. 그 생각이 다시 떠오르며 그를 괴롭혔습니다. 그가 제자를 허공으로 밀었을까요? 아니면 탈로스 혼자 떨어진 걸까요? 그날 그들은 아테네 신전 지붕 위에 앉아 있었습니다. 불만스러운 표정으로 묵묵히 일하는 젊은 탈로스를 보며 다이달로스가 물었습니다. "왜 그런 얼굴을 하고 있지?" 탈로스는 대답 대신 고집 센 시선으로 그를 바라보았습니다. 다이달로스가 재차 물었습니다. "왜 그러냐니까?" 그러자 젊은 이가 무언가 재고 있던 도구를 내려놓고 우물쭈물하면서 말했습니다. "스승님, 스승님이 톱이라는 멋진 도구를 발명했다고 여기저기 말씀하셨다고 들었어요. 스승님이 뱀의 턱을 보고 아이디어를 얻었을 거라고 사람들이 그러던데요. 사실인가요?" 당황한 다이달로스가 중얼거렸습니다. "그래, 첫 번째 톱은 내가 발명했어. 그게 왜?" 탈로스가 벌떡 일어났습니다. 그의 푸른 눈에서 분노의 불꽃이 튀었습니다. "스승님이 어떻게 그럴 수 있죠? 스승님 같은 사람은 발명가 자격이 없어요! 톱을 누가 발명했죠? 스승님인가요, 저인가요?" 제자의 목소리가 커질수록 다이달로스도 점점 더 흥분했습니다. 탈로스가 계속 추궁했습니다. "제 발명품을 스승님 거라고 하신 이유가 뭐죠? 사람들에게 잊힐까 봐 그렇게 두려웠나요? 그럴 정도로 역사에 이름을 남기고 싶었나요? 스승님은 사기꾼이에요!" 신전 지붕 위에는 그들 둘만 있었습니다. 말다툼은 극에 달하고 태양은 따갑게 내리쬐었습니다. 다이달로스는 자신이 틀렸다는 것을 잘 알고 있었습니다. 제자에 대한 질투심으로 괴로웠습니다. 제자는 이미 그를 뛰어넘었습니다. 머지않아 자신의 명성이 탈로스의 명성에 가려질 지경이었습니다. 그가 탈로스에게 다가갔습니다. 어떻게 된 일일까요?

— 다음 편에 계속

다이달로스의 발명의 증거

전편 요약 : 미노스 왕의 명령으로 다이달로스와 그의 아들 이카로스는 라비린토스에 갇혔습니다. 다이달로스는 고통스러운 추억에 잠겼습니다.

이카로스는 어두운 라비린토스 안에서 잠이 들었습니다. 다이달로스는 눈을 감았습니다. 잔인한 태양 때문에 머리가 이상해진, 저주받은 그날의 눈부신 빛으로부터 자신을 보호하고 싶었습니다. 그는 자신의 팔과 그 팔로 저지른 경솔한 행동이 떠올랐습니다. 탈로스의 몸은 바닥에 떨어져 으깨지기 전 허공을 날았습니다. 그 모습이 그의 동공에 새겨졌습니다. 그의 비행은 우아했습니다. 단 몇 초에 불과했지만 탈로스는 새처럼 날았습니다. 잠시 후 그의 몸은 조각조각 분해되었습니다. 다이달로스는 이 살인으로 인한 형벌을 피하기 위해 아테네에서 도망쳤습니다.

여러 해가 흘러도 다이달로스는 늘 양심의 가책으로 괴로웠습니다. 이후 단 한 번도 돌아가지 못한 고향도 그리웠습니다. 바다가 괴로움을 진정시켜줄 것처럼 그가 해안에 서서 수평선을 바라보는 일이 잦았습니다. 그는 버릇처럼 새의 비행을 살폈습니다. 새들은 공중에 떠서 선회했습니다. 다이달로스는 그들의 무한한 자유가 부러웠습니다. 그들과 함께 나는 자신의 모습을 상상했습니다. 너무나 가벼운 자신의 몸이 하늘에서 유유히 움직였습니다. 그러다 갑자기 갈매기가 수면을 향해 하강하면 상상에서 깨어나 현실로 돌아왔습니다. 추락하는 탈로스의 모습이 떠올라 전율했습니다. 그러는 사이 갈매기는 펄떡이는 은빛 물고기를 덥석 물고 물 밖으로 나와서는 다시 하늘로 날아올랐습니다. 다이달로스는 해변에 떨어진 깃털을 주워 가방에 넣었습니다.

다이달로스는 이카로스가 어느 정도 성장하자 그에게 새의 비행을 관찰하는 법을 가르치려 했지만 헛수고였습니다. 젊은이는 아버지가 수집한 새의 깃털을 조롱하며 아무 관심도 보이지 않았습니다. 이카로스는 아버지의 사랑을 듬뿍 받았습니다. 변덕스럽던 아이는 거만한 젊은이로 성장했습니다. 다이달로스는 아들이 자신의 자만심과 교만함을 물려받았다고 생각했습니다. 그는 미노스의 궁전에서 가장 거드름 피우는 젊은이였습니다. 아버지는 항상 그의 잘못을 너그럽게 용서했습니다.

다이달로스는 이카로스의 평온한 숨소리를 들었습니다. 그는 아들이 자신을 믿고 있다는 것을 느낄 수 있었습니다. 그는 그곳에서 나갈 수 있는 방법을 찾아야 했습니다. 다이달로스는 생각했습니다. '미노타우로스가 살았던 곳에만 하늘을 볼 수 있는 천장이 있는데, 적어도 난 거기까지 갈 수 있어. 이렇게 완전한 어둠 속에 있는 것보단 그게 덜 힘들 거야.' 잠에서 깬 이카로스는 마지못해 아버지를 따라 어두운 복도를 걸었습니다.

미노타우로스가 살았던, 빛이 들어오는 수직 통로에 도착하자 이카로스가 불평했습니다. "여기 있다고 해서 무슨 도움이 되는데요?" 다이달로스는 대답하지 않았습니다. 그곳까지 걸어가는 동안 그에게 좋은 생각이 떠올랐습니다. 그는 가방에 있는 깃털을 모두 꺼내 바닥에 펼쳤습니다. 큰 것부터 작은 것까지 갖가지 크기의 깃털이 있었습니다. 몹시 흥분한 다이달로스가 그것들을 분류하기 시작했습니다. 먼저 작은 것들을 한 무더기 모은 후 실로 꿰맸습니다. 하나하나 촘촘하게 붙여야 했기 때문에 세심하게 작업하느라 많은 시간이 흘렀습니다. 이카로스가 중얼거렸습니다. "지금 그따위 깃털이나 갖고 놀 때라고 생각하세요?" 다이달로스가 대답했습니다. "놀고 있는 게 아냐. 우리 목숨을 구하려는 거야." 젊은이는 어깨를 들썩였습니다.

아들의 기분이 좋아 보이진 않았지만 다이달로스는 개의치 않고 계속 작업했습니다. 이제 그는 펼쳐놓은 깃털들 중 큰 것들을 모았습니다. 여러 가지 색이었는데, 줄을 맞춰 모아놓으니 꽤 멋있었습니다. 건축가는 그것들을 꿰매기 시작했습니다. 그런데 실이 부족했습니다. 그가 중얼거렸습니다. "맞아, 제일 큰 몽당이를 아리아드네에게 줬지…." 그는 가방에서 초를 꺼내 녹이기 시작했습니다. 그는 녹인 밀랍으로 큰 깃털들을 붙였습니다. 그제야 아버지의 뜻을 이해한 이카로스는 아무 말 없이 아버지가 하는 일을 바라봤습니다. 작업을 마친 아버지가 멋진 날개 네 개를 바닥에 펼쳐 놓았습니다. 다이달로스가 설명했습니다. "이제 이것들을 우리 등에 단단히 고정하기만 하면 돼. 그리고 이 저주받은 라비린토스에서 날아서 나가는 거야!"

이카로스는 흥분했습니다. "내가 세상에서 제일 처음 나는 거야, 아빠, 제일 처음으로!" 그는 이제 눈물을 흘리지도 않고 투정도 부리지 않았습니다. 평소처럼 자신감이 넘치는 건방진 청년으로 돌아갔습니다. 흥분한 그는 곧바로 날개를 걸치고 싶은 마음에 아버지의 충고도 들으려 하지 않았습니다. 하지만 다이달로스는 바람에 몸을 맡기고 날갯짓하는 법과 안전에 꼭 필요한 주의 사항들을 그에게 설명했습니다. "바다에 너무 가까이 가면 아래쪽의 작은 깃털들이 물을 먹어 날기에 너무 무거워질 거야. 태양에 너무 가까이 가면 큰 깃털을 붙인 밀랍이 녹아 깃털들이 떨어질 거야." 그는 계속 말하며 이카로스가 날개를 단단히 고정하는 것을 도왔습니다. "약속한 거지? 태양도 바다도 절대 가까이 가면 안 돼! 알았어?" 이카로스는 아무것도 듣지 않았지만 대답했습니다. "네, 네, 약속해요!"

- 다음 편에 계속

제49화

이카로스의 추락

전편 요약 : 다이달로스는 라비린토스에서 탈출하기 위해 날개를 만들었습니다. 하지만 자만심이 가득한 이카로스는 아버지의 조언을 듣지 않았습니다.

다이달로스가 이처럼 흥분한 적은 한 번도 없었습니다. 전에 관찰했던 대로 새처럼 날갯짓만 하면 날아오를 수 있었습니다. 몸이 깃털처럼 가벼워진 것 같았습니다. 그는 수직 통로에서 천천히 날아올랐습니다. 몇 번의 날갯짓만으로도 이미 바닥에서 수십 미터 멀어졌습니다. 그는 자신의 상상에서 나온 라비린토스의 구불구불한 복도 위를 날았습니다. 그는 자신이 건축한 미노스왕의 궁전 위를 날았습니다. 그리고 높이 날아올라 그가 창조한 땅에서 멀어지며 엄청난 중압감으로부터 자유로워졌습니다. 그에게서 멀지 않은 곳에

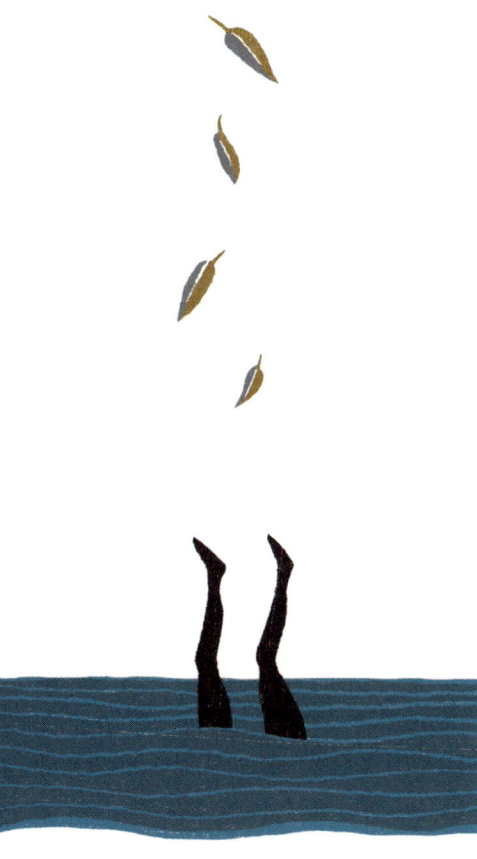

서 큰 소리가 들렸습니다. "내가 날아요! 아빠, 내가 날아요!" 그와 함께 탈출한 이카로스였습니다.

다이달로스는 자신의 뺨과 머리카락을 스치는 바람의 신 아이올로스의 숨결을 느껴보는 것이 평생소원이었습니다. 기쁨의 눈물이 수염을 타고 흘러도 개의치 않았습니다. 발아래에 있는 크레타섬 해안의 바위를 바라보았습니다. 그가 살았던 자갈투성이의 이 땅이 그립지 않을 것 같았습니다. 그는 자신이 사랑했던 이 지방의 꾸미지 않은 소박한 경치와 헐벗은 벌판을 감상했습니다. 하지만 그에게는 그곳 역시 수년 전부터 감옥이었습니다.

가축에게 풀을 먹이는 목동들이 고개를 들었습니다. 다이달로스는 그

들의 놀라움을 상상하며 은근히 즐겼습니다. 이카로스가 외쳤습니다. "아빠, 저들은 우리를 신이라 생각할 거예요!" 그것은 대단히 오만한 생각이었습니다! 하지만 이 순간 인간은 결코 자신을 신과 견주지 말아야 한다는 것을 그에게 환기시킬 수 없었습니다.

이제 인간 새 둘은 바다 위를 날았습니다. 그들을 보고 놀란 어부들이 그물을 놓쳤습니다. 다이달로스가 아들에게 충고했습니다. "너무 멀리 가지 마!" 하지만 이카로스는 벌써 멀리 가버렸습니다. 속도에 취한 그가 바람을 가르며 지그재그로 날았습니다. 다이달로스는 비교적 반듯하게 날았습니다. 그는 이따금 수면에 스치듯 나는 이카로스를 보며 두려움에 몸을 떨었지만 다시 하늘로 날아오르는 모습을 보며 안도했습니다. 섬이 보였습니다. 다이달로스는 항공 지도를 알고 있는 스스로에게 자부심을 느끼며 혼잣말을 했습니다. "분명 낙소스섬일 거야." 섬 위를 비행하는데 결혼식을 준비하는 모습이 눈에 띄었습니다. 한 무리의 여인들이 바쁘게 움직이며 음식들을 장식하고, 또 다른 무리의 여인들은 신부를 치장하고 있었습니다. 궁금증을 참지 못한 다이달로스는 신부의 얼굴을 보기 위해 고도를 낮췄습니다. 화관을 쓰고 베일로 얼굴을 가린 아리아드네를 보고 놀라지 않을 수 없었습니다! 하지만 사람들이 그를 보고 손가락으로 가리키자 다이달로스는 빨리 떠나는 편이 낫다고 생각했습니다.

잠깐 한눈을 파는 사이 이미 멀리 달아난 이카로스가 보이지 않았습니다. 이카로스는 요란하게 날갯짓을 하며 자신의 우람한 근육에 행복해했습니다. 그러다 몹쓸 생각이 들었습니다. '난 강하니까 태양까지 갈 수 있어. 멋질 거야.' 그는 고도를 높이며 태양을 향해 곧바로 날아갔습니다. 태양이 가까워질수록 열기가 강해졌습니다. 급격히 고도를 높여 날아가는 그를 쫓던 새들도 더 이상 따라오지 않았습니다. 인간이고 동물이고 어느 누구도 거기까지 갈 엄두를 내지 못했습니다. 하지만 이카로스는 자신이 가장 강하다고 생각했습니다. 그는 마침내 아폴론 신이 이끄는 태양의 마차에 닿았습니다. 마차가 반짝였습니다. 이카로스는 눈이 부셨지만 더 가까이 날아갔습니다. 신중함을 잃은 그는 벌써 자신이 마차에 탄 모습을 상상하며 혼잣말을 했습니다. "나는 하늘을 난 첫 번째 사람이야. 그러니 이 마차의 고삐를 쥘 자격이 있지." 아폴론이 이처럼 교만한 자를 벌준 것일까요? 아니면 그저 태양의 열기 때문이었을까요? 깃털을 붙잡고 있던 밀랍이 녹기 시작했습니다. 젊은이가 그 사실을 알아차렸을 때는 이미 늦었습니다! 깃털들이 떨어지면서 이카로스는 날개를 잃고 하늘에서 떨어져 바닷속 깊이 추락했습니다. 다이달로스는 아들이 보이지 않자 당황했습니다. 그때 멀리서 무언가 빙빙 돌고 있는 것이 점처럼 보였습니다. 누군가 하늘에서 떨어지고 있었습니다. 그 모습을 보자 추락하던 제자 탈로스가 떠올랐습니다. 다이달로스가 울부짖었습니다. "안 돼!" 하지만 그의 외침은 소용돌이치는 파도 소리와 사나운 바람 소리에 묻혔습니다. 다이달로스는 힘껏 날갯짓을 해서 추락 지점까지 도착했지만 아무것도 보이지 않았습니다. 수면에 깃털 몇 개만이 떠 있었습니다.

다이달로스는 아들이 물에 빠진 장소에서 멀리 가지 못하고 빙빙 돌았습니다. 그의 가장 소중한 꿈이 이루어진 것도, 그가 가장 사랑한 사람을 잃은 것도 모두 같은 날 일어났습니다. 그가 눈물을 흘렸습니다. "혈육, 혈육, 늘 혈육이 문제야. 미노스는 딸을 잃었고, 난 아들을 잃었어. 아이게우스 왕은 아들 테세우스를 되찾게 될 거고…." 하지만 그것은 아직 확신할 수 없었습니다.

— 다음 편에 계속

마침내 아테네로 돌아간 테세우스

전편 요약 : 이카로스는 지나치게 태양에 다가가서 날개를 잃었습니다. 그리고 바다에 추락해 죽었습니다. 그동안 테세우스는 집으로 돌아가려고 노력했습니다.

테세우스의 배는 오래전에 델로스섬을 떠났습니다. 바람이 약해 배는 서서히 앞으로 나아갔습니다. 귀향을 서두르기 위해 선원들이 노를 저었습니다. 하지만 기운이 떨어진 데다 식량마저 떨어졌습니다. 선원 중 한 명이 한숨을 쉬며 말했습니다. "배고파!" 다른 한 명이 말했습니다. "난 너보다 더 고파!" 세 번째 사람은 한술 더 떴습니다. "내 배는 텅 비어서 소 한 마리도 뿔까지 통째로 다 먹을 수 있을 것 같아!" 하지만 아무도 웃을 수 없었습니다. 테세우스는 슬프고 우울한 기분에서 벗어날 수 없었습니다. 그는 자신을 저주했습니다. "내 실수로 아리아드네를 잃었을 뿐만 아니라 동료들까지 굶어 죽게 생겼어. 이러려고 그들을 미노타우로스에게서 살려낸 걸까?" 마침내 식량 창고가 바닥이 났습니다. 먹을 것이라곤 딱딱한 잠두콩밖에 없었습니다. 테세우스는 모든 것이 끝났다고 생각했습니다. 그는 커다란 냄비에 잠두콩을 모두 담고 기다렸습니다. 때는 10월 8일, 바다는 잠잠했습니다. 갑자기 숲 향기가 진동했습니다. 낙엽과 젖은 흙의 냄새였습니다. 그가 위가 비어 기절하기 직전인 소녀들에게 말했습니다. "견뎌야 해!" 그리고 항해사에게 외쳤습니다. "나우시토오스, 돛을 활짝 펼쳐. 이건 우리 고향의 흙냄새야!" 테세우스가 후각으로 알아본 그 땅은 그들의 고향이었습니다. 마을 위쪽에서 아테나의 연로한 왕 아이게우스가 바다를 감시하고 있었습니다. 그는 아들이 떠난 후 매일 아테나 신전 꼭대기에 올라 아들이 탄 배가 나타나기를 바라며 수평선을 살펴보았습니다. 그는 가끔 무언가를 보았습니다. 수평선에서 작은 점이 움직였습니다. 하지만 그것은 반짝거리는 바다와 아들을 기다리는 아버지의 초조함이 만든 환상일 뿐이었습니다. 드디어 그날 아침, 아이게우스는 먼 곳에 있는 배 한 척을 봤습니다. 그는 타는 듯한 태양으로부터 눈을 보호하기 위해, 그리고 항구에 들어오는 돛의 색을 더 잘 구분하기 위해 눈썹 위에 손을 대고 눈을 찌푸렸습니다. 흰색 돛일까요, 검은색 돛일까요? 아들이 살아 있을까요, 죽었을까요? 테세우스의 배는 승리한 그를 아테네로 데리고 오는 걸까요, 아니면 빈 배로 돌아오는 걸까요? 아이게우스는 목이 메며 떨렸습니다. 돛이 어두운 것 같았습니다. 그의 상상이 장난을 치는 걸까요? 돛은 서서히 다가왔습니다. 돛과 함께 늙은 왕에게 불행이 닥쳤습니다. 그렇습니다. 돛은 검은색이었습니다. 그것은 그의 소중한 아들 테세우스가 죽었다는 신호였습니다. 그는 현기증이 났습니다. 그는 비틀거리며 절벽으로 다가갔습니다. 발아래 바다에서 물거품이 일었습니다. 이제 까마귀 색의 돛이 명확히 보였습니다. 착각이 아니었습니다. 슬픔을 주체할 수 없었습니다. 고통에 사로잡힌 아이게우스가 바다로 몸을 던졌습니다.

잠시 후 배가 항구로 들어왔습니다. 군중이 몰려와 환호했습니다. 젊은이들은 곧 가족과 만났습니다. 그리고 환영 행진이 준비됐습니다. 생존자들의 어머니들은 기쁨을 노래했습니다. 테세우스는 그들이 살아 돌아올 수 있게 해준 신들에게 감사했습니다. 그는 감사의 표시로 흰 양모로 엮은 올리브 나무 가지에 포도송이를 곁들여 디오니소스 신에게 바쳤습니다. 그는 내심 디오니소스가 아리아드네를 위로했기를 바랐습니다. 환희에 찬 군중이 테세우스를 향해 돌아서며 그를 영웅으로 환대했습니다. 그만이 아테네에 드리운 저주를 극복하는 데 성공했습니다.

하지만 한 가지, 테세우스의 마음에 걸리는 것이 있었습니다. 아버지가 안 보였습니다. 왕이 그를 만나러 오지 않은 것을 어떻게 설명해야 할까요? 그는 왜 아들을 환영하지 않는 걸까요? 테세우스는 아버지가 속으로 자신을 중히 생각하지 않는 게 분명하다고 씁쓸하게 생각했습니다. 그들이 고향 땅에 발을 디디고 여러 시간이 흘렀을 때 갑자기 이상한 호송대가 지나가며 군중을 갈라놓았습니다. 마차가 도착했는데, 마차 안에는 아이게우스의 시신이 누워 있었습니다. 사람들이 막 바다에서 건져낸 것입니다.

축제에 무거운 침묵이 흘렀습니다. 테세우스는 무슨 일이 일어난 것인지 이해하지 못하고 아버지의 시신을 바라보았습니다. 그때 여행에서 살아 돌아온 한 소녀가 소리쳤습니다. "우리 돛이오, 우리 돛! 테세우스 당신은 흰 돛을 올리는 것을 잊었어요! 아버님은 당신이 죽었다고 생각하셨을 거예요!" 군중이 수군거렸습니다. 테세우스는 괴로워하며 모래에 무릎을 꿇었습니다. 그가 중얼거렸습니다. "내 책임이야, 아버지의 죽음은 내 책임이야…."

축제는 끝났습니다. 악기를 정리하고 기쁨의 불꽃도 껐습니다. 테세우스 혼자 슬픔을 마주할 수 있도록 그를 남겨두고 각자 조용히 흩어졌습니다. 밤이 되자 테세우스는 자리에서 일어났습니다. 해변에는 그 혼자만이 있었습니다. 아니, 거의 혼자였습니다. 나우시토오스는 남아 있었으니까요. 꼼짝 않고 있던 젊은이가 움직이는 것을 보고 그가 다가갔습니다. 그는 자신의 케이프로 젊은이의 어깨를 감싸며 말했습니다. "우리 뒤에 있는 바다는 이제부터 영원히 그대 아버지의 이름으로 불리게 될 것이네. 에게해로 불리게 될 거야." 테세우스가 고개를 들었습니다. 그리고 겨우 들리는 목소리로 우물우물 말했습니다. "잊고 있었어요. 이해할 수 있어요? 잊고 있었어요…." 나우시토오스가 대답했습니다. "알고 있네. 약속을 지키는 것보다 더 어려운 일은 없다네. 그대는 슬픈 일을 두 번이나 겪으며 그것을 배웠네. 그러니 약속을 기억하는 사람만이, 약속한 것을 행동으로 옮기려고 생각하는 사람만이 남자의 자격이 있다는 것을 잊지 말게. 테세우스, 자네에겐 완수해야 할 위업이 있네. 그것을 잊지 않는다면 그 위업들을 완수하게 될 걸세."

- 다음 편에 계속

아테네의 왕이 된 테세우스의 민주정치

전편 요약 : 테세우스는 임무를 성공적으로 마치고 아테네로 돌아왔습니다. 하지만 그가 살아 있다는 것을 아버지에게 알리기 위해 돌아오는 배에 흰 돛을 올리는 것을 잊었습니다. 절망에 빠진 아이게우스 왕은 자살했습니다.

아이게우스 왕의 죽음과 테세우스의 귀환 소식이 동시에 아테네 거리 곳곳에 퍼졌습니다. 아테네 사람들에게 그것은 테세우스가 그들의 새로운 왕이 될 것이라는 의미였습니다. 아버지의 장례가 끝나자 자문위원회는 젊은이를 찾아가 왕좌에 오를 것을 부탁했고, 그는 오래 망설이지 않았습니다. 그는 이 도시와 주민들이 좋았습니다. 그가 후계자의 역할을 거절한다면 부족 간 전쟁이 터질 위험이 높았습니다. 테세우스는 더 이상 피를 흘리게 하고 싶지 않았습니다. 크레타섬에서의 모험을 통해 그는 많이 성숙했습니다. 이제 그에게서 영광을 좇는 혈기 넘치는 영웅의 흔적은 보이지 않았습니다. 반대로 젊은 나이에도 불구하고 현자처럼 사려 깊었습니다. "왕이 백성의 말을 들을 줄 안다면, 신하들을 대등하게 대할 줄 안다면 위대한 왕이 될 거야."라던 코니다스의 말이 귓전에 맴돌았습니다.

국가의 경영을 맡은 지 얼마 되지 않았을 때 테세우스는 주변을 탐사하기로 결심했습니다. 아테네 주변에는 인구가 많은 여러 마을이 흩어져 있었습니다. 그들 간의 분쟁은 흔히 피로 해결됐습니다. 테세우스는 그들에게 동맹을 제안하려는 계획을 갖고 있었습니다. 그는 그들에게 이야기했습니다. "우리가 함께하면 더 강성해질 것입니다. 우리가 싸우느라 소비했던 에너지는 우리 삶의 조건을 향상시키는 데 사용할 수 있을 것입니다." 그는 논거를 제시하며 오래도록 이야기했습니다. 그의 설득력 있는 이야기는 역사상 처음으로 지역의 모든 마을들을 하나의 도시국가로 만들었습니다. 그는 평화조약을 맺고 행복하게 돌아갔습니다.

돌아가는 길에 테세우스는 막강한 권력을 가진 부유한 지주의 집에 초대받았습니다. 아테네의 귀족들은 모두 자신의 지붕 아래에 왕을 영접하는 영광을 얻기 위해 다퉜습니다. 그들은 그가 당연히 받아야 할 경의를 표하며 마실 것과 먹을 것을 대접했습니다. 이 아테네의 귀족은 그에게 친절했습니다. 하지만 테세우스는 그가 하인들을 난폭하게 다룬다는 것을 알아챘습니다. 그는 테세우스의 포도주 잔을 채우는 하인에게 외쳤습니다. "서둘러, 이 바보야!" 그런데도 하인이 그의 마음에 흡족할 정도로 서두르는 기색이 없자 욕설과 함께 거칠게 발길질했습니다. 충격을 받은 테세우스가 그를 말렸습니다. 그 순간 그는 그 하인이 누구인지 알아보았습니다. 그는 테세우스가 아테네에 도착하기 전 자신의 집에 재워줬던 어부였습니다! 테세우스가 외쳤습니다. "여기서 뭐 하세요?" 그 하인은 시선을 바닥에 고정한 채 대답할 엄두조차 내지 못했습니다. 부유한 지주가 놀라 물었습니다. "제 노예를 아십니까?" 테세우스가 외쳤습니다. "당신의 노예라고요?" "그렇습니다. 어처구니없게도 제게 진 빚을 갚지 못한 사람입니다. 그래서 아테네 법대로 그를 제 노예로 삼았습니다." 테세우스가 놀라며 물었습니다. "재판관에게 당신들 간의 갈등을 해결해달라고 요구할 순 없었습니까?" 귀족이 웃음을 터트렸습니다. "재판관이라고요? 재판은 내가 합니다."

테세우스는 지금 막 알게 된 사실에 분개했습니다. 그러니까 그의 국가에서 사람들은 단지 가난해서, 그들에게 빌린 돈을 갚지 못한다는 이유만으로 다른 사람들을 노예로 삼고 있었습니다! 테세우스가 다시 말을 시작했습니다. "이 사람은 내가 잘 압니다. 오늘 당신이 날 맞아준 것처럼 언젠가 이 사람도 그의 집에 날 맞아줬습니다. 내겐 당신이나 이 사람이나 똑같소." 노예와 비교당한 귀족은 몹시 화가 났지만 감히 대꾸하진 못했습니다. 테세우스는 그 순간을 이용해서 돈을 주고 어부의 자유를 샀습니다.

테세우스는 밤새도록 눈을 붙이지 못했습니다. 마라톤의 황소와 싸우러 가던 날 아테네 사람들에게 둘러싸여 보호받으며 걷던 게 생각났습니다. 그때 그는 언젠가 아버지를 계승하게 되면 이 백성들을 위해 통치하겠노라고 스스로에게 약속했었습니다. 이제 그럴

때가 됐습니다. 그가 사랑하는 아테네에서는 어떤 시민도 노예가 되지 않을 것입니다. 어떤 부자도 가난한 사람들을 짓밟지 못할 것입니다. 사람들이 자기에게 유익하게 스스로 재판하지 못할 것입니다.

다음 날 그는 곧바로 자문위원회를 소집했습니다. 자문위원회에 모든 권력이 집중돼 있었습니다. 하지만 자문위원회는 귀족들로만 구성됐죠. 대중에게 공개된 회의였지만 발언권은 귀족들에게만 있었습니다.

도시국가의 모든 결정이 이루어지는 거대한 장소인 아고라에 입장하며 테세우스는 마음이 급했습니다. 그는 군중석에 앉아 있는 아테네 사람들의 얼굴을 보았습니다. 그는 그들을 사랑했습니다. 채소를 팔러 온 농부들, 토론에 참석하기 위해 가게를 비우고 온 수공업자들, 이들은 모두 그가 아테네에 도착했을 때 진심으로 환영해준 하층민이었습니다. 테세우스는 자리에서 일어나 엄숙한 목소리로 말했습니다. "아테네 사람들이여, 우리 국가를 정의와 평등의 모델로 만들 때가 됐습니다. 아테네는 자유 체제임을 선언합니다. 오늘부터 노예 제도를 폐지할 것을 공포합니다. 이제부터 어느 누구도 다른 사람을 노예로 만들 권리가 없습니다. 부자와 가난한 자는 모두 법 앞에서 평등합니다. 부자와 가난한 자는 이곳에서 공개적으로 동등한 발언권을 갖습니다. 각자 자신의 의견을 제시할 권리가 있습니다. 오늘부터 아테네에서는 모든 아테네 사람들의 동의 없이 어떠한 결정도 이루어지지 않을 것입니다. 이것은 모두에게 해당됩니다!"

테세우스가 분명하고 강력한 목소리로 말했습니다. 그리고 잠시 침묵했습니다. 그러자 군중의 우레 같은 함성이 들렸습니다. 아테네 사람들은 기쁨을 맘껏 표현했습니다. 자문위원회는 테세우스의 발언에 놀랐지만 따를 준비가 된 듯했습니다. 그때 자신의 연설로 흥분한 테세우스가 계속 말했습니다. "나의 왕관을 여러분의 발아래에 놓겠습니다. 이곳에선 이제 왕도, 폭군도 없습니다. 이제 여러분, 국민들이 여러분을 통치할 자를 선택하십시오!"

아테네 사람들은 서로 입 맞추며 포옹했습니다. 뜨거운 눈물을 흘리는 사람들도 있고, 기쁨의 함성을 지르는 사람들도 있었습니다. 그때 자문위원 중 가장 연로한 자가 자리에서 일어났습니다. 회의실은 조용해졌습니다. 그는 몸을 숙여 왕관을 주워 테세우스에게 주며 말했습니다. "모든 아테네 시민의 이름으로 당신에게 말하겠습니다. 이 왕관을 다시 쓰세요, 테세우스, 우리는 자유 의지로 당신을 왕으로 선택했습니다." 그의 말이 끝나자마자 엄청난 갈채가 이어졌습니다. 테세우스는 감동하여 왕관을 다시 썼습니다. 그는 코니다스가 그를 자랑스러워할 것이라고 생각했습니다. 그가 아테네에 민주주의를 제안했으니까요.

— 다음 편에 계속

헤라클레스와 테세우스의 재회

전편 요약 : 테세우스는 아테네의 왕이 됐습니다. 그는 도시국가를 정의와 평등이 지배하는 도시로 변화시켰습니다. 첫 민주주의를 이룬 것이었습니다.

아테네의 여러 도시에서는 바다를 통해 들어온 방문자를 환영하는 전통이 잘 지켜졌습니다. 배가 정박할 때마다 사람들은 테세우스의 궁전으로 달려가 그 소식을 알렸습니다. 그러면 테세우스는 직접 서둘러 항구로 가서 아테네의 환대를 보여줬습니다. 지나가는 이방인에게 문을 개방하지 않은 적이 한 번도 없었습니다. 도시국가는 점점 더 번성해서 경계가 넓어졌고, 방문객도 그만큼 증가했습니다. 어느 날 아침 테세우스는 새로운 방문객을 환영하러 항구에 나갔다가, 소란을 떠는 젊은이 무리와 함께 사촌 헤라클레스가 배에서 내리는 것을 봤습니다. 헤라클레스는 정말 크고 강했습니다! 순간, 전에 느꼈던 헤라클레스에 대한 시기심이 다시 일어났습니다. 하지만 시기심보다 애정이 더 깊었던 그는 기쁜 마음으로 사촌의 품에 안겼습니다. 테세우스는 헤라클레스의 동료 중에 이올라오스가 있는 것을 보고 놀랐습니다. 그렇다면 그가 생각을 바꾼 것일까요? 결국 삼촌과 다시 합류한 것일까요? 헤라클레스가 과업들을 수행하는 모습을 지켜봤던 테세우스는 이올라오스의 섬세한 성격이 좋았습니다. 그를 자신의 궁에서 영접할 수 있어 기뻤습니다. 하지만 사촌이 그의 마음을 독차지하고 있었기 때문에 자신의 그러한 생각을 그에게 말할 기회는 없었습니다. 헤라클레스가 자신의 사자 가죽을 찢으려고 했던 어린 꼬마를 떠올리며 인사 대신 그를 놀렸습니다. "꼬마, 너 출세했구나!" 위대한 영웅의 말투는 보호자, 심지어 아버지 같았습니다. 테세우스는 화를 내기는커녕 그들을 모두 자신의 궁전으로 데려가 연회를 베풀었습니다.

헤라클레스는 자리에 앉자마자 멋지게 세공된 금 허리띠를 무심히 테이블에 올려놓았습니다. 연회에 참석한 모든 사람들의 시선이 그 보물을 향했습니다. 한 아가씨가 물었습니다. "이 멋진 건 뭐예요? 오, 한번 차보고 싶어요!" 헤라클레스는 조롱의 미소를 띠고 허리띠를 그녀의 허리에 둘러주며 대답했습니다. "예쁜이, 네게 딱 맞는걸. 하지만 이 허리띠는 네 것이 아냐. 이 허리띠는 아마조네스의 여왕 히폴리테에게서 빼앗은

거야. 내 사촌 에우리스테우스의 딸이 가져다 달라고 요구했거든. 내가 완수해야 할 열 번째 과업이었지. 그리고 지금 난 이걸 가져다주러 가는 길이야." 물론 연회에 참석한 사람들은 그에게 새로운 모험에 대해 이야기해달라고 부탁할 필요가 없었습니다. 헤라클레스는 변하지 않았으니까요.

그가 물었습니다. "넌 아마조네스 아가씨들이 누군지 아니?" 그는 대답을 기다리지 않고 계속 이야기했습니다. "여인들 집단이야. 오직 여인들만 있는. 그들은 전쟁의 신 아레스의 후손으로서 모두 무서운 전사들이야. 그들의 손아귀에 떨어지는 남자는 불행을 맞이하게 되지. 말 그대로 거세한 후 노예로 삼거든." 이 말을 들은 사람들은 소름이 돋았습니다. 공포에 사로잡힌 듯 보이는 소년이 물었습니다. "그들을 어떻게 구별하죠?" 헤라클레스는 효과를 극대화할 줄 알았습니다. 그는 아무 말 없이 포도 알을 따서 포도주 잔에 넣더니 갑자기 대답했습니다. "그들은 모두 활을 잡는 데 편하도록 왼쪽 가슴을 잘라냈어. 그리고 목표를 보면 절대 놓치는 법이 없지!" 이번에는 청중의 술렁임이 오래 지속됐습니다. 그는 조용해지기를 기다렸다 계속 이야기했습니다. "우리가 아마존의 항구에 도착했을 때 여왕 히폴리테가 직접 나와 우리를 맞이했어. 그녀와 동료들은 모두 말을 타고 화살을 우리에게 겨누고 있었지. 나는 동요하지 않았어. 내가 여왕에게 복종한다는 표시로 땅으로 뛰어내려 바닥에 무릎을 대고 몸을 숙이자 그녀가 날 마음에 들어 했어. 그녀의 시선으로 알 수 있었지. 그녀는 몸짓으로 동료들에게 무기를 거두라고 명령하고는 내게 따라오라는 신호를 했어. 난 이미 그녀의 화려한 허리띠를 알아봤지. 비록 내가 경계를 게을리하진 않았지만 직접 가서 허리띠를 풀어 오는 것도 나쁘지 않겠다는 생각이 들었어."

헤라클레스가 걸걸하게 웃었습니다. 그의 동료들도 억지로 웃었습니다. 그가 이야기하는 동안 테세우스는 이올라오스를 관찰했습니다. 그는 짜증을 잘 감추지 못했습니다. 눈을 들어 하늘을 바라보며 어깨를 으쓱하거나 고개를 절레절레 흔들었습니다. 사건이 헤라클레스의 이야기와는 다른 상황이었음이 분명했습니다.

헤라클레스가 계속 이야기했습니다. "그런데 갑자기 모든 게 엉망이 됐어. 아마조네스가 화살을 쏘기 시작했어. 그들은 화살을 쏠 때마다 귀가 찢어질 듯 소리를 질러댔어. 제정신이 아니었지. 히폴리테 역시 내게 활을 겨눴어. 달리 어떻게 할 수가 없었지." 헤라클레스는 이야기를 중단하고 몇 초 동안 침묵했습니다. 젊은이 한 명이 용기를 내 질문했습니다. "당신이 그녀를 죽였나요?" 영웅이 대답했습니다. "응. 그녀 아니면 우리가 죽는 것이었으니."

그 순간 이올라오스가 거칠게 의자를 밀치며 연회석을 나갔습니다. 테세우스는 자리에서 일어나 그를 찾아 나갔습니다. 헤라클레스와 아마조네스 사이에 실제로 무슨 일이 있었던 걸까요?

— 다음 편에 계속

제53화

아마조네스의 여왕에 관한 진실

전편 요약 : 헤라클레스가 아테네에 기항하며 테세우스와 다시 만났습니다. 그는 자신이 어떻게 아마조네스의 여왕을 이겼는지 이야기했습니다. 하지만 그의 조카 이올라오스는 달리 생각하는 것 같았습니다.

테세우스는 어렵지 않게 이올라오스를 따라잡을 수 있었습니다. 그는 아테나 신전까지 올라갔습니다. 분명 바다가 내려다보이는 전경이 위로가 될 것이라고 생각했을 것입니다. 그는 헤라클레스에게 잔뜩 화가 나 있었습니다. 테세우스를 다시 만난 그는 아테네의 왕이 자신을 쫓아온 것에 대해 약간 놀라는 것 같았습니다. 하지만 테세우스는 웃으며 그에게 다가갔습니다. "넌 내 사촌의 얘기를 인정하지 않는 것 같구나…" 이올라오스가 경계했습니다. "아닙니다, 아니에요. 이야기가 대체로 틀린 건 아니지만 저도 거기 있었는데…" 그는 말을 끝맺지 않았습니다. 테세우스가 그를 대신해서 말을 이었습니다. "네가 거기에 있었으니 그가 진실을 아주 꾸며서 이야기한다는 것을 잘 알겠구나. 그렇지?" 이올라오스는 테세우스를 잠시 흘겨봤습니다. "폐하는 그에 대해 잘 아시는 것 같군요." 테세우스는 공모자의 웃음을 터트렸습니다. "날 폐하라고 부르지 마! 그보다는 아마조네스의 여왕과 실제로 무슨 일이 있었는지 얘기해줄 수 있어?" 그러면서 그는 격식을 차리지 않고 신전의 계단에 앉았습니다.

테세우스의 순박함에 매료된 이올라오스가 곁에 앉으며 이야기를 시작했습니다. "아마조네스의 여왕은 매우 아름다운 여인이었어요. 전 그녀의 자신감 넘치는 태도, 용기, 그리고 자신과 동료들의 자유를 지키는 능력에 매료됐어요. 헤라클레스 역시 그녀의 매력에 무관심할 수 없었죠. 배에서 내리자마자 헤라클레스는 그녀를 유혹하려고 애썼어요. 사실 히폴리테도 전혀 저항하지 않았죠. 그녀는 그와 사랑에 빠졌어요. 아무튼 헤라클레스가 에우리스테우스의 명령에 따라 그녀의 허리띠를 가져가야 한다고 고백하자 그녀는 아무렇지 않게 허리띠를 풀어 그에게 줬어요. 헤라클레스에게 이번 과업은 과업도 아니었죠. 이번 과업에 어쩔 수 없이 동참하게 된 저는 항구의 골목길을 산책하러 갔어요. 오래 항해했기 때문에 잠시나마 혼자 있고 싶었거든요.

전 바다로 돌출된 돌무더기 위로 기어 올라갔어요. 그곳에서는 다른 사람의 눈에 띄지 않고 무슨 일이 벌어지는지 볼 수 있었죠. 잠깐 눈을 붙이려고 하는데, 여인들 무리가 다가오는 소리가 들렸어요. 전 귀를 쫑긋 세웠어요. 한 여인이 걱정스러운 목소리로 "확실한 거지?"라고 물었어요. 다른 여인이 "물론이야. 우리의 수호신인 아르테미스가 꿈에 나타나 내게 말해줬단 말이야."라고 대답했어요. 그러자 세 번째 여인이 "빨리 다른 아마조네스를 경계시키고, 사랑하는 여왕께 알릴 방법을 찾아야 해."라고 말했어요. 아르테미스에게서 메시지를 받았다고 주장한 여인이 말했어요. "허비할 시간이 없어. 그들 배 근처에서 만나자." 그러고는 세 아마조네스가 헤어졌어요. 전 아르테미스를 봤다는 여인의 뒤를 쫓았어요. 그녀는 다른 아마조네스 무리를 만나 급하게 말했어요. "그리스인들은 배신자야. 그들은 우리 여왕을 납치하러 왔어. 어서 그들의 배 앞에서 집합하라는 말을 전해." 전 이 소문을 퍼트리는 여인의 얼굴을 보려고 했어요. 그녀의 태도가 정말 마음에 걸렸거든요. 그녀는 왜 그런 거짓말을 하는 걸까요? 헤라클레스는 히폴리테 여왕을 납치할 생각이 전혀 없었거든요!

전 항구까지 들키지 않고 그녀 뒤를 미행했어요. 항구에 모인 아마조네스는 흥분한 상태였어요. 하지만 아무것도 모르는 제 동료들은 의심하지 않고 그녀들의 팔에 안겨 갑판으로 올라갔어요. 얼마 지나지 않아 우리 배 주변에 아마조네스 수십 명이 모여들었어요. 그중 한 명이 외쳤어요. "헤라클레스에게 문을 열어준 건 히폴리테의 잘못이다. 남자들은 모두 배반자들이다. 그게 그들의 본성이다! 모두 죽여!" 말이 끝나자마자 공격이 시작됐어요. 우리 승선원에게 화살이 비 오듯 쏟아졌어요. 소문을 퍼트린 여인은 무리와 떨어져서 만족한 미소를 짓고 있었어요. 마침내 전 그녀를 여유롭게 관찰할 수 있었어요. 제가 아는 여인이었죠. 바로 제우스의 아내 헤라 여신이었어요. 아마조네스로 변신한 것이었죠! 그녀는 끊임없이 헤라클레스를 증오했어요.

전 가능한 한 빨리 헤라클레스에게 알려야 했어요. 그와 여왕이 나서야만 오해를 풀고 무리를 진정시킬 수 있었으니까요. 전 히폴리테와 헤라클레스가 함께 있는 장소로 서둘러 갔어요. 하지만 애석하게도 너무 늦고 말았어요. 헤라클레스가 또 생각 없이 행동한 거죠. 그곳까지 싸우는 소리가 들리자 그가 벌떡 일어났어요. 아마조네스의 여왕은 깜짝 놀라 무슨 일이 벌어지는지 궁금해했어요. 그녀는 그를 믿고 움직이지 않았죠. 갑자기 우리 동료 한 명이 나타나서 소리쳤어요. "아마조네스가 우리를 공격하고 있어요!" 헤라클레스는 단 일 초도 주저하지 않고 칼을 빼며 외쳤어요. "나를 배신하다니 벌을 받아라!" 그는 자신의 무기로 히폴리테의 목을 베었어요. 바로 그 저주스러운 순간에 제가 들어갔죠. 전 여왕이 쓰러지는 걸 봤어요. 도저히 이해할 수 없다고 말하는 그녀의 시선을 봤어요. 그녀

가 중얼거렸어요. "헤라클레스! 왜?" 하지만 그는 자신을 따뜻하게 맞아주고 사랑을 준 그녀에게 눈길도 주지 않고 이미 돌아서 버렸어요.

또다시 그의 눈에서 붉은 광기를 볼 수 있었죠. 피가 흘렀어요. 그는 마지막 한 명까지 모든 아마조네스를 죽였어요. 도망가는 데 성공한 자들만 살아남았죠. 바보 같은 그가 헤라가 판 함정에 빠진 거예요. 전 이 학살을 막을 수 없었어요."

이올라오스가 괴로운 표정으로 이야기를 마쳤습니다. 하지만 진실을 바로잡았다는 사실이 그의 마음을 덜 힘들게 했습니다.

– 다음 편에 계속

다이달로스와 미노스 왕의 재회

전편 요약 : 테세우스는 이올라오스와 친해졌습니다. 이올라오스는 헤라클레스가 열 번째 과업을 완수하면서 아마조네스와 실제로 무슨 일이 벌어졌는지 그에게 이야기해 줬습니다.

석양빛이 아테나 신전의 기둥을 붉게 물들였습니다. 테세우스와 이올라오스는 대화를 나누며 가까워졌습니다. 그들은 온화한 저녁 빛을 즐기며 천천히 언덕을 내려갔습니다.

갑자기 들려오는 아이들의 목소리가 그들의 주의를 끌었습니다. 한 아이가 큰 소리로 말했습니다. "내가 얘기했잖아. 달팽이 껍질은 미노타우로스의 라비린토스 같다고!" 다른 아이가 외쳤습니다. "말도 안 되는 소리 하지 말고 내 달팽이 돌려줘!" 첫 번째 아이가 대답했습니다. "싫어, 넌 내 말을 믿지 않잖아!" 테세우스와 이올라오스가 말씨름하고 있는 아이들 곁으로 갔습니다. 그들은 작은 광장의 우물 벽에 쭈그리고 앉아 있었습니다. 커다란 올리브 나무가 그늘을 드리우고 있었습니다. 이올라오스가 속삭였습니다. "달팽이 껍질 안에다 소리를 지르고 있는 곱슬머리의 작은 여자아이 보여요? 제 딸이에요. 아마조네스에게 간 제가 돌아오기만을 애타게 기다렸어요. 저 아인 아테네에서 저를 만나기 위해 테바이 사람들과 함께 우리를 마중하러 왔어요." 그들이 다가오는 소리를 듣지 못한 아이가 계속 큰 소리로 말했습니다. "미노스 왕도 이 달팽이 때문에 죽었어!" 테세우스는 깜짝 놀랐습니다. 미노스가 죽었다고요? 이 아이는 미노스가 죽은 걸 어떻게 알았을까요?

놀라는 테세우스를 보며 이올라오스가 미소 지었습니다. 그는 어린 소녀를 불렀습니다. "레이페필레야, 무슨 일이니?" 아이가 기뻐했습니다. "아빠, 마침 잘 오셨어요! 아빠가 제게 얘기해준 대로 달팽이 껍질을 어떻게 했는지 우리에게 얘기해주세요." 이올라오스는 뜸 들이지 않았습니다. 그들 네 명 모두 올리브 나무 그늘에 앉았습니다. 그리고 이올라오스가 말했습니다. "라비린토스를 설계한 위대한 건축가 다이달로스가 하늘을 날아서 크레타에서 도망친 건 모두 알고 있지?" 아이들은 그렇다고 했습니다. "그의 도움으로 테세우스가 라비린토스에서 빠져나올 수 있었다는 것도 알고 있지?" 아이들은 이번에도 고개를 끄덕였습니다. 테세우스는 자신을 알아보지도 못하는 테바이

의 아이들이 그가 한 모험을 알고 있다는 사실에 기분이 좋았습니다. "자, 생각해봐. 크레타의 왕 미노스가 자신을 배신한 다이달로스를 어떻게 했겠니? 그를 추격해서 복수하기로 결심했단다. 미노스는 그를 찾기 위해 모든 섬과 땅을 수색했어. 하지만 헛수고였지. 그러다 좋은 생각이 떠올랐고, 그것을 지중해 전역에 알렸어. 달팽이 껍질에 실을 통과시킬 수 있는 사람에게 금을 주겠다고 선언한 거야. 사실 이 문제를 해결할 수 있는 사람은 천재 다이달로스밖에 없다는 걸 미노스는 알고 있었거든."

잠시 이야기를 중단했던 이올라오스가 두 아이들이 갖고 있던 달팽이 껍질을 집더니 "이걸 잘 봐. 내가 이걸 조심해서 두 개로 자르면 무엇이 보일까?"라고 이야기하며 달팽이 껍질을 반으로 잘랐습니다. 그러자 나선 모양의 작은 통로가 나타났습니다. 아이들과 함께 몸을 숙이고 들여다보던 테세우스는 자신도 모르게 소리를 질렀습니다. "세상에! 라비린토스네요!" 이올라오스가 눈을 찡긋하며 미소를 띠고 이야기했습니다. "맞아요! 당신도 거기에 가본 것 같군요!"

그리고 그는 이야기를 이어갔습니다. "미노스의 선언은 시칠리아의 왕 코칼로스의 귀에도 들어갔어. 바로 그가 다이달로스를 숨겨주고 있었지. 그는 미노스가 상으로 약속한 금덩어리가 탐났어. 그래서 자신의 천재 손님에게 달려가서 상의했어. 다이달로스는 더 이상 지긋지긋한 라비린토스에 대해서 말하고 싶지 않았어. 아들의 죽음 이후 그는 악몽을 잊으려고 했지. 하지만 그는 자신에게 주어진 모든 문제를 해결하려고 노력할 수밖에 없었어. 그는 자신의 안전에 대해 경계하지 않고 이 달팽이 껍질에 대해서 생각했어. 얼마 지나지 않아 좋은 생각이 떠올랐지. 아리아드네에게 줬던 실과 같은 방법을 사용하면 되는 거였어. 하지만 이번에는 개미에게 실을 묶었어. 그리고 개미가 축소판 라비린토스에 들어가도록 유인하기 위해 달팽이 껍질 가장자리에 꿀을 발랐어. 개미가 안으로 들어가자마자 입구를 막고, 껍질 윗부분에 구멍을 뚫었어. 개미는 당황해서 탈출하려고 했지. 빛이 들어오는 작은 구멍만이 유일한 탈출구였어. 개미는 결국 그 구멍으로 빠져나오는 데 성공했어. 물론 실도 개미와 함께 나왔지.

코칼로스는 그의 지략에 감탄했어. 그는 미노스에게 자신이 문제를 풀었으니 상으로 금을 달라고 통보했어. 사실 제 발로 늑대의 아가리로 들어간 격이었지. 자신의 궁전에 다이달로스가 숨어 있다는 증거를 미노스에게 갖다 바친 거였으니까. 미노스는 곧장 시칠리아로 갔어. 코칼로스가 그에게 달팽이를 내밀며 말했어. "여기 달팽이 껍질과 실이 있소." 미노스는 화를 냈어. "다이달로스만이 이 문제를 해결할 수 있어. 그 배신자를 내게 데려와!" 순진한 코칼로스는 달리 어찌하지 못하고 다음 날 다이달로스를 넘겨주겠다고 약속했어. 그리고 미노스 왕을 융숭하게 대접했지."

이올라오스가 잠시 이야기를 멈췄습니다. 두 아이는 그의 입술만 바라보았습니다. 테세우스 역시 그의 이야기에 빠져 있었죠. 초조하게 기다리는 아이들과 똑같이 그의 눈도 반짝였습니다. 다이달로스는 어떻게 미노스에게서 도망쳤을까요?

– 다음 편에 계속

제55화
사라진 미노스와 불량배 같은 헤라클레스의 동료들

전편 요약 : 이올라오스는 테세우스와 자신의 딸과 딸의 친구에게 미노스 왕이 어떻게 다이달로스의 흔적을 찾았는지 얘기했습니다.

이올라오스는 재미있는 이야기꾼이었습니다. 그는 조마조마해하는 청중을 보며 즐겼습니다. 테세우스와 두 아이들에게 해준 다이달로스의 모험 이야기가 끝날 때쯤 아테네에는 서서히 어둠이 깔렸습니다. "코칼로스 왕에게는 어린 딸이 여럿 있었지. 그들은 모두 다이달로스를 좋아했어. 그가 그들의 궁전에 몸을 숨기고 있는 동안 끊임없이 기발한 장난감을 만들어줬거든. 그들은 다이달로스에게 달려가 위험을 알렸어. 한 공주가 말했지. "다이달로스! 미노스 왕이 궁전에 있어. 우리 아버지가 내일 널 그에게 넘길 거래!" 다른 공주도 울면서 크게 외쳤어. "넌 도망가지 못할 거야! 그가 궁전 주변에 보초를 세웠어." 이 말을 듣고 다이달로스가 창백해졌어. 미노스가 살아 있는 한 그는 결코 무사할 수 없었지. 그는 소녀들의 도움을 받아 미노스 왕을 완전히 없애기로 결심했어.

몇 분 후 코칼로스 왕의 장녀가 미노스를 방으로 안내하며 말했어. "여행으로 피곤하시겠어요. 따뜻한 목욕물을 준비하겠습니다." 미노스는 흔쾌히 승낙하고 방 한가운데에 놓여 있는 커다란 나무통 안으로 들어갔지. 그러자 코칼로스의 딸들은 천장으로 연결된 관을 통해 미노스에게 펄펄 끓는 물을 들이부었어! 미노스가 목욕탕에서 살아서 나오지 못했다는 건 말할 필요도 없겠지….

코칼로스의 딸들은 환호했지. 그리고 아버지에게 가서 미노스 왕이 비틀거리다 펄펄 끓고 있는 목욕물을 쏟는 끔찍한 사고가 났다고 알렸어. 그들의 아버지가 속은 건 아니었지만 공식적으로 그렇게 발표했지. 다이달로스는 시칠리아를 떠나야 한다고 판단했어. 그는 어디로 갔을까? 맞혀 봐." 이 이야기를 백 번도 더 들은 레이페필레가 큰 소리로 대답했습니다. "아빠에게 왔죠!" "그래, 맞아. 그래서 내가 이 모험 이야기를 알게 됐지." 그가 손가락을 입에 가져다 대며 비밀스러운 말투로 덧붙였습니다. "아무에게도 얘기하면 안 돼. 비밀 지킬 수 있지?" 아이들은 기뻐하며 약속하고는 놀러 갔습니다.

오렌지 나무와 레몬 나무의 향기가 났습니다. 테세우

스와 이올라오스는 조용히 그 순간을 즐겼습니다. 기분이 좋았습니다. 갑자기 누군가 서둘러 달려오는 소리가 들렸습니다. "왼쪽으로 갔다!" "멀리 가지 못했어!"라고 외치는 소리도 들렸습니다. 아테네의 거리에서 무슨 일이 벌어진 걸까요?

누군가 쫓기는 것 같았습니다. 불안해진 테세우스가 벌떡 일어섰습니다. 한 젊은이가 숨을 헐떡이며 나타났습니다. 소년티를 겨우 벗은 그 젊은이는 곧장 이올라오스에게 달려들어 살려달라고 애원했습니다. 이어서 그를 쫓는 사람들이 도착했습니다. 테세우스는 그들이 헤라클레스와 함께 다니는 젊은이들 무리라는 것을 알아보고 기분이 상했습니다. 그들은 몸짓을 하며 소리쳤습니다. "그를 우리에게 보내세요! 이 사기꾼의 버릇을 고쳐놓아야겠어요!" 쫓기던 청년이 이올라오스 뒤로 숨었습니다. 테세우스가 중재에 나서며 말했습니다. "자, 자, 진정들 하게. 이 소년이 무슨 잘못을 했나?" 머리를 짧게 민 젊은이가 소리쳤습니다. "그는 테바이 사람입니다. 위대한 헤라클레스를 욕했습니다." "그는 우리의 영웅이 성공했다고 얘기해준 아홉 번째 과업이 거짓이라고 주장하고 있습니다." 자신의 우상과 닮고 싶어서 머리를 길게 기르고 이두근을 발달시킨 다른 젊은이가 흥분해서 말했습니다. "헤라클레스가 게리온의 소들을 혼자 끌고 온 게 아니라고 주장하고 있어요!" 짜증이 난 테세우스가 되물었습니다. "그래서? 이 도시에선 누구나 자유롭게 말할 권리가 있어. 그렇게 생각하지 않나?" 무리는 그렇지 않다는 듯 중얼거렸습니다. 자신들의 먹잇감을 놓아줄 생각이 전혀 없었던 그들은 싸움을 하려고 했습니다. 테세우스가 검을 빼어 들고 그들이 위협하지 못하도록 경계했습니다. "얌전히 있어. 다 잘될 거야. 그러지 않으면…." 그는 칼을 휘두르며 그들을 협박했습니다.

젊은이들은 동요하며 뒤로 물러섰습니다. 그들은 급하게 상의한 후, 여전히 이올라오스 뒤에 숨어 있던 테바이 젊은이에게 협박과 욕설을 남기고는 그 자리를 떠났습니다.

테세우스는 위험에서 벗어난 젊은이를 향해 돌아섰습니다. 그 청년은 온몸을 떨고 있었습니다. 테세우스가 물었습니다. "누구냐?" 이올라오스가 대답했습니다. "크레온 왕의 아들 메노이케우스입니다. 형제 하이몬과 함께 우리를 만나러 온 것입니다." 그때 이올라오스는 청년이 피를 흘리고 있다는 것을 알아차렸습니다. 그가 소리쳤습니다. "자네, 부상당했군!" 메노이케우스가 약한 목소리로 이야기했습니다. "그들이 저를 처음 잡았을 때 심하게 때렸어요. 머리도 여러 차례 바닥에 짓찧었고요. 술이 많이 취한 그들은 제가 사과하길 원했어요." 이올라오스가 한숨을 쉬며 말했습니다. "물론 자네는 사과하지 않았을 테고. 그들이 계속 때렸겠군." 소년이 항변했습니다. "전 사과할 수 없어요. 진실을 말했을 뿐인걸요. 그들은 절 묵사발을 만들려고 했는데, 다행히 경계가 느슨해진 순간 제가 도망쳤어요!" 이런 폭력적인 이야기를 들으며 테세우스는 분노가 치밀었습니다. 그는 소년을 안심시키려고 미소를 지으며 말했습니다. "저 불량배 같은 놈들 앞에서 자넨 참으로 용감했네. 정의의 심판을 내릴 테니 나만 믿게. 그런데 자네가 그들에게 무슨 이야기를 했기에 그들이 그렇게 화가 났는지 궁금하군."

– 다음 편에 계속

제56화

세간의 이목을 끄는 소송에 휘말린 게리온의 황소들

전편 요약 : 크레온 왕의 아들 메노이케우스는 헤라클레스를 모욕했다고 비난받아 헤라클레스의 동료들에게 매를 맞고 쫓기는 신세가 됐습니다.

테세우스는 이와 같은 폭력에 벌을 주지 않을 수 없었습니다. 며칠 후 그는 아테네의 법정으로 젊은 불량배들과 피해자를 소환했습니다. 광장은 모여든 사람들로 발 디딜 틈도 없었습니다. 모든 사람들은 헤라클레스와 직접 관련된 이 소송에 참여하고 싶어 했습니다. 이올라오스가 걱정스럽게 물었습니다. "정말 이걸 원하시나요?" 테세우스가 대답했습니다. "아테네는 모든 이방인을 환영하지만, 그렇다고 해서 그들이 법을 지키지 않아도 된다는 것은 아냐. 이 젊은이들은 벌을 받아야 해. 메노이케우스가 복수를 당할 필요는 없었어. 그에게 정의를 보여줘야 해. 이곳에서는 모든 사람들이 자신을 변호하고 해명할 권리가 있다고."

늘 그렇듯 재판관들은 아테네 시민들 중에서 제비를 뽑아 선택되었습니다. 메노이케우스는 그들 앞에 당당하게 출두했습니다. 그의 머리에는 아직도 커다란 붕대가 감겨 있었습니다. 테세우스는 그를 폭행한 사람들 모두가 출두하기를 원했기 때문에 피고인은 스무 명도 넘었습니다. "그들은 여러 명이었지만 한 소년을 공격했습니다. 그들 모두가 해명해야 합니다." 물시계를 보며 고소인과 피고인들의 발언 시간은 공평하게 분배됐습니다.

메노이케우스가 먼저 발언했습니다. "우리는 모두 헤라클레스가 아홉 번째 과업을 성공했다는 것을 알고 있습니다. 그가 게리온의 황소들을 그의 사촌 에우리스테우스에게 데려다준 것은 확실합니다. 제가 이 사실을 인정하지 않은 적은 결코 없었습니다." 그의 말에 동의한다는 듯 참관인들이 웅성거렸습니다. 헤라클레스의 과업에 관한 이야기는 그리스 전체에 전해졌기 때문에 이 영웅적인 사건을 모르는 사람은 아무도 없었습니다. "전 그저 헤라클레스가 말한 것과 달리 그가 홀로 성공한 것이 아니라고 말했을 뿐입니다. 그에게는 헤르메스 신의 도움이 필요했습니다. 여러분은 그 이유를 아시나요? 헤라클레스는 뱃멀미를 하기 때문입니다. 황소들을 돌보던 섬에 도착했을 때 그는 혼자 설 수 없을 정도로 심하게 뱃멀미를 했습니다!" 이 말을 듣고 참관인들이 술렁거렸습니다. 법정 여기저기에서 충격을 받은 사람들이 "오!" 혹은 "아!" 하는 탄성을 쏟아냈습니다. 재판관 한 명이 조용히 하라고 명령했습니다. 물시계가 피고인의 발언 차례가 됐음을 알렸습니다.

발언권을 얻은 젊은이는 머리를 민 청년이었습니다. "위대한 헤라클레스가 뱃멀미를 한다니, 말도 안 되는 이야깁니다. 그가 신의 도움을 받았다는 이야기도 말이 안 됩니다. 그 자신도 반은 신이잖습니까. 그는 세상에서 가장 강한 사람으로 그 누구의 도움 따위 필요치 않습니다. 이 테바이 사람이 그의 평판을 해치려고 하는 겁니다. 우리는 이러한 모욕을 벌하지 않고 그냥 둘 수 없습니다!" 이번에는 헤라클레스를 모방하려고 노력한 젊은이가 일어나 말했습니다. "헤라클레스가 소 떼를 지키던, 머리가 두 개 달린 개 오르트로스를 몽둥이로 때려 그 자리에서 죽였습니다. 같은 방법으로 소 떼를 지키던 목동 에우리티온도 죽였습니다. 또한 자신의 소 떼를 도우러 직접 나타난 거대한 게리온을 화살로 관통했습니다. 싸우는 중에 그는 여신 헤라에게도 상처를 입혔습니다. 이것이 진실입니다!" 메노이케우스가 벌떡 일어났습니다. "그 모든 사실을 부정하는 게 아닙니다! 전 다만 그가 섬에 도착했을 때 비참한 상태였다는 것만 말했을 뿐입니다. 그리고 그가 한 영웅적 행동은 신의 도움을 받았기 때문에 할 수 있었던 것입니다." 법정이 소란스러워졌습니다.

재판관들은 사건을 이해해야 했습니다. 그들은 헤라클레스의 출두를 명령했습니다. 헤라클레스를 기다리는 동안 재판이 잠시 중단됐습니다. 이올라오스는 걱

정이 됐습니다. 헤라클레스가 어떤 반응을 보일까요? 테세우스가 물었습니다. "그가 두려워하는 게 뭐지?" 이올라오스가 중얼거렸습니다. "자존심이오. 그를 우상화하는 이 불량배들이 그를 따르게 두는 것은 그의 잘못이에요. 그렇지 않나요?" 테세우스가 대답했습니다. "자네 말이 맞네. 하지만 헤라클레스에게 악의는 없지."

재판이 속개됐을 때 참관인이 더 많아졌습니다. 광장에 사람들이 쇄도했습니다. 모든 사람들이 헤라클레스의 해명을 듣고 싶어 했습니다. 그가 도착하자 몇몇 사람이 환호했습니다. 하지만 영웅은 못 들은 척했습니다. 피고인석에 앉아 있는 친구들에게조차 전혀 관심을 보이지 않았습니다. 그는 무언가에 홀린 듯 메노이케우스의 머리에 감긴 붕대를 뚫어지게 바라봤습니다. 그가 망설이다 말했습니다. "무슨 일이 벌어졌는지 조금 전 들었습니다. 죄송합니다. 왜 이렇게 지나친 폭력이 발생했는지 전 잘 모르겠습니다. 저도 이러한 과격한 행동을 규탄합니다." 사람들은 그의 말에 갈채했습니다. 테세우스와 이올라오스는 눈빛을 교환하며 안심했습니다. 재판관들은 진실을 더 알아보려고 했습니다. "당신이 게리온의 황소들을 데리러 갔을 때 실제로 무슨 일이 있었습니까?" 헤라클레스가 당황했습니다. "그러니까 음…, 태양의 신 헬리오스에게 태양이 질 때 가끔 태양을 담아 옮기는 황금 잔을 빌렸습니다." 재판관들이 재촉했습니다. "그래서요?" "그래서 그것을 타고 바다를 건넜습니다. 사실 그 황금 잔은 배보다 안정적이지 않았어요. 물론 포세이돈도 저를 돕지 않았죠. 바다가 심하게 출렁거렸습니다. 전 포세이돈이 바다를 잠잠하게 만들게 하려고 화살을 쏘며 그를 위협해야 했습니다." 너무 오래 걸린다고 생각한 재판관 한 명이 그의 말을 잘랐습니다. "그래서 당신은 뱃멀미를 했습니까, 안 했습니까?" 헤라클레스는 눈으로 군중 속에서 지지자를 찾았습니다. 그의 눈이 이올라오스의 눈과 마주쳤습니다. 그는 차마 거짓말을 할 수 없어 고개를 떨궜습니다. 그리고 풀 죽은 목소리로 고백했습니다. "네, 했습니다." 사람들이 크게 웃었습니다. 테세우스는 영웅을 동정했지만 이올라오스가 속삭였습니다. "그에게 해가 되진 않을 거예요…."

재판은 신속하게 끝났습니다. 헤라클레스는 헤르메스 신의 도움이 없었다면 어떤 것도 성공하지 못할 만큼 자신의 건강 상태가 좋지 않았다는 것을 대중 앞에서 인정했습니다. 신이 그의 몽둥이와 화살을 인도했던 것입니다. 배심원들은 만장일치로 젊은 불량배들의 잘못을 인정하고 유죄를 선고했습니다. 젊은 불량배들은 두 가지 가르침을 받았습니다. 그들의 우상이 육체적 용기보다 더 큰 용기, 즉 대중 앞에서 진실을 말할 수 있는 용기를 가진 자라는 것을 알게 됐습니다. 그에게는 웃음거리가 될 두려움, 나쁜 이미지로 보일 수 있다는 수치심을 극복할 용기가 있었습니다. 진실을 지키려는 명예는 견뎌야 할 조롱보다 상위 가치이기 때문입니다. 그래서 젊은 불량배들은 전보다 더 헤라클레스를 존경하게 됐습니다.

테세우스가 이올라오스에게 물었습니다. "마지막으로 한 가지 더 물어볼 게 있는데, 메노이케우스는 어떻게 이 사건을 알았지?" 이올라오스가 웃으며 대답했습니다. "헤르메스 신이 몇몇 사람들에게 비밀을 털어놨나 보죠."

-다음 편에 계속

아테네에 도착한 이상한 남녀

전편 요약 : 메노이케우스를 폭행한 불량배들은 법정에서 유죄 판결을 받았습니다. 재판 과정 중 헤라클레스가 게리온의 황소들을 끌고 온 방법에 관한 진실이 밝혀졌습니다.

남자는 마치 구름과 친해지고 싶다는 듯 머리를 꼿꼿이 들고 똑바로 서 있었습니다. 그는 길을 걷다 조약돌 하나에도, 미세한 굴곡에도 비틀거렸습니다. 그러면 여인이 그의 팔을 잡았습니다. 그녀는 그가 다시 균형을 잡을 수 있도록 도와주고 이내 비켜섰습니다. 단호하면서도 세심한 손길은 그의 그림자를 쫓아 걷고 있는 아가씨의 것이었습니다. 그와 마찬가지로 똑바로 서 있는 그녀의 실루엣엔 어느 곳 하나 굽은 곳이 없었습니다. 그녀는 맨발이었고, 그는 조금 다리를 절었습니다. 그는 옹이가 많은 나무 막대기 끝으로 바닥을 더듬으며 걸었습니다.

우물 근처에 다다르자 그녀는 남자를 앉히고 손으로 물을 떠 남자의 갈증을 풀어줬습니다. 그러고는 늙은 남자의 길고 흰 머리를 끈으로 재빨리 다시 묶어줬습니다. 아가씨의 동작은 유연함이 녹아 있었지만 그녀의 몸은 돌처럼 단단해 보였습니다. 사람들이 곁으로 지나가자 그녀는 걸인처럼 그들에게 손을 내밀었습니다. 한 여인이 과자 두 조각과 올리브 몇 개를 주자 그녀는 미소로 감사 표시를 하고 노인에게 먹였습니다. 그는 입술만 겨우 달싹거리며 그녀가 주는 것을 무의식적으로 삼켰습니다. 자신의 내면 깊은 곳을 들여다보고 있는 것 같았습니다. 그는 배가 부르자 그날 처음으로 말을 했습니다. "고맙다, 안티고네야, 고마워. 이제 가자." 아가씨는 한마디 말도 없이 일어나더니 그와 함께 길을 떠났습니다.

남자는 장님이었지만 계속 앞으로 걸었습니다. 그녀는 가끔 팔꿈치로 쳐서 방향을 고쳐주긴 했지만 그가 하는 대로 두었습니다. 이 이상한 남녀는 그날 어딘지도 모르고 그렇게 아테네에 도착했습니다. 남자의 공허한 시선, 아가씨의 침묵 등, 이들 두 걸인의 태도는 모든 게 놀라웠습니다. 그들이 지나가는 것을 보며 사람들이 수군거렸습니다. 어떤 이들은 왠지 모를 불안함을 느끼며 이들은 인간들이 이방인을 어떻게 맞이하는지 알아보기 위해 올림포스에서 내려온 변장한 신일지도 모른다고 생각했습니다. 사람들은 아테네의 왕 테세우스에게 달려가 이들의 도착을 알렸습니다.

여러 해가 흘러 테세우스도 늙었습니다. 혈기왕성하던 청년은 현명한 사람이 됐습니다. 아테네는 정의가 지배하는 번성한 국가였습니다. 테세우스는 걸어서 그들을 마중하러 갔습니다. 그는 늙은 맹인에게 다가가서 두 손을 잡고 더 생각할 것도 없이 공손하게 머리를 숙이며 말했습니다. "당신이 누구든, 환영합니다." 그러고는 노인 곁에 조용히 서 있는, 그와 함께 온 아가씨를 향해 돌아서며 말했습니다. "내 궁전으로 갑시다. 거기서 쉬십시오." 아가씨의 아름다운 얼굴이 그의 마음에 걸렸습니다. 의지가 강해 보였습니다. 이 두 사람에게서 범상치 않은 힘이 느껴졌습니다. 아가씨가 대답했습니다. "감사합니다, 테세우스 왕이시여. 제 이름은 안티고네입니다. 그리고 이분은 저의 아버지 오이디푸스이십니다. 우리는 어쩔 수 없이 떠돌고 있습니다. 아버지께서 당신의 초대를 받아들이실지 모르겠습니다." 아가씨의 목소리는 피로에 젖어 있었습니다. 그들은 벌써 오래전부터 계속 걸었으니까요. 먼지를 뒤집어쓴 그들의 모습은 찬란한 정오의 태양빛이 반사돼서 흔들리는 듯 보였습니다. 오이디푸스는 딸의 목소리에서 쉬고 싶어 한다는 것을 읽을 수 있었습니다. 그 자신도 갑자기 더 늙은 듯, 심히 피곤했습니다. 그가 속삭였습니다. "고맙습니다. 초대를 감사히 받겠습니다." 테세우스는 기뻤습니다. "오늘 저녁 식사에 초대합니다. 이제부터 제 사람들이 당신들을 보살펴드리겠습니다."

테세우스는 저녁 식사 시간에 나타난 그들을 알아보기 힘들었습니다. 씻고 머리를 빗고 흰 토가를 입은 안티고네는 공주 같았습니다. 거리에서 뒤집어쓴 먼지를 벗고 피곤한 기색이 사라진 오이디푸스는 왕처럼 보였습니다. 테세우스는 이 이상한 방문객들이 무척 궁금했지만 예의상 질문하지 않았습니다. 그들은 서로 속내 이야기를 하지 않았습니다. 그들은 누구일까요? 어떤 운명이 그들을 길거리로 내몰았을까요?

그날 밤 테세우스는 그들에 대해 더 알아보기로 마음먹었습니다. 그는 예언자 테이레시아스를 찾아갔습니다. 테이레시아스는 테바이의 동굴을 떠나 아테네에서 멀지 않은 은신처에서 지내고 있었습니다. 테세우스는 오랫동안 예언자를 찾지 않았습니다. 테이레시아스가 짓궂게 물었습니다. "아직도 사촌의 소식이 궁금한가요?" 과거의 순진했던 추억을 떠올리며 약간 당황한 테세우스가 말을 더듬었습니다. "아니, 아니라네. 오늘 이상한 방문객이 왔는데, 그들의 사연이 궁금해 죽겠어." 테세우스가 오이디푸스라는 이름을 말하자마자 테이레시아스는 초록색의 쓴 음료를 준비했습니다. 예언자는 당황한 나머지 손가락까지 떨었습니다. 테이레시아스가 속삭였습니다. "이 남자의 삶에 들어가 봤어요. 그의 사연은 너무나 끔찍해요. 그것을 보러 과거로 돌아가는 게 좋은 생각인지 모르겠네요." 하지만 테세우스는 고집을 피웠습니다. 예언자는 한숨을 쉬었습니다. 그러고는 초록색 음료가 든 작은 유리병을 그에게 주며 말했습니다. "이 물약은 당신이 원하는 대로 시간의 흐름을 빠르게 할 겁니다. 한 모금 마시세요. 그러면 당신의 의지만으로 과거로 여행하거나 다시 이곳으로 돌아올 수 있을 겁니다. 하지만 당신 눈앞에서 벌어지는 일에 간섭하는 것은 금지라는 걸 절대 잊지 마세요. 당신은 그저 과거의 참관자일 뿐입니다. 당신은 사건을 변화시키는 아무 말도 할 수 없고 아무런 행동도 하지 못합니다."

– 다음 편에 계속

제58화

나쁜 운명을 갖고 태어난 아기

전편 요약 : 오이디푸스라는 맹인 노인과 그의 딸 안티고네가 거리에서 구걸을 했습니다. 그들이 아테네에 도착하자 테세우스는 그들을 환영했습니다. 테세우스는 예언자 테이레시아스의 도움을 받아 그들의 과거를 알아보려고 했습니다.

다시 눈을 뜬 테세우스는 자신이 있는 곳이 테바이의 테이레시아스의 동굴이라는 것을 알고 몹시 놀랐습니다. 그는 순간 마법의 음료가 효과를 발휘해서 과거로 간 것이 맞나 하고 생각했지만 의심을 품을 시간조차 없었습니다. 벌써 누군가 들어오고 있었습니다. 오만하고 자긍심이 강해 보이는, 상당히 위엄 있는 남자였습니다. 누가 봐도 권력자였습니다. 테이레시아스가 가볍게 목례하며 말했습니다. "안녕하셨습니까, 라이오스 왕이시여!" 왕은 예언자의 인사에는 대답도 하지 않고 테세우스를 손가락으로 가리키며 물었습니다. "이자는 누구인가?" 테이레시아스가 거짓말을 했습니다. "제 조카입니다. 저를 도와주러 왔

죠." 그의 대답에 안심한 라이오스 왕은 더 이상 테세우스에게 신경 쓰지 않았습니다. 그는 매우 중요한 일 때문에 테이레시아스를 방문했으니까요. 그가 말했습니다. "나의 아내 이오카스테가 곧 아기를 낳을 걸세. 자네에게서 이 아이에 관한 신탁을 듣고 싶네." 그는 바닥에 놓인 양가죽 위에 편안하게 앉았습니다. 그의 만족한 미소는 후계자의 미래에 관한 멋진 신탁을 들을 것이라는 확신을 드러내고 있었습니다. 테이레시아스의 요구대로 테세우스는 그에게 마실 것을 대접했습니다. 그의 거만한 태도가 무척 싫었던 그는 속으로 생각했습니다. '겸손해도 왕이 될 수 있을 텐데.' 테이레시아스는 라이오스에게 아무런 대답도 하지 않았습니다. 그는 두 손으로

머리를 감싸고 생각에 잠겼습니다. 그것은 그가 올림포스의 신들과 소통하는 방식이었습니다. 라이오스를 수행한 몇몇 신하들이 그의 곁으로 모였습니다. 동굴은 고요했습니다. 테이레시아스는 분명하지 않은 쉰 목소리로 말했습니다. "라이오스, 그대는 아들을 얻을 것이며 그 아들로 인해 집안에 불행이 닥칠 것이다. 그 아들이 그대를 살해할 것이다. 그 아들이 그대의 모든 후손들에게 불행을 가져올 것이다." 라이오스는 바닥에 컵을 던지며 벌떡 일어났습니다. 그의 얼굴에서 만족한 미소는 사라지고 우거지상이 됐습니다. 그가 소리쳤습니다. "무슨 바보 같은 소리를 하는 게냐?" 그는 거칠게 테이레시아스의 기다란 흰 수염을 잡으려고 했습니다. 테세우스가 테이레시아스를 보호하기 위해 한 걸음 앞으로 나섰습니다. 왕의 수행원들 역시 왕을 막아섰습니다. 신들을 대신해서 말하는 자를 공격하는 것은 있을 수 없는 일이었습니다. 라이오스는 동굴을 떠나며 화가 나서 중얼거렸습니다. "미친 늙은이 같으니라고!" 테세우스는 예언자의 이마에 흐르는 땀을 닦고, 그를 눕혔습니다. 그리고 잠이 든 그를 두고 테바이의 거리로 나갔습니다. 테세우스는 라이오스의 궁전에 잠입하기로 결심했습니다.

며칠 후 기회가 생겼습니다. 궁전은 마을 높은 곳에 있었습니다. 테세우스는 궁전 입구에 서서 라이오스와 함께 테이레시아스의 동굴에 왔던 사람들 중 누군가 나오기를 기다렸습니다. 오래지 않아 늙은 하인 한 명이 나오자 얼른 그를 쫓아가며 물었습니다. "궁전에 제가 할 만한 일거리가 있을까요?" 늙은 하인의 이름은 나우볼로스였습니다. 그는 깜짝 놀라 고개를 들고 그에게 말을 건 남자를 뚫어지게 바라보더니 미소를 지었습니다. "물론 있지. 요새 도움이 필요했어. 하지만 궁전의 분위기가 침울하다네. 이오카스테 여왕님이 곧 아기를 낳을 텐데 그 아이가 아들이면 끔찍한 신탁이 예정돼 있거든." 테세우스는 나우볼로스가 자신을 알아보지 못하자 기뻐하며 "저를 데리고 가시면 유용할 거예요."라고 말했습니다. 그렇게 해서 그는 라이오스 왕의 하인이 됐습니다.

이오카스테 여왕이 아기를 낳았지만 테바이 사람들은 아무도 기뻐하지 않았습니다. 아기는 사내아이였고, 그 아들에 대한 불길한 예언 때문에 기뻐할 수 없었던 것입니다. 라이오스는 아이에게 이름조차 지어주지 않았습니다. 분위기가 무거웠습니다. 사람들은 작은 소리로 이야기하고 발꿈치를 들고 걸었습니다. 이오카스테 여왕은 공허한 시선으로 침대에 누워 꼼짝하지 않았습니다. 커다란 먹구름이 끊임없이 몰려와 도시의 거리 곳곳을 뒤덮었습니다. 아이를 돌보는 유모들은 왕의 분노를 부추길까 두려워서, 아이가 울지 않게 하려고 주의했습니다. 라이오스는 이미 미칠 듯이 화가 나 있었을 뿐만 아니라 두려워했습니다. 그는 단 한 번 아들을 보러 갔습니다. 그는 아기에게 다가가 요람을 흔들었습니다. 아기는 즐겁게 옹알대며 해맑은 미소를 지어 보이기도 했습니다. 유모가 아기를 아버지에게 건네줬지만 라이오스는 무섭게 소리를 지르며 갓난아기를 거칠게 밀어냈습니다. 왕은 아기를 바라보면 자신의 죽음을 보는 것 같았습니다! 그럴 순 없었습니다. 그는 자신을 죽일 자의 아버지라는 사실을 받아들일 수 없었습니다! 그는 도망쳤습니다.

어느 날 아침 라이오스가 나우볼로스를 불렀습니다. 늙은 하인은 테세우스와 함께 갔습니다. 라이오스가 명령했습니다. "나우볼로스, 가서 그 작은 괴물을 데려와." 그의 얼굴에 경련이 일었습니다. 아기를 데려오자 라이오스는 유모들을 돌려보냈습니다. 방에는 나우볼로스와 테세우스만이 남았습니다. 그러자 그는 아버지로서 미치지 않고는 도저히 할 수 없는 일을 했습니다. 라이오스는 아기의 발목에 구멍을 뚫어 가는 끈으로 묶었습니다! 이 끔찍한 광경을 보고 테세우스는 몸을 떨었습니다. 라이오스의 눈에서 광기가 보였습니다. 그는 나우볼로스에게 명령했습니다. "이제 아기를 데려다 이 끈으로 나무에 묶어 들짐승의 먹이가 되게 해." 그리고 자신의 아들을 향해 소리쳤습니다.

"넌 나를 죽이지 못할 거야!"
나우볼로스와 테세우스는 궁전을 나왔습니다. 그들은 학대받은 아기를 데리고 갔습니다. 그들이 라이오스 왕의 명령을 따를까요? 이름조차 없는 이 아기는 어떻게 될까요?

– 다음 편에 계속

오이디푸스라 불리는 아이

전편 요약 : 라이오스 왕은 아들을 낳았습니다. 신탁은 이 아이가 그를 죽이고 가족을 파괴할 거라고 예언했습니다. 라이오스는 들짐승에게 먹히도록 아기를 버리기로 결심했습니다. 궁전의 하인으로 위장한 테세우스는 그 모든 것을 목격했습니다.

주인의 잔인성에 몹시 낙담한 하인은 어찌할 줄을 몰랐습니다. 그는 이 아기를 들짐승의 먹이가 되도록 버리고 올 수 없었습니다. 그래서 아기를 데리고 코린토스를 향해 길을 나섰습니다. 바닷가의 이 마을에 나우볼로스의 사촌 목동이 살고 있었습니다. 자갈에 수레가 덜컹거렸지만 나우볼로스는 능숙한 솜씨로 빠르게 몰았습니다. 그는 아기를 테바이에서 멀리 데려가려고 마음이 급했습니다. 온종일 수레를 몬 테세우스와 그는 저녁이 되어서야 코린토스에 도착했습니다. 그들은 조심하느라 마을 외곽 가시덤불 속에 수레를 숨겼습니다. 누구의 눈에도 뜨이지 말아야 했으니까요. 어느 누구도 그들이 그곳에 있다는 것을 알지 못해야 했습니다. 울다 지친 아기는 나우볼로스의 팔에 안겨 잠이 들었습니다. 하인은 갑자기 아기가 무겁게 느껴지며 빨리 치워버리고 싶었습니다. 그가 문을 두드리자 사촌이 대답했습니다. "누구요?" 사촌의 아내가 문을 조금 열더니 그를 알아보고 안으로 맞아들였습니다. 그녀는 갈증으로 열이 난 아기를 보자 서둘러 가장 온순한 염소를 데려왔습니다. 그리고 아기가 염소의 젖을 빨 수 있게 해줬습니다. 아기는 부드러운 염소의 젖에 입술이 닿자마자 젖을 빨아 먹었습니다. 생명을 되찾는 이런 광경을 보며 테세우스는 감동에 젖었습니다. 그는 아기의 다친 발을 보지 않으려 애썼습니다. 하지만 그 여인은 아기의 발에 묶여 있던 끔찍한 끈을 풀어버리고, 배불리 먹고 누그러진 아기를 안고 흔들어 재웠습니다.

그러는 사이 사촌에게 귓속말을 마친 나우볼로스는 벌써 떠날 채비를 하고 테세우스에게 거칠게 말했습니다. "같이 갈 건가?" 테세우스는 망설였습니다. 그가 아이와 헤어지고 싶어 하지 않는다는 것을 눈치챈 부인이 그에게 제안했습니다. "우리 집에 계셔도 괜찮아요. 사촌 당신도요." 하지만 나우볼로스는 자신이 명령에 따르지 않았다는 것을 라이오스가 알까 봐 두려웠습니다. 그의 의심을 사지 않으려면 곧장 떠나는 것이 나았습니다. 테세우스는 화로 곁에 누워서 밤새 뒤척이며 잠을 자는 아기를 살폈습니다.

코린토스에 새벽이 밝았을 때 테세우스와 목동의 아내는 이미 마을 밖으로 빠져나왔습니다. 그들은 페리보이아 여왕과 시녀들이 매일 아침 빨래하러 오는 곳에서 멀지 않은 강가 제방 가까이 다가갔습니다. 그리고 커다란 갈대 뒤에 숨어서 기다렸습니다. 그들은 버드나무 바구니에 아기를 넣었습니다. 아기는 아직 잠들어 있었습니다. 일출이 강을 연보랏빛으로 물들였습니다. 얼마 지나지 않아 시녀들이 즐겁게 떠들며 왔습니다. 그들의 아름다운 모습에 테세우스의 고통스러운 마음이 누그러졌습니다. 그들은 침대보를 강물에 적셨다가 꺼내고, 둘이 한 조를 이루어 천을 비틀어 물을 짜며 노래했습니다. 그러면서 즐겁게 흙탕물을 튀기며 놀았습니다. 페리보이아는 미소 띤 얼굴로 그들을 바라보며 자신도 신선하고 맑은 물로 장난을 했습니다. 그녀는 꽃을 따러 시녀들에게서 멀리 갔습니다. 강물이 그녀의 장딴지를 간질이며 다리 사이로 흘렀습니다. 그때 목동의 아내가 바구니를 강물에 띄워 보냈습니다. 테세우스는 숨을 멈췄습니다. 살짝 흔들리던 바구니가 소용돌이에 휩쓸려 빙빙 돌다 강물을 따라 흘러갔습니다. 그러다 여왕의 발목을 건드렸습니다. 페리보이아가 놀라 소리를 지르자 시녀들이 달려왔습니다. 여왕은 이미 버드나무 바구니를 강기슭으로 끌고 나왔습니다. 그리고 감격하며 포대기에 싸인 아기를 안고 얼렀습니다. 아기가 눈을 뜨더니 옹알댔습니다. 아기 양의 울음소리 같았습니다. 페리보이아에게는 남모르는 아픔이 있었습니다. 그녀는 자신을 사랑해주는 남편 폴리비오스 왕을 사랑했습니다. 하지만 그들에겐 아이가 없었습니다. 아기가 여왕을 선택한다는 듯 그녀의 손가락을 꽉 붙잡았습니다. 강한 충격을 받은 여왕에게 새로운 감정이 밀려왔습니다. 그녀는 이제 엄마가 됐습니다.

그녀가 아기를 싸고 있던 포대기를 펼치자 학대당한 아기의 작은 발이 나타났습니다. 그녀는 아기가 가여워 한숨을 쉬며 중얼거렸습니다. "가여운 아가! 네가 누구든 환영받지 못하고 태어났구나. 넌 이제 '부은 발'이라는 의미의 오이디푸스라 불리게 될 거야. 이제 넌 내 아들이다!"

테세우스는 갈대 뒤에 숨어서, 그가 아테네에서 만난 늙은 장님이 갓난아기 시절 기적적으로 구해진 장면을 목격했다는 것을 알았습니다. 이렇게 입양된 후 그에게 무슨 일이 일어났을까요?

– 다음 편에 계속

오이디푸스의 부모

전편 요약 : 코린토스의 왕비 페리보이아는 발에 상처가 난 아기를 발견하고 입양했습니다. 그녀는 아기를 '부은 발'이라는 의미의 오이디푸스라 부르기로 했습니다.

그 후 오이디푸스가 어떻게 됐는지 빨리 알고 싶어 초조해진 테세우스는 몇 년 후로 갔습니다. 그는 아기가 여왕에게 발견됐던 강가의 갈대 뒤에 웅크리고 숨어 있었습니다. 그래서 시끄럽게 떠들며 다가오는 사람들의 소리를 들을 수 있었습니다. 소란스럽게 웃으며 강으로 물놀이를 하러 오는 젊은 사내들이었습니다. 그들은 옷을 벗자마자 물에 뛰어들어 미친개처럼 몸을 흔들었습니다. 그러더니 서로 싸우기 시작했습니다. 그들 중 한 명이 테세우스의 관심을 끌었습니다. 그는 그렇게 크진 않았지만 뼈마디가 굵고 힘이 세 보였습니다. 그의 시선에서 솔직하고 직선적인 성격을 엿볼 수 있었습니다. 그는 주로 상대를 압도했지만 그렇다고 해서 상대를 꺾기 위해 자신의 힘을 지나치게 사용하진 않았습니다. 그는 승리하자마자 상대를 죄고 있던 팔다리를 풀었습니다. 그 젊은이가 테세우스의 시선을 끈 것은 다리를 살짝 절었기 때문이었습니다. 놀다 지친 젊은이들은 강기슭에 누워 몸을 말렸습니다. 그들 중 한 명이 말했습니다. "네가 또 이겼어, 오이디푸스!" 그는 웃음으로 대답을 대신했습니다. 그 어디에도 그의 행복을 파괴할 만한 것은 아무 것도 없었습니다. 멋진 청년 오이디푸스가 행복한 어린 시절을 보낸 것이 분명했습니다. 그가 명랑하게 제안했습니다. "우리 뭐 좀 먹을까? 난 배고파 죽겠어!" 음식이 든 바구니의 포장을 풀며 한 소년이 감탄하며 말했습니다. "네 엄마 페리보이아 여왕님은 언제나 친절하셔. 신기한 것들만 있어!" 테세우스는 군침이 돌았습니다. 그들 앞에 모습을 드러내기로 결심한 그는 목동의 지팡이를 흔들며 젊은이들처럼 태평한 걸음걸이로 그들에게 다가갔습니다. 그리고 그들에게 말을 걸었습니다. "안녕하시오. 혹시 내 염소 못 봤소?" 그들은 대답 대신 그를 야유하고 조롱했습니다. 하지만 오이디푸스는 그들의 희롱을 중단시키며 대답했습니다. "아니요, 염소 같은 건 전혀 못 봤습니다. 하지만 원하신다면 저희와 함께 쉬었다 가셔도 돼요." 그렇게 해서 테세우스는 오이디푸스의 친구들과 어울렸습니다.

그들은 배불리 먹은 후 코린토스로 돌아갔습니다. 테세우스는 젊은 왕자의 친구들을 가까이에서 관찰할 수 있었습니다. 그들 중에 우울한 성격에 말수도 적고 잘 웃지도 않는 젊은이가 있었습니다. 그는 오이디푸스를 보며 계속해서 짙은 눈썹을 찡그렸습니다. 테세우스는 여러 번에 걸쳐 그의 검은 눈에서 분노를 읽을 수 있었습니다. 젊은이들은 언덕 꼭대기에 도착하자 또다시 결투를 시작했습니다. 납작한 돌을 가장 멀리 던지는 젊은이가 그날의 왕이 되는 것입니다. 모두 돌을 던졌습니다. 테세우스는 눈썹을 찌푸린 젊은이가 게임에서 이기는 것보다 오이디푸스를 꺾고 싶어 한다는 것을 알았습니다. 그는 근육을 잔뜩 긴장시키고 있는 힘을 다해 시합했습니다. 하지만 오이디푸스가 승리했습니다. 오이디푸스가 그를 위로했습니다. "사촌, 다음엔 네가 이길 거야!" 하지만 그의 사촌은 앙다문 이를 풀지 않았습니다. 그리고 자기에게만 들리는 소리로 "잡종, 잡종 주제에!"라고 중얼거렸습니다. 오이디푸스가 물었습니다. "지금 뭐라고 그랬어?" 그러자 사촌이 크게 소리쳤습니다. "잡종! 넌 잡종일 뿐이야!" 오이디푸스는 그의 욕설을 듣자 창백해졌습니다. "넌 어느 누구의 자식도 아니야! 폴리비오스 왕과 페리보이아 왕비의 아들은 분명 아니지! 넌 주워 온 아이라고. 네 자신을 잘 봐. 그들과 하나도 닮지 않았잖아." 테세우스는 그의

공격에 마음이 아팠습니다. 아버지가 누구인지 끈질기게 묻던 자신의 어린 시절이 떠올랐습니다. 충격을 받은 오이디푸스가 술 취한 사람처럼 비틀거렸습니다. 생각할 겨를도 없이 테세우스는 그의 팔을 붙잡아 부축했습니다. 그는 본능적으로 오이디푸스가 무엇을 할지 알았습니다. 얼이 빠진 젊은이들을 남겨두고 그들은 코린토스 궁을 향해 함께 걸었습니다.

그들은 쿵쿵 소리를 내며 접견실로 들어갔습니다. 폴리비오스 왕이 벌떡 일어났습니다. 아들이 그처럼 예의에 어긋나는 행동을 하는 것을 본 적이 없었으니까요. 오이디푸스가 소리쳤습니다. "아버지, 제게 진실을 말씀해주세요! 제가 아버지의 아들인가요?" 폴리비오스가 당황하며 대답했습니다. "음, 당연히 그렇지." 젊은이가 끈질기게 물었습니다. "그런데 왜 제 사촌이 절 주워 온 아이라고 하죠? 왜요?" 평소와 다른 아들의 큰 목소리를 들은 페리보이아 왕비는 불길한 예감을 느껴 접견실로 들어가다 오이디푸스의 말을 듣고 말았습니다. 그녀는 자신도 모르게 외마디 소리를 지르고 기절했습니다. 들킬까 걱정이 된 걸까요? 다시 정신을 차린 그녀는 그저 이렇게 속삭였습니다. "넌 영원히 내 아들이란다, 아들아." 감동을 받은 오이디푸스는 오래도록 어머니를 포옹하고 아버지를 껴안았습니다. 하지만 그날 이후 조금씩 의심이 들기 시작했습니다. 그의 부모는 누구일까요?

— 다음 편에 계속

오이디푸스에 관한 델포이의 신탁

전편 요약: 오이디푸스는 사촌에게서 잡종이라는 말을 들었습니다. 그 후 현재의 부모가 정말 자신의 부모일까 의심이 들었습니다.

여러 날이 흘렀습니다. 오이디푸스는 삶의 즐거움을 잃었습니다. 그는 순박한 목동으로 변장한 테세우스를 곁에 두고 동무들을 멀리했습니다. 그리고 아침부터 저녁까지 사촌이 뱉은 모욕적인 말을 곱씹었습니다. 그는 물병만 봐도 자신의 모습을 비춰 보며 부모와 닮은 곳을 찾았습니다.

어느 날 그는 사제의 신탁을 받기 위해 델포이로 가기로 마음먹었습니다. 그녀만이 그에게 해답을 줄 수 있을 것 같았습니다. 그의 부모는 그를 붙잡으려고 했지만 그의 결심은 확고했습니다. 그들은 마음이 아팠지만 그가 떠나는 것을 허락했습니다. 오이디푸스가 목동에게 같이 가자고 요청했기 때문에 그들은 함께 델포이를 향해 길을 떠났습니다.

테세우스는 길을 가며 코니다스와 함께 아폴론 신전으로 갔던 자신의 첫 번째 여행에 대해 생각했습니다. 당시 그는 열여섯 살이었고, 자신의 머리카락을 제물로 바쳤습니다. 그는 '벌써 오래전 일 같네.'라고 생각했습니다. 그는 코니다스가 이야기해준, 헤라클레스가 델포이의 피티아를 방문했을 때 있었던 일을 자세히 기억했습니다. 헤라클레스를 에우리스테우스의 명령에 따르게 만든 사람이 바로 그 사제였습니다. 오이디푸스에게는 어떤 일이 일어날까요?

그들은 아침 일찍 델포이에 도착했습니다. 언제나처럼 사제의 말을 듣기 위해 많은 사람이 모여 있었습니다. 그들은 기다랗게 줄을 서서 기다리는 행렬에 끼어 차례를 기다렸습니다.

시간이 많이 흘렀습니다. 사제는 줄을 선 순서대로 방문객의 질문에 대답했습니다. 신의 대답을 얻는 데 오랜 시간이 걸리기도 했습니다. 피곤이 몰려왔습니다. 기온이 오를수록 더욱 긴장됐습니다. 황홀경에 빠져 아폴론 신전을 떠나는 사람들도 있었고, 눈물을 흘리며 돌아가는 사람들도 있었습니다. 오래지 않아 오이디푸스와 테세우스가 사제의 행동을 관찰할 수 있을 만큼 줄이 짧아졌습니다. 오이디푸스는 무언가에 홀린 듯 그녀에게서 눈을 떼지 못했습니다. 사제의 몸에서는 땀이 흘렀고, 긴 머리카락은 이마에 붙었습니다.

그녀의 몸짓은 혼란스러웠고, 환각에 사로잡힌 그녀의 눈은 사람들을 두렵게 만들었습니다. 오이디푸스는 초조해서 참을 수 없었습니다. 테세우스도 자신이 극도로 흥분했다는 것을 느낄 수 있었습니다. 성대한 의식이 불편했습니다. 또한 오이디푸스가 자신에게 내려질 신탁을 알게 되는 것이 두려웠습니다. 마침내 오이디푸스가 사제가 있는 제단으로 다가갔습니다. 그가 무릎을 꿇고 말했습니다. "오! 위대하신 아폴론의 사제님, 저는 당신께 저의 출생의 비밀과 미래를 겸허히 물으러 왔습니다. 저의 진짜 부모님은 누구인가요?"
사제는 상상조차 할 수 없는 말을 했습니다. 그녀는 신들의 신탁을 받지도 않고, 자신이 씹고 뱉은 풀이 든 제기를 엎으며 소리쳤습니다. "저리 가, 파렴치한 같으니라고! 이 신성한 제단에서 떨어져! 네가 있는 것만으로도 제단이 더러워진다! 넌 저주받아. 넌 네 아버지를 죽일 것이고 네 어머니와 결혼할 것이다!" 그녀는 오이디푸스를 쫓기 위해 양팔을 사방으로 휘둘렀습니다. 그녀의 고함에 숨이 막힌 젊은이는 움직이지도 못했습니다. 그들을 둘러싼 군중이 위협적으로 술렁거렸습니다. 사제는 극도로 흥분했습니다. 분노에 찬 그녀의 외침을 막아야 했습니다. 사제가 말한 신의 계시를 듣고 분노한 군중이 소리를 지르며 그를 쫓자 테세우스는 친구를 밖으로 끌고 나왔습니다.
이처럼 끔찍한 예언을 들은 오이디푸스의 고통은 말로 표현할 수 없었습니다. 그는 충격을 받았습니다. 테세우스는 그를 이끌고 서둘러 델포이를 떠났습니다. 몇 시간을 조용히 걸은 후 오이디푸스와 테세우스는 코린토스로 향하는 두 갈래 길에 도착했습니다. 태양이 서서히 지고 있었습니다. 오른쪽은 코린토스로 가는 길이었고, 왼쪽은 테바이로 가는 길이었습니다. 겨우 다시 말을 할 수 있게 된 오이디푸스가 말했습니다. "결정했어. 다시는 코린토스에 발도 들이지 않겠어. 그럼 아버지를 죽일 위험도, 어머니와 결혼할 위험도 없을 거야." 테세우스는 젊은이의 어깨를 다정하게 안았습니다. 그는 젊은이가 멋진 태도를 취했고 현명한 결정을 했다고 생각했습니다. 하지만 이런 결정으로 불운을 피할 수 있을까요? 어린 시절을 보낸 도시에 등을 돌리는 선택을 한 오이디푸스는 자신도 모르는 사이 자신이 태어난 도시로 가고 있었습니다. 테세우스는 테이레시아스가 조심하라고 했던 말이 생각났습니다. 그는 오이디푸스에게 그 사실을 말할 수 없었습니다. 그래서 오이디푸스가 테바이로 향하도록 내버려 둘 수밖에 없었습니다.

얼마 후 길이 매우 좁아졌습니다. 그 순간 델포이로 가는 마차 여러 대가 전속력으로 달려왔습니다. 오이디푸스와 테세우스 때문에 그 좁은 길을 지나갈 수 없었던 첫 번째 마차가 멈춰 섰습니다. 마차에 앉아 있던 사람은 값비싼 옷을 입고 있는 것으로 봐서 귀족임이 분명했습니다. 그가 거만한 말투로 소리쳤습니다. "저리 가! 너희 같은 백성들 때문에 허비할 시간은 없어! 길을 비켜!" 상대가 아테네에서 가장 부자인 귀족이라 하더라도 자신에게 그토록 경멸적인 말투로 얘기하는 그를 피하고 싶지 않았던 오이디푸스가 대답했습니다. "신들과 사랑하는 나의 부모님만이 내게 명령할 수 있어!" 그러자 화가 난 그 남자가 소리쳤습니다. "두고 보자!" 그리고 그는 자신의 말들을 앞으로 몰았습니다. 테세우스는 지는 해가 정면에 있어 상대의 얼굴을 구분할 수 없었습니다. 그는 마차를 피해 겨우 바위 뒤로 숨었습니다. 반면 오이디푸스는 움직이지 않았습니다. 마차와 부딪혔을 때 무슨 일이 벌어졌을까요?

– 다음 편에 계속

제62화
자신도 모르게 신탁의 일부를 이행한 오이디푸스

전편 요약: 오이디푸스는 신탁을 받으러 델포이에 갔습니다. 그곳에서 그는 자신이 아버지를 죽이고 어머니와 혼인하게 된다는 것을 알게 됐습니다. 그래서 다시는 부모 곁으로 돌아가지 않겠다고 결심했습니다. 길을 가던 중 좁은 길에서 마차를 바삐 몰던 거만한 사내와 만났습니다.

전속력으로 마차를 몰던 사내는 속도를 더 높이기 위해 말을 채찍질했습니다. 오이디푸스는 옆으로 비켜섰지만 마차 바퀴에 발이 깔렸습니다. 화를 잘 내지 않는 오이디푸스였지만 통증이 어린 시절 겪었던 상처를 갑자기 헤집어놓았습니다. 그가 마차로 뛰어들자 말들이 놀라 울부짖으며 뒷발로 섰습니다. 그 바람에 마차를 몰던 사내가 중심을 잃고 마차 밖으로 떨어졌습니다. 고삐를 놓지 않은 주인의 몸을 끌고 자갈투성이의 길을 말들이 미친 듯이 달려갔습니다. 순식간에 벌어진 일이라 어느 누구도 그를 쫓아가서 도와줄 수 없었습니다. 그는 몸이 여기저기 찢겼습니다. 오이디푸스가 마차로 뛰어올라 길 아래쪽으로 몰았습니다. "죽었어! 죽었어!"라는 외침을 들으며 테세우스는 오이디푸스에게 사건 현장을 빨리 떠나자는 신호를 보냈습니다. 그렇게 두 사람은 다시 길을 떠났습니다. 부상을 당했음에도 오이디푸스가 빨리 걸은 덕에 그들은 추격자들을 쉽게 따돌릴 수 있었습니다. 테세우스와 오이디푸스는 자갈밭과 올리브 나무 사이로 몇 시간을 걸은 후에야 피시온산에 도착했습니다. 이 산은 테바이 도시 앞에 있었기 때문에 누구든 테바이에 가려면 이곳을 지나야 했습니다. 산꼭대기에 다가갈수록 분위기가 무거웠습니다. 악취가 나기 시작했습니다. 더 이상 나무도 꽃도 없었습니다. 그저 태양에 탄 몇몇 풀들과 말라 갈라진 점토질 흙이 전부였습니다. 오이디푸스와 테세우스의 발걸음이 느려졌습니다. 위험이 다가오고 있음을 감지한 그들은 귀를 쫑긋 세우고 조용한 주변을 관찰했습니다.

구부러진 길을 돌자 길가에 뼈들이 널려 있었습니다. 테세우스가 속삭였습니다. "의심의 여지 없이 이건 사람의 뼈군…." 오이디푸스가 무덤도 없이 길바닥에 나뒹구는 뼈를 보며 가엾이 여기고 있는데, 괴물 같은 존재가 그들 앞에 불쑥 나타나며 날카로운 목소리로 그에게 말했습니다. "젊은이, 내 음식 찌꺼기에 관심이 있나?" 괴물은 땋은 머리를 한 얼굴과 가슴은 여인의 모습이었지만 다갈색 털이 난 사자의 몸에 기다란 뱀 꼬리가 달려 있고, 독수리처럼 커다란 두 날개를 가지고 있었습니다. 오이디푸스와 테세우스는 두려움에 떨었습니다. 하지만 용기를 끌어모아 달아나지 않으려고 애썼습니다. 오이디푸스가 마음을 가다듬고 물었습니다. "당신은 누구시죠?" 비웃음이 돌아왔습니다. "넌 이 지역에서 유일하게 나에 대한 이야기를 못 들은 이방인이 분명하구나! 난 스핑크스다. 나의 아버지는 무시무시한 티폰이고, 어머니 역시 무시무시한 에키드나다." 티폰과 에키드나라니! 그들은 괴물들 중에서도 가장 많이 알려진 괴물이었습니다! 그들은 헤라클레스가 무찌른 레르나의 히드라와 끔찍한 키메라 외에도 사악한 괴물들을 낳았습니다.

스핑크스는 사자의 커다란 앞발로 앞에 있는 두개골을 아무렇게나 굴려 보냈습니다. 두개골이 비탈을 굴러 바위에 부딪혀 깨졌습니다. 그는 뱀의 목소리로 다시 말했습니다. "내가 이 길을 지나가는 모든 여행객을 잡아먹었다는 걸 알고 있나?" 오이디푸스는 그의 눈을 똑바로 바라보며 분명히 말했습니다. "난 네 점심이 될 생각이 전혀 없어." 스핑크스가 비웃으며 말했습니다. "내 위에서 인생을 마감하지 않을 방법이 한 가지 있지. 내 앞을 지나가는 사람들은 시험을 봐야 해. 문제는 무사이가 가르쳐준 것이다. 답을 찾아내는 사람은 살고, 그러지 못하면 내게 먹힌다. 젊은이, 아직 내 문제에 답을 찾은 사람이 아무도 없다는 것은 말할 필요도 없겠지." 스핑크스가 크게 웃었습니다. 그의 열린 입에서 나오는 입김 때문에 몇 킬로미터 밖까지 악취가 진동했습니다.

오이디푸스는 동요하지 않으려고 노력했습니다. "그래? 그럼 어디 질문해봐! 준비됐어."

스핑크스가 날개를 약간 펼치며 오이디푸스에게 다가갔습니다. 그는 오이디푸스를 잡아먹고 싶다는 듯 뚫어지게 쳐다봤습니다. 그에게서 나는 썩은 내가 고약했습니다. 오이디푸스는 혐오감을 참았습니다. 테세우스는 신중하게 바위 뒤에 숨어 그 광경을 지켜봤습니다.

스핑크스가 문제를 내며 약속했습니다. "이 세상의 존재 중 때로는 네 발로 걷고 때로는 세 발로 걷고 때로는 두 발로 걷는 유일한 존재이며, 네 발로 걸을 때 가장 약한 존재의 이름을 대면 널 살려줄게." 이 수수께끼의 답을 찾은 사람은 지금껏 단 한 명도 없었습니다. 오이디푸스는 이 위기에서 어떻게 빠져나올 수 있을까요?

– 다음 편에 계속

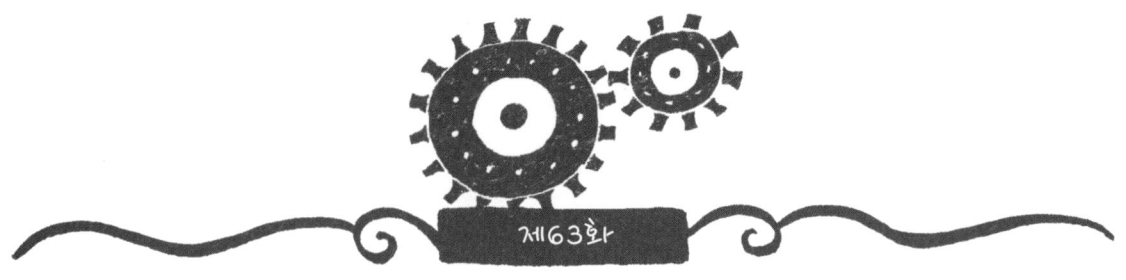

스핑크스에게 승리한 오이디푸스

전편 요약 : 오이디푸스는 델포이에서 돌아오는 길에 거만한 여행자를 죽게 했습니다. 그리고 테바이에 도착하기 직전 스핑크스를 만났습니다. 스핑크스가 낸 수수께끼의 해답을 찾지 못하면 잡아먹힐 위기에 놓였습니다.

오이디푸스는 수수께끼를 풀 시간을 달라고 했습니다. 스핑크스는 바닥에 웅크리고 앉아 차분히 자신의 먹이를 기다렸습니다. 오이디푸스는 바위에 앉아 자신의 절뚝거리는 발을 뚫어지게 바라보았습니다. 그리고 자신의 다리 사이에 그가 걸을 때 의지하는 지팡이를 놓았습니다. 정답을 찾아낸 그가 갑자기 벌떡 일어나며 소리쳤습니다. "알았어! 그건 인간이야! 아기 때는 네 발로 걷는데, 그때가 가장 약할 때야. 성인이 되면 두 발로 걷고, 늙으면 지팡이의 도움을 받으니 발이 세 개인 거지." 스핑크스는 분하다는 듯 거칠게 한숨을 내쉬며 소리 질렀습니다. 바위 뒤에 숨은 테세우스는 친구의 지혜에 감탄했습니다. '그가 절름발이인 게 정답을 찾는 데 도움이 됐을 거야!'라고 추측했습니다.

스핑크스는 화를 냈습니다. 오이디푸스가 자리에서 일어나서 여전히 스핑크스를 똑바로 쳐다보며 말했습니다. "이제 약속을 지켜. 우리에게 길을 열어줘." 하지만 스핑크스는 패배를 인정하지 않았습니다. "기다려, 기다리라고. 넌 수수께끼를 하나 더 맞혀야 해. 이건 너무 쉬웠어." 오이디푸스는 한숨을 쉬며 지팡이를 내려놓고 말했습니다. "문제를 내봐." 스핑크스가 씩씩거리며 물었습니다. "그들은 남매야. 첫째가 둘째를 태어나게 했고, 둘째가 첫째를 태어나게 했어. 그들은 누구일까?" 오이디푸스는 이번에도 생각할 시간을 달라고 했습니다. 어둑어둑 날이 지고 있었습니다. 그는 지평선을 바라보며 생각했습니다. 피시온 산꼭대기에서 바라보니 드넓은 평야가 펼쳐져 있었습니다. 그곳에서는 테바이 성벽의 형태를 유추할 수 있었습니다. 오이디푸스는 생각했습니다. '테바이가 저렇게 가까이 있는데 난 절대 못 가겠어.' 지는 해가 일곱 개의 성문을 붉게 물들였습니다. 오이디푸스는 혼잣말을 했습니다. "이 계절엔 밤이 일찍 오네." 그러다 갑자기 벌떡 일어났습니다. 그리고 외쳤습니다. "찾았어! 그건 낮과 밤이야! 낮은 밤을 낳고, 밤은 낮을 낳지." 스핑크스가 내지르는 분노의 외침이 온 마을에 울려 퍼졌습니다. 영리한 오이디푸스가 해답을 찾았던 것입니다!

무시무시한 괴물은 화가 나고 수치스러워 목이 멨습니다. 전혀 예상치 못한 일이었습니다. 괴물은 낭떠러지로 가더니 홧김에 허공으로 뛰어내렸습니다! 그렇게 언덕 아래로 떨어져 갈가리 찢겼습니다. 테세우스는 숨어 있던 곳에서 나와 오이디푸스의 품에 안겼습니다. 오랫동안 테바이 지역을 괴롭히며 피로 물들인 괴물을 오이디푸스가 지금 막 없앤 것이었습니다.

오이디푸스가 자신이 태어난 도시로 가는 것을 가로막는 것은 이제 아무것도 없었습니다. 하지만 라이오스 왕의 궁전에서 자신을 알아볼 것을 꺼린 테세우스는 오이디푸스 혼자 일곱 개의 성문을 통과해 도시로 들어가게 하고 그와 헤어지기로 결심하며 말했습니다. "오이디푸스, 난 이제 코린토스로 돌아가야 해요." 오이디푸스는 그를 두 팔로 꼭 안았습니다. "날 도와줘서 고마워. 이젠 내 운명과 홀연히 맞설 수 있어. 내 대신 사랑하는 부모님을 안아드려 줘. 난 잘 있다고 전해줘. 하지만 내가 왜 그들을 떠났는지는 말하지 마. 사제가 전한 신탁은 비밀로 해줘, 부탁이야. 아무도 그걸 알아선 안 돼." 테세우스는 약속했습니다. 그는 멀어지는 오이디푸스를 가슴 졸이며 바라봤습니다. 오이디푸스는 자신의 도착에 맞춰 테바이에서 어떤 축제가 준비되고 있는지 전혀 알지 못했습니다. 그는 그들을 고통에서 해방시켜준 사람으로서 환영받았습니다. 그가 스핑크스를 이겼다는 사실을 모든 사람이 알

고 있었습니다. 주민들은 그에게 갈채를 보내며 영웅으로 대접했습니다. 사람들은 그를 어깨에 태우고 라이오스 왕의 궁전까지 갔습니다. 라이오스 왕은 얼마 전에 죽었습니다. 하지만 그는 테바이 사람들의 사랑을 받지 못했고, 이상하게도 그가 죽게 된 상황에 대해 신경 쓰는 사람은 아무도 없었습니다. 이오카스테 왕비의 형제인 크레온이 그의 왕위를 이어받았습니다. 오이디푸스가 궁전에 도착하자 이오카스테는 그를 극진히 대접했습니다. 그는 도시를 구한 사람이니까요. 그는 궁전에 머물며 사람들의 극진한 사랑을 받았습니다.

사실 테세우스는 오이디푸스를 떠나고 싶지 않았습니다. 그는 여전히 오이디푸스가 맹인 거지가 된 사연을 몰랐습니다. 그는 무척 궁금했습니다. 그 후 오이디푸스에게 무슨 일이 일어났는지 알고 싶어 죽을 지경이었습니다. 그래서 몇 년 뒤로 가보기로 결심했습니다. 테세우스가 도착한 곳은 그에게 익숙한 테이레시아스의 동굴이었습니다. 노인은 전혀 변하지 않았습니다. 그가 뜨끈뜨끈한 수프를 만들고 있는데 집 앞에 누군가 나타났습니다. 베일로 얼굴을 가린 여인이 들어왔습니다. 그녀는 노인의 손에 입을 맞추고 초조하게 말했습니다. "선생님, 저와 함께 가주세요. 아가씨가 죽어가요. 당신이 필요해요!" 테이레시아스는 한 마디 말도 없이 지팡이를 들고 그녀를 따라 집을 나섰습니다. 테세우스는 뭔지 모르지만 걱정이 돼 그들의 뒤를 따랐습니다. 이 여인이 말한 아가씨는 누구일까요?

– 다음 편에 계속

테바이에 창궐한 페스트

전편 요약 : 오이디푸스는 스핑크스를 이겼습니다. 테바이 사람들은 그를 개선장군으로 환영했습니다. 몇 년 후로 이동한 테세우스는 누군지 모를 여인을 구하러 가는 테이레시아스를 따라갔습니다.

얼굴도 보이지 않는 그림자들뿐이었습니다. 집들의 문과 창문은 모두 닫혀 있었습니다. 테세우스는 그날 아침 떠났던 테바이를 알아보기 힘들었습니다. 찬란한 빛이 비추던 도시는 그림자들 외에는 아무도 살지 않는 것 같았습니다. 남몰래 나오는 탄식 소리만 간간이 들릴 뿐 모든 거리가 조용했습니다. 테이레시아스는 동굴을 나서며 두 눈만 내놓고 스카프로 조심스럽게 얼굴을 가리고 두건을 썼습니다. 여인은 베일로 얼굴을 가렸습니다. 두 사람 모두 유령 같았습니다. 그들은 누구에게 들키지 않으려고 하는 걸까요?

골목 모퉁이에 작은 마차가 나타

났습니다. 테이레시아스는 마차가 지나갈 수 있도록 벽에 바짝 붙었습니다. 느린 당나귀가 끄는 마차였습니다. 짐은 기분 나쁜 회색빛 덮개로 덮여 있었습니다. 고삐를 쥔 사내는 공허한 시선을 피했습니다. 마차가 테세우스 가까이 지나갈 때 덮개 사이로 사람의 팔이 삐져나온 게 보였습니다. 모양으로 봐서 덮개 아래에 시체가 쌓여 있다는 것을 알 수 있었습니다. 테이레시아스에게 물어볼 수조차 없었습니다. 예언자는 성큼성큼 앞으로 걸어갔습니다. 얼마 가지 않아 작은 오두막 앞에 멈추더니 노크도 하지 않고 문을 밀고 들어갔습니다. 테세우스도 몰래 그를 쫓아 들어갔습니다.

테세우스는 갑자기 어두운 장소에 적응하는 데 어느 정도 시간이 필요했습니다. 방구석에 누군가 누워 있다는 것을 짐작할 수 있었습니다. 그림자가 그에게 몸을 숙였습니다. 예언자가 다가가자 한 여인이 벌떡 일어났습니다. 그녀는 아주 젊었지만 안색이 극도로 창백했습니다. 여인의 얼굴을 보니 안티고네였습니다. 그러니까 여인이 이야기했던 아가씨가 그녀였던 것입니다! 안티고네가 말했습니다. "테이레시아스 님, 저의 부름에 이토록 급히 와주셔서 감사합니다. 테바이 사람들이 차례차례 모두 죽어가고 있어요. 이 끔찍한 병을 어떻게 치료해야 할지 모르겠어요. 이번에는 사랑하는 유모가 병에 걸리고 말았어요." 테이레시아스는 누워 있는 여인을 살펴봤습니다. 쌕쌕거리는 환자의 호흡이 급격하고 불규칙했습니다. 그는 환자의 야윈 얼굴을 손으로 쓸다 움푹 팬 뺨에서 멈췄습니다. 안티고네는 숨을 참았습니다. 테세우스는 노인에게서 눈을 떼지 않았습니다.

테이레시아스가 천천히 일어나며 말했습니다. "내 손으로 그녀를 치료할 수 있을지 모르겠군. 나도 이런 재앙 앞에선 어떻게 해야 할지 모른단다. 페스트를 치료할 수 있는 사람은 아무도 없으니까." 그것은 페스트였습니다! 테세우스는 전율을 느꼈습니다. 테바이는 가장 끔찍한 질병에 시달리고 있었습니다. 그래서 그토록 죽은 도시 같았던 것입니다. 골목에서 마주쳤던 마차는 시체를 실어 나르는 마차였던 것입니다. 테이레시아스가 다정하게 안티고네의 어깨를 감쌌습니다. "아가야, 너도 가서 쉬어야 해. 벌써 며칠 밤낮을 도시 구석구석의 병자들을 돌봤다며." 소녀는 늙은 맹인의 품에 안겼습니다. 그녀의 뺨을 타고 눈물이 흘렀습니다. 테세우스는 감동했습니다. 테이레시아스가 말했습니다. "이리 오렴. 내가 궁전까지 데려다주마." 안티고네는 악몽에서 깨어난 것 같았습니다. 그녀는 애절하게 유모를 봤습니다. 병세가 누그러졌는지 환자의 호흡이 조금 편해졌습니다. 궁전의 하녀인 듯한 다른 여인들이 안티고네와 교대하기 위해 들어왔습니다. 아가씨는 테이레시아스의 팔에 매달리며 한숨을 쉬더니 대답했습니다. "저도 그러고 싶어요. 아버지 오이디푸스가 신탁을 받기 위해 삼촌 크레온을 델포이로 보냈어요. 아버진 어떻게 해야 페스트로부터 우리 도시를 구할 수 있을지 알고 싶으신 거예요. 저도 그 대답을 빨리 듣고 싶어요." 그러니까 그사이 오이디푸스가 테바이의 왕이 됐던 것이죠.

테이레시아스와 안티고네는 궁전으로 가는 골목길로 들었습니다. 테세우스는 그들의 그림자를 쫓았습니다. 밤이 되자 도시는 안개에 젖었습니다. 그들이 궁전 안으로 들어가자 마차 소리가 났습니다. 사제의 신탁을 가져온 크레온이 탄 마차였습니다.

오이디푸스는 그에게 숨 돌릴 겨를조차 주지 않았습니다. "어서 말해보시오! 우리에게 무슨 일이 일어난다고 합니까? 신들이 왜 우리에게 이런 과업을 주는 거랍니까? 어떻게 해야 끝낼 수 있답니까?" 궁전에 있던 모든 사람들이 달려왔습니다. 크레온은 사람들의 주목을 받는 게 기분 좋았습니다. 그가 대답했습니다. "사제가 분명하게 말했습니다. 라이오스 왕을 살해한 자가 벌을 받지 않아 테바이가 대신 벌을 받는 거랍니다." 사람들이 깜짝 놀라 수군거렸습니다. 오래전 라이오스 왕 역시 사제에게 신탁을 받으러 델포이로 떠났습니다. 당시 그는 스핑크스를 없앨 방법을 물으려고 했었습니다. 하지만 길을 가던 중 불행한 일이 벌어졌습니다. 원인을 알 수 없지만 그의 시체가 찢긴 채 테바이 근처에서 발견된 것입니다. 이 말을 듣자마자 오이디푸스가 선언했습니다. "내가 살인자를 찾겠습니다. 그자는 영원히 유배되어 떠돌게 될 것입니다!"

— 다음 편에 계속

제65화

라이오스 왕을 살해한 자

전편 요약 : 테세우스는 테바이가 페스트로 큰 피해를 입었다는 사실을 알게 됐습니다. 그는 자신은 돌보지 않고 환자들을 돌보는 안티고네를 봤습니다. 오이디푸스는 테바이를 구하려면 라이오스 왕을 살해한 자를 체포해야 한다는 것을 알게 됐습니다.

처벌받지 않은 누군가의 범죄 때문에 테바이가 신들의 노여움을 샀던 것입니다. 오이디푸스는 부담을 던 것 같았습니다. 이 끔찍한 불행에는 합당한 이유가 있었습니다. 그러니까 자신의 백성을 구하기 위해 그가 무언가 할 수 있을 것 같았습니다. 그 순간 왕비가 나타났습니다. 오이디푸스가 그녀에게 말했습니다. "사랑하는 부인, 페스트가 그토록 혹독하게 우리를 괴롭히는 이유를 마침내 알게 됐소. 당신의 전남편인 라이오스 왕 살해 사건의 목격자들을 찾아야겠소. 그래야 우리가 구원받을 수 있을 것 같소." 테세우스는 이 말을 들으며 전율했습니다. 라이오스가 그녀의 남편이라고요? 그건 말도 안 되는 일이었습니다. 아니, 그럴 순 없었습니다. 그녀가 라이오스 왕의 아내여서는 안 되는 것이었습니다! 왕비의 얼굴을 보자 더 이상 의심할 여지가 없었습니다. 그녀는 라이오스 왕의 아내 이오카스테였습니다! 오이디푸스가 스핑크스에게 승리한 후 테바이 시민들은 그에게 왕좌만 넘겨준 것이 아니라 이오카스테 왕비와 결혼까지 시켰던 것입니다!

테세우스는 머리부터 발끝까지 온몸이 떨렸습니다. 결국 오이디푸스는 자신의 어머니와 결혼했던 것입니다. 물론 그는 이 사실을 모르고 있을 것입니다!

테세우스는 잘생긴 오이디푸스의 얼굴과 맑고 푸른 눈을 관찰했습니다. 이 남자 어디에도 부정한 곳이라곤 찾아볼 수 없었습니다. 그렇지만…. 오이디푸스는 그곳에 예언자가 있다는 것을 알아차렸습니다. 그가 진심으로 말했습니다. "나의 벗, 테이레시아스! 마침 잘 왔소. 그렇지 않아도 그대를 모셔 오라고 사람을 보내려고 했소. 그대가 고집스러운 안티고네를 데리고 왔나 보오. 고맙소. 나도 그애에게 계속 쉬라고 얘기는 하고 있소만, 워낙 고집이 세서 말이오!" 다정한 아버지인 그가 그녀의 머리를 쓰다듬었습니다. 테세우스는 '그녀도 당신처럼 고집스럽지. 당신과 많이 닮았어.'라고 생각했습니다. 예언자는 오이디푸스에게 허리를 숙여 인사하며 속삭였습니다. "뭐든 도와드리겠습니다." 오이디푸스는 궁전의 가장 큰 방으로 테이레시아스를 들였습니다. 그리고 마실 것과 먹을 것을 대접했습니

다. 빨리 예언자의 의견을 듣고 싶었던 그는 예언자가 식사를 하는 동안 질문했습니다. "그대는 과거와 미래를 잘 알고 있잖소. 라이오스 왕의 살해자를 찾는 데 그대가 도와줬으면 하오." 테세우스는 두건을 써 얼굴을 가리고 고개를 숙이고 있었지만 그들의 대화는 한 마디도 놓치지 않았습니다. 예언자가 천천히 고개를 끄덕였습니다. "찾는 자가 항상 원하는 걸 찾는 건 아니죠. 찾았다고 생각한 것이 잘못된 것일 수도 있습니다. 테바이의 왕이시여, 당신이 내게 요구하는 건 매우 어려운 일입니다." 평소와 달리 테이레시아스는 애매하게 말했습니다. 오이디푸스는 이 이상한 답변에 놀라며 다시 물었습니다. "하지만 예언자, 당신도 나와 함께 들었지 않소! 테바이 사람들의 목숨이 달렸단 말이오! 난 라이오스 왕을 죽인 자를 벌해야만 하오. 제발 그대가 알고 있다면 내게 그자의 이름을 알려주시오!" 오이디푸스가 격앙하여 말했습니다.

테세우스는 그들을 관찰했습니다. 한 명은 반듯한 용모에 텁수룩하게 수염이 났고, 다른 한 명은 주름진 얼굴에 기다랗게 흰 수염이 났습니다. 테이레시아스가 살해자의 이름을 밝히지 않는 것은 오이디푸스에게 너무 치명적인 일이기 때문이라는 것을 테세우스는 잘 알고 있었습니다. 그는 다시 불안해졌습니다. 테이레시아스가 말했습니다. "델포이로 가는 길에 라이오스에게 정말 무슨 일이 일어났는지 누가 알 수 있겠습니까? 과거를 알고자 하는 게 잘못된 일일 경우도 있습니다." 오이디푸스가 화를 냈습니다. "그대는 누군가를 보호하려고 하는구려. 그자는 자신이 저지른 범죄에 대한 벌을 받아야 하오. 왜 그자의 이름을 밝히려 하지 않는 거요?" 노인은 동요하지 않았습니다. "밝히는 게 꼭 좋을까요? 이웃을 경계해야만 하는 국가는 얼마나 이상한 국가이겠습니까? 사형을 집행하기 위해 특정한 사람을 지목하라고요? 당신이 내게 요구하는 게 바로 그런 것입니다, 오이디푸스!"

오이디푸스는 분노가 끓기 시작했습니다. 하지만 그를 너무 존경했기에 함부로 대할 수는 없었습니다. 그는 예언자를 설득해보려고 했습니다. "예언자, 그대의 고귀한 생각은 존경하오. 하지만 내가 그대에게 밀고하라고 부추기는 건 아니잖소. 단지 한 사람의 목숨을 희생해서 수백 명의 목숨을 살릴 수 있다면…." 테이레시아스는 곧바로 대답하지 않았습니다. 그들은 생각할 시간을 가졌습니다. 오이디푸스가 그를 설득했을까요? 마침내 예언자가 입을 열었습니다. "내가 그의 이름을 밝히는 것이 부당한 일이 아닌지 두렵습니다. 내가 아는 것이 불변의 진리라고 할 순 없습니다. 틀릴 수도 있어요." 오이디푸스는 화가 나서 들고 있던 포도주 잔을 바닥에 던지며 고함쳤습니다. "그대가 라이오스를 죽이기 위해 모의라도 했단 말인가?" 침착함을 잃은 오이디푸스를 걱정스럽게 바라보던 이오카스테 왕비가 나섰습니다. "진정해요, 오이디푸스, 진정해! 테이레시아스의 말처럼 그가 틀릴 수도 있어요." 그러더니 테이레시아스를 향해 돌아서며 말했습니다. "하지만 신들이 살인자의 처벌을 원한다잖아요. 라이오스의 죽음은 사고가 아니었어요. 불한당 같은 놈이 델포이로 가는 길의 교차로에서 그를 마차에서 떨어뜨리고, 말들이 땅에 끌리는 그를 달고 내달리도록 했단 말이에요. 그자는 영원히 추방되어야만 합니다." 테세우스는 이 말로 우려하던 일이 사실이었음을 확인할 수 있었습니다. 그는 걱정스러운 눈빛으로 오이디푸스를 바라보았습니다. 오이디푸스는 창백해졌습니다. 이제 그는 라이오스 왕을 살해한 자가 누구인지 짐작할 수 있었습니다.

- 다음 편에 계속

라이오스의 늙은 하인

> **전편 요약 :** 오이디푸스는 테이레시아스가 라이오스 왕을 살해한 자의 이름을 밝히게 하려고 노력했습니다. 예언자는 발설하지 않았습니다. 하지만 오이디푸스는 그가 누군지 짐작했습니다.

테바이의 분위기는 시간이 지날수록 점점 더 숨이 막혔습니다. 오이디푸스는 신선한 공기를 들이마시기 위해 잠시 대회의장을 나왔습니다. 도시를 뒤덮은 안개가 궁전의 뜰 안으로 스며들었습니다. 모든 게 혼란스러웠습니다. 익숙한 물체들의 윤곽도 알아보기 힘들었습니다. 오이디푸스는 퍼즐 조각처럼 라이오스의 죽음을 재구성했습니다. 모든 게 일치했습니다. 장소는 델포이로 가는 교차로였고, 시기는 그가 테바이를 괴롭히던 스핑크스를 없애기 직전이었습니다. 마지막으로 한 남자가 마차의 균형을 잃게 하여 말들이 그를 끌고 간 상황도 맞아떨어졌습니다. 일부러 그런 것은 아니었지만 라이오스 왕을 죽게 한 것은 의심의 여지 없이 바로 자신, 오이디푸스였습니다! 오이디푸스는 고통으로 가슴이 조였습니다. 그는 살인자가 바로 자신이라는 것을 밝히고 스스로 영원히 추방되는 것이 자신의 의무라는 것을 잘 알고 있었습니다. 그 대가로 테바이는 페스트에서 구해질 것입니다. 그는 두 아들 에테오클레스와 폴리네이케스, 그리고 두 딸 이스메네와 안티고네를 생각했습니다. 아버지가 살인자라는 것을 알면 그들의 반응은 어떨까요?

크레온이 갑자기 궁전의 안뜰에 나타났습니다. "오이디푸스, 좋은 소식입니다! 방금 라이오스와 함께 델포이로 갔던 하인을 만났습니다. 테바이에서 멀지 않은 마을로 피신했었답니다." 크레온은 오이디푸스의 어깨를 잡고 실내로 인도했습니다. 궁전의 대회의장은 사람들의 웅성거림으로 소란스러웠습니다. 안티고네와 테이레시아스만이 침묵하고 있었습니다. 나란히 앉은 그들은 참을성 있게 사건이 밝혀지기를 기다렸습니다. 늙은 하인이 들어왔습니다. 그는 두려움에 떨며 오이디푸스에게 인사했습니다. 세월 탓에 굽은 등과 주름진 손을 사시나무 떨듯 떨며 머리를 병적으로 흔들었습니다. 안티고네는 노인에게 연민을 느꼈습니다. 그녀가 화난 음성으로 말했습니다. "그를 좀 가만히 두세요. 발을 씻기고 아픈 손을 주물러줘야겠어요. 이렇게 긴장된 분위기에서 그가 뭘 할 수 있겠어요? 크레온 삼촌은 인정이 없어요."

소녀는 노인을 위로하려고 일어났지만 크레온이 거친 동작으로 그녀를 말렸습니다.

자신이 라이오스 살해의 증인을 찾아낸 것이 자랑스러웠던 그는 이 영광의 순간이 망쳐지는 것을 두고 볼 수 없었습니다. 그는 노인에게 강압적으로 질문하기 시작했습니다. 노인이 힘겹게 몇 마디 대답했지만 이해할 수 없었습니다. 크레온이 그에게 질문을 하면 할수록 노인은 알아듣지 못할 말을 중얼거렸습니다. 크레온이 물었습니다. "라이오스가 살해당할 때 넌 분명 그의 곁에 있었지, 그렇지?" 노인이 작은 목소리로 분명히 대답했습니다. "네, 네, 그런 것 같습니다." 크레온이 소리쳤습니다. "그러니까 넌 범인을 알아볼 수 있지, 그렇지 않나?" 그는 대답하지 않고 흐느껴 울었습니다. 화가 난 크레온이 그를 거칠게 다뤘습니다. "대답해! 대답하란 말이다!" 그를 도와줘야겠다고 생각한 오이디푸스가 말했습니다. "이자가 우리에게 밝혀야 할 진실이 그대의 강압보다 더 그를 공포에 떨게 하는 것 같군." 오이디푸스는 자신이 라이오스의 살인자라는 것을 노인이 알아봤을 거라고 짐작했습니다. 그래서 '그는 내가 살인자라고 밝히지 못해. 그러니까 그를 대신해서 내가 해야 해.'라고 생각했습니다. 하지만 크레온은 오이디푸스가 개입한 것이 신경에 거슬려 더 흥분했습니다. "이봐, 노인, 지금 당장 대답하지 않으면 죽여버릴 테다!" 그러면서 칼을 뽑아 들었습니다. 늙은 하인은 울면서 오이디푸스의 발아래 엎드렸습니다. 그리고 왕의 발목을 붙잡고 용서를 구했습니다. 그때 왕의 발목에 있는 흉터를 보고는 공포의 비명을 지르며 정신없이 뒷걸음질 쳤습니다.

무슨 일이 벌어지는지 알고 있는 사람은 테세우스뿐이었습니다. 늙은 하인이 회의장에 들어올 때부터 그는 그 하인을 알아보았습니다. 그는 오이디푸스가 태어났을 때 없애라는 명령을 받았지만, 다친 아이를 코린토스에 사는 목동인 사촌에게 맡겼던 나우볼로스였습니다. 그에게 왕의 흉터는 부인할 수 없는 증거였습니다. 그는 라이오스의 아들을 알아봤습니다! 그러니까 라이오스의 아들과 살인자가 같은 사람이라는 것을 지금 막 알게 된 것입니다. 그래서 비명을 지른 것이죠. 신탁은 이루어졌습니다. 테세우스는 이 하인이 어떻게 이 상황에서 벗어날 수 있을지 궁금했습니다. 그가 알고 있는 것을 밝힌다면 오이디푸스의 반응은 어떨까요? 그때 예상치 못하게 누군가 테바이에 들어왔습니다. 감히 페스트가 창궐한 저주받은 도시에 들어온 자는 누구일까요?

- 다음 편에 계속

아버지의 죽음과 출생의 비밀을 알게 된 오이디푸스

전편 요약 : 오이디푸스는 라이오스를 죽인 자가 자신이라는 것을 알게 됐습니다. 라이오스의 늙은 하인은 라이오스의 살인자인 그를 알아봤습니다. 그뿐만 아니라 라이오스의 아들인 그도 알아봤습니다.

페스트에 감염된 도시를 통과하려면 용기가 필요했을 겁니다. 용기가 아니라면 죽음을 무릅쓸 만큼 중요한 이유가 있었겠죠. 오이디푸스를 찾아온 사람은 그랬습니다. 그 사람은 여인이었는데, 모자도 벗겨진 채 안개의 습기 때문에 축축해진 무거운 망토가 휘날릴 정도로 달려왔습니다. 오이디푸스가 "어머니!"라고 소리치며 페리보이아의 품에 달려가 안겼습니다. 그녀는 눈물을 흘리며 말했습니다. "내 아들!" 페리보이아의 머리카락은 서리가 내려앉은 듯 하얬습니다. 하지만 아들에 대한 무한한 사랑이 드러나는 눈가의 다정한 웃음과 통통한 얼굴은 여전했습니다. 헤어졌던 시간을 지우려는 듯 그들은 오래도록 그렇게 꼭 껴안고 있었습니다. 아들의 넓은 가슴에 폭 안긴 그녀는 작고 말라 보였습니다. 이 장면을 보는 모든 사람들이 감동했습니다. 마침내 오이디푸스가 다정하게 물었습니다. "아버지는 어떠세요?" 그러자 페리보이아가 고개를 들고 훌쩍이며 대답했습니다. "얼마 전에 돌아가셨어. 그걸 알리려고 내가 여기까지 온 거란다. 우리는 네가 아버지의 뒤를 잇기를 바라며 코린토스에서 널 기다렸어."

이 소식을 들은 오이디푸스는 사랑하는 아버지를 잃은 엄청난 슬픔과, 사제의 신탁이 틀렸다는 안도감이라는 상반된 두 가지 감정을 느꼈습니다. 그는 자기도 모르게 기뻐 소리를 질렀습니다. "폴리비오스는 나 때문에 돌아가시지 않았어!" 그의 이상한 반응에 놀란 어머니가 잠시 말을 잃고 서 있었습니다. 그녀는 오이디푸스가 슬픈 나머지 털썩 주저앉을 거라고 예상했었기 때문에 이처럼 좋아하는 그를 이해할 수 없었습니다. 궁전에 모인 사람들이 모두 의문이 가득 찬 눈으로 그를 바라봤습니다. 오이디푸스는 사제가 알려준 비밀을 털어놓았습니다. "어머니, 제가 아무런 설명도 없이 코린토스를 떠난 것은 아버지를 죽이고 어머니와 결혼할 것이라는 신탁을 받았기 때문이에요. 그래서 전 그런 죄를 범하지 않기 위해서 부모님에게서 멀리 떨어져 지내야 한다고 판단했어요. 하지만 제가 없는 상황에서 아버지가 돌아가신 이상 그 신탁은 이루

어지지 않았네요!" 군중이 놀라 수군거렸습니다. 테세우스는 떨고 있는 늙은 하인을 바라봤습니다. 그는 기절할 지경이었습니다. 이오카스테 왕비가 급히 자리에서 일어났습니다. 그리고 오이디푸스의 목을 끌어안고 말했습니다. "맞아요, 당신의 어머니가 아니라 저와 결혼했잖아요."

페리보이아는 아들의 말을 듣자 몸이 굳었습니다. 또한 이오카스테의 말에 화가 났습니다. 두 여인은 애정 없이 잠시 서로를 노려봤습니다. 그들은 비슷한 연배였지만 비슷한 곳이라곤 전혀 없었습니다. 한 명은 작고 통통하며 소박했습니다. 다른 한 명은 야위었다고 할 수 있을 정도로 날씬하고 멋졌습니다. 그리고 흰 머리 타래를 감추기 위해 머리카락을 헤나로 염색했습니다. 페리보이아는 한숨을 내쉬고는 오이디푸스만 바라보며 다정하지만 슬픔이 가득한 목소리로 대답했습니다. "아가야, 그것이 네가 우리를 떠난 이유라면 먼저 우리에게 말했어야지. 그랬으면 마지막 숨을 거둘 때까지 너를 기다린 폴리비오스가 죽기 전에 널 볼 수 있었을 텐데. 그 끔찍한 신탁이 이루어지지 않았다는 확실한 증거가 있어. 우린 너의 양부모란다. 네 친부모가 널 버려서 아기 때 우리가 널 입양했어."

오이디푸스는 진실을 말해준 어머니를 꼭 끌어안았습니다. 그는 마치 처음 보는 것처럼 어머니를 바라봤습니다. 그를 입양한 이 여인에게 무한한 사랑을 느꼈습니다. 오래전부터 감추고 있던 비밀을 밝힌 이 자그마한 여인은 벌거벗겨진 듯 한층 불안하고 가냘파 보였습니다. 이오카스테는 병적인 호기심을 감추지 못하고 다가왔습니다. 더 알고 싶었습니다. "그럼 제 남편의 부모는 누구죠?" 갑자기 그녀가 끼어들자 오이디푸스는 깜짝 놀랐습니다. 하지만 이상하게도 이 질문은 이제 그에게 전혀 중요하지 않았습니다. 그는 자신을 잡종이라고 부르며 싸움을 걸던 사촌의 목소리가 들리는 것 같았습니다. 어린 시절에 가졌던 이 질문이 떠오르자 입가에 미소가 번졌습니다. 그를 낳은 사람들이 누구든, 그의 부모는 영원히 폴리비오스와 페리보이아였습니다. 오이디푸스는 이제 그것을 분명히 알았습니다.

추억에 잠긴 페리보이아는 이오카스테의 질문에 대답하지 않았습니다. 안티고네는 페리보이아의 무릎에 머리를 기댔습니다. 페리보이아는 소녀의 얼굴을 보며 소심한 동작으로 뺨을 어루만졌습니다. 아들을 보러 온 그녀가 손녀까지 만나게 된 것입니다. 테세우스는 감동하는 한편 불안했습니다. 또 다른 비밀이 곧 밝혀질 테니까요.

— 다음 편에 계속

끔찍한 진실

전편 요약 : 페리보이아는 아버지 폴리비오스의 죽음을 알리러 오이디푸스를 찾아갔습니다. 그녀는 자신들이 양부모라는 사실을 아들에게 밝혔지만 오이디푸스의 출생의 비밀은 아직 밝혀지지 않았습니다.

그날 테바이의 궁전에서는 이상한 장면이 연출됐습니다. 호기심이 강한 이오카스테는 포기하지 않고 양어머니 페리보이아에게서 오이디푸스의 출생의 비밀을 캐내려고 했습니다. 그녀는 상대의 비밀을 알아내기 위해 자신의 비밀 한 가지를 알려줬습니다. 그녀가 약간 인위적인 말투로 속삭였습니다. "저도 이루어지지 않은 신탁을 알고 있어요. 전 첫 남편 라이오스와의 사이에 아들이 있었어요. 지금 여기 있는 예언자 테이레시아스는 그 아이가 아버지를 죽일 거라고 예언했어요. 라이오스는 아들이 태어나자마자 죽이라고 명령했기 때문에 그 예언은 결코 이루어질 수 없게 됐죠." 안티고네가 고개를 들고 어머니를 바라봤습니다. 이오카스테가 전에 그 아들에 관해 언급한 적은 한 번도 없었습니다. 안티고네는 이미 사라진 이부형제의 존재를 알게 됐습니다. 하지만 어머니가 밝힌 비밀보다 그 아이의 죽음에 대해 아무렇지 않게 말하는 어머니의 태도가 더 충격이었습니다.

페리보이아가 이오카스테에게 대답했습니다. "내 아들의 어머니가 누군진 모르네. 그 어머니가 아이를 거의 돌보지 않았다는 건 알고 있지. 내가 강물을 따라 흘러오는 바구니 속에서 아기를 발견했을 때, 아기의 발목에 잔인하게 구멍이 뚫려 있었으니까. 그 구멍으로 끈을 넣어 묶어 아이가 죽게 놔두었지. 오이디푸스는 오직 이 끔찍한 일을 끝까지 마무리할 수 없었던 하인의 선량한 마음 덕분에 목숨을 구할 수 있었어." 오이디푸스는 집중해서 들었습니다. 그는 자신의 장애가 어떻게 생겼는지 처음으로 알았습니다. 어떻게 다쳐서 그런 흉터가 남았는지 전혀 알지 못했습니다. 이 증언을 들은 그는 생각보다 훨씬 당황했습니다.

그것이 자신이 베푼 호의에 대한 이야기임에 틀림없다는 것을 느낀 늙은 하인이 기절했습니다. 안티고네가 벌떡 일어나 그에게 급히 달려가서 깨우려고 했습니다. 하지만 그가 정신을 차리지 못하자 그녀는 자기 방으로 옮기게 했습니다.

사람들이 시끄럽게 떠드는 동안 오이디푸스는 깊은 생각에 잠겼습니다. 그는 습관적으로 자신의 상처 난 발을 만졌습니다. 페리보이아도 자신만의 생각에 잠긴 것 같았습니다. 크레온은 자그마한 개를 자극해 짖게 했습니다. 테이레시아스는 기도를 하는 것 같았습니다.

이오카스테는 페리보이아의 이야기를 들으며 대리석 동상이라도 된 듯 꼼짝하지 않았습니다. 그녀의 얼굴에서 애교도 사라졌습니다. 파리해진 그녀는 갑자기 피곤한 늙은 인형같이 보였습니다. "왜 그러오?" 오이디푸스가 그녀에게 다가가서 다정하게 어깨에 손을 얹으며 물었습니다. 그러자 그녀가 거칠게 밀어내며 비명을 질렀습니다. 그리고 공포로 얼굴이 일그러지며 울부짖었습니다. "가까이 오지 마요! 가까이 오지 마세요!" 그녀는 광기 어린 눈으로 남편을 뚫어지게 바라보았습니다. 그녀의 형제 크레온이 그녀를 진정시키려고 했습니다. 그녀는 크레온 역시 거칠게 밀어냈습니다. 그녀는 오이디푸스에게서 시선을 거둘 수 없었습니다. 마치 세상에서 가장 끔찍한 것을 보고 있는 것 같았습니다. 그녀가 내는 신음 소리는 곧 절규로 바뀌었습니다. 그녀가 소리쳤습니다. "그럴 수 없어! 그럴 수 없어! 내 잘못이야! 내 잘못이라고!"

페리보이아는 자리에서 일어나 손톱으로 자신의 얼굴을 쥐어뜯고 있는 이오카스테의 손을 꽉 잡고 말리며 말했습니다. "당신도 몰랐잖아요." 이제 이오카스테는 흐느꼈습니다. 테세우스는 조용히 오이디푸스의 반응을 바라봤습니다. 그는 아직 이오카스테가 왜 이렇게 흥분하는지 이해하지 못하고 다시 아내를 포옹하려 했습니다. 하지만 그녀는 마치 자신의 죽음을 거부하듯 그를 밀치며 소리쳤습니다. 오이디푸스는 어찌할 바를 몰라 주변에 도움을 구했습니다. 크레온은 신경질을 부리며 회의실을 떠났습니다. 페리보이아가 이오카스테를 돌봤습니다. 이제 테이레시아스만 남

았습니다. 당황한 오이디푸스는 예언자에게 다가가며 속삭였습니다. "예언자여, 라이오스 살해자가 나란 건 알겠소. 그대도 알고 있지 않소? 하지만 이오카스테에게 무슨 일이 생긴 거요? 왜 갑자기 저렇게 미쳐버린 거지? 왜 남편의 보살핌을 거부하는 거요? 내가 뭘 잘못했다고 그러는 거냔 말이오?" 테이레시아스는 숨을 크게 들이마시고 나서 대답했습니다. "오이디푸스, 마음을 굳게 잡수세요. 이오카스테가 당신의 어머니입니다."

오이디푸스는 현기증이 났습니다. 아내, 그의 아내가 그를 낳아준 여인이라니요? 죽을 것을 알면서 그를 버린 사람이라니요? 그렇다면 그가 죽인 라이오스는 그의 아버지란 말인가요? 그는 그제야 델포이 사제의 끔찍한 신탁이 이루어졌다는 것을 깨달았습니다! 백성들을 위해 정의와 번영만을 꿈꿨던 그가 가장 신성한 인간의 법을 두 가지나 위반했고, 그렇기 때문에 나라에 페스트가 범람하고 가족에게 불행이 찾아왔던 것입니다. '난 아버지를 죽이지 않을 거야. 난 어머니와 잠자리를 함께하지 않을 거야.'라고 맹세했던 오이디푸스 그가 자신도 알지 못하는 사이 존속을 살해했고 근친상간을 범했습니다. 테세우스는 테이레시아스의 눈에서 눈물이 흐르는 것을 처음 봤습니다. 그는 이 슬픈 운명에서 어떻게 살아남을까요?

- 다음 편에 계속

오이디푸스가 자신에게 가한 끔찍한 벌

전편 요약 : 오이디푸스가 자신의 아들이라는 끔찍한 사실을 알게 된 이오카스테는 제 정신이 아니었습니다. 오이디푸스는 아버지를 살해하고 어머니와 결혼한다는 두 가지 신탁이 모두 이루어졌다는 것을 깨달았습니다.

끔찍한 밤이었습니다. 죽음과 광기가 떠나지 않는 밤이었습니다. 모두가 잠든 테바이에 썩은 내가 진동했습니다. 페스트에 희생된 사람들이 부패하는 냄새였습니다. 안티고네가 불을 붙인 양초만 고집스럽게 불을 밝히고 있었습니다. 그녀는 밤새 늙은 하인의 머리맡을 지켰습니다. 이마에 찬 수건을 얹어주고 건조한 입술을 적셔주며 그녀만이 알고 있는 이상한 노래를 흥얼거렸습니다. 정신을 차린 노인은 더 이상 참을 수 없다는 듯 말을 쏟아냈습니다. 안티고네는 조용히 그의 말을 들었습니다. 그녀는 자신의 몸에 독이 퍼지는데도 가만히 있었습니다. 꼼짝도 하지 않고 눈조차 깜빡이지 않았습니다. 자신이 저주받은 부부의 산물이라는 것을 알고도 동요하지 않았습니다. 마음속 깊은 곳에서 어린 시절이 소리 없이 무너져 내렸습니다. 늙은 하인은 짓누르고 있던 비밀을 모두 털어놓은 후 다시 정신을 잃었습니다. 호흡이 점차 가늘어졌습니다. 수많은 임종을 지켜본 안티고네는 그것이 무슨 소리인지 잘 알았습니다. 그녀는 잠들 수 없는 긴 밤을 준비했습니다.

궁전의 복도에서는 탄식의 눈물과 신음 소리가 울리더니 곧이어 고함 소리가 났습니다. 크레온이 고함을 치고 있었습니다. 누이 이오카스테가 방에서 목을 맨 것을 발견한 것이죠. "오이디푸스! 널 저주한다! 넌 우리 가족과 도시에 죽음과 불행을 가져왔어! 내 눈앞에서 사라져!"

안티고네는 어머니의 흐느낌도, 크레온 삼촌의 고함도 듣지 못했습니다. 신비하고 이상한 노래가 그녀의 입술에서 흘러

나왔습니다. 그녀는 아버지의 절망도 듣지 못했습니다. 그저 죽어가는 노인을 위해 노래를 불렀습니다. 그녀는 테바이에 대한 사랑과 마음의 고통을 노래했습니다. 그녀는 잃어버린 어린 시절, 마법 같고 걱정 없던 어린 시절을 노래했습니다. 그녀는 이미 지나간 행복과 이제 시작된 불행을 노래했습니다. 그녀는 아버지에 대한 사랑을 노래했습니다. 그녀는 영원히 안티고네일 수밖에 없는 고통을 노래했습니다.

쓸쓸히 새벽이 밝았습니다. 안티고네의 아버지가 목숨을 살려준 늙은 하인은 서서히 죽어갔습니다. 젊은 여인이 몸을 부르르 떨었습니다. 그녀는 자리에서 일어나 궁전의 복도를 걸었습니다. 유령 같았습니다. 그녀는 아무도 마주치지 않았습니다. 사람들은 모두 어머니의 시신을 돌보고 있었습니다. 안티고네는 계속 걸어 궁전의 후미진 곳까지 갔습니다. 그녀는 알 수 없는 본능에 따랐습니다. 그곳은 기름 항아리들이 겹겹이 쌓여 있는 창고였습니다. 그녀는 안으로 들어갔습니다. 그녀의 본능은 틀리지 않았습니다. 어두운 방구석에 누군가 웅크리고 있었습니다. 자세히 들여다보니 아버지였습니다. 안티고네는 아버지의 손을 잡고 꼭 껴안았습니다. 아버지의 얼굴 가까이에 촛불을 비춘 그녀는 그가 가장 잔인한 방법으로 자신에게 벌을 줬다는 것을 알 수 있었습니다. 오이디푸스는 피투성이의 얼굴을 들고 보이지 않는 눈으로 안티고네를 바라봤습니다. 안티고네는 치마를 찢어 아버지의 얼굴을 닦았습니다. 그녀의 손길은 느리지만 부드러웠습니다. 그가 속삭였습니다. "내 딸, 내 딸…" 안티고네는 다시 치마를 찢어 아버지의 상처 난 눈에 감았습니다. 그리고 그의 품으로 파고들었습니다. 그녀는 자신의 힘을 전달하고 싶었습니다. 생명의 숨결을 나누고 싶었습니다. 그렇게 해서 그의 꺼져가는 불꽃을 살리고 싶었습니다.

날이 밝은 지 한참 지났습니다. 젊은 여인은 맹인이 된 아버지를 일으켜 세웠습니다. 그녀는 그의 손에 지팡이를 쥐여주고, 빵 조각을 넣은 바랑을 멘 후 궁전 밖으로 그를 데리고 나왔습니다. 테바이를 구하려면 신들의 뜻에 따라야 했습니다. 라이오스를 살해한 자는 도시를 떠나야 했습니다. 그날 밤 예언된 모든 게 밝혀졌고, 이루어졌습니다.

테이레시아스는 고개를 떨구고 궁전을 떠났습니다. 테세우스는 여전히 어둠 속에 숨어 그를 따라갔습니다. 예언가는 짚으로 만든 매트 위에 눕고, 테세우스는 동굴 입구에 자리를 잡고 바닥에 누웠습니다. 그는 노인의 거친 숨소리를 들었습니다. 그들 모두 잠을 이루지 못했습니다.

테세우스는 '이제 누가 안티고네를 보호할 수 있을까?'라는 생각을 했습니다.

장밋빛 손가락의 오로라가 깨어날 때 테세우스는 마을 쪽으로 몇 걸음 갔습니다. 그리고 성벽 위로 올라갔습니다. 그 순간 두 사람이 고개를 꼿꼿이 들고 성문을 지나갔습니다. 한 사람은 체격이 좋은 남자였습니다. 다른 한 사람은 날씬한 아가씨였습니다. 그녀는 뒤로 돌아 마지막으로 도시를 바라봤습니다. 테세우스는 그들이 오이디푸스와 안티고네라는 것을 알 수 있었습니다. 혼자 떠나려고 결심한 오이디푸스가 딸에게 말했습니다. "날 놔줘, 내가 떠나게 해줘." 그러자 안티고네가 대답했습니다. "아빠가 가는 곳이라면 어디든 나도 갈 거예요." 테세우스는 안티고네가 테바이를 떠나는 것이 괴롭다는 것을 짐작할 수 있었습니다. 유배를 떠나는 그들에게 무슨 일이 일어날까요?

— 다음 편에 계속

오랜 방랑의 끝

전편 요약 : 오이디푸스는 자신에 대한 벌로 스스로 눈을 팠습니다. 이오카스테는 자살했습니다. 안티고네는 유배를 떠나는 아버지와 동행하기로 결심했습니다.

테세우스가 테바이를 떠나 평범한 일상으로 돌아갈 때가 됐습니다. 그는 오이디푸스와 안티고네를 영접했던 밤의 아테네로 돌아갔습니다. 궁전 복도에서는 아무 소리도 들리지 않았습니다. 그가 그림자처럼 조용히 자신의 방으로 돌아가려는데 거친 신음 소리가 들렸습니다. 가까이 다가가자 피를 얼려버릴 것 같은 끔찍한 신음 소리가 났습니다. 끙끙거리는 소리에 공포심이 가득했습니다. 테세우스는 오이디푸스의 목소리라는 것을 알 수 있었습니다. "안 돼! 안 돼!"라고 꾸짖는 낮은 목소리가 들렸습니다. 다른 누군가가 날카롭게 소리쳤습니다. "넌 아버지에게 무슨 짓을 했지? 또 어머니에게는 무슨 짓을 했지? 경을 칠 놈 같으니라고!" 테세우스는 날개를 비비는 소리와 뱀이 쉭쉭거리는 소리를 들었습니다. 잠시 주저할 틈도 없었습니다. 오이디푸스가 위험했습니다. 테세우스는 검을 뽑아 들고 방 안으로 달려갔습니다.

그 순간 손에 횃불을 든 안티고네도 다른 문을 통해 방으로 들어갔습니다. 오이디푸스는 차가운 방바닥에 쓰러져서 방어하듯 두 손으로 머리를 움켜쥐고 몸을 웅크린 채 경련하고 있었습니다. 안티고네는 어머니처럼 쭈그리고 앉아 다정하게 그를 안아줬습니다. "아버지, 두려워하지 마세요, 제가 그들을 쫓았어요. 그들은 떠났어요." 오이디푸스는 상처받은 짐승처럼 작은 소리로 신음했습니다. 안티고네는 테세우스가 있다는 것을 알아차리지 못한 듯했습니다. 그녀는 얼굴을 감싸느라 웅크린 오이디푸스의 손가락을 조심스럽게 폈습니다. 오이디푸스의 얼굴에 상처가 났습니다. 누군가에게 공격당한 게 분명했습니다. 고약한 냄새가 났습니다.

안티고네는 아이를 어르듯 아버지를 흔들어 달랬습니다. 그녀는 슬픈 곡조의 단조로운 노래를 불렀습니다. 마음을 평온하게 해주는 강처럼 가사가 흘러나왔습니다. 얼마 지나지 않아 헐떡거리던 오이디푸스의 호흡이 안정을 찾았습니다. 젊은 여인은 아버지에게서 눈을 떼지 않았습니다. 그녀의 시선이 그를 감싸자 불안증이 조금씩 가벼워지는 것 같았습니다. 그녀는 손으

로 그의 이마와 뺨을 쓸어줬습니다. 그녀의 손길은 그를 진정시키고 달랬습니다. 늙은 맹인은 조금씩 공포의 마스크를 벗었습니다.

테세우스는 말없이 안티고네의 손을 바라보았습니다. 엄청난 힘을 발산하며 춤을 추듯 움직이는 유연한 손가락을 넋을 놓고 바라보았습니다. 안티고네는 오이디푸스가 잠이 들자 눈을 들어 테세우스에게 엷은 미소를 지었습니다. 그의 존재를 느끼고 있었던 것이죠. 그녀는 고갯짓으로 창문을 가리켰습니다. 창문으로 다가간 테세우스는 두려움 없이 볼 수 없는 광경을 봤습니다. 창밖에서 기다란 검은 날개로 몸을 감싼 세 여인이 오이디푸스 방 창문을 뚫어지게 바라보고 있었습니다. 그들의 머리 위에는 살무사들이 쉭쉭거리며 똬리를 틀고 있었고, 눈에서는 피눈물이 흐르고 있었습니다. "에리니에스…." 테세우스가 중얼거렸습니다. 안티고네가 확인해줬습니다. "네, 그래요. 에리니에스는 부모를 죽인 자들을 괴롭혀요. 그들이 매일 밤 오이디푸스를 괴롭히고 있어요. 몇 년 전부터요. 절대로 그가 잠들게 두지 않아요."

해방이 되듯 첫새벽의 여명이 밝았습니다. 에리니에스는 두건을 쓰고 냉소를 지으며 달아났습니다. 안티고네가 일어섰습니다. 그녀는 그들이 멀어지는 것을 보면서도 기뻐하지 않았습니다. 밤이 되면 복수의 세 여신이 돌아와 다시 아버지를 괴롭힐 것이란 걸 알고 있었으니까요. 그녀가 한숨지었습니다. "이 악몽은 끝도 없어요. 하지만 오이디푸스는 불평하지 않아요. 그는 자신을 동정하지 않고 운명을 받아들여요. 어떤 마을에선 사람들이 돌을 던져 우리를 쫓아요. 또 어떤 마을에선 우리에게 개를 풀어놓기도 해요. 어떤 날은 올리브 한 줌조차 적선하지 않죠. 하지만 대개는 축사의 짚더미에서 잠을 자고 가축의 물통에 있는 물로 목을 축이는 건 허락해줘요. 오이디푸스는 절대로 자신을 불쌍히 여기지 않아요." 테세우스는 젊은 여인의 가녀린 옆모습을 정신없이 바라보며 말했습니다. "당신도 스스로를 불쌍히 여기지 않는군요. 누가 당신에게 맨발로 먼지투성이의 길을 방랑하고 빵을 구걸해야 한다고 강요했나요?" 안티고네는 살짝 몸을 떨었습니다. "이건 제 의무예요. 전 어느 누구의 동정도 원치 않아요." 그녀의 목소리에서 엉겁결에 자신들의 이야기를 한 것에 대한 후회가 느껴졌습니다. 테세우스는 다정하게 그녀의 어깨에 손을 얹으며 말했습니다. "당신이 아무것도 부탁하지 않는다는 건 나도 알고 있소. 하지만 잠시 후 이곳에 머물라고 당신의 아버지를 설득해보겠소. 그는 너무 지쳤소. 당신도 마찬가지고. 이 방랑을 끝내야 하오." 안티고네는 침묵했습니다.

테세우스가 어떻게 오이디푸스를 설득했는지는 아무도 모르지만, 그의 정성에 감동한 오이디푸스가 아테네에 머물겠다고 승낙했습니다. 맹인 왕은 아마도 자신의 죽음이 머지않았다는 것을 느꼈을 것입니다….

- 다음 편에 계속

안티고네와 오빠 에테오클레스의 만남

전편 요약 : 오이디푸스는 밤마다 나타나 괴롭히는 에리니에스 때문에 잠을 못 잤습니다. 안티고네 역시 밤새 자지 않고 곁에서 그를 지켰습니다. 오이디푸스는 아테네에 머물며 보호를 받으라는 테세우스의 제안을 받아들였습니다.

안티고네는 고향을 떠난 이후 테바이에 대한 향수를 마음속 깊이 간직하고 있었습니다. 그녀는 매일 크레온 삼촌 집에 남은 여동생과 두 오빠를 생각했습니다. 그녀가 어디를 가든 테바이 영토와 가족은 그녀 안에 계속 있었습니다. 테바이의 안티고네, 그것은 맨발의 걸인이 된 그녀가 온갖 욕설과 배척을 견딜 수 있게 도와주는 힘이자 방패였습니다.

하지만 아테네 도시는 그녀의 마음에 길을 열어줬습니다. 주민들은 순박한 마음으로 그녀를 믿고 문을 열어줬습니다. 그녀에게 질문도 하지 않았습니다. 그녀를 멀리하지도 않았습니다. 있는 그대로의 그녀를 환영했습니다. 이곳에서는 외지에서 온 사람을 적으로 여기지 않았고, 테세우스 역시 그러기를 바랐습니다. 젊은 그녀는 이 도시의 언덕을 즐겨 산책했습니다. 그녀는 언제나 하얀 옷을 입고 길모퉁이나 사원 구석에서 모습을 드러냈다 급히 사라지곤 했습니다. 이제 생소한 음색의 그녀의 노래를 모르는 사람이 없었습니다. 그녀는 해가 지는 걸 보고 궁으로 돌아와 밤새 아버지 곁을 지켰습니다. 그녀는 거의 잠을 자지 못했습니다. 그녀와 긴 대화를 나눈 테세우스는 그녀가 매일 조금씩 더 편안해지는 걸 느끼며, 다시 태어나는 그녀를 보는 것이 즐거웠습니다. 하지만 밤마다 상태가 악화되는 오이디푸스의 건강을 걱정했습니다.

어느 날 아침 기사 한 명이 궁전에 나타났습니다. 예절이 몸에 밴 테세우스는 계단 밑에서 그를 직접 맞아줬습니다. 그 젊은이는 말에서 뛰어내렸습니다. 곱슬곱슬한 금발을 한 그의 얼굴은 시원한 이마에 이목구비가 수려했습니다. 그는 망토의 먼지를 떨고 테세우스에게 인사하며 말했습니다. "안녕하십니까, 아테네의 왕이시여. 저는 오이디푸스의 아들 에테오클레스입니다. 저의 아버지가 당신의 보호를 받고 있다는 소문을 들었습니다. 크레온 삼촌이 아버지와 대화를 해보라고 저를 보냈습니다." 테세우스가 대답했습니다. "잘 오셨소, 에테오클레스. 당신의 누이 안티고네가 당신에 대해 끊임없이 얘기했었소."

그가 말을 마치기도 전에 안티고네가 불쑥 나타났습

니다. 그녀는 즐거운 비명을 지르며 오빠에게 달려가 끌어안았습니다. 그녀가 달려드는 바람에 에테오클레스가 균형을 잃었습니다. 그가 웃으며 말했습니다. "그만, 그만, 동생아! 넌 여전히 혈기 왕성하고 강단이 있구나!" 그는 안티고네를 떨어트려놓고 잘 살펴보며 덧붙였습니다. "살은 거의 찌지 않았지만 예뻐졌네!" 테세우스는 이처럼 흥분한 안티고네의 눈을 본 적이 없었습니다. 그뿐만 아니라 그렇게 수다스러운 모습도 본 적이 없었습니다. 그녀는 에테오클레스가 대답할 겨를도 주지 않고 끊임없이 질문 폭탄을 던졌습니다. 모든 것이 궁금했던 그녀는 모든 소식을 물었습니다. 마치 테바이의 모든 주민들, 식물과 돌들까지 하나하나 알고 있는 듯했습니다! "유모의 손녀는 이제 걸을 줄 알아? 정원 구석에 있는 오렌지 나무는 잘 자랐어? 올해는 오래된 호두나무에 열매가 많이 달렸어? 그리고 우리 늙은 개 랄리아도 잘 지내?" 에테오클레스는 그녀를 끌어안으며 크게 웃었습니다. 테세우스는 행복해하는 소녀를 바라보며 생각했습니다. '유배 생활이 얼마나 괴로웠을까!' 그는 남매가 재회의 기쁨을 만끽하도록 자리를 뜨려고 했지만 에테오클레스가 안티고네를 떼어놓고 그를 붙잡았습니다. "지금 아버지를 만날 수 있을까요?" 그러자 그들 뒤에서 목소리가 들렸습니다. "나 여기 있다!" 에테오클레스와 안티고네는 웃음을 멈췄습니다. 아버지가 나타나자 에테오클레스는 창백해졌습니다. 그는 아버지를 부축하려고 계단으로 다가갔지만 오이디푸스가 그대로 있으라는 몸짓을 했습니다. 팔짱을 낀 채 시력을 잃은 시선을 에테오클레스에게 보내며 계단 위에 꼼짝 않고 선 그는 아들을 제압했습니다. 오이디푸스가 살짝 비틀거리자 테세우스가 그를 부축했습니다. 그가 제안했습니다. "들어갑시다. 안에서 얘기하는 게 나을 겁니다."

오이디푸스는 거절했습니다. "내게 무슨 말을 하러 왔는지 이 계단 위에서 듣고 싶소." 당황한 에테오클레스는 자신의 말에게 가서 고삐를 흔들어 소리를 냈습니다. 마침내 그가 오이디푸스에게 말했습니다. "아버지, 다시 만나게 돼서 기뻐요. 그리고 이렇게 건강하신 걸 보니 좋네요. 크레온 삼촌도 아버지가 건강하시다는 걸 알면 좋아하실 거예요. 삼촌이 아버지를 테바이로 모셔 오라고 절 보냈어요. 우리는 아버지가 아테네에 머물고 계시다는 소식을 들었어요. 그래서 제가 아버지를 집으로 모셔 가려고 왔습니다."

오이디푸스가 갑자기 그의 말을 잘랐습니다. "거긴 이제 내 집이 아니다! 난 이제 집이 없어! 그리고 너도 더 이상 내 아들이 아니다! 내가 테바이를 떠날 때 넌 어떻게 했니? 내 편에 서서 이해해주려 했니? 아니다. 그동안 넌 나에게도, 또한 내 운명에 대해서도 관심 없었어. 넌 날 붙잡으려고 하지도 않았잖니. 네게 난 죽은 거나 매한가지야!" 에테오클레스는 눈으로 안티고네를 찾았습니다. 하지만 소녀는 아버지가 말씀을 시작하자마자부터 굳어 있었습니다. 그녀는 이제 바닥만 뚫어지게 바라봤습니다. 오이디푸스의 대답에 그녀의 운명이 달려 있었습니다. 그녀는 테바이로 돌아갈 수 있을까요?

- 다음 편에 계속

오이디푸스의 죽음

전편 요약 : 안티고네의 오빠 에테오클레스가 아테네에 도착했습니다. 안티고네는 그를 만나 기뻤습니다. 하지만 그녀의 아버지 오이디푸스는 그에게 화를 냈습니다.

마주한 아버지와 아들 사이에 긴장이 극도로 고조됐습니다. 테세우스는 안티고네 역시 긴장하고 있다는 것을 느낄 수 있었습니다. 오이디푸스의 말은 사실이었습니다. 비극의 순간 에테오클레스는 아버지에게 등을 돌렸습니다. 아버지가 유랑하는 동안 그는 관심을 보이지 않았습니다. 그뿐만 아니라 그는 즉시 권력자, 즉 크레온 삼촌 편에 섰습니다. 젊은이는 떨리는 목소리로 항변했습니다. "아버지, 그건 부당해요. 전 아버지에게 관심을 가졌어요. 아버지를 모셔 가려고 제가 왔잖아요." 분노로 오이디푸스의 목소리가 떨렸습니다. "네가 내게 신경을 썼다고? 정말이니? 엄청난 위선이구나! 그래, 넌 관심을 가졌지. 네 이익을 위해서만 움직였지. 갑자기 나의 존재가 생각난 것도 날 위해서는 아니지. 지금 너와 네 삼촌이 왜 이렇게 행동하는지 그 이유를 난 안다. 내가 묻히는 곳에 신의 축복이 내릴 것이라는 신탁이 있었지. 나도 알아. 내 죽음이 가까웠다는 걸 알고 갑자기 내 존재가 생각났고, 그래서 날 테바이로 데려가려는 거야! 너희는 나의 죽음으로 신의 축복을 끌어들일 수 있다는 생각뿐이지. 너희는 썩은 짐승의 고기에 끌린 독수리에 불과해!" 오이디푸스가 소리쳤습니다. 그는 분노로 몸을 떨었습니다. 에테오클레스는 창백해졌습니다. 오이디푸스가 그의 의중을 정확히 파악하고 있었던 것입니다. 정면에서 오빠를 관찰하고 있던 안티고네 역시 그것을 알 수 있었습니다. 그녀의 눈에서 눈물이 흘렀습니다. 오이디푸스가 마지막 말을 했습니다. "널 저주한다! 영원히! 가서 살아 있는 나를 절대로 볼 수 없을 거라고 배신자 크레온에게 전해라! 다시는 테바이에 발을 들이지 않을 테다!" 고통스러운 기침 발작으로 상체가 접히며 목소리가 갈라졌습니다. 테세우스는 그의 어깨를 부축해 조심스럽게 방으로 데려갔습니다.

안티고네와 에테오클레스 단둘이 남았습니다. 에테오클레스는 돌아서는 오이디푸스를 바라보며 분풀이 동작을 했습니다. 아버지를 설득하는 데 실패한 것이 속상해 그가 중얼거렸습니다. "어쩔 수 없지, 늙은 미치광이 같으니라고! 당신이 원하는 대로 혼자 죽게 될 거야." 그러고는 동생이 있다는 것을 생각해내고는 말했습니다. "자, 안티고네야. 나랑 함께 집으로 돌아가자. 아버진 혼자 내버려 둬. 네가 희생할 가치가 없어. 그는 자기 자신밖에 모르는 오만한 사람이야." 소녀는 비난이 가득한 시선으로 오빠를 바라봤습니다. "어떻게 그렇게 악의적일 수가 있어? 테바이를 페스트에서 구하기 위해 그가 스스로 유배됐다는 걸 잊었어? 자기도 모르게 지은 죄를 속죄하기 위해서 자신의 왕권, 재산, 가족 등 모든 걸 잃고 모든 걸 내줬다는 걸 잊었어? 아니야, 오이디푸스는 결코 자신을 생각하지 않아. 그렇기 때문에 길에서 방랑하며 자신을 쇠약하게 만드는 거야." 에테오클레스는 어깨를 으쓱하고는 말에 올라탔습니다. 애정이라곤 찾아볼 수 없는 목소리로 말했습니다. "할 말 다 했어? 넌 그와 함께 남겠다는 거지?" 안티고네가 고개를 끄덕였습니다. 그는 밝은색 털의 멋진 종마에게 박차를 가하며 작별 인사로 손을 흔들었습니다. 안티고네의 유배는 아직 끝나지 않았습니다. 그녀의 볼이 빨개졌습니다. 사랑하는 오빠의 매정함에 화가 났습니다. 마음속에서 치미는 열불을 끄기 위해 그녀는 마을을 걸었습니다. 소녀는 항구까지 갔습니다. 그녀가 오가는 배들을 바라보고 있는 동안 궁에서 하녀가 달려오더니 오이디푸스가 위독하다며 테세우스가 급히 그녀를 찾는다고 했습니다. 그녀는 서둘러 숨 가쁘게 아버지 곁으로 달려갔습니다. 오이디푸스가 속삭였습니다. "숨 좀 들이마셔라, 아가야. 마음 단단히 먹어라. 내 시간이 다 된 것 같구나. 내가 널 사랑한다는 걸 잊지 마라." 안티고네는 아버지의 손을 꼭 잡았습니다. 오이디푸스는 테세우스를 돌아보며 자신을 환대해줘서 고맙다는 인사를 했습니다. 그것이 알아들을 수 있는 마지막 말이었습니다. 오이디푸스는 늙지 않았지만 불행이 그를 노인으로 만들었습니다.

분명 아들과의 대립이 그의 죽음을 재촉했을 것입니다. 그는 안티고네와 테세우스의 손을 잡고 깊은 잠에 빠졌습니다. 그들은 밤새 그의 호흡 소리를 들었습니다. 에리니에스가 나타났지만 처음으로 두려워하지 않았습니다. 그들은 더 이상 그를 괴롭힐 수 없었습니다. 새벽에 오이디푸스는 마지막 숨을 쉬었습니다. 테세우스는 그의 얼굴이 편해지는 것을 봤습니다. 그리고 안티고네가 혼자 울 수 있도록 조용히 방에서 나갔습니다. 테세우스는 떠오르는 태양을 바라보며 오이디푸스와의 만남을 통해 얻은 모든 것에 대해 생각했습니다. 그는 자신이 다른 사람이 된 것 같았습니다. 그는 맹인과 그의 딸이 자신의 삶에 차지한 큰 자리와 그들이 떠날 때 느낄 빈자리에 대해 생각했습니다. 안티고네에게 테바이로 돌아가고 싶은 마음이 그 어느 것보다 크다는 것을 잘 알고 있었습니다.

- 다음 편에 계속

저주받은 테바이로 돌아간 테세우스

전편 요약 : 오이디푸스는 테바이로 돌아가기를 거부하며 아들 에테오클레스를 쫓아냈습니다. 그리고 얼마 후 테세우스와 안티고네가 지켜보는 가운데 아테네에서 사망했습니다.

오이디푸스가 죽은 지 일 년이 지났습니다. 그의 장례식은 정중하게 치러졌습니다. 그리고 얼마 후 안티고네는 테바이로 돌아가기로 결심했습니다. 테세우스도 예상은 하고 있었지만 그녀가 배신자 크레온 곁에 있을 거라는 사실이 마음에 걸렸습니다. 그는 안티고네를 설득하려 노력했지만 그녀의 결심을 바꿀 수는 없었습니다. 그녀가 아테네를 떠났습니다. 이후 그녀의 소식을 들을 수 없었습니다.

그날, 정오의 태양이 강하게 내리쬐고 있을 때, 한 남자가 궁전에 나타났습니다. 피부는 벌겋게 달아오르고 땀이 흥건하게 흐르고 있었습니다. 길고 검은 말갈기가 땀으로 젖어 있었습니다. 그가 큰 소리로 테세우스에게 인사했습니다. "난 아르고스의 왕 아드라스토스입니다. 그대의 도움과 보호를 청하러 왔습니다." 테세우스가 대답했습니다. "친구여, 어서 오시오. 당신의 고민이 뭔지 말씀해보시오." 아드라스토스는 작달막하고 뚱뚱했습니다. 짙은 콧수염에 가려 입술이 보이지 않았습니다. 테세우스는 그의 말을 들으며 멧돼지를 떠올렸습니다. 그가 말을 시작했습니다. "나의 딸은 오이디푸스의 두 아들 중 한 명인 폴리네이케스와 결혼했소. 그런데 그의 형 에테오클레스가 크레온의 지지를 받으며 그를 테바이에서 추방했다오. 하지만 폴리네이케스는 이 추방이 부당하다며 받아들이지 않았다오. 그래서 난 그를 돕기로 결정했소. 지휘관 일곱 명을 소집해서 테바이를 향해 전진했소. 우리는 테바이 사람들과 격렬하게 싸웠다오. 우리는 여러 달 동안 테바이를 공략했소. 하지만 우리가 공격할 때마다 테바이 사람들은 용감하게 맞서 싸워 우리 군사들을 괴멸했다오." 테세우스는 테바이에 지휘관 일곱 명을 보낸 이야기를 들으니 기분이 상했습니다. 그는 테바이 주민들이 얼마나 더 많은 고통을 겪어야 할지 걱정됐습니다. 그는 특히 두 오빠가 일으킨 전쟁으로 분열되고 포위된 도시에 갇혀 있는 안티고네를 생각했습니다. 그녀는 이 전쟁을 어떻게 견디고 있을까요? 아드라스토스가 이야기를 계속했습니다. "길고 검은 갈기를 가진 내 말 아리온 덕분에 내 목숨만 겨우 건질 수 있었소. 그가 믿을 수 없을 정도로 빠른 속도로 달려준 덕분에 전쟁터에서 빠져나와 당신에게 올 수 있었다오." 마침내 그가 온 목적을 얘기했습니다. "가장 끔찍한 건 테바이 사람들이 우리 병사들의 시신을 예법에 따라 장례를 치르도록 넘겨주지 않는다는 거요. 당신도 알다시피 우리가 그들의 장례를 치러주지 않는다면 그들은 절대로 저승에 가지 못하고 신음하며 이승을 떠돌게 될 거요. 그래서 당신에게 도움을 청하러 왔소이다. 우리는 친구들의 시신을 적의 손에 남겨 둘 수 없소."

테세우스는 바로 대답하지 않았습니다. 그는 이 방문객에게 전혀 호감을 느끼지 않았습니다. 그의 공격적인 말투에서 과도한 공격성이 엿보였습니다. 테세우스에게는 테바이의 왕이 아닌 아르고스의 왕 편에 설

이유가 전혀 없었습니다. 그럼에도 불구하고 모든 인간은 죽은 영혼의 안식을 살펴야 할 의무가 있다는 것을 알고 있었습니다. 전투 중에 죽은 전사들을 그대로 방치할 수는 없었습니다. 그뿐만 아니라 테바이로 돌아가서 안티고네를 다시 만날 수 있는 구실이 생기는 것이었습니다. 마침내 그가 말했습니다. "크레온과의 싸움에서 당신 편을 들고 싶은 마음은 없지만, 병사들의 시신을 수습할 수 있도록 도와드리겠소. 단, 나 혼자 테바이로 가겠소. 당신이 여기 내 집에 머무는 한 안전은 보장하오." 얼마 후 테세우스는 테바이에 도착했습니다. 일곱 개의 문을 가진 도시국가의 위용이 그의 눈앞에 펼쳐졌습니다. 그는 무척 감격했습니다. 그가 강렬한 사건을 경험한 곳이었으니까요! 성벽을 살피다 보게 된 강한 안티고네의 모습이 인상적이었습니다. 그가 중얼거렸습니다. "그녀와 테바이가 닮았구나." 언덕을 오르자 성벽 근처에 이상한 건축물이 나타났습니다. 창문이 없는 삼각형의 석조 건물이었습니다. 테세우스는 자신이 테바이에 머물렀을 때는 이 건물이 없었다고 확신했습니다. 그는 말에서 내려 건물을 둘러봤습니다. 입구를 찾는 데 오래 걸렸습니다. 분명 문이 있었지만 벽으로 막혀 있었습니다. 갑자기 병사가 나타났습니다. "여기서 뭐 해? 저리 가! 여긴 아무도 오면 안 돼." 테세우스가 뒤로 물러났다 다시 앞으로 갔습니다. 그는 그 장소가 너무 궁금했습니다. 그에게 창을 겨누고 있는 병사에게 물었습니다. "이게 뭡니까?" "안 보여? 무덤이잖아." 테세우스는 소스라치게 놀랐습니다. 병사들이 위협하며 떠나라는 신호를 보내는 바람에 그는 더 알아볼 수 없었습니다. 테세우스는 이 이상한 무덤을 떠나며 누가 그 안에 묻혔는지 궁금했습니다.

— 다음 편에 계속

안티고네

전편 요약: 전사자들의 장례를 치를 수 있도록 아르고스의 왕을 돕기 위해 테세우스는 테바이로 갔습니다. 그는 안티고네를 다시 보고 싶었습니다. 하지만 도시 입구에 이상한 무덤이 있었습니다.

테세우스는 그 신기한 무덤에 대한 생각에 골몰하면서 도시의 문을 넘어섰습니다. 테바이의 거리에는 인적이 없었습니다. 테세우스는 생각했습니다. '전쟁에서 승리한 도시라기보다는 죽음을 애도하는 도시 같군.' 그는 병사들의 명령에 따라 불길한 무덤을 떠나왔습니다. 하지만 크레온의 궁전으로 곧장 가는 대신 예언자 테이레시아스를 찾아가기로 했습니다. 테바이의 거리를 걸을수록 마치 불행이 가득한 도시 같았습니다. 예전에 안티고네가 말했던 즐거움이라곤 찾아볼 수 없었습니다. 소녀가 어린 시절의 추억을 미화한 것일까요? 아니면 그녀가 말한 세계는 영원히 사라진 것일까요? 테세우스는 모퉁이를 돌 때마다 흰 드레스를 입은 안티고네가 나타나기를 바랐습니다. 하지만 그런 일은 일어나지 않았습니다. 테이레시아스의 동굴에 도착할 때까지 길에서 만난 것이라곤 떠돌아다니는 털이 꺼칠한 고양이 몇 마리와, 먼지 속에서 놀고 있는 헐벗은 아이 한두 명이 전부였습니다.

예언자는 일어날 힘도 없다는 듯 누워 있었습니다. 테세우스의 목소리를 알아들은 그가 힘들게 몸을 일으켜 앉았습니다. 두 사람은 다시 만나 기뻤습니다. 테세우스가 속삭였습니다. "여기에서 무슨 일이 있었나요? 안티고네는 어떻게 지내죠?" 예언자는 야윈 손으로 하얀 턱수염을 쓸며 망설이는 목소리로 대답했습니다. "친구여, 그대에게 선뜻 말할 용기가 나지 않는군요. 하지만 정 알고 싶다면 저 초록색 액체를 몇 방울 마시고 과거로 가서 직접 무슨 일이 있었는지 보고 오시오. 하지만 과거를 관찰할 수는 있어도 변화시킬 수 없다는 걸 명심하시오." 테세우스가 그러겠다는 몸짓을 하자 예언자는 쓴 액체를 그의 입에 떨어뜨렸습니다.

낭랑한 웃음소리가 그의 귀에 울려 퍼졌습니다. 테세우스가 눈을 뜨자 테바이 왕의 궁전 정원이었습니다. 그 웃음소리는 소녀의 입에서 흘러나왔습니다. 그녀는 가지고 노는 훌라후프를 매번 손에서 놓쳤습니다. 구불구불 우아한 머리칼이 이마로 흘러내렸습니다. 테세우스는 마음이 누그러지며 생각했습니다. '안티

고네와 닮았네. 유쾌하고 걱정이 없는 안티고네 같아. 결코 불행을 겪지 않을 안티고네 같아.' 정원 다른 쪽에서는 팔짱을 낀 부부가 종종걸음으로 걷고 있었습니다. 웃으며 그들을 바라보던 아이가 달려가 다리를 붙잡았습니다. 테세우스는 그 순간 흰 드레스를 입은 젊은 여인을 알아보고 감동했습니다. 안티고네였습니다. 갈색 피부가 그녀의 얼굴을 더욱 화사하게 보이게 했습니다. 그녀는 야생의 아름다움을 전혀 잃지 않았습니다. 그녀의 곁에서 걷고 있는 구불구불한 머리의 젊은 남자는 매우 온화해 보였습니다. 어린 소녀가 애원했습니다. "하이몬! 하이몬! 나랑 놀아줘!" 그러니까 그는 크레온의 아들 하이몬이었습니다. 테세우스는 코니다스가 그의 스승이었다는 사실이 생각났습니다. 그는 하이몬에게 시, 자연, 그리고 감수성이 예민한 사람으로 만드는 모든 것을 가르쳤습니다. 하이몬이 대답했습니다. "지금은 안 돼, 예쁜 이스메네. 언니랑 얘기 중이야. 나중에 놀아줄게." 뾰로통한 얼굴로 아이가 멀어지자 안티고네의 얼굴이 어두워졌습니다. 젊은 남자가 말했습니다. "웃는 네 얼굴이 보고 싶어. 요즘 거의 웃질 않네." 그녀가 한숨을 내쉬며 대답했습니다. "하이몬, 우리 오빠들이 전쟁을 하고 있어요. 그들을 멈추게 할 수가 없어요. 지난밤 폴리네이케스를 만나러 갔어요. 그도 에테오클레스만큼이나 고집불통이에요." 하이몬이 큰 소리로 말했습니다. "거기에 갔다고? 너무 위험하잖아!" 그녀가 도발적인 표정으로 턱을 내밀며 고개를 들었습니다. "당신은 내가 아무것도 해보지 않고 그들이 서로 죽이도록 내버려 두길 바라나요?" 하이몬은 나무라듯 고개를 가로저었습니다. 그녀가 계속 말했습니다. "그래요, 당신 아버지가 금지했지만 난 성벽을 넘었어요. 하지만 그땐 밤이라서 아무도 날 보지 못했어요. 그저 오빠가 야영하고 있는 곳까지만 갔어요. 그의 천막에서 그를 만났죠. 우리가 얼마나 기뻤는지 당신은 상상도 못 할 거예요!" 하이몬이 다정하게 그녀를 바라보았습니다. "전 한 시간 동안 그와 이야기했어요. 에테오클레스가 그를 증오하는 만큼 그도 에테오클레스를 증오했어요!" 안티고네가 흥분했습니다. 그녀의 말이 빨라졌습니다. "테바이의 공격을 멈추기 위해, 이 전쟁을 끝내기 위해, 오늘 밤 그들은 이상한 전투를 하기로 했어요. 바로 둘이서 한 명이 죽을 때까지 싸우는 거죠. 내일이면 오빠들 중 한 명은 죽을 거예요. 다른 오빠가 죽이는 거죠! 너무나 끔찍해요, 하이몬. 그런데 난 아무것도 할 수 없어요." 젊은이는 그녀를 다정하게 안았습니다. 오랜 침묵 후 그가 말했습니다. "안티고네, 조심해." 그러자 그녀가 신경질적으로 그의 품에서 빠져나왔습니다. "하이몬, 당신은 이해하지 못해요. 우리 어머니와 아버지는 돌아가셨기 때문에 내가 우리 형제들을 돌봐야 한다고요." 테세우스는 미소를 금할 수 없었습니다. 그런 안티고네를 잘 알고 있었기 때문이죠. 하지만 하이몬이 옳았습니다. 상황이 매우 심각했습니다.

— 다음 편에 계속

이상한 전투로 맞선 두 형제

전편 요약 : 테세우스는 안티고네에게 무슨 일이 일어났는지 알고 싶었습니다. 과거로 간 그는 에테오클레스와 폴리네이케스가 곧 전쟁을 벌이려고 한다는 사실을 알게 됐습니다.

종일 무더웠습니다. 테바이 상공에 불길한 구름이 모여들었습니다. 테바이 사람들은 성벽 위에 모여 발아래 펼쳐진 평원을 뚫어지게 바라보았습니다. 적의 군대는 흐트러짐 없이 정렬해 있었습니다. 그들은 기다렸습니다. 테세우스는 군중 틈에 끼어들었습니다. 그의 시선은 곧 전쟁이 벌어질 장소에서 왕가로 옮겨 갔습니다. 모두들 폭풍 전야의 무거운 분위기 때문에 힘들어했지만 안티고네는 더욱 힘들어 보였습니다. 그녀는 어린 이스메네를 꼭 끌어안았습니다. 그녀의 입술에서 핏기가 사라졌습니다. 그녀에게서 멀지 않은 곳에 있는 크레온만이 편안해 보였습니다. 그는 자신의 기사 에테오클레스가 틀림없이 전쟁에서 승리할 것이며, 배반자 폴리네이케스는 그에게 한주먹 거리밖에 되지 않는다고 사람들에게 떠벌렸습니다. 안티고네는 그에게 분노의 시선을 던졌지만 그는 알아채지도 못했습니다.

에테오클레스는 평원에 있는 상대를 살펴보기 위해 흰말을 타고 마을 입구로 달려갔습니다. 자신감이 넘쳐 보였습니다. 그의 검은 갑옷이 지는 햇살에 반짝였습니다. 기사가 나타나자마자 테바이의 성벽에서 함성이 들렸습니다. 모든 사람들이 영웅을 응원했습니다. 안티고네를 뺀 모든 사람들이 영웅을 응원했습니다. 크레온이 신경질적인 시선으로 안티고네를 바라보며 말했습니다. "넌 네 오빠를 응원하지 않니?" 그녀는 차가운 시선으로 그를 바라보며 대답했습니다. "제겐 오빠가 둘 있어요. 전 그 둘을 똑같이 좋아해요." 크레온은 화가 난 동작을 하며 소리쳤습니다. "에테오클레스에게 영광과 장수를! 배신자 폴리네이케스에게 죽음을!" 여러 달 동안 계속된 포위전으로 궁핍하게 생활하던 테바이 사람들은 흥분해서 죽음을 달라는 이 외침을 따라 소리쳤습니다. 안티고네는 소름이 끼쳤습니다. 별안간 성벽 쪽에서 누군가 큰 소리로 대답했습니다. 밤색 말을 탄 폴리네이케스가 불쑥 나타났습니다. 그 역시 늠름해 보였습니다. 그의 갑옷은 은빛으로 반짝였습니다. 그가 형에게 다가갔습니다. 말들이 신경질적으로 뒷발로 섰습니다. 두 남자가 주고받

은 말은 바람에 묻혔습니다. 그들은 동시에 창을 아래로 내리더니 서로에게 달려들었습니다. 무기가 부딪는 소리가 온 계곡에 울려 퍼졌습니다. 그들은 치열하게 싸웠습니다. 싸우는 모습을 보면 그들이 한 배에서 나왔다는 것을 도저히 상상할 수 없었습니다. 창끝이 서로의 넓적다리를 스치기도 하고 불꽃이 튀기도 했지만, 두 기사 모두 낙마하진 않았습니다.

안티고네는 악몽을 꾸는 듯했습니다. 한쪽을 응원할 수 없는 그녀로서는 그저 오빠들이 피를 흘리지 않기만을 간절히 빌었습니다. 그리고 자신의 무력함에 절망했습니다. 함성이 들렸습니다. 사람들은 자신의 영웅을 응원했습니다. 해가 기울며 평원을 붉은빛으로 물들였습니다. 말발굽이 일으킨 먼지가 피처럼 보였습니다. 번개로 하늘에 줄무늬가 생기고 천둥소리가 계곡을 뒤흔들었습니다. 굵은 빗방울이 땅으로 떨어졌습니다. 하지만 관중은 움직이지 않았습니다. 결투의 결말을 알기 전에 비를 피하려고 자리를 뜨는 사람은 아무도 없었습니다. 말들은 거품을 물고, 두 사람은 무기를 들고 서로에게 달려들며 소리를 질렀습니다. 그러다 에테오클레스의 창에 폴리네이케스가 균형을 잃고 땅으로 떨어졌습니다. 그가 떨어지면서 형의 발을 잡아 형 역시 땅으로 미끄러졌습니다. 이제 그들은 칼을 들고 싸웠습니다. 테세우스는 창백해진 안티고네가 걱정됐습니다. 그녀가 정신을 잃을까 두려웠습니다.

갑옷이 비에 젖어 미끄러웠습니다. 결투를 멈출까요? 아니었습니다. 두 형제는 갑옷을 벗어 던졌습니다. 그들은 이제 보호구도 없이 서로를 물고 늘어졌습니다. 그들은 진흙 속에서 주먹다짐을 했습니다. 어느 것이 누구의 팔이고 어느 것이 누구의 다리인지 구분할 수 없을 정도로 그들은 심하게 엉켜 싸웠습니다. 그때 누군가 검을 높이 치켜들고 잠시 돌리더니 내리쳤습니다. 고통으로 얼룩진 비명이 들렸습니다. 동시에 다른 비명이 들렸습니다. 상대도 검을 들어 치명적으로 내리쳤습니다. 누가 먼저 상대를 죽였을까요? 뒤얽힌 그들의 몸을 봐선 아무도 알 수 없었습니다. 세 번째 비명이 들렸습니다. 안티고네의 울부짖음이었습니다. 두 오빠의 죽음을 마주한 고통의 울부짖음이었습니다. 테바이 사람들은 그제야 비를 피해 집으로 돌아갔고, 그들의 적들은 천막으로 후퇴했습니다. 붉은 진흙탕엔 에테오클레스와 폴리네이케스의 시신만 남아 있었습니다. 안티고네는 서로 엉켜 있는 이 두 사람의 시신에서, 너무나 사랑하는 이 두 사람의 시신에서 눈을 뗄 수가 없었습니다. 테세우스는 "우리 가족은 신들의 저주에서 절대로 벗어날 수 없을 거야! 절대로!"라는 안티고네의 속삭임을 들었습니다. 그녀의 말은 틀림없는 사실이었습니다.

– 다음 편에 계속

어떠한 희생을 치르더라도 자신의 의무를 다하는 안티고네

전편 요약 : 안티고네의 두 오빠 에테오클레스와 폴리네이케스는 이상한 싸움을 했습니다. 그리고 그들은 함께 죽었습니다.

밤이 되자 폭풍우가 몆었습니다. 크레온은 에테오클레스의 시신을 찾아오라고 명령했습니다. 장례를 치러주기 위해 그의 시신을 수레로 옮겨 왔습니다. 여인들이 궁전까지 수레를 쫓으며 울부짖었습니다. 크레온의 궁전은 시신에 마지막 작별 인사를 하러 온 사람들로 가득 찼습니다. 고통으로 경직된 안티고네가 그의 곁을 지켰습니다. 테세우스는 그들의 영웅에게 작별 인사를 하러 온 테바이 사람들처럼 줄을 섰습니다. 마침내 안티고네가 보였습니다. 그녀에게선 이제 경쾌함의 흔적을 찾아볼 수 없었습니다. 아테네에 도착한 날 그가 만났던, 불행으로 마음이 닫힌, 고집 센 그녀로 되돌아가 있었습니다.

횃불을 든 남자들이 에테오클레스의 시신을 에워쌌습니다. 그리고 테세우스가 테바이에 도착하며 본 돌무덤이 있는 도시 입구까지 그를 옮겨 갔습니다. 그곳에는 이미 이오카스테가 잠들어 있었습니다. 에테오클레스는 예를 갖춰 그곳에 매장됐습니다. 장례 행렬이 테바이로 돌아오자 안티고네가 크레온의 팔을 붙잡고 말했습니다. "삼촌, 폴리네이케스 오빠도 이렇게 예를 갖춰 장사 지내야 해요. 죽은 자들이 평화롭게 쉴 수 있도록 예를 갖추는 것은 우리의 성스러운 의무예요." 크레온은 팔을 빼며 대답했습니다. "말도 안 돼! 그는 우리 적들의 시체와 함께 들에서 썩게 될 게다. 그자와 같은 개를 묻어줄 흙은 없어." 안티고네는 탄식을 삼켰습니다. "내 명을 어길 생각은 마라, 안티고네. 네 목숨으로 갚게 될 테니! 나는 테바이의 왕이다. 너도 내 명에 따라야 해." 그녀가 고개를 들었을 때 크레온은 이미 멀어져 있었습니다. 그가 그녀를 봤더라면 그녀의 눈에서 굳은 결심을 읽을 수 있었을 겁니다. 수풀 뒤에서 이 모든 광경을 목격한 테세우스는 이미 그녀의 결심을 알고 있었습니다.

몇 시간이 흘렀습니다. 테바이 병사 두 명이 진흙 속에 버려진 폴리네이케스의 시신을 지키고 있었습니다. 그들은 잔가지와 지푸라기를 태워 피우다 꺼져가는 불로 몸을 녹였습니다. 구름에 달이 가려졌습니다. 테세우스는 어둠 속에서 누군가가 움직이는 것을 느낄

수 있었습니다. 어두운 색 케이프를 두른 그의 얼굴은 두건에 가려 보이지 않았습니다. 하지만 안티고네임이 분명했습니다. 그녀는 오랫동안 병사들을 염탐했습니다. 그들은 피곤해 보였습니다. 마침내 그들이 잠이 들자 안티고네는 뱀처럼 소리 없이 땅을 기어서 오빠의 시신에 가까이 갔습니다. 테세우스는 그녀가 오빠의 이마에 입을 맞추고 얼굴을 쓰다듬고, 들리진 않지만 무어라 중얼거리는 모습을 바라보았습니다. 그녀는 맨손으로 땅을 파기 시작했습니다. 비와 피를 먹어 젖은 땅을 한 주먹 가득 파서 오빠의 시신을 덮었습니다. 죽은 자들에게 해야 할 의무를 다하기 위해 서둘렀습니다. 권력자의 명령이 아닌 양심의 명령에 따르기 위해 서둘렀습니다. 오빠가 받아 마땅한 예를 갖추기 위해 서둘렀습니다. 그녀는 오빠의 시신을 매장했습니다. 갑자기 올빼미 울음 소리가 들려 잠든 병사가 깼습니다. 안티고네는 숨을 틈이 없었습니다. 병사가 소리쳤습니다. "정지! 거기 누구야?" 그의 동료도 벌떡 일어났습니다. 그들은 도망가려고조차 하지 않는 안티고네를 덮쳤습니다. 테세우스는 불빛 덕에, 진흙으로 더러워진 그녀의 얼굴에서 얼핏 미소를 본 것 같았습니다. 그녀는 해냈습니다. 그녀는 오빠에게 장례를 치러줬습니다. 이제 그는 안식을 취할 수 있을 것입니다.

한밤중에 잠이 갠 크레온이 달려왔습니다. 미칠 듯이 화가 난 그가 소리쳤습니다. "빌어먹을 안티고네! 감히 네가 내 명령을 어겼어! 대관절 네가 누구기에 이 나라의 법을 무시하느냐?" 그녀가 거만하게 대답했습니다. "저는 당신과 같은 폭군의 명령이 아닌, 양심의 소리를 따르는 한 여인이며 누이입니다!" 테세우스는 그녀의 저항에 놀랐습니다. 크레온은 붉은 흙으로 얇게 덮인 폴리네이케스의 시신을 바라보고는 짐짓 부

드러운 목소리로 말했습니다. "알았다. 네가 그토록 오라비에게 장례를 치러주고 싶어 하니 그를 네 어머니가 잠들어 있는 무덤에 에테오클레스와 함께 묻어 주마." 안티고네의 얼굴이 기쁨으로 빛났습니다. 그녀는 감사의 표시로 크레온의 손을 잡았습니다. 하지만 크레온이 화를 내며 말했습니다. "잔인하게 너희를 다시 떨어트려놓지 않겠어. 너도 그들과 함께 그 무덤에 들어가거라. 산 채로! 넌 감히 나에게 저항할 만큼 미쳤으니 네 목숨으로 값을 치러야겠다!" 안티고네는 저항하지 않았습니다. 테세우스는 이 사형 판결을 듣고 비명을 지르지 않을 수 없었습니다. 그의 비명 소리는 더 세게 내리치는 뇌우에 묻혔습니다. 그녀는 이 끔찍한 판결에서 어떻게 벗어날 수 있을까요?

— 다음 편에 계속

제77화

영원히 테바이를 떠나는 테세우스

전편 요약 : 크레온은 에테오클레스에게는 명예롭게 장례를 치러줬지만 폴리네이케스에게는 장례를 일절 금지했습니다. 안티고네는 이러한 금지 명령에도 불구하고 오빠를 손수 매장하며 장례를 치러줬습니다. 그러자 크레온은 안티고네를 가족 무덤에 생매장하라는 형벌을 내렸습니다.

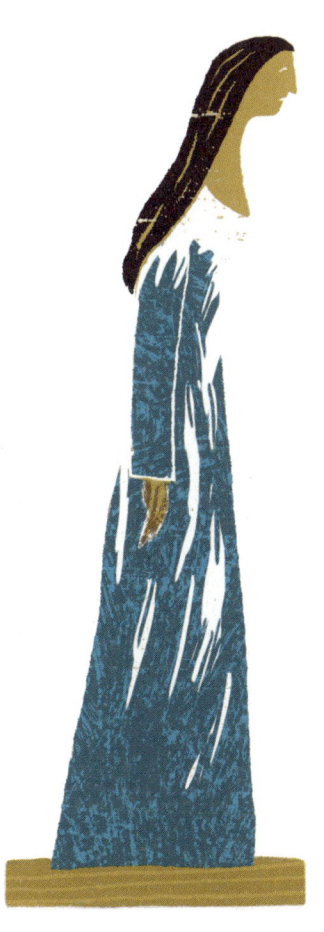

안티고네에게 내려진 사형 선고 소식은 순식간에 온 마을에 퍼졌습니다. 테바이 사람들은 잠에서 깨자마자 그들이 사랑했던 공주에게 마지막 인사를 하러 앞다투어 달려갔습니다. 그들은 마을에 페스트가 퍼졌을 때 그들을 돌보는 데 헌신했던 그녀를 기억했습니다. 그들은 그녀가 부르는 낯설고 즉흥적인 노래를 알고 있었습니다. 그들은 그녀를 사랑하고 소중하게 생각했습니다. 자신의 무덤을 향해 걷는 그녀를 쫓으며 사람들은 오열하고 통곡했습니다. 한 여인이 물었습니다. "하이몬은 왜 오지 않죠?" 궁중의 하인이 대답했습니다. "그의 아버지가 그녀에게서 떼어놓으려고 그를 코린토스로 보냈어요. 그는 아무것도 모른답니다."

흙으로 더럽혀진 흰 드레스를 입은 안티고네는 숭고했습니다. 얼굴에 미소를 띠고 있었습니다. 그리고 알아들을 수 없는 말을 중얼거렸습니다. 군중 속의 누군가가 외쳤습니다. "안티고네, 우리에게 말씀하세요!" 그녀가 고개를 돌리며 외쳤습니다. "난 내가 해야 할 일을 했어요. 깨어 있으세요! 늘 깨어 있으세요! 저항하세요!" 군중은 엄청난 소리로 화답했습니다. 겁을 먹은 군인들이 그녀를 무덤에 데려가기 위해 서둘렀습니다. 석조 피라미드가 음울해 보였습니다. 거대한 바위가 입구를 막고 있었습니다. 건장한 남자 세 명이 바위를 밀어 입구를 열었습니다. 흰옷을 입은 안

티고네가 무덤 안으로 들어가자 그 세 사람이 바위를 밀어 무거운 문을 닫았습니다. 모든 것이 끝났습니다. 테세우스는 십 년은 늙은 것 같았습니다. 그는 테이레시아스의 동굴로 돌아갔습니다. 그가 말했습니다. "너무 많은 것을 봤소. 이제 당신의 쓰디쓴 약의 도움은 더 이상 받고 싶지 않군." 예언가가 대답했습니다. "제가 경고했잖습니까." 테세우스가 물었습니다. "테이레시아스, 마지막으로 한 가지만 묻겠소. 하이몬이 테바이에 돌아와서 어떻게 행동했소?" "돌아온 하이몬은 무덤으로 달려갔습니다. 그리고 맨손으로 바위를 긁으며 절망적으로 입구를 찾으려고 했습죠. 고통스러워하는 그에게 감동한 테바이 사람들은 안티고네처럼 크레온의 명령을 어기고 그를 도와 돌문을 밀었습니다. 사람들은 안티고네의 시신을 찾아 무덤으로 들어간 그가 바로 자살했다고 말합니다." 예언가는 목이 메었습니다. 그리고 말을 맺었습니다. "이제 내가 아는 건 전부 말했습니다." 테세우스는 다정하게 예언가를 포옹한 후 자신의 임무를 마치기 위해 크레온의 궁전으로 갔습니다. 그는 크레온이 후회하고 있을 것이라 생각했지만 전혀 그렇지 않았습니다. 물론 왕은 자신의 아들을 위해 눈물을 흘렸지만 자신이 잘못했다고 생각하는 것 같진 않았습니다. 그가 테세우스에게 말했습니다. "안티고네는 내 명령을 따랐어야 했소." 테세우스는 엄청난 분노가 치밀어 올랐습니다. 앞에 있는 모든 것을 쓸어버릴 수 있는 분노였습니다. 안티고네는 사랑과 충직함으로 죽음에 내몰렸습니다. 그런데 크레온은 이기주의와 탐욕으로 왕좌를 차지했습니다. 테세우스가 애써 분노를 누르고 분명히 말했습니다. "전투 중에 사망한 당신의 적의 시신을 찾으러 왔소. 당신은 모든 인간의 의무이자, 죽은 사람이 마땅히 받아야 할 마지막 예의인 장례를 금지했소." 크레온이 자신의 권리를 내세워 항변하기 시작했습니다. 그러자 테세우스의 분노가 폭발했습니다. 아테네 왕은 크레온에게 덤벼들어 공격했습니다. 크레온은 목에 겨눠진 칼을 피해 아드라스토스 병사들의 시신이 썩어가고 있는 성벽 아래까지 몰렸습니다. 용기라곤 전혀 없는 그가 두려움에 떨었습니다. 테세우스는 그에게 직접 병사들의 시신을 하나하나 수레에 실으라고 명령했습니다. 먹을 것을 뺏기고 싶지 않았던 독수리들이 그를 부리로 쪼고 발톱으로 할퀴었습니다. 악취가 진동했습니다. 테세우스는 분노로 몸을 떨며 마지막 시신 한 구까지 모두 싣게 했습니다. 그가 크레온을 경멸하며 말했습니다. "크레온, 당신은 여기 주변을 맴돌고 있는 썩은 고기를 먹는 독수리들만도 못하군." 그리고 행렬의 앞에 서서 시신들을 가족들에게 돌려주기로 마음먹었습니다.

테세우스는 뒤도 돌아보지 않고 테바이를 떠났습니다. 안티고네의 죽음을 명확한 사실로 받아들인 그는 혼란스러웠습니다. 아테네로 돌아가는 길에 그 어느 것에도 마음을 줄 수 없었습니다. 그는 회상에 잠겼습니다. 이제 삶이 우울하다는 생각이 들었습니다. 그는 헤라클레스와 안티고네와 함께 있을 때는 용기를 가질 수 있었다는 생각이 들었습니다. 그에겐 새로운 모험이 필요했습니다. 그는 어떤 모험을 하게 될까요?

— 다음 편에 계속

사랑에 빠진 테세우스

> **전편 요약 :** 하이몬과 안티고네의 죽음 이후 테세우스는 크레온을 모욕하고 테바이를 영원히 떠났습니다. 우울하고 무기력해진 그는 심각한 우울증에 빠졌습니다.

태양과 파도가 숨바꼭질했습니다. 바다는 잔잔하고 맑았으며 테세우스가 몸을 실은 선박의 돛은 부드러운 바람을 맞았습니다. 모든 환경이 아테네 왕의 우울증을 치유하기에 이상적이었습니다. 하지만 테세우스는 이전의 무사태평한 모습을 되찾지 못했습니다. 그는 청년들과 웃으며 미노타우로스를 찾아 크레타로 향했던 첫 번째 항해를 회상했습니다. 하지만 지금은 그의 마음에 슬픔이 가득 찼습니다.

테세우스가 탄 선박은 특별한 목적지가 없었습니다. 그는 위업을 이루는 동시에 어두운 생각을 몰아내기 위해 모험을 떠나기로 결심했습니다. 그가 탄 선박이 헤라클레스가 모험을 했던 곳과 같은 방향으로 항해하게 된 건 순전히 우연이었습니다. 몇 주 동안 항해한 테세우스는 어느 항구에 정박했습니다. 그곳에서는 여인들만이 그를 기다리고 있었습니다. 이 여인들은 전사처럼 무장하고 있었습니다. 테세우스는 헤라클레스가 이야기했던 여인들이 지배하는 나라가 생각났습니다. 아마조네스의 땅에 들어온 게 분명했습니다. 이들은 친구일까요, 적일까요? 확신할 수 없었던 승무원들은 그곳에 발을 들이지 말고 닻을 올려 떠나자고 했습니다. 하지만 테세우스는 불타는 호기심이 발동했습니다. 무엇보다 헤라클레스가 실패했던 곳에서 성공하고 싶었습니다. 그는 비사교적인 아마조네스의 환심을 사고 싶었습니다. 그는 모험을 하기로 결심했습니다.

그들은 족히 십여 명은 돼 보였는데 항구를 빙 둘러 서 있었습니다. 무기를 발아래에 내려놓고 있는 것으로 보아 그들의 의도는 평화적인 것 같았습니다. 테세우스는 해안으로 다가가며 사촌의 이야기가 거짓이었다는 것을 알아차렸습니다. 아마조네스는 왼쪽 가슴을 자르지도 않았고, 야만적인 소리를 지르지도 않았습니다. 그들은 공격적이지 않았지만 그렇다고 해서 경계를 게을리하지도 않았습니다. 그들 역시 불타는 호기심이 발동한 것 같았습니다.

테세우스를 맞이하는 이 작은 집단 한가운데에는 탐스러운 다갈색 머리를 뽐내는 여인이 서 있었습니다.

테세우스는 그녀에게 한 발 다가갔습니다. 달처럼 맑은 눈빛을 가진 그녀가 너그럽게 미소 지으며 말했습니다. "난 아마조네스의 여왕 안티오페. 이방인, 당신들이 싸울 생각이 없다면 환영한다." 그녀의 목소리는 따뜻하고 근엄했습니다. 테세우스의 침묵이 길어지자 어색해진 동료들이 그에게 어서 대답하라는 몸짓을 했습니다. 그는 흠칫 놀라며 급히 중얼거렸습니다. "감사합니다, 음… 아름다운 여왕님. 우리는 그저 당신들에 관해 알고 싶을 뿐입니다." 안티오페는 자신들 때문에 혼란스러워하는 이방인을 보며 눈웃음을 지었습니다.

아마조네스는 아테네 사람들을 초대했습니다. 아테네의 왕은 안티오페의 얼굴에서 눈을 떼지 못했습니다. 고개를 약간 뒤로 젖히며 끊임없이 큰 소리로 웃어대는 안티오페의 눈은 더욱더 맑게 빛났습니다. 테세우스는 여인을 보며 이런 감정을 느껴본 적이 없었습니다. 아마조네스의 여왕을 사랑하는 것이 분명했습니다. 안티오페 역시 테세우스의 매력에 빠지지 않을 수 없었습니다. 테세우스는 자신의 영토를 소개해주겠다는 그녀의 제안을 받아들였습니다. 그녀는 테세우스에게 검은 말을 내주고 자신은 흰말에 올라탄 후 빨리 달렸습니다. 그녀의 다갈색 머리가 어깨 위에서 춤을 추었습니다. 테세우스 역시 빨리 달려 그녀를 따라잡았습니다. 안티오페와 테세우스는 숲 속으로 사라졌습니다. 그들의 모습은 며칠 동안 보이지 않았습니다. 그들이 다시 나타났을 때 테세우스는 다른 사람이 돼 있었습니다. 얼굴은 원기를 되찾았고 눈에서는 잃었던 광채가 빛났습니다. 그는 행복했습니다. 안티오페 역시 빛났습니다. 그들은 몇 주 동안 만천하에 드러나도록 열정적으로 사랑했습니다. 어느 날 아침, 테세우스가 말했습니다. "안티오페, 난 아테네로 돌아가야 해요. 나의 백성들에게 내가 필요해요. 나와 함께 가주겠소?" 아름다운 아마조네스의 여왕이 비난조로 속삭였습니다. "나의 동료들 역시 여왕이 필요해요. 왜 당신이 여기 내 곁에 머물면 안 되는 거죠?" 테세우스는 고개를 떨궜습니다. 사랑을 위해서 둘 중 누군가는 왕위를 포기해야 했습니다. 둘 중 누군가는 자신의 나라를 포기해야 했습니다. 그는 단 한 순간도 그런 희생을 생각해본 적이 없었습니다. 안티오페는 그리스 사람이 아니라 아마조네스였습니다. 그를 위해 모든 것을 떠났던 아리아드네와 달리 그녀는 여인들이 권력을 가진 나라에 살고 있었습니다. 누가 그것을 뺏을 수 있을까요?

그가 자신의 곁에 남을 준비가 되지 않았다는 것을 안 안티오페가 그에게 말했습니다. "당신 배로 돌아가서 삼 일 낮과 밤을 기다리세요. 삼 일 밤이 돼도 제가 당신에게 가지 않는다면 닻을 올려 떠나세요." 테세우스가 고개를 들었습니다. 그는 안티오페의 눈을 바라봤습니다. 그는 태어나서 처음으로 두려움을 느꼈습니다. 안티오페의 마음을 알 수가 없었습니다. 그녀는 결정을 내리지 못했습니다. 그는 두려움에 떨며 배로 돌아갔습니다. 첫날 밤 달이 하늘 높이 뜨자 테세우스의 두 눈에 눈물이 가득 차올랐습니다. 그의 진정한 첫사랑은 어떻게 될까요? 안티오페가 그를 만나러 올까요? 그녀가 오지 않는다면 그는 이런 이별을 견뎌낼 수 있을까요?

– 다음 편에 계속

제79화

삶의 보상

전편 요약 : 테세우스는 아마조네스의 나라에 도착했습니다. 그는 안티오페 여왕을 열렬히 사랑하게 됐습니다. 하지만 그는 아테네로 돌아가야 했습니다. 안티오페가 자신의 왕국을 버리고 그를 따라갈까요? 그녀는 사흘 동안 고민했습니다.

테세우스는 영원히 끝나지 않을 것 같은 이 사흘 낮 동안 외로웠습니다. 끔찍하게 외로웠습니다. 하지만 고독은 밤에 더욱 가혹했습니다. 사랑하는 여인을 떨어뜨려놓고 잠도 오지 않았습니다. 테세우스는 일분일초도 쉬지 않고 안티오페가 무슨 생각을 하는지 무엇을 하는지 무슨 말을 하는지 일거수일투족이 궁금했습니다. 그는 그녀 곁에 다가갈 수 있는 사람들이 부러웠습니다. 안티오페가 쓰다듬는 개, 그녀의 머리칼을 춤추게 하는 바람, 그녀가 잠잘 때 덮는 이불까지 모든 것을 질투했습니다. 그는 잠도 자지 않고 그녀를 기다렸습니다. 사흘째 밤은 더욱 길게 느껴졌습니다. 그는 그들의 관계가 끝나서 동이 트자마자 닻을 올리고 안티오페를 남겨두고 떠나게 될까 봐 두려웠습니다.

장밋빛 손가락을 가진 오로라가 수평선에 모습을 드러내기 시작할 때까지도 안티오페는 여전히 그를 만나러 오지 않았습니다. 사랑의 열병에 걸린 테세우스는 아테네에 돌아가지 않기로 결심했습니다. 안티오페를 잃느니 차라리 왕위를 잃는 편이 낫다고 생각했습니다. 그는 동료들이 깨지 않도록 조심조심 배 옆에 묶어놓은 작은 보트로 갔습니다. 보트에 탄 그는 결심한 듯 미련 없이 해안을 향해 노를 저었습니다. 아직 어슴푸레한 빛 때문에 선박들의 어두운 형체만 짐작할 수 있었습니다. 그때 테세우스는 찰랑거리는 소리를 명확히 들었습니다. 분명 노 젓는 소리였습니다. 잠시 후 그는 아마조네스 항구에서 오고 있는 보트를 발견했습니다. 그 보트에는 안티오페가 타고 있었습니다! 그들은 즉시 서로 알아보았습니다. 테세우스의 심장이 터질 듯 뛰었습니다. 그러니까 그녀 역시 그를 위해 자신의 왕위를 버리려 했던 것입니다! 그에 대한 그녀의 사랑은 그녀에 대한 그의 사랑만큼 강했던 것입니다! 안티오페가 테세우스의 보트로 옮겨 탔습니다. 그들은 모두 상대의 선택에 감동했습니다. 안티오페는 마지막까지 그가 왕위보다는 그녀를 선택해주길 바랐습니다. 그런데 그가 자신의 사랑을 증명해준 것입니다. 그들은 장밋빛으로 물든 바다를 바라보며 테

세우스의 선박으로 돌아갔습니다.

배에 오르자마자 테세우스는 돛을 펼치라 명령했습니다. 그들은 아테네를 향해 항해했습니다. 너무나 행복한 그는 돌아가는 여정이 매우 짧게 느껴졌습니다. 하지만 여행은 수개월 지속됐습니다.

어느 날 저녁 안티오페와 함께 별을 감상하고 있을 때, 테세우스는 모험하는 동안 한 번도 느껴보지 못했던 감동을 느꼈습니다. 안티오페가 그의 손을 잡았습니다. 그녀는 자주 그랬던 것처럼 그의 손가락을 만지며 놀다 갑자기 그의 손을 끌어다 자신의 배에 올렸습니다. 테세우스는 손바닥으로 무언가 움직이는 것을 분명히 느꼈습니다. 안티오페의 배 안에 생명이 잉태되어 있었습니다! 그녀가 미소 지으며 그를 바라보았습니다. 넋이 나간 테세우스가 상황을 이해하는 데 시간이 걸렸습니다. 안티오페가 속삭였습니다. "이 아이가 태어나기 전에 당신 집에 도착하면 좋겠어요. 배에서 태어나지 않게 말이죠." 테세우스는 자신이 곧 아버지가 될 것이라는 사실을 알고 감동했습니다. 그는 안티오페의 머리에 키스를 하며 꼭 끌어안았습니다. 인생이 다시 찬란하게 빛나기 시작했습니다. 테세우스는 어머니가 되는 행복을 절대 맛볼 수 없었던 안티고네를 생각하자 고통스러웠습니다.

그들이 아테네에 도착했을 때 아마조네스 여왕의 분만이 임박했습니다. 사람들은 왕의 귀환을 열렬히 환영했습니다. 왕을 다시 못 볼까 봐 두렵기도 했고, 왕이 없는 동안 이웃 국가들과 분쟁이 발생했으니까요. 유명했던 아테네 사람들의 친절도 무색해졌습니다. 이방인이 들어오면 돌을 던져 쫓았습니다. 테세우스는 즉시 모든 것을 바로 세우기로 마음먹었습니다. 그는 국경을 명확히 표시하고 이웃 국가들에 평화를 약속했습니다. 그리고 그리스 전역에 사람들을 보내 이방인들이 아테네에 오는 것을 환영한다고 알렸습니다. 그의 사절들이 호소했습니다. "우리나라에 오십시오, 모두 오십시오!" 아테네는 조금씩 본래의 모습을 되찾으며 안정됐습니다.

그들이 돌아온 지 얼마 지나지 않아 안티오페는 사내아이를 낳았습니다. 테세우스는 아이를 오랫동안 바라봤습니다. 아이는 엄마를 닮았습니다. 다갈색 머리에 섬세하고 기품 있는 외모였습니다. 테세우스가 안티오페에게 말했습니다. "이 아이는 당신만큼 말을 잘 탈 것 같군. 이 아이를 말을 사랑하는 사람이라는 뜻으로 히폴리토스라 부르겠소." 안티오페는 자애로운 미소를 지었습니다. 테세우스는 자신이 세상에서 가장 행복한 사람이라고 생각했습니다. 테세우스, 현명한 테세우스가 헤라클레스보다 더 훌륭하다는 소식이 그리스 전체에 퍼졌습니다. 그는 아마조네스 여왕의 마음을 사로잡았을 뿐만 아니라 그녀와 함께 아테네로 돌아와서 아이를 낳았으니까요. 테세우스는 이런 일을 피 한 방울 흘리지 않고 사랑으로 해냈습니다. 하지만 때때로 진실은 왜곡되어 전해집니다. 입에서 입으로 전해지는 이야기는 늘 조심해야 합니다. 결국 테세우스가 안티오페를 강제로 납치했다는 이야기가 퍼지기 시작했습니다. 이 이야기를 지어낸 사람들은 아테네 왕의 명성을 드높일 수 있을 거라 생각했습니다. 하지만 그들은 불행을 자초한 것입니다.

- 다음 편에 계속

제80화

아마조네스와의 전쟁

전편 요약 : 안티오페와 테세우스는 함께 아테네로 돌아왔습니다. 그녀는 히폴리토스라는 사내아이를 낳았습니다. 하지만 테세우스가 안티오페를 강제로 납치했다는 소문이 퍼졌습니다.

테세우스는 진동하는 함성과 발소리에 놀라 잠에서 깼습니다. 궁전의 창문 앞 아테네 거리에서 사람들이 누군가에게 쫓겨 도망가고 있었습니다. 안티오페가 속삭였습니다. "움직이지 마세요! 내 호위대를 불러 무슨 일인지 알아볼게요." 그가 궁에서 나가려 하자 화살이 비 오듯 쏟아졌습니다. 위험을 너무 늦게 알아차렸던 것입니다. 침략자들은 그날 밤을 타 테세우스의 궁 가까이까지 왔습니다. 그는 포위됐습니다. 적은 수도 많고 빛도 없는 어두운 곳에서도 무서우리만큼 정확하게 화살을 쐈습니다. 달도 뜨지 않았습니다.

테세우스는 침실에 웅크리고 몸을 숨겼습니다. 그는 어둠 속을 살피려 했지만 너무 어두웠습니다. 누가 왜 한밤중에 그를 공격하는 걸까요? 도시 전체에서 싸움이 벌어졌습니다. 추격하는 소리가 테세우스에게도 들렸습니다. 의심의 여지 없이 그의 백성들이 학살당하고 있었습니다! 테세우스는 걱정이 되어서 미칠 것 같았습니다. 도시 전체에서 잔인한 함성과 도움을 구하는 외침과 비명이 울려 퍼졌습니다.

순간 그는 궁전의 대문을 향해 넘어오는 그림자를 봤습니다. 누군가 그에게 다가오기 위해 몰래 잠입한 것입니다! 그의 호위대는 다가오는 자를 포착했지만 테세우

스가 움직이지 말라는 신호를 보냈습니다. 그는 누가 전쟁을 일으켰는지 알아내서 이 전쟁을 끝내기 위해 그를 생포하려 했습니다. 그림자가 궁전 안으로 들어오자 테세우스가 뒤에서 그를 덮쳤습니다. 침략자는 깜짝 놀라 활을 놓쳤습니다. 테세우스는 그를 다른 방으로 끌고 갔습니다. 그는 너무나 가냘프고 가벼웠습니다! 테세우스가 횃불을 들이대자 여자의 얼굴이 보였습니다. 테세우스가 놀란 틈을 타 그녀는 그의 얼굴에 침을 뱉었습니다. 그리고 고양이보다 더 유연하게 창문으로 뛰어올라 어둠 속으로 사라지며 소리쳤습니다. "테세우스, 죽일 놈! 네가 저지른 죄는 갚아주겠어!" 테세우스는 그녀를 붙잡을 수 없었습니다. 그러니까 그의 적은 아내의 부족인 무서운 아마조네스였던 것입니다! 그들이 왜 그를 비난하는 걸까요? 사람들이 부상자들을 데리고 오는 바람에 그는 오랫동안 생각할 수도 없었습니다. 신속히 대처해야 했습니다! 그는 궁전의 모든 창문에 무장한 사람을 배치하고 날이 밝기를 기다렸습니다. 새벽이 되면 밖으로 나갈 계획이었습니다. 그의 적들은 어둠 속에서도 볼 수 있는 것 같았습니다. 그녀들은 새벽이 되기 전 소름 끼치는 소리를 지르며 공격했습니다. 테세우스는 칼을 휘둘러 자신에게 쏟아지는 칼을 막으며 사력을 다해 싸웠습니다. 그는 혼자였습니다. 아마조네스가 그의 호위병들을 몰살했습니다. 그때 누군가 그의 뒤에서 화살을 쏘며 그를 호위했습니다. 아내 안티오페였습니다. 그녀가 용감하게 그를 구조하러 나선 것입니다. 그녀도 공격자들처럼 날카로운 소리를 질렀습니다. 테세우스는 그녀의 이런 모습을 본 적도, 이런 소리를 들은 적도 없었습니다. 그녀는 멋졌습니다. 그녀의 다갈색 머리칼이 투구 같았습니다. 그가 다시 기운을 차렸습니다.

한밤중에 궁전에 침입했던 젊은 여인이 제일 앞에서 싸우고 있었습니다. 안티오페가 나타나는 것을 본 그녀가 소리쳤습니다. "안티오페! 빨리 우리 쪽으로 와! 널 구하러 우리가 왔어!" 그러자 안티오페가 소리쳐 대답했습니다. "오레이티아, 그만해! 미쳤어? 난 내가 원해서 여기에 있는 거야. 누군가의 강요에 의해 떠난 게 아니라고!" 무기들이 부딪히는 소리 때문이었을까요? 그녀의 이야기를 믿고 싶지 않았기 때문이었을까요? 아마조네스를 지휘하는 안티오페의 자매는 못 들은 것 같았습니다. 그녀는 싸움을 멈추라는 명령을 하지 않았습니다. 그뿐만 아니라 그 순간 테세우스에게 활을 쐈습니다. 그녀가 제대로 겨눴기 때문에 목표를 놓칠 리가 없었습니다. 안티오페는 사랑하는 사람에게 몸을 던졌습니다. 화살은 그녀의 가슴 한가운데에 명중했습니다. 테세우스와 오레이티아가 동시에 비명을 질렀습니다. 전쟁은 그 즉시 멈췄습니다. 테세우스는 아내를 품에 안았습니다. 그녀의 생명이 위태로웠습니다. 그녀는 오레이티아의 머리를 한 손으로 잡고 테세우스 머리 쪽으로 끌어당기며 속삭였습니다. "제발 서로 화해해…." 그리고 숨이 끊어졌습니다.

테세우스의 괴로움은 표현할 수 없었습니다. 그는 아내의 시체를 내려놓을 수 없었습니다. 그들 곁에서 오레이티아도 울음을 그치지 않았습니다. 구슬프게 울어 눈물범벅인 테세우스와 오레이티아는 말없이 서로 노려보며 일어섰습니다. 그런데 오만한 아마조네스가 예상치 못한 행동을 했습니다. 그녀가 테세우스에게 무릎을 꿇었습니다. 깜짝 놀란 테세우스는 그녀를 일으켜 세우고 끌어안았습니다. 그들은 서로 말 한 마디 건네지 않았습니다. 하지만 사람들은 그날 아마조네스와 아테네 사람들 사이에 평화조약이 이루어졌다고 말했습니다.

아마조네스가 떠난 후 아테네 사람들은 큰 슬픔에 빠졌습니다. 절망에 빠진 테세우스는 아들도 왕국도 돌보지 않으며 쇠약해져갔습니다. 그는 매일 안티오페의 무덤을 찾았습니다. 그리고 마치 그녀가 살아 있기라도 한 듯 선물을 가져다주며 이야기했습니다. 사랑의 아픔이 그를 괴롭혔습니다. 테세우스는 알아볼 수 없을 정도로 수척해졌습니다. 과연 그가 이 고통에서 헤어날 수 있을까요?

- 다음 편에 계속

제81화

올림픽 경기

전편 요약: 테세우스는 아마조네스와 아테네 사이의 전쟁 중 아내 안티오페를 잃었습니다. 그녀는 자매의 화살에 맞아 숨을 거두었습니다. 그는 절망에 빠졌습니다.

몇 해가 흘렀습니다. 히폴리토스는 잘생기고 멋진 청년으로 성장했습니다. 청년은 아버지의 무관심 속에서 혼자 자랐습니다. 그는 말들만을 좋아했습니다. 대부분의 시간을 말들과 함께 지내며 하루 종일 말을 탔습니다. 바람에 그의 긴 머리칼이 어깨에서 갈기처럼 흔들렸습니다. 그가 가장 좋아하는 말은 포기아스였습니다. 포기아스는 예민한 순종 검은 암말이었습니다. 히폴리토스는 아무도 포기아스에게 다가가지 못하게 했습니다. 그는 아르테미스 여신을 무한히 숭배했습니다. 그는 기회가 될 때마다 아르테미스를 찬양했습니다. 이와 같은 숭배심은 어머니에게서 물려받은 것이 분명했지만, 사냥과 숲의 여신이 아마조네스의 수호신이라는 것을 그는 몰랐습니다.

어느 날 히폴리토스는 올림피아 지역에서 운동 경기가 열린다는 말을 들었습니다. 이 경기를 위해 특별히 만들어진 경기장에서 선수들이 기량을 뽐낼 수 있도록 그리스의 모든 선수들이 초대됐습니다. 히폴리토스는 이륜마차 경기에 출전하고 싶어 죽을 지경이었습니다. 그는 출전 허락을 받기 위해 아버지를 찾아가기로 마음먹었습니다. 테세우스는 아들에게 특히 무뚝뚝했습니다. 지나고 나면 속으로 후회했지만 그렇다고 해서 태도를 바꿀 수는 없었습니다. 그는 매번 '히폴리토스와 더 가깝게 지내야겠어.'라고 생각했습니다. 하지만 테세우스는 그 아이를 볼 때마다 가슴에 비수가 꽂히는 것 같았습니다. 다갈색 긴 머리칼과 하얀 피부의 히폴리토스는 이상하리만큼 어머니를 닮았습니다. 테세우스는 그를 볼 때마다 안티오페를 잃은 슬픔이 되살아났습니다. 소년은 오랫동안 아버지가 다정하게 대해주기를 바랐지만 헛된 희망이었습니다. 그날 히폴리토스가 용기를 내어 물었습니다. "아버지, 올림피아에서 열리는 경기에 저와 함께 가주시겠어요? 제가 참가할 수 있게 허락해주시겠어요?" 테세우스는 아들을 엄하게 바라보았습니다. "그건 또 무슨 얘기냐? 무슨 경기를 얘기하는 거야?" 히폴리토스는 비장의 무기를 꺼냈습니다. "아버지의 사촌 헤라클레스가 개최하는 운동 시합이에요. 공정한 방식으로 다

른 사람과 겨루는 친선 경기예요. 제우스에게 바치는 게임이라고 하던데요. 아버지도 거기에 참석하시겠어요? 그러면 아버지 사촌 형도 만날 수 있고….” 청년이 좋은 이유를 찾아냈습니다. 테세우스의 얼굴이 밝아졌습니다. “그래? 헤라클레스가 개최한다고? 그렇다면 얘기가 달라지지. 네가 가고 싶다면 같이 가자!”

그렇게 해서 아버지와 아들은 함께 올림피아를 향해 길을 나섰습니다. 올림피아에는 수많은 천막들이 거대한 마을을 형성하고 있었습니다. 곧 열릴 경기를 구경하러 수많은 사람들이 몰려온 것이었습니다. 천성이 비사교적이고 들뜬 도시보다는 울창한 숲을 더 좋아하는 히폴리토스는 이처럼 모여 있는 군중에 약간 겁이 났습니다. 하지만 테세우스는 곡예사와 광대 등의 활기찬 생동감을 기꺼이 즐겼습니다.

그들은 힘들게 사람들 사이를 헤쳐 길을 만들며 경기가 열릴 성스러운 구역으로 들어갔습니다. 그때 황금 뿔을 가진 황소들이 수레를 끄는 행렬이 도착했습니다. 제일 앞에서 헤라클레스가 걷고 있었습니다. 두 사촌 형제는 재회에 감격하며 뜨겁게 끌어안았습니다. 삶이 순탄치 않았던 탓에 늙고 힘들었지만 그들은 늘 서로 보고 싶어 했습니다. 테세우스는 청년에게 눈길도 주지 않는 헤라클레스에게 아들을 소개했습니다. 히폴리토스는 행렬을 따르는 선수들과 합류했습니다. 테세우스가 말했습니다. “형이 이런 걸 개최하다니 정말 잘했어요.” 그러자 헤라클레스가 대답했습니다. “도시와 도시, 지역과 지역 등 그리스인들이 끊임없이 싸우는 걸 보는 데 지쳤어. 적어도 여기에서는 정정당당하게, 그리고 피 흘리지 않고 싸울 수 있지.” 테세우스는 이처럼 현명한 말에 감동받았습니다. 사촌 형의 입에서 이런 말을 들은 것은 처음이었습니다. 헤라클레스가 자랑스럽게 말했습니다. “난 이 행사를 올림픽 경기라고 부르기로 했어. 내가 장담하는데 아마 수 세기가 흘러도 사람들은 이 경기에 대해 말하게 될 거야!” 더 말할 시간이 없었습니다. 이제 헤라클레스는 첫 번째 올림픽 경기의 개막식을 해야 했습니다. 횃불을 든 다섯 명의 아가씨가 다가왔습니다. 그들은 이 경기에 참여하는 유일한 여성들이었습니다. 선수들이 제우스 신전 근처에 모이자 헤라클레스가 신들의 신인 아버지에 대한 경의의 표시로 황금 뿔을 가진 황소들을 제물로 바쳤습니다. 선수들은 한 명씩 와서 제우스 동상 앞에 엎드렸습니다. 경기가 시작됐습니다.

거대한 경기장 안의 계단식 좌석은 사람들로 가득 찼습니다. 그리스의 영웅들을 보려고 사람들은 서로 밀쳤습니다. 경기는 마차 경주로 시작됐습니다. 멀리서 거만하게 수레에 서 있는, 번쩍이는 다갈색 머리칼의 아들을 알아본 테세우스는 감동이 밀려왔습니다. 히폴리토스는 자신의 능력을 보여줄 수 있을까요? 헤라클레스가 속삭였습니다. “만약 네 아들이 승리한다면 그의 이름과 그의 아버지의 이름과 그의 출신 도시 이름이 이 경기장에서 크게 불리게 될 거야.” 테세우스의 심장이 두근거렸습니다. 갑자기 아들이 승리하기를 바라는 마음이 간절히 생겼습니다. 그렇지만 테세우스는 두려운 경쟁자, 그가 너무나 잘 알고 있는 경쟁자가 있다는 사실을 알아차리지 못했습니다.

─ 다음 편에 계속

소중한 친구와의 만남

전편 요약 : 테세우스는 헤라클레스가 창시한 첫 번째 올림픽 경기를 관람했습니다. 그는 아들 히폴리토스가 마차 경주에서 승리하기를 바랐습니다.

마차들이 달리자 먼지구름이 일었습니다. 원형 경기장에서 천둥소리가 들렸습니다. 수백 개의 말발굽이 바닥을 굴렀습니다. 열광한 관중이 소리를 질렀습니다. 선수들과 함께 온 친구들이 소리를 질러 응원했습니다. 히폴리토스는 첫 바퀴부터 선두 그룹에 있었습니다. 그는 아버지가 앉아 있는 특별석 앞을 지나갈 때도 눈길을 돌리지 않고 두 마리 말을 최고 속도로 모는 데만 집중했습니다. 그는 테세우스가 자신에게 기대하는 바를 잘 알고 있었습니다. 그토록 원하는 아버지의 사랑을 얻으려면 무슨 일이 있어도 이 경주에서 승리해야 한다고 생각했습니다. 두 번째 바퀴에서 경쟁자들과 조금 더 거리를 벌렸습니다. 히폴리토스의 말들은 땅을 박차고 하늘로 날아오를 듯 속도를 냈습니다. 세 번째 바퀴에서 선두 그룹엔 십여 대의 마차만이 남았습니다. 다른 그룹의 마차들과는 간격이 더 벌어졌습니다. 테세우스는 '히폴리토스가 말을 좀 살살 다뤄야 할 것 같군. 도착하기 전에 지치겠어.'라고 생각했습니다. 테세우스는 마치 자신이 경기하듯 이마에 땀이 흘렀습니다. 네 번째 바퀴에서 관중은 소리를 지르며 자리에서 일어섰습니다. 마차 한 대가 뒤집히며 뒤에서 달려오던 말에게 선수가 밟힐 뻔했습니다. 부상자는 가까스로 구출됐지만 경기장의 모래 바닥은 피에 젖었습니다. 다섯 번째 바퀴를 돌며 히폴리토스는 이제 자신을 걱정하고 있는 아버지의 모습을 봤습니다. 그는 내심 자랑스러웠습니다. 그는 말을 더 세게 채찍질했습니다. 테세우스는 무슨 일이 일어날지 예상할 수 있었습니다. 여섯 번째 바퀴에서 히폴리토스의 마차가 경로를 벗어나며 순간 기우뚱했지만, 곧 중심을 다시 잡으며 선두를 놓치지 않았습니다. 일곱 번째 바퀴에서 히폴리토스는 다른 선수들과 거리를 많이 벌리며 일등으로 달렸습니다. 관중의 함성이 폭풍우 속의 파도 소리처럼 들렸습니다. 견뎌야 합니다. 잘 견뎌야 합니다. 긴장을 풀지 말아야 합니다. 그의 노력이 곧 상을 받게 될 테니까요. 올림픽 스타디움에서 사람들이 그의 이름과 아버지의 이름을 소리쳐 부르게 될 것입니다. 영웅의 아들인 그가 드디어 영웅이 될 것입니다. 히폴리토스는 윤기 나는 말들의 목에서 눈을 떼지 않았습니다. 말들의 털에 땀이 맺히고 근육이 팽팽히 긴장했습니다. 그는 말들을 토닥이며 격려했습니다. 그가 소리쳤습니다. "자, 어서 가자!" 테세우스는 숨을 쉴 수가 없었습니다. 아들의 흰말이 눈이 아플 정도로 강한 빛을 반사했습니다. 히폴리토스의 승리가 눈앞에 있었습니다.

그때 선두 그룹에서 파란 마차가 두각을 나타냈습니다. 여덟 번째와 마지막 바퀴였습니다. 파란 마차는 전속력으로 달리고 달렸습니다. 그의 말들은 전혀 힘들어 보이지 않았습니다. 경기를 하는 동안 전혀 지치지 않은 것 같았습니다. 군중의 함성이 더 커졌습니다. 파란 마차의 선수는 말들 쪽으로 살짝 몸을 숙였을 뿐 거의 똑바로 서 있었습니다. 히폴리토스는 말들에게서 마지막 힘을 끌어모으려고 했습니다. 하지만 애석하게도 그의 말들은 지칠 대로 지쳐 있었습니다. 파란 마차가 히폴리토스의 마차보다 월등히 앞서 결승선을 먼저 넘었습니다. 땀을 비 오듯 쏟으며 지친 젊은이는 분하고 원통해하는 아버지의 몸짓을 봤습니다. 히폴리토스는 테세우스에게서 기대하는 것을 결코 얻을 수 없을 것 같았습니다. 그는 사랑받을 수 있는 마지막 기회를 망쳤습니다. 적어도 그는 그렇게 생각했습니다.

테세우스는 실망했습니다. 실망과 동시에 역정이 났습니다. "저 아이가 경기 시간을 제대로 예측하지 못했기 때문에 일등 한 자가 그를 추월해버렸어." 테세우스는 자신이 큰 소리로 투덜거렸다는 것을 인식하지 못했습니다. 그의 마지막 말을 들은 헤라클레스가 미소를 지었습니다. "일등 한 자라고? 누군지 모르겠어? 우승자의 얼굴을 잘 봐…." 우승자는 관중의 환호를 받으며 경기장을 돌기 전, 헤라클레스가 수여하는 상을 받기 위해 그들에게 다가왔습니다. 그가 시상대로부터 불과 몇 미터 거리까지 다가오자 테세우스는 웃음을 터트렸습니다. "이올라오스! 세상에!" 그곳에 서 있는 사람은 분명 헤라클레스의 조카 이올라오스였습니다. 감동한 테세우스가 이올라오스와 포옹했습니다. 그들은 주변 관중의 시선은 아랑곳하지 않고 오래도록 꼭 끌어안았습니다. 이올라오스가 거짓말을 했습니다. "하나도 안 변했군요…." 테세우스가 거짓이 아닌 진심으로 대답했습니다. "너야말로." 그의 친구에게선 세월이 흐른 흔적을 찾아볼 수 없었습니다. 눈가에 주름 몇 개가 보일 뿐이었습니다.

올림픽 경기에서는 일등으로 도착한 사람만이 축하를 받았습니다. 다른 경쟁자들은 주목받지 못하고 돌아갔습니다. 자신의 실패에 화가 난 히폴리토스는 아버지가 승자와 포옹하는 것을 멀리서 지켜봤습니다. 그는 아무것도 몰랐습니다. 그는 테세우스가 자신을 모욕하기 위해 과장하는 것이라고 생각했습니다. 여전히 배려심 많은 이올라오스가 재회의 기쁨을 뒤로하고 말했습니다. "내게 당신의 용감한 아들을 좀 소개해주지 않겠어요?" 테세우스는 히폴리토스를 찾으러 사람을 보냈습니다. 하지만 히폴리토스는 사라지고 없었습니다.

– 다음 편에 계속

제83화

삶의 의지를 되찾은 테세우스

전편 요약 : 히폴리토스는 마차 경주에서 이올라오스에게 패배했습니다. 테세우스는 옛 친구를 되찾아 기뻤습니다. 하지만 수치심을 느낀 히폴리토스가 사라졌습니다.

가시덤불이 정강이를 긁고 나뭇가지가 얼굴을 때렸지만 히폴리토스는 아픔조차 느끼지 못했습니다. 숲 속 공터에서 말을 잃은 그는 아버지를 영원히 떠나겠다는 마음으로 앞만 보고 달렸습니다. 마음속에서 분노와 쓰라린 감정이 들끓었습니다. 젊은이는 '아버지에게 무시당하고 관심을 못 받으니, 차라리 다시는 아버지 앞에 나타나지 않을 거야.'라는 생각을 되새겼습니다. 그는 슬픔을 잊기 위해 테세우스에 대한 분노를 키우며 코르크 떡갈나무 숲 깊숙이 들어갔습니다.

한편 테세우스는 이올라오스의 도움을 받으며 히폴리토스를 찾아 나섰습니다. 올림픽 경기를 보기 위해 모인 관중 사이를 이동하는 것은 쉬운 일이 아니었습니다. 오래지 않아 올림피아를 벗어난 그들은 말에 올라타 근처 숲으로 달렸습니다. 테세우스는 히폴리토스가 숲을 좋아한다는 것을 알고 있었기 때문에 그가 숲으로 가서 위안을 찾을 것이라 생각했습니다. 이올라오스는 아무 말 없이 친구의 이야기를 주의 깊게 들었습니다. 테세우스는 그에게 벌써 세 번째, 안티오페의 비극적인 죽음에 대해 이야기했습니다. 그는 실종된 아들에 대해서 걱정보다 짜증이 앞섰습니다. 이올라오스가 말했습니다. "그 아이의 어머니의 죽음은 당신 책임이 아니지만 거기서 헤어나지 못하는 것은 당신 책임입니다." 테세우스는 깜짝 놀랐습니다. "그게 무슨 말인가?" "그러니까 적어도 한 번은 헤라클레스가 당신보다 현명했군요. 그는 자녀들이 죽은 후에도 삶과 행복을 포기하지 않았어요. 그는 고통을 삶의 활력으로 변화시켰죠." 두 사람은 조용히 길을 갔습니다. 테세우스는 깊이 생각했습니다. 이올라오스가 천천히 다시 말을 꺼냈습니다. "당신에게 히폴리토스가 소중하다는 걸 그가 알고 있을까요? 당신의 관심을 얻기 위해 이런 모험을 할 필요가 없다는 것을 그가 알고 있을까요?"

날이 저물었습니다. 숲은 점점 어두워졌습니다. 테세우스는 걱정되기 시작했습니다. 그때 그들은 젊은이가 말을 잃어버린 공터까지 갔습니다. 말은 주인이 돌

아오길 기다리며 평화롭게 풀을 뜯고 있었습니다. 테세우스와 이올라오스가 말에서 내렸습니다. 그들은 관목 더미를 뒤졌습니다. 이올라오스가 농담을 했습니다. "이 흔적을 따라가면 당신 아들을 찾을 수 있겠네요. 성난 멧돼지가 지나간 것 같군요." 하지만 숲이 히폴리토스를 숨기기라도 하듯 얼마 가지 않아 그의 흔적이 끊어졌습니다. 실망한 테세우스가 바위에 앉았습니다. 그가 한숨을 쉬며 말했습니다. "그를 사랑한다고 말해줬어야 했어. 그 아이가 어머니와 닮은 것은 그의 잘못이 아니지." 이올라오스가 손가락을 자신의 입술에 댔습니다. 그리고 테세우스에게 고갯짓으로 숲에서 나온 암사슴을 가리켰습니다. 사슴은 멋졌습니다. 짐승은 마치 자신을 따라오라는 듯 귀를 움직이며 두 사람을 뚫어져라 바라보았습니다. 그들이 천천히 일어났지만 사슴은 움직이지 않았습니다. 그들은 몇 발짝 거리까지 가까이 갔습니다. 그들이 바짝 다가가자 사슴이 우아한 동작으로 뛰었습니다. 의심의 여지 없이 이 사슴은 무언가 초자연적인 존재였습니다. 사슴을 따라가야 할 것 같았습니다.

그렇게 사슴은 테세우스와 이올라오스를 깊은 구덩이가 있는 협곡으로 데려갔습니다. 테세우스가 구덩이 가장자리에 서서 몸을 숙였습니다. 바닥에 무언가 길게 누워 있는 것 같았습니다. 히폴리토스였습니다! 테세우스와 이올라오스가 의식이 없는 젊은이를 구덩이 밖으로 끌어내는 데는 오래 걸리지 않았습니다. 의식을 찾은 히폴리토스는 자신 위에 엎드려 울고 있는 아버지의 모습을 보고 놀랐습니다. 테세우스가 중얼거렸습니다. "미안하다, 미안해." 이올라오스는 슬그머니 뒤로 물러났습니다. 암사슴이 그들을 지켜보고 있었습니다. 마치 미소를 짓고 있는 것 같았습니다. 이올라오스는 그 사슴이 히폴리토스를 구하러 온 아르테미스 여신이라고 확신했습니다. 그녀가 히폴리토스의 수호신이니까요. 무사히 아들을 되찾은 테세우스는 기쁨에 겨워 다른 것에는 전혀 신경 쓰지 않았습니다. 진심으로 걱정하는 아버지의 얼굴 앞에서 히폴리토스의 경계심이 사라졌습니다. 그는 아버지의 품에 안겼습니다.

며칠 후 화해한 아버지와 아들은 함께 아테네로 돌아갔습니다. 테세우스가 떠나기 전 말했습니다. "우리도 올림픽 경기와 같은 이오니아 경기를 만들어야겠어. 그러니까 이올라오스 자네는 반드시 참여해야 하네!" 이올라오스가 웃으며 약속했습니다. "그럼요!"

테세우스는 이전에 알고 있던 아테네를 되찾았습니다. 그의 피에는 다시 삶의 기쁨이 흘렀습니다. 아들을 잃을까 그토록 두려워했던 그가 아들을 찾았으니 이젠 삶을 즐겨야 했습니다. 삶은 아름답고 값진 것입니다. 그는 이런 생각으로 자신의 궁전에 돌아갔습니다. 테세우스와 히폴리토스가 궁전의 뜰로 들어갈 때 시녀들과 함께 걷는 여인을 만났습니다. 그녀는 아테네를 방문해서 테세우스가 돌아오길 기다리던 많은 손님들 중 한 명이었습니다. 히폴리토스는 그녀에게 전혀 관심이 없었습니다. 그는 아버지와 함께하는 것만으로도 충분히 행복했습니다. 하지만 테세우스는 이 여인의 얼굴을 보고 충격을 받았습니다. 당혹스럽기까지 했습니다. 그녀는 그를 알고 있었습니다. 그녀 역시 그를 친근하게 바라보았습니다. 하지만 그녀의 시선은 서리처럼 차가웠습니다. 그녀는 누구일까요? 어디서 왔을까요? 테세우스는 이 여인이 또다시 자신의 운명을 뒤흔들 줄은 상상조차 하지 못했습니다.

- 다음 편에 계속

테세우스의 재혼

전편 요약: 테세우스는 이올라오스의 충고 덕분에 아들 히폴리토스를 찾았습니다. 그는 자신의 우울증을 몰아내기로 결심했습니다.

궁전의 계단에서 한 남자가 테세우스를 만나러 내려왔습니다. 마치 자기 집에서 손님을 맞이하는 것 같았습니다. 문제의 남자를 알아본 테세우스는 등골이 오싹했습니다. 테세우스는 '정말 별꼴 다 보겠네!'라고 생각했습니다. 물론 그가 자신이 자리를 비운 사이 궁전으로 찾아오는 방문객은 '누구나' 다 환대하라고 명령을 내렸고, 그렇기 때문에 데우칼리온이 그의 문 앞에 있게 된 것이지만 말입니다. 하지만 데우칼리온은 '누구나'가 아닌 미노스의 아들입니다! 테세우스는 방문객의 의중이 궁금했습니다. 그는 친구일까요, 적일까요? 크레타 사람들은 미노타우로스를 죽이고 라비린토스를 엉망으로 만들고 아리아드네를 납치한 그를 용서했을까요? 데우칼리온이 활짝 미소 지었습니다. 테세우스도 미소로 화답하며 그를 길게 포옹했습니다. 크레타의 왕은 평화를 맺으러 온 게 분명했습니다. 또한 강력한 아테네와 동맹을 맺고 싶어 했습니다. 과거를 상기시키는 늙은 미노스는 더 이상 존재하지 않았습니다. 몇 시간 뒤 두 사람은 한 테이블에서 함께 식사하며 여러 문제들을 의논했습니다. 데우칼리온이 갑자기 말했습니다. "우리의 동맹을 확실하게 하기 위해 왕의 선물을 가져왔다네." 테세우스는 조용히 그의 말을 기다렸습니다. 데우칼리온이 조심스럽게 그의 반응을 살피며 말을 이었습니다. "선물은 바로 내 동생과의 결혼이야." 테세우스는 소스라쳤습니다. 그는 재혼할 생각이 전혀 없었습니다. 하지만 데우칼리온은 벌써 어둠 속에 서 있는 누군가에게 손짓을 했습니다. 테세우스가 궁전의 계단에서 마주쳤던 젊은 여인이었습니다. 이제 그도 그녀를 알아봤습니다. 아리아드네의 동생 파이드라였습니다. 테세우스가 미노타우로스를 죽이러 갔을 때 그녀는 아직 어린 소녀였기 때문에 그는 그녀에게 관심을 갖지 않았었습니다. 하지만 도주하는 배에서 아리아드네가 동생에게 자신이 필요하다는 얘기를 했던 것이 생각 났습니다. 이 아이에게 언니의 도주는 정말 끔찍한 일이었을 겁니다! 파이드라는 언니와 닮지 않았습니다. 그녀는 언니보다 더 크고 자세도 바르며 걸음걸이도 유연했습니다. 얌전히 많은 머리가 헝클어져 있는 것도 우아해 보였습니다. 그녀는 미소 짓지도, 아테네 왕을 바라보지도 않았습니다.

테세우스는 이상한 감정이 들었습니다. 그는 혈관 속의 피가 더 빨리 흐르고 심장이 방망이질하는 것 같았습니다. 그의 손이 떨렸습니다. 그는 젊음을 되찾은 것 같았습니다. 데우칼리온은 그 모든 장면을 하나도 놓치지 않고 바라보고 있었습니다. 그는 아테네 왕에게 끼친 여동생의 효과에 만족하는 것 같았습니다. 그는 그들이 대화를 하기도 전에 이 일을 마무리 지었습니다. "이보게 친구, 우리의 동맹은 확실해졌지? 자네가 파이드라와 혼인하면 우리의 조약은 확실해지는 걸세." 테세우스는 뭐라 대답해야 할지 몰랐습니다.
그 순간 히폴리토스가 방에 들어왔습니다. 젊은이는 파이드라와 데우칼리온은 보지도 않고 말했습니다. "죄송합니다, 아버지. 손님이 계신 줄 몰랐습니다. 며칠 사냥을 하러 떠날 수 있게 허락해주십시오." 아들의 방해에 짜증이 난 테세우스는 짜증스러운 몸짓으로 대답했습니다. "그래, 가라!" 히폴리토스가 들어오자 순간 파이드라의 뺨이 붉게 물들었지만 데우칼리온만 눈치챘습니다. 아버지의 말투에 상처받은 히폴리토스가 서둘러 발길을 돌리는데 아버지가 그를 붙잡았습니다. "잠시 기다려라. 곧 네 새어머니가 될 파이드라를 소개해주마." 젊은이는 창백해졌습니다. 그러니까 이제 곧 다른 사람이 그의 어머니가 된다는 것이었습니다. 물론 그는 아버지가 삶의 기쁨을 되찾기를 간절히 바랐습니다. 하지만 다른 어머니가 생길 것이라는 건 상상조차 하지 못했습니다. 그는 아버지와 혼인하게 될 아름다운 젊은 여인을 바라보고 아무 말 없이 방을 나갔습니다.
이야기는 끝났습니다. 테세우스는 파이드라와 결혼할 것입니다. 그들은 겨우 시선만 교환했을 뿐, 서로 말 한 마디 하지 않았지만 조약은 체결됐습니다. 곧 혼인 준비가 시작됐습니다.
궁전 뒤 작은 정원에는 오렌지 나무, 레몬 나무, 재스민 나무가 자라고 있었습니다. 정원사는 후각이 예민했습니다. 파이드라 역시 그랬죠. 그녀는 테세우스의 궁전에 도착하자마자 모든 사람들이 방치한 이 공간을 좋

아했습니다. 그녀는 하녀 몇 명과 함께 그곳에서 대부분의 시간을 보냈습니다. 하녀들 중 가장 충성스러운 하녀는 크레타에서 그녀를 길러준 오이오네였습니다. 그녀는 아리아드네가 떠난 후 파이드라를 위로해준 유모였습니다. 오이오네는 파이드라가 얼마나 테세우스를 미워하는지 알고 있었습니다. 그래서 이 혼인이 무척 염려스러웠습니다. 아버지가 안 계신 만큼 여동생의 운명을 결정할 권리는 데우칼리온에게 있었습니다. 그런데 늙은 하녀 오이오네는 파이드라가 오빠의 이런 결정에 더 이상 저항하지 않는 것이 놀라웠습니다. 테세우스가 돌아올 때까지 파이드라는 그녀가 괴물처럼 여기는 테세우스와 혼인시키려는 오빠에게 끊임없이 이의를 제기했습니다. 그런데 이제 더 이상 저항하지 않았습니다. 젊은 여인은 오빠의 결정에 따르기로 했습니다. 갑자기 명망 높은 도시국가 아테네의 여왕이 되는 꿈이라도 꾼 것일까요? 테세우스를 괴롭혀서 언니의 복수를 하려고 결심한 걸까요? 아니면 아테네 왕궁에 남고 싶은 다른 이유가 생긴 걸까요?

– 다음 편에 계속

비밀스러운 파이드라의 생각

전편 요약 : 테세우스는 크레타와의 동맹을 확인하기 위해 파이드라와의 혼인을 받아들였습니다. 하지만 파이드라는 내심 그를 미워했습니다.

가금류, 돼지, 생선, 과일 들을 양팔 가득 든 하인들이 새벽부터 궁전의 복도를 오갔습니다. 바구니는 넘쳐났습니다. 부엌은 분주했습니다. 백여 명의 손님을 예상하고 있지만 늘 하던 일이니 그 정도는 괜찮았습니다. 테세우스와 파이드라의 혼인 이후 축제가 계속됐습니다. 테세우스가 취하려고 하는 걸까요? 삶이 준 고통을 잊으려는 걸까요? 아니면 그저 사랑에 빠져 행복한 걸까요? 그의 행복을 다른 사람들과 나누고 싶은 걸까요? 현명한 테세우스가 왕좌를 차지한 후 아테네 사람들이 이런 축제를 경험한 적이 한 번도 없었던 것은 사실입니다.

테세우스는 아들이 방으로 들어올 때 정성스럽게 수염을 다듬고 있었습니다. 그가 히폴리토스에게 물었습니다. "내가 여기 있는 건 어떻게 알았니?" 그는 대답하지 않았습니다. 그는 수단을 가리지 않고 젊은 부인을 기쁘게 해주려고 하는 늙어가는 이 남자에게서 자신의 영웅인 아버지를 발견할 수 없었습니다. 그가 말했습니다. "안녕하세요, 아버지. 한 가지 여쭐 게 있어요. 오늘 저녁 파티에 참석하지 않아도 될까요? 아테네에서 약간 떨어진 곳에 멋진 망아지가 있다고 들었어요. 그 망아지를 보러 가고 싶습니다." 테세우스가 무뚝뚝하게 대답했습니다. "있을 수 없는 일이다. 네 새어머니가 너를 곁에 두고 싶어 한다는 걸 잘 알잖니. 파이드라는 네게 어머니가 안 계시다는 걸 알고 네 어머니가 돼주고 싶어 한다." 히폴리토스는 한숨이 나오는 것을 참았습니다. 그는 오히려 아버지가 그를 곁에 두고 싶다고 말해주길 원했습니다. 하지만 그것은 있을 수 없는 일이었습니다. 올림피아에서의 짧은 화해는 이미 사라졌습니다. 히폴리토스는 파이드라의 관심 따위엔 전혀 개의치 않았습니다. 그는 '아버지가 아무리 한 시간 동안 치장을 해도 아버지 부인의 차가운 마음을 녹이진 못할 거예요. 늙은 아버지!'라고 속으로 중얼거리며 돌아섰습니다.

밤이 됐습니다. 불을 밝히고 음악을 연주하자 손님들은 흥이 났습니다. 여러 겹의 베일을 겹쳐 만든 하늘하늘한 드레스 차림의 파이드라는 빛이 났습니다. 아무것도 보이지 않지만 그녀의 몸을 상상할 수 있었습니다. 그녀의 오른쪽은 남편, 왼쪽은 의붓아들의 자리였습니다. 남편은 그녀에게서 눈을 떼지 못했지만 의붓아들은 그녀가 오는 것조차 눈치채지 못했습니다.

자정쯤 파이드라가 자리에서 일어나 춤을 추기 시작했습니다. 마치 그녀의 마음속에서 불이 타는 것 같았습니다. 그녀의 몸이 리듬에 맞춰 움직이자 머리칼도 부드럽게 흔들렸습니다. 그녀는 누구에게 구애 행동을 하는 걸까요? 히폴리토스는 그녀에게 조금도 관심이 없었습니다. 반면 사랑에 빠진 아버지는 매혹적으로 흔드는 아내의 허리에서 시선을 떼지 못했습니다. 자리에 돌아와서 앉는 파이드라의 뺨이 붉게 물들어 있었습니다. 베일이 벗겨지며 눈부시게 희고 둥근 왼쪽 어깨가 드러났지만 그녀는 옷을 여미려 하지 않았습니다. 히폴리토스는 하품을 했습니다. 파이드라가 말했습니다. "히폴리토스, 당신은 내게 말을 하지 않는군요." 젊은이가 차가운 말투로 대답했습니다. "당신에게 할 말이 전혀 없습니다, 부인." 파이드라의 늙은 하녀 오이오네만이 젊은 부인의 얼굴이 창백해지는 것을 알아챘습니다.

잠시 후, 파이드라는 갑자기 피곤해졌다며 자리를 떴습니다. 오이오네는 그녀가 어디로 가는지 알고 있었습니다. 그녀는 오렌지 나무와 레몬 나무가 있는 정원으로 갔습니다. 파이드라는 바닥에 누워 흐느꼈습니다. 하녀가 그녀를 천천히 일으켰습니다. "왜 그래요?" 파이드라는 대답 없이 울기만 했습니다. 마침내 오이오네가 결심했습니다. "내가 아가씨를 내 젖을 먹여 키웠습니다. 그러니 아가씨 어머니처럼 아가씨를 잘 알죠. 아가씨를 괴롭히는 게 무언지 내가 말해볼까요?" 파이드라는 그녀의 말을 들으려고 작은 소리로 울었습니다. "아가씨가 늙은 테세우스와 결혼한 것은 단지 그의 아들과 가까워지고 싶어서였죠. 그에 대한 사랑으로 괴로운 겁니다. 그렇죠, 아가씨?" 속내를 들켜 창피하면서도 마음이 가벼워진 파이드라는 유모의 품에 안겼습니다. "오이오네, 난 그를 위해 죽을 수 있을 만큼 그를 사랑해!" 유모가 대답했습니다. "그거면 아가씨가 할 일은 한 가지밖에 없네요. 그에게 사랑을 고백하세요." 파이드라가 몸을 떨며 중얼거렸습니다. "내일 새벽에, 내일…."

다음 날 히폴리토스는 아직 날이 밝기도 전에 궁을 떠났습니다. 그는 연인을 만나러 도망치듯 그의 말을 만나러 갔습니다. 얼마 전부터 새어머니가 끊임없이 그를 곁으로 불렀으니까요. 그를 돌본다는 평계로 그녀는 그가 마음대로 살게 두질 않았습니다. 그래서 그는 시시때때로 자유와 사랑하는 말을 만나러 도망갈 순간을 엿보고 있었습니다. 그날 아침 그는 바다에서 뜨는 태양을 보러 가기로 결심했습니다. 그가 절벽에 닿았을 때 장밋빛 손가락을 가진 오로라가 막 보이려고 했습니다. 히폴리토스는 코에서 김을 내뿜는 그의 말을 손으로 어루만졌습니다. 그 순간 말과 호흡을 맞추고 있는 젊은이의 평온을 깰 수 있는 것은 아무것도 없었습니다.

"아름답지 않나요?" 그의 뒤에서 한 여인이 속삭였습니다. 히폴리토스는 깜짝 놀랐습니다. 그곳에서 파이드라를 만났으니 어찌 놀라지 않을 수 있었겠습니까! 그녀는 거기에서 무엇을 하고 있었을까요? 그를 뒤따라온 걸까요? 젊은이는 화가 치밀어 올랐습니다. 그녀의 몇 미터 뒤에 말을 맨 마차가 파이드라를 기다리고 있었습니다. 히폴리토스는 거기에 오이오네가 있는 것을 봤습니다. 그는 아무 말도 하지 않기로 했습니다. 몇 분이 흘렀습니다. 두 젊은이는 수평선을 뚫어져라 바라봤습니다. 시시각각 빛이 변했습니다. 파이드라는 사랑을 고백할 용기가 있을까요?

– 다음 편에 계속

서로 상처를 입힌 파이드라와 히폴리토스

전편 요약 : 파이드라는 유모 오이오네에게 의붓아들 히폴리토스를 사랑한다고 고백했습니다. 히폴리토스는 그녀에게 전혀 관심이 없는 것 같았습니다. 그녀는 그에게 사랑을 고백하기로 결심했습니다.

파이드라가 말했습니다. "새날이 밝았네요." 히폴리토스는 그녀의 목소리가 미세하게 떨리는 것을 느꼈습니다. 그가 그녀를 돌아보자 파이드라는 용기가 났습니다. 그녀는 지금 하려는 말을 꺼내기가 어려웠지만 계속해서 말했습니다. "새날이오, 그래요, 히폴리토스. 내가 이 말을 하고 나면 절대 전으로 돌아갈 순 없을 테니까요. 내가 비난받아 마땅하다는 건 알아요. 내가 당신에게 하려는 고백은 정말 온당치 못한 일이에요. 거기에 대한 변명은 하지 않겠어요. 잔인한 아프로디테 여신의 노리개가 됐다는 것 외엔." 히폴리토스가 놀란 듯 동요했습니다. 그녀가 그의 팔에 손을 얹었습니다. 그 순간 파이드라는 감정에 충실한 연약한 여인이었습니다. 히폴리토스는 속으로 뭉클했습니다. 그녀가 계속 말했습니다. "아무 말도 하지 마세요! 아무 말도! 내가 계속 말할게요. 히폴리토스, 난 당신보다 겨우 몇 살 많을 뿐이에요. 당신을 항상 내 곁에 두는 것도, 매일 밤낮으로 끊임없이 당신을 훔쳐보는 것도, 궁전 구석구석에서 당신의 모습이 보이는 것 같은 것도, 복도에서 당신의 발소리가 들리는 것 같은 것도, 밤마다 꿈에서 당신 목소리를 듣는 것도, 그 정도로 내가 당신에게 집착하는 것도 모두 당신을 사랑하기 때문이에요. 그래요, 당신을 사랑해요. 내 목숨보다 더, 그 어떤 것보다 더 당신을 사랑해요."

히폴리토스는 이 말을 듣고 기겁해 뒤로 물러났습니다. 파이드라의 손이 떨어졌습니다. 히폴리토스가 더듬거렸습니다. "부인, 당신의 고백은 끔찍하군요! 당신은 나의 아버지의 아내입니다!" 파이드라는 창백해졌습니다. 하지만 그녀의 시선에서 이글거리는 불을 끌 수는 없었습니다. 그녀가 외쳤습니다. "그건 나도 알아요! 당신보다 더 뼈저리게 알고 있다고요! 하지만 어떻게 하죠? 오늘 내가 당신에게 사랑을 고백한 건 더 이상 나도 어쩔 수 없기 때문이라고요." 히폴리토스의 말이 신경질적으로 울었습니다. 잠시 새어머니를 가엾게 여겼던 젊은이가 마음을 가다듬었습니다. 그가 안장에 올라타자 말이 뒷발로 섰습니다. 그 바람에 파이드라는 몇 걸음 뒤로 물러났습니다. 히폴리토스가 외쳤습니다. "조심하세요, 뒤에 절벽이 있어요!" 파이드라가 울부짖었습니다. "당신 없이 살아야 한다면 차라리 죽는 게 나아요!" 하지만 젊은이는 이미 멀리 가버렸습니다. 그가 외쳤습니다. "나는 당신

을 사랑하지 않아요! 앞으로도 절대 사랑하지 않을 거예요!" 파이드라는 상처받은 짐승처럼 울부짖으며 정신을 잃었습니다. 오이오네가 급히 달려가 그녀를 품에 안았습니다. 파이드라는 몇 주 동안 자리를 보전했습니다. 그녀는 깊은 고요 속에 갇혀 허공을 바라보았습니다. 몇 시간 동안 계속 울기도 했습니다. 가끔 헛소리도 했습니다. 횡설수설하는 중에 죽고 싶다고도 했습니다. 그녀의 충실한 하녀 오이오네가 밤낮으로 그녀를 돌봤습니다. 매일 아침 테세우스가 들러 그녀의 소식을 물었습니다. 그가 아내의 방에 잠시 머물면 오이오네는 여왕에게 휴식이 필요하다는 구실을 대며 그를 돌려보냈습니다. 파이드라는 먹지도 않았습니다. 파이드라는 잠도 자지 않았습니다. 파이드라는 쇠약해졌습니다.

얼마 후 그녀가 처음으로 한 말은 "그는 어딨어?"였습니다. 오이오네가 심각하게 그녀를 바라보며 대답했습니다. "아가씨가 살아남으려면 그를 잊어야 해요! 그가 어디 있는지는 아무도 몰라요. 아버지에게 보낸 메시지엔 친구인 이올라오스에게 여행 간다고 했대요." 파이드라가 중얼거렸습니다. "그가 없이 사느니 차라리 죽는 게 나아!" 유모가 한숨을 쉬며 생각했습니다. '이 가족은 정말 끔찍하군. 어머닌 황소와 사랑에 빠지고, 언니는 섬에 버려지더니, 이제 막내는 절망에 사로잡혀서….' 그녀는 창백한 파이드라의 얼굴을 바라보며 무언가 해야겠다고 결심했습니다. 비록 잔인한 사랑의 여신 아프로디테가 혹독한 사랑을 하게 함으로써 파이드라의 삶을 망쳤지만 오이오네는 여왕을 구할 수 있는 방법을 알고 있었습니다.

파이드라가 앓기 시작한 후 처음으로 오이오네가 방을 나갔습니다. 그녀는 테세우스의 방으로 갔습니다. 그곳에는 생각에 잠긴 슬픈 왕이 있었습니다. 테세우스는 불안에 시달렸습니다. 불행이 닥칠까 봐 두려워 궁전을 떠날 수도 없었습니다. 오이오네가 들어오는 것을 본 테세우스는 더욱 불안해졌습니다. 그가 소리쳤습니다. "유모, 말해봐. 파이드라에게 무슨 일이 생긴 거요?" 늙은 여인은 고개를 가로저었습니다. "아직 아닙니다, 폐하, 아직은 아니에요…. 하지만 곧 무슨 일이 생길 것 같네요." 테세우스가 절망적으로 손사래를 쳤습니다. "내가 어떻게 하면 될까? 유모, 당신은 알고 있지? 날 좀 도와주시게!"

오이오네가 고개를 들었습니다. "폐하, 제가 폐하께 진실을 말한다면 무슨 일이 일어날지 모르겠습니다. 그녀는 당신 때문에 더욱 괴로울 겁니다." 테세우스가 대답했습니다. "그녀가 죽어가고 있는데 내가 아무것도 할 수 없다는 것보다 더 괴로운 건 없소!" 오이오네가 말했습니다. "좋습니다. 그럼 먼저 비밀을 지켜주시겠다고 약속해주십시오. 폐하의 부인은 심하게 모욕당했습니다. 그녀의 정조를 빼앗으려는 남자가 있었습니다. 절체절명의 순간에 제가 도착해서 그 위험한 순간을 겨우 모면했습니다. 그녀는 옷이 찢긴 채 울고 있었죠. 제가 왔기 때문에 그 추행범이 도망갔습니다. 저주스러운 그날 이후 그녀는 병이 들었습니다." 테세우스가 파랗게 질렸습니다. "그녀는 왜 내게 아무 말도 하지 않았지? 왜? 내가 알았다면 그런 짓을 한 짐승 같은 놈을 벌했을 텐데!" 오이오네가 대답했습니다. "그 이유를 알고 싶으십니까? 테세우스, 마음을 굳게 잡수세요." 그녀는 잠시 침묵했습니다. "그것은 그 짐승이 바로 당신의 아들 히폴리토스이기 때문입니다." 테세우스의 분노는 형용할 수 없었습니다. 그는 늙은 유모의 말을 한 치의 의심도 없이 받아들였습니다. 그는 파이드라의 침대로 달려가서 말했습니다. "나의 여왕, 당신의 신중함에 감사하오. 당신을 모욕한 파렴치한 놈의 이름을 숨겨줘서 고맙소. 하지만 난 그를 용서할 수 없구려. 히폴리토스에게 자비를 베풀지 않겠소." 파이드라는 그의 말을 전혀 이해하지 못했기 때문에 어떻게 대답해야 할지 알 수 없었습니다. 그녀가 중얼거렸습니다. "왜 그를 벌하나요?" 테세우스가 소리쳤습니다. "왜냐고? 그가 감히 나의 부인을 넘보고 손을 댔잖소. 왜라고 하는 거요, 지금?" 파이드라는 이제 이해가 됐습니다. 그녀의 말 한마디면 히폴리토스를 구하고 진실을 밝힐 수 있었습니다. 하지만 그 말 한마디는 오이오네를 단죄하고, 끔찍한 사랑을 고백한 자신을 단죄하게 될 것입니다. 젊은 여인은 침묵했습니다. 테세우스가 엄숙하게 말했습니다. "바다의 신 포세이돈이여, 당신에게 부탁합니다. 오늘 내가 낳은 짐승을 없애주십시오. 나 테세우스는 히폴리토스의 말도 함께 죽여줄 것을 당신에게 간청합니다!" 분노한 그가 신에게 도움을 청하는 끔찍한 말을 들으면서 파이드라는 자신도 모르게 비명을 질렀습니다. 하지만 이미 늦었습니다.

- 다음 편에 계속

포세이돈의 분노

전편 요약 : 파이드라가 병이 났습니다. 그녀의 유모 오이오네는 히폴리토스가 여왕을 겁탈하려 했다고 비난했습니다. 화가 난 테세우스는 자신의 아들을 벌해달라고 포세이돈에게 간청했습니다.

히폴리토스는 이올라오스의 집에서 몇 주를 보냈지만 파이드라가 자신에게 사랑을 고백한 순간의 충격에서 여전히 벗어나지 못했습니다. 그는 트리지나에 계신 할머니 아이트라를 방문하기로 결심했습니다. 우울한 생각에 사로잡힌 그는 아버지의 고향이 가까워질수록 말들의 속도를 늦췄습니다. 말들이 여유롭게 천천히 걸으며 마차를 끌었습니다. 히폴리토스는 마차에 서서 아래에 있는 바다를 바라보았습니다. 그는 숲을 좋아하는 소년이었지만 파도치는 광경 또한 좋아했습니다. 그는 절벽을 따라 난 작은 해안길로 갔습니다. 아버지가 어린 시절 날이 밝는 걸 보기 위해 이곳에 자주 왔었다는 사실은 몰랐죠. 그때 갑자기 바다가 일렁거리며 집채만 한 파도가 쳤습니다. 부서지는 파도에서 끔찍하게 생긴 바다 괴물이 나타났습니다. 몸에 가시처럼 독침들이 곤두서 있는 그 괴물은 커다란 입을 벌리고 비늘로 덮인 꼬리로 바다를 내리쳤습니다. 괴물이 순식간에 가까이 덤벼들자 놀란 말들이 뒷발로 섰습니다. 히폴리토스는 방어할 시간도 없었습니다. 그는 한순간 균형을 잃고 마차 밖으로 튕겨졌습니다. 그의 몸은 바위 위로 떨어졌습니다. 포세이돈이 보낸 바다 괴물이 임무를 수행하고 깊은 바닷속으로 다시 들어가자 파도가 잠잠해졌습니다. 사건이 너무 순식간에 일어나 꿈을 꾼 듯했습니다. 하지만 절벽 바위 위에 있는 히폴리토스의 사체가 그것이 현실임을 말해주고 있었습니다.

말들이 울며 천천히 트리지나로 갔습니다. 주민들은 빈 마차를 보고 사고가 있었다는 것을 짐작했습니다. 불행히도 그들이 도착했을 때는 이미 늦었습니다. 젊은이는 상처를 입어 숨을 거두었습니다.

이 소식은 신속히 아테네에 전해졌습니다. 테세우스는 아들의 사망 소식에도 눈물 한 방울 흘리지 않았습니다. 심지어 그는 복수의 도구가 되어준 포세이돈에게 감사해했습니다. 궁전의 하인들만이 젊은이의 죽음에 눈물 흘렸습니다. 하인들 중 한 명이 슬프게 말했습니다. "폐하는 이제 예전의 폐하가 아니셔." 다른 하인도 속삭였습니다. "모든 게 저 악마 같은 파이드라

의 잘못이야." 세 번째 하인이 중얼거렸습니다. "가증스러운 오이오네가 이 모든 걸 꾸민 거야."

남몰래 히폴리토스의 죽음에 눈물을 흘리는 사람이 있었습니다. 바로 파이드라였죠. 젊은 여왕이 흐느꼈습니다. "저리 가, 오이오네! 저리 가라고 했잖아! 너나 네 계략이나 모두 지옥에나 가라고! 히폴리토스가 내 잘못으로 죽었어! 방에서 나가! 다시는 내 앞에 나타나지 마!" 유모를 쫓아낸 후 파이드라는 방문을 걸어 잠그고 아무도 방해하지 말라고 명령했습니다. 하지만 테세우스는 아내의 명예를 더럽힌 자에게 복수했다는 소식을 빨리 전하고 싶었습니다. 그는 히폴리토스의 죽음으로 아내의 병이 나을 거라 생각했습니다. 아무리 흔들어도 파이드라가 잠근 방문을 열지 않자 그는 문을 열라고 명령했습니다. 하녀가 두려움에 떨며 중얼거렸습니다. "여왕 폐하께서 방해하지 말라고 명하셨습니다." 테세우스가 소리쳤습니다. "나도 안다! 하지만 누가 왕이지? 네 주인께 가서 내가 좋은 소식을 가져왔다고 전해라!" 하녀는 왕의 뜻에 따라 파이드라의 방으로 들어갔습니다. 커다란 비명이 울려 퍼졌습니다. 테세우스가 급히 달려갔습니다. 그의 눈 앞에 파이드라가 목을 맨 끔찍한 장면이 펼쳐져 있었습니다. 그녀의 발아래 편지가 놓여 있었습니다. 그는 떨리는 손으로 편지를 집어 읽었습니다. "당신에게 거짓말을 했어요. 제가 히폴리토스를 사랑했습니다. 그는 이 끔찍한 사랑을 계속 거부했어요. 저를 용서해주세요!"

테세우스는 아연실색했습니다. 그는 눈먼 사랑 때문에 아내와 아들을 잃었습니다. 그의 마음은 괴로움과 후회로 가득 찼습니다. 그는 이미 첫 번째 아내 안티오페의 죽음으로 절망을 맛보았지만 그땐 그의 잘못이 아니었습니다. 하지만 이번 죽음은 온전히 그의 잘못 때문이었습니다.

테세우스는 날이 갈수록 점점 더 깊은 우울감에 빠져들었습니다.

스스로에 대한 환멸이 너무 커서 그는 며칠 밤을 술에 절어 있었습니다. 그가 어찌나 술을 마셨는지, 사람들은 그리스의 멋진 영웅이었던 그를 알아볼 수 없을 정도였습니다. 불한당을 몰아낸 사람도, 미노타우로스를 이긴 사람도, 아테네에 번영과 평화를 가져다준 오이디푸스를 보호한 사람도 더 이상 없었습니다. 그는 의지도 힘도 생각도 없는 술주정뱅이에 불과했습니다. 그러다 그는 페이리토스라는 사람의 나쁜 영향을 받게 됐습니다.

그 사람은 어느 누구에게도 신뢰감을 주지 못하는 사람이었습니다. 그는 절대로 다른 사람을 정면으로 바라보지 않았습니다. 그는 말과 행동을 혼동하게 하는 요설가였습니다. 페이리토스는 테세우스를 대단히 우러러보는 사람이었습니다. 따라서 테세우스의 호의를 얻는 것은 어렵지 않았습니다. 그는 자신이 했던 모험 한두 가지를 과장하며 테세우스를 싸움에 끌어들였는데, 그의 수가 먹혔습니다. 이후 사람들은 페이리토스 없는 테세우스를 생각할 수 없게 됐습니다. 그들은 늘 술에 취해 있었습니다. 테세우스는 그를 믿고 그에게 속내 이야기를 했습니다. 페이리토스는 자신이 원하는 대로 테세우스를 조종할 수 있다고 온 동네에 자랑했습니다. 그러던 어느 날 저녁 여느 때처럼 술잔치를 벌이다 테세우스는 가장 어리석은 내기를 하게 됐습니다.

– 다음 편에 계속

제88화

테세우스의 어리석은 내기

전편 요약 : 사랑에 눈이 멀어 아내와 아들을 잃은 테세우스는 깊은 절망에 빠졌습니다. 그는 술에 의존하며 질이 좋지 않은 새 친구 페이리토스의 영향을 받게 됐습니다.

그날 저녁 테세우스는 또다시 술을 차고 넘치게 마시며 과거를 곱씹고 있었습니다. 그가 술 취한 목소리로 말했습니다. "나의 첫 번째 아내 안티오페가 죽임을 당한 건 사람들이 내가 그녀를 납치했다고 오인했기 때문이라는 걸 자네도 아나?" 페이리토스가 대답했습니다. "좋아. 그렇다면 자네와 나 우리 둘에서 세상에서 가장 납치하기 힘든 여인 둘을 납치하세나! 그리고 누가 자네의 여인이고 누가 나의 여인이 될지 제비뽑기하지 뭐." 취할 대로 취한 테세우스가 건달과 손을 마주쳤습니다. "도전! 자넨 누구를 납치할지 생각해 봤나?" 테세우스를 조종한

다는 생각에 신이 난 페이리토스가 대답했습니다. "세상에서 가장 아름답다는, 쌍둥이 카스토르와 폴리데우케스의 누이 헬레네를 납치하러 가세. 오죽 예쁘면 신탁을 전하는 사제들이 그녀 때문에 10년 동안 전쟁이 지속될 거라 하잖나. 그녀는 우리 것이야!" 테세우스는 그의 말을 다 듣기도 전에 테이블에 쓰러져 잠이 들었습니다.

다음 날 술이 깬 테세우스는 아무것도 기억하지 못했습니다. 하지만 페이리토스는 서둘러 궁전으로 와 그들의 내기를 상기시켰습니다. 두 사람은 여러 증인들 앞에서 손을 마주치고 약속했기 때문에 테세우스는 선택의 여지 없이 도전을 실행해야 했습니다. 그는 마지못해 유명한 헬레네가 사는 라케다이몬을 향해 길을 떠났습니다. 가는 길에 두

친구는 동전을 던져 헬레네를 누가 차지할지 결정하기로 했습니다. 페이리토스가 얼굴을 찡그리며 주머니에서 동전을 꺼냈습니다. "황소 머리가 나오면 헬레네는 자네 차지고, 아니면 내 차지네." 테세우스는 '이런 바보 같은 데 쓰라고 내가 저 동전을 만든 게 아닌데.'라고 생각했지만 친구를 언짢게 하지 않으려고 잠자코 있었습니다. 안타깝게도 황소의 머리가 나왔습니다. 그가 헬레네를 납치해야 했습니다.

라케다이몬은 축제 중이었습니다. 그들은 눈에 띄지 않게 군중 사이에 끼어들었습니다. 그 축제가 아르테미스를 기리는 축제라는 소리를 들었을 때 테세우스는 마음이 약간 아팠습니다. 아르테미스는 그의 아들이 숭배하던 신이었으니까요. 그는 페이리토스에게 그 말을 하고 싶었으나 페이리토스는 그에게 포도주 잔을 내밀었습니다. 테세우스는 말없이 연거푸 석 잔을 마셨습니다. 히폴리토스에 대한 기억이 술기운에 약간 흐려졌습니다. 그들은 틴다레오스의 딸이자 카스토르와 폴리데우케스의 누이인 헬레네가 곧 아르테미스를 기리는 춤을 출 것이라는 이야기를 들었습니다. 그들은 의식이 열리는 사원으로 들어갔습니다. 테세우스는 눈으로 젊은 여인을 찾았습니다. 그는 사원 가운데서 갓 소녀가 된 아주 젊은 여인을 발견했습니다. 그녀는 매우 아름다웠지만 겨우 열두세 살밖에 안 되어 보였습니다. 그녀의 기다란 금발 머리가 몸의 움직임에 따라 찰랑거렸습니다. 그녀의 춤은 어린아이답게 풋풋했습니다. 테세우스는 뒤로 물러났습니다. 하지만 페이리토스가 그의 뒤에 서서 물러나지 못하게 막았습니다. 그가 비웃었습니다. "그러니까 영웅인 자네가 이제 와서 발뺌하겠다는 건가?" 테세우스는 페이리토스가 내민 새 포도주 잔을 받아 꿀꺽 삼켰습니다. 그리고 춤을 추고 있는 아이를 관찰했습니다. 그녀가 춤추기를 마치고 사원을 떠나자 테세우스는 그녀를 뒤쫓았습니다. 그는 어렵지 않게 그녀의 입을 틀어막고 말 위에 앉혔습니다. 사람들이 너무 많아 아무도 그녀가 납치당하는 것을 보지 못했습니다. 그는 사원에서 얼마쯤 멀어지자 말을 타고 뒤쫓아 오는 페이리토스에게 말했습니다. "친구, 이제 가지." 하지만 페이리토스는 내기가 아직 끝나지 않았다고 고집했습니다. "그럼 내 여자는? 자네 잊었나?" 테세우스가 한숨을 내쉬었습니다. "아니, 아니, 하지만…." 페이리토스가 짜증을 냈습니다. "하지만 뭐? 자네 겁쟁이야? 약속도 지키지 않는 거야?" 테세우스는 지독히 머리가 아팠습니다. 이 상황에서 어떻게 벗어나야 할지 몰랐습니다. 그가 제안했습니다. "페이리토스, 내가 납치한 이 아가씨와 즐길 시간 좀 줘. 며칠 후 다시 만나 자네 여자를 납치하러 가자고. 좋지?" 교활한 페이리토스의 눈이 말 위에 묶여 있는 어린 헬레네와 테세우스의 얼굴을 번갈아 바라보았습니다. 마침내 그가 대답했습니다. "좋아, 사흘 후 여기서 다시 만나지. 자네가 오지 않는다면 온 그리스에 자네가 약속을 지키지 않았다는 소문이 퍼질 걸세." 그는 이렇게 협박한 후 떠났습니다. 그가 떠나는 것을 보며 테세우스는 안도감이 들었습니다. 하지만 그가 걸려든 이 함정에서 어떻게 빠져나올 수 있을지 궁리했습니다.

– 다음 편에 계속

제89화

코니다스에게 도움을 청한 테세우스

전편 요약 : 테세우스의 새 친구 페이리토스는 그를 부추겨 술을 마시게 하고 나쁜 짓을 저지르게 했습니다. 페이리토스의 영향 아래 그는 어린 헬레네를 납치했습니다.

아이는 울음을 그쳤습니다. 그녀는 커다란 눈으로 애원하듯 테세우스를 바라봤습니다. 그녀는 '긴 머리를 하나로 묶은 이 남자가 원하는 게 무엇일까?' 생각했습니다. 왜 하필 그녀를 납치했을까요? 그녀는 아주 어렸을 때 어느 날 저녁 자신의 유모와 아버지의 하녀가 하는 말을 듣고 놀란 적이 있었습니다. 유모가 말했습니다. "어떤 예언가가 예언하길, 헬레네는 세상에서 가장 아름다운 여인이 될 거래. 그리고 그녀의 아름다움 때문에 남자들 수천 명이 말도 안 되는 전쟁으로 죽을 거라고 했어." 그러자 하녀가 대답했습니다. "아이, 끔찍해라. 그 전쟁이 언제 어디에서 일어날지 알아?" 유모가 속삭였습니다. "아마도 우리 예쁜 헬레네가 결혼할 나이가 되면 트로이에서 일어날 거라나 봐." 이 말을 들은 후 헬레네는 자신이 결혼할 나이가 되지 않길 바랐습니다. 두려움을 극복한 그녀가 자신을 유괴한 사람에게 물었습니다. "당신은 트로이 사람인가요?" 그녀의 대담함에 놀란 테세우스가 친절하게 대답했습니다. "아니, 난 아테네에서 왔어. 하지만 트리지나에서 태어났단다. 우린 거기로 갈 거야." 소녀가 수줍은 미소를 짓자 테세우스가 활짝 웃으며 대답했습니다. "날 무서워하지 않아도 돼." 그는 호의의 표시로 그녀의 손과 발을 풀어줬습니다. 그를 신뢰하게 된 헬레네는 그의 뒤에 웅크리고 앉아 더 이상 아무것도 묻지 않고 그가 이끄는 대로 따라갔습니다.

길 끝에 트리지나가 보이자 테세우스는 목이 메었습니다. 그는 자신의 고향에 영웅이 되어 돌아가기를 그토록 염원했었습니다! 그런데 아이를 납치하는 비열한 사건에 말려들게 된 것입니다! 술이 깨고 페이리토스의 영향에서 벗어나자 자신의 행동이 어떤 결과를 초래할지 알게 된 그는 이 사건에서 빠져나올 수 있게 도움을 줄 사람이 한 명밖에 생각나지 않았습니다. 바로 그의 스승인 코니다스였습니다.

그는 자신이 태어난 집까지 갈 필요도 없었습니다. 마을 입구 길가에서 한 남자가 풀을 뜯고 있었습니다. 그는 야생 허브 잎사귀 다발들이 가득 찬 커다란 바구니를 들고 있었는데, 이 노인의 행동이 테세우스의 주의

를 끌었습니다. 테세우스는 고개를 들고 자신을 바라보는 그를 알아봤습니다. 코니다스였습니다. 테세우스는 백발의 그를 상상할 수 없었지만 그의 얼굴만큼은 늙지 않았습니다. 그는 변하지 않았습니다. 테세우스는 미칠 듯이 기뻐 그를 껴안으려 했지만 코니다스가 돌아섰습니다. 테세우스가 우물우물 말했습니다. "절 알아보지 못하시나요?" 그의 옛 스승이 무뚝뚝하게 대답했습니다. "아니, 반대로 정확히 널 알아본다, 테세우스." 테세우스가 놀라 말했습니다. "무슨 의미죠? 제 이름을 부르시는 걸 보니 선생님은 절 알아보셨네요…." 코니다스가 준엄하게 대답했습니다. "그래. 누군가 네가 온다는 소식을 전하는 편지를 내게 보냈다. 난 기뻤다. 편지 전체를 읽고 네가 돌아오는 상황을 이해할 때까지는 말이다. 테세우스가 다시 태어난 모양이더구나. 넌 불량배가 다 됐더구나. 내가 이해한 바로는 그래!" 테세우스는 스스로 자랑스럽지 못했습니다. 그는 코니다스가 진실만을 이야기하고 있다는 것을 너무나 잘 알고 있었습니다. 그의 스승이 분노로 이글거리는 눈으로 그를 똑바로 바라보며 말을 이었습니다. "잘하는 짓이구나. 넌 네 사촌 헤라클레스보다 더 뛰어나던걸. 넌 얼마 전 헤라클레스조차 하지 않았던 역겨운 짓을 했더구나! 그가 한 바보 같은 짓이나 미친 짓에는 적어도 핑계라도 있었다. 그런데 네겐 아무 이유도 없지." 테세우스가 항변했습니다. "전 사랑하는 두 여인과 아들을 잃었어요. 괴로웠단 말입니다…." 코니다스가 그의 말을 잘랐습니다. "그건 핑계가 안 돼! 괴로움은 극복하면 돼. 하지만 네가 사랑했던 그 여인들이 오늘의 널 자랑스러워할 것 같으냐? 네 국민들에 대한 책임감도 없어?" 테세우스는 어린아이가 된 것 같았습니다. 코니다스는 헬레네를 향해 돌아서서 다정한 목소리로 말했습니다. "무서워하지 마라, 내가 널 보살펴줄게. 널 곧 부모님 곁으로 돌려보내 줄게." 소녀는 어렴풋이 수줍은 미소를 지었습니다. 코니다스가 팔을 벌리자 그녀는 안심하고 그에게 기댔습니다. 그녀가 말했습니다. "전 틴다레오스의 딸이에요. 그리고 카스토르와 폴리데우케스의 누이입니다." 코니다스가 그녀의 뺨을 어루만졌습니다. "넌 운이 좋구나. 그들은 자랑스러워할 만한 인물들이지. 진짜 영웅들이란다. 순수하고 고귀한 마음을 가졌단다." 테세우스가 고개를 숙였습니다.

몇 시간 후 테세우스는 어린 시절 추억이 깃든 정원을 스승과 함께 걸으며, 그의 공범자가 또 다른 납치를 하려고 그를 기다리고 있다는 사실을 어렵게 고백했습니다. 코니다스가 또다시 화를 냈습니다. "그런 잘못은 이미 충분히 저지르지 않았니? 도대체 왜 그런 괴상망측한 도전을 하려는 거냐?" 정곡을 찔린 테세우스가 대답했습니다. "스승님은 제게 늘 약속을 지켜야 한다고 가르치셨습니다. 그런 제가 약속을 지키지 않았다는 소문이 온 그리스에 퍼지게 하고 싶지 않습니다…." 화가 나서 코니다스의 목소리가 떨렸습니다. "술에 취해서 한 약속을 지키지 않는 것과 또 다른 중죄를 저지르는 것 중에 어떤 게 더 나쁘냐?" 테세우스는 대답하지 않았습니다. 그도 이 바보 같은 짓을 중단해야 한다는 것을 잘 알고 있었습니다. "스승님, 제발 진정하세요. 페이리토스를 만나 이 내기를 그만두겠다고 말하겠습니다." 코니다스는 여전히 화난 눈빛으로 테세우스를 바라봤습니다. 하지만 그 시선에서는 걱정과 다정함도 읽을 수 있었습니다. 테세우스는 옳은 결론을 내렸지만 어떻게 해야 페이리토스의 해로운 영향에서 벗어날 수 있을지 모르고 있었습니다. 코니다스는 그런 그가 걱정됐습니다.

― 다음 편에 계속

저승에 간 테세우스

전편 요약 : 테세우스는 옛 스승 코니다스에게 헬레네를 보호해달라고 부탁했습니다. 코니다스는 불량배 같은 그의 행동을 꾸짖고, 용납할 수 없는 그런 행동을 중지하라고 요구했습니다.

말은 속도를 높이려 했지만 말 탄 기사가 그러지 못하게 했습니다. 테세우스는 그가 사랑했던 이 시골, 태양이 눈부시게 내리쬐는 먼지 가득한 땅을 빨리 떠나고 싶지 않았습니다. 그는 한 걸음 한 걸음 멀어지는 게 안타까웠습니다. 코니다스가 그에게 신신당부했습니다. "페이리토스, '돌아온 자'라는 이름이 의미하는 바를 잊지 마라. 그를 믿지 마. 그의 뜻에 따르지 않기로 결심한 것은 잘했다만 그가 널 그리 쉽게 놓아주지 않을 게다." 테세우스는 길을 가면 갈수록 페이리토스와의 만남이 점점 더 걱정됐습니다. 결국 그는 '그를 만나러 가지 않으면 되지 뭐…'라고 생각했습니다. 그리고 그렇게 하기로 마음먹었습니다. 그는 길을 되돌아갔습니다. 그는 말이 비탈길에서 향기 좋은 풀을 뜯어도 서두르지 않고 그대로 두었습니다. 그때 기사 한 명이 나타났습니다. 그 남자가 큰 소리로 말했습니다. "테세우스. 안녕하신가, 친구. 자네를 만나러 왔네!" 페이리토스였습니다. 테세우스는 그를 다시 보는 게 즐겁지 않았지만 그럼에도 불구하고 그를 포옹했습니다. 잠시 후 두 공모자는 편도 나무 그늘에서 쉬며 페이리토스가 가져온 포도주를 마셨습니다. 날이 무척 더웠습니다. 테세우스는 목이 말랐습니다. 그는 또다시 페이리토스의 설득에 넘어갔습니다. 포도주를 몇 잔 마시자 페이리토스에 대한 불신을 잊었습니다. 페이리토스가 말했습니다. "내 여자로 우리가 누굴 납치하면 좋을지 피티아에게 상의하러 갔었네. 누군지 짐작할 수 있겠나? 내 여자는 바로 하데스의 아내인 페르세포네라네!" 테세우스는 경악했습니다. "하데스라고? 저승의 신? 살아서 저승에 간 사람도, 그곳에서 살아 돌아온 사람도 결코 없었네. 그곳은 죽은 자들의 왕국이라고." 하지만 페이리토스는 놀라지도 않았습니다. "자넨 사랑하는 연인을 찾으러 저승에 갔던 오르페우스를 잊었나? 테세우스, 자네 겁먹었나? 위대한 영웅인 자네가 지금 떨고 있는 거야?" 술 때문에 흥분한 테세우스가 뜨끔했습니다. "두려우냐고? 전혀! 지금 바로 가세!" 그는 코니다스의 현명한 충고 따윈 까맣게 잊었습니다. 제정신이 아니었습니다. 그는 신들을 습격하러 나섰습니다!

두 사람은 여태껏 저승의 문에 갈 기회가 없었습니다. 그곳은 천장이 매우 높은 동굴이었는데, 안개가 새어 나오고 있었습니다. 테세우스와 페이리토스는 검은 물이 흐르는 넓은 강가에 있었습니다. 그들 주변에 서로 밀치며 신음하는 그림자들이 순식간에 몰려들었습니다. 저승에 들어갈 준비를 하는 죽은 자들의 그림자들이었습니다! 테세우스는 오싹했습니다. 그림자들은 그들에게 전혀 신경 쓰지 않았습니다. 그들은 오직 검은 강 위로 미끄러지듯 오고 있는 작은 배만 바라봤습니다. 외투에 달린 어두운 색 두건을 쓰지 않은 늙은 뱃사공이 배를 강가에 댔습니다. 테세우스는 그의 얼굴을 알아봤습니다. 그는 죽은 자들의 그림자들을 영원한 거주지로 데려다주는 카론이었습니다. 카론은 그림자들을 관찰하고 분류했습니다. 그는 예의를 갖춰 매장되지 못한 그림자들을 단호하게 격리했습니다. 그들은 쉼 없이 떠돌아야만 하는 운명이었으니까요. 그들은 흐느끼며 애원했지만 카론은 흔들리지 않았습니다. 테세우스는 이 모습을 보며 감동했습니다. 그는 죽음을 무릅쓰고 오빠 폴리네이케스에게 예의를 갖춰 장례를 치러준 안티고네가 생각났습니다. 그 아가씨의 용기 덕분에 그녀의 오빠는 카론의 배에 탈 수 있었을 것입니다.

페이리토스 역시 배에 다가가 탑승권을 놓고 카론과 흥정했습니다. 무엇을 어떻게 했는지 모르지만 카론이 승선을 허가했습니다. 테세우스는 할 수 없이 죽은 자들의 그림자들과 함께 배에 탔습니다.

배는 어두운 강 위로 조용히 나아갔습니다. 테세우스가 함정에 걸려든 것을 몹시 후회한 반면, 페이리토스는 매우 흥분했습니다. 그는 테세우스의 팔을 잡고 강의 반대편 기슭을 가리키며 속삭였습니다. "저기 좀 봐, 테세우스, 저기 좀 봐. 머리가 셋 달리고 용의 꼬리를 가진, 저승 입구를 지키는 개 케르베로스야!" 카론의 승객들이 배에서 내리자 케르베로스가 다가와 그들의 냄새를 맡았습니다. 케르베로스는 테세우스와 페이리토스를 향해 송곳니를 드러내며 으르렁거렸지만 그들은 개에게 먹히기 전에 잽싸게 군중 사이에 숨어 들어갔습니다. 그들은 정면에 난 복도를 따라갔습니다. 좁은 복도가 때때로 창자처럼 더 좁아지기도 했습니다. 그곳은 숨이 막힐 듯 더웠습니다. 그들은 지하의 강 근처를 지나갔습니다. 테세우스가 강물에 손을 담가 물을 몇 방울 마시려고 했습니다. 그는 그것이 망각의 강 레테라는 것을 알았습니다. 그 물을 마신다면 그가 겪은 불행, 괴로움, 특히 그가 저지른 나쁜 행동에 대한 수치심 등 모든 것을 영원히 잊게 될 것입니다. 하지만 페이리토스가 그를 막았습니다.

복도들이 계속 이어졌습니다. 테세우스는 미궁에 갇힌 것 같았습니다. 복도 끝에 미노타우로스 같은 치명적인 위험이 도사리고 있는지 어떤지 알 수 없었지만, 이번에는 그에게 돌아갈 길을 안내해줄 실도, 출구에서 기다려줄 아리아드네도 없다는 것은 분명했습니다. 그는 불안에 떨며 생각했습니다. '내가 여기서 나갈 수 있는 날이 올까?'

– 다음 편에 계속

제91화

하데스를 분노케 한 테세우스

전편 요약 : 또다시 페이리토스의 꾐에 빠진 테세우스는 하데스 신의 아내를 납치하러 저승으로 떠났습니다.

좁고 구불구불한 길이 갑자기 끝나더니 세 갈래 길이 나타났습니다. 길 한가운데에 심판관이 세 명 있었는데 그들은 그림자들을 세 방향 중 한 곳으로 보냈습니다. 모두가 샹젤리제라 불리는 낙원으로 가는 왼쪽 길로 보내지길 원했습니다. 하지만 그 길로 보내지는 그림자들은 매우 적었습니다. 그림자들 대부분은 가운데 길로 보내졌는데 그곳은 일생 동안 악행도 선행도 하지 않은 그림자들이 쉬는, 활기 없는 아스포델 평원으로 가는 길이었습니다. 마지막으로 세 번째 길은 생전에 죄를 지은 그림자들이 보내졌는데 끔찍한 타르타로스의 심연으로 가는 길이었습니다.

세 갈래 길의 가운데에서 하데스가 몸소 그들을 맞았습니다. 그가 물었습니다. "경솔한 여행자들이여, 그대들은 누구인데 죽은 자들의 왕국에 초대도 받지 않고 왔나?" 그의 표정은 근엄했지만 말투가 사납지는 않았습니다. 테세우스는 내리감은 그의 눈꺼풀 속에서 개구쟁이 같은 표정을 읽었습니다. 회색빛 긴 수염은 할아버지처럼 인자해 보이기까지 했습니다. 페이리토스는 테세우스가 대답할 틈을 주지 않고 터무니없는 말을 하기 시작했습니다. "안녕하세요, 저승의 신이시여. 우리는 그리스의 두 영웅입니다. 이 사람은 틀림없이 포세이돈의 아들이고, 전 제우스의 아들입니다. 포세이돈과 제우스는 모두 당신의 형제이니 우리는 당신의 조카입니다." 테세우스는 깜짝 놀랐습니다. 그는 이미 오래전에 자신이 포세이돈의 아들이 아니라고 생각했으니까요. 하데스는 엷게 미소를 짓고 상냥하게 대답했습니다. "내 형제들은 둘 다 도처에 연인이 있지. 따라서 내겐 온 세상에 수많은 조카들이 있지. 너희들이 내게 온 이유가 무엇이냐?" 테세우스는 불안해했습니다. 이 대화가 정상이라기엔 너무 정중했기 때문이죠. 아무것도 알아채지 못한 페이리토스가 말을 이었습니다. "그러니까 삼촌, 우리는 삼촌의 아내인 페르세포네를 데려가려고 왔습니다. 피티아가 그녀는 제 여인이 될 거라고 예언했습니다." 테세우스는 숨을 쉴 수가 없었습니다. 이 바보 같은 녀석은 어떻게 감히 그런 청원을 할 수 있을까요? 그런데 놀랍게도 하데스는 아무 반응도 하지 않았습니다. 곰곰이 생각한 후 그가 대답했습니다. "원하는 대로 하거라, 조카야. 그러려면 내 궁전까지 같이 가야겠구나." 페이리토스는 테세우스를 보며 의기양양하게 한쪽 눈을 찡긋했습니다. 그들은 저승의 신이 거주하는 땅 한가운데까지 하데스를 따라갔습니다. 궁전은 춥고 음산한 높은 동굴 안에 있었습니다. 수많은 방이 있는 것 같았지만 문들이 전부 자물쇠로 잠겨 있었습니다. 그들은 접견실로 들어갔습니다. 페르세포네가 자리에서 일어나 그들에게 다가왔습니다. 그녀는 매우 아름다웠지만 매우 창백했습니다. 그녀가 남편과 함께 저승에서 지내는 계절이 끝나가고 있었습니다. 이제 곧 사랑하는 엄마 데메테르를 만나러 바깥세상으로 갈 것입니다. 하데스는 그녀의 손을 잡고 완전히 즐겁다는 듯 말했습니다. "부인, 이 자들이 그저 당신과 결혼하러 왔다 하오. 난 기꺼이 그들에게 당신을 허락했소. 그러니 이들에게 연회를 베풀러 갑시다." 그는 테이블 주변에 있는 돌 의자를 가리켰습니다. 섬세한 관찰자인 테세우스는 페르세포네가 걱정이 되어 어쩔 줄 몰라 하며 애원하는 눈으로 남편을 바라보는 것을 알아챘습니다. 하지만 아무것도 모르는 척 그냥 그대로 있었습니다. 페이리토스는 기뻐하며 그들 곁에 있는, 그가 가리킨 의자에 앉았습니다. 곧 식사가 시작됐습니다.

잠시 후 테세우스는 포도주 단지를 들려고 의자에서 몸을 일으키려 했지만 일어날 수 없었습니다. 포도주를 마시고 싶었던 페이리토스 역시 포도주 단지를 집으려고 했습니다. 하지만 그 역시 의자에서 엉덩이가 떨어지지 않았습니다! 걱정이 된 두 남자는 의자에서 벗어나려고 온 힘을 다 썼습니다. 헛수고였습니다. 그들은 덫에 걸렸던 것입니다!

하데스가 손뼉을 치자 눈 깜짝할 사이에 하인들이 식탁을 치웠습니다. 그는 무서운 눈으로 그들을 쏘아보았습니다. 그리고 분노에 찬 목소리로 고함을 쳤습니다. "감히 내 아내를 데려가겠다고 내 집에 와? 신을 우습게 보는 너희들의 마음이 도를 넘었다! 너희는 영원히 이에 대한 벌을 받을 거다. 이 의자는 망각의 의자다. 이제부터 너희들과 한 몸이 될 것이다." 그러자 뱀들이 나타나더니 쉭쉭 소리를 내며 그들을 감았습니다. 머리가 셋 달린 무서운 개 케르베로스가 침을 질질 흘리며 다가왔습니다. 그에게 그들을 감시하는 새로운 임무가 주어졌습니다. 페이리토스가 팔을 뻗으려 하면 케르베로스가 그의 팔을 물었습니다. 하데스의 분노에 테세우스는 고개를 떨궜습니다. 자신이 그러한 벌을 받아 마땅하다는 것을 잘 알고 있었으니까요. 그는 죽을 때까지 그 의자에 잡혀 있을까요?

– 다음 편에 계속

저승을 찾아온 뜻밖의 손님들

전편 요약 : 테세우스와 페이리토스는 하데스의 함정에 걸려들었습니다. 하데스는 그들에게 신들을 모욕한 죄로 망각의 의자에 감금하는 벌을 내렸습니다.

그날 아침 저승 입구에서 무언가 비정상적인 일이 벌어졌습니다. 엄청난 근육질의 남자가 사자 가죽을 뒤집어쓰고 카론의 배 앞에 나타났습니다. 카론은 그의 난폭함에 놀랐습니다. 그가 위협하듯 명령했습니다. "하데스에게 볼일이 있으니 날 배에 태워줘." 카론은 망설였습니다. 하데스가 테세우스와 페이리토스를 통과시켰다고 그를 몹시 질책했었으니까요. 그가 다시 사람을 통과시킨다면 저승의 신의 분노는 어마어마할 것입니다. 그때 기둥 옆에서 카론도 잘 알고 있는 두 인물이 나타났습니다. 한 명은 날개 달린 투구를 쓰고 발에도 날개가 달려 있었습니다. 죽은 자들의 그림자들을 그곳까지 안내하는 임무를 맡은 헤르메스 신이었습니다. 다른 인물은 갑옷과 투구 그리고 방패로 무장한 키가 큰 여인이었습니다. 아테나 여신이었죠. 부엉이 한 마리가 그녀의 머리 주변에서 날고 있었습니다. 카론은 눈썹을 찌푸렸습니다. 이 신들이 이곳엔 무슨 일로 온 것일까요? 헤르메스가 말했습니다. "노인, 자네 날 잘 알지? 날 믿지, 그렇지 않나?" 카론은 아무도 믿지 않았습니다. 더구나 신들 중에서 가장 농담을 잘하고 거짓말도 잘하는 헤르메스는 믿을 수 없었습니다. 그는 대답 대신 신음했습니다. 헤르메스는 상관하지 않고 계속 말했습니다. "다시 한 번 날 믿고 이 사람을 들여보내 줘. 그는 매우 중요한 임무를 맡고 있어." 아테나가 주저하는 카론을 못마땅해하며 끼어들었습니다. "이봐, 카론. 이 사람은 헤라클레스라고 해. 제우스의 아들이지. 그가 우리에게 함께 와달라고 부탁한 거라고, 알겠나? 우리가 그를 보호하고 있어." 그녀는 날카로운 창으로 살짝 위협하며 말을 이었습니다. "그의 사촌 에우리스테우스가 요구하는 일을 해야 하는 벌을 받았어. 그가 요구하는 일들 중 하나가 저승에 들어가는 것이란 말이야. 그러니 그가 저쪽으로 가게 통과시켜줘. 그래도 자네에겐 아무 해도 없을 거야."

카론은 마음이 내키지 않았지만 헤라클레스와 아테나, 헤르메스를 배에 태웠습니다. 스틱스강을 건넌 후 하선할 때 헤라클레스의 사나운 태도 때문에 그림자

들이 두려움에 떨었습니다. 그들 모두가 겁에 질려 소리를 지르며 도망갔습니다. 저승에 사는 두 존재를 빼면 그랬습니다. 헤라클레스는 영웅 페르세우스에게 죽임을 당한, 머리에 뱀들이 우글거리는 괴물 고르고노스 메두사를 즉시 알아봤습니다. 그는 메두사와 눈이 마주치면 돌로 변한다는 것을 알고 있었기 때문에 자신을 방어할 수 있었죠. 저승에 사는 다른 존재는 전사였는데 그가 지나가도록 놓아주지 않았습니다. 위협을 느낀 헤라클레스가 곧바로 칼을 뽑아 들었지만, 전사는 웃으며 그를 바라봤습니다. 헤라클레스가 그를 칼로 벴지만 상대는 전혀 상처가 나지 않았습니다. 화가 난 헤라클레스가 다시 그를 공격했습니다. 그의 칼이 전사를 두 번째 관통했지만 전사는 상처를 입지 않았습니다. 아테나가 깜짝 놀라 어깨를 올렸습니다. 하지만 헤르메스는 미친 듯이 웃었습니다. 아테나가 말했습니다. "좋아, 끝장내자." 그런데 헤르메스가 헤라클레스의 어깨를 두드리며 귓속말을 했습니다. "자넨 지금 저승에 있는 거야. 이자는 그림자야, 이미 죽었다고." 근육질의 영웅이 칼을 버렸습니다. 그리고 겸연쩍은 듯 대답했습니다. "맞아, 그랬지." 전사는 여전히 웃고 있었습니다. 헤라클레스도 결국 걸쭉하게 웃고 말았습니다. 그림자가 그에게 말했습니다. "내 이름은 멜레아그로스라고 하네. 만나서 반갑네, 헤라클레스." 둘 사이에 긴 대화가 시작됐습니다. 아테나는 마음이 급했습니다. 멜레아그로스가 헤라클레스에게 부탁했습니다. "이보게 친구, 내 청 한 가지만 들어주겠나? 내겐 데이아네이라라는 매우 아름다운 누이가 있네. 그녀는 매우 용감해서 그 누구와도 주저하지 않고 싸울 수 있지만 내가 죽은 후로는 아무도 보호해줄 사람 없이 혼자라네." 헤라클레스가 그의 말을 잘랐습니다. "좋네, 멜레아그로스! 내가 저승에서 임무를 마치는 대로 바깥세상에 나가면 자네 누이와 결혼할 것을 약속하네." 아테나가 자신의 이마를 치며 중얼거렸습니다. "제우스는 도대체 왜 우리에게 이렇게 정신 나간 자의 보호를 부탁했을까?" 중재해야겠다고 생각한 헤르메스가 결론을 맺었습니다. "결혼이라니, 참 좋은 생각이야. 이제 가자." 그러면서 하데스의 궁전 방향으로 헤라클레스를 이끌었습니다.

길을 가다 그들은 페르세포네를 만났습니다. 그녀는 행복하게 조카들을 안으며 상냥하게 맞아줬습니다. 지하 세계에서 지루해 죽을 맛이었던 그녀에게 누군가 찾아오는 것은 은총 같았습니다. 세 명의 방문객은 궁정에 들어가기 직전 비명 소리, 도움을 청하는 소리, 개가 사납게 짖는 소리를 들었습니다. 헤라클레스가 물었습니다. "저 안에서 무슨 일이 있는 거지?" 페르세포네가 당황한 표정을 지었습니다. "너희들에게 말해도 될지 모르겠네. 남편이 분명 좋아하지 않을 거야." 늘 그렇듯 헤라클레스는 허락도 받지 않고 벌써 비명이 들리는 곳으로 달려갔습니다. 하지만 그곳에는 그가 예상치 못한 광경이 펼쳐져 있었습니다.

– 다음 편에 계속

헤라클레스의 도움

전편 요약 : 헤라클레스는 과업들 중 한 가지를 완수하기 위해 헤르메스, 아테나와 함께 저승에 도착했습니다. 그는 그곳에서 만난 멜레아그로스에게 지상으로 돌아가는 대로 그의 누이 데이아네이라와 결혼하겠다고 약속했습니다. 그때 도움을 청하는 소리가 그의 관심을 끌었습니다.

헤라클레스는 저승에서도 특히 더운 지역으로 들어갔습니다. 헤르메스가 성의 없이 설명했습니다. "살아 있는 동안 행실이 나빴던 그림자들이 고문을 받는 곳이야. 사람들은 이곳을 타르타로스라 부르지." 헤라클레스는 그의 말을 듣지 않았습니다. 조금 전 도움을 청하는 사람들의 소리가 들렸기 때문이죠. 그가 큰 소리로 말했습니다. "이봐, 동생! 테세우스! 무슨 일이 생긴 거야?" 여전히 의자에 달라붙어 쉭쉭거리는 뱀들의 위협을 받고 있던 테세우스는 몰골이 말이 아니었습니다. 턱수염과 머리칼은 텁수룩하게 자라 있고 손톱도 길었습니다. 입술은 열기로 바짝 말라 있었습니다. 그 옆에 있는 페이리토스 역시 딱한 상태였습니다. 그들의 몸에는 개에게 물린 상처가 잔뜩 있었습니다. 테세우스가 소리쳤습니다. "헤라클레스!" 이미 칼을 빼 든 헤라클레스에게 헤르메스가 속삭였습니다. "조심해, 헤라클레스. 자네의 임무를 잊지 마." 헤라클레스가 물었습니다. "무슨 임무?" 아테나가 신경질적으로 말했습니다. "네가 분명한 목적을 갖고 이곳에 왔다는 걸 벌써 잊은 거야? 넌 네 사촌 에우리스테우스가 명령한 열두 가지 과업 중 열한 가지를 달성했어. 저승의 신과 여신을 화나게 하면 마지막 과업을 성공하지 못할 거야." 헤라클레스는 그들을 따라온 페르세포네를 향해 돌아섰습니다. 그가 그녀에게 물었습니다. "여신이시여, 제가 사촌을 풀어주도록 허락해 주시겠습니까? 그가 무슨 잘못을 저질렀는지 모르겠으나 그의 얼굴을 보니 이미 자신이 저지른 짓을 후회하고 있는 것 같습니다." 페르세포네는 망설였습니다. 할 수 없이 아테나가 중재에 나섰습니다. "숙모, 잘못은 용서받을 수 있어야 해요. 가장 나쁜 사람일지라도 잘못에 대한 벌을 받고 나면 착해질 수 있어요. 이자에게 똑같은 잘못을 되풀이하지 않을 기회를 줘봐요." 현명한 그녀의 말에 침묵이 이어졌습니다. 모두들 온화한 페르세포네의 결정을 숨죽여 기다렸습니다. 마침내 그녀가 한숨을 내쉬며 승낙했습니다. 헤라클레스는 바닥에 한쪽 무릎을 꿇고 그녀의 손에 키스했습니다. 아테나는 하늘을 올려다보고 헤르메스는 중얼

거렸습니다. "좋아, 시간이 없어." 그러자 헤라클레스가 칼을 움켜잡고 테세우스를 붙잡고 있던 뱀들을 쳐냈습니다. 뱀들은 머리가 잘려 땅에 떨어졌지만 여전히 쉭쉭거렸습니다! 테세우스는 팔을 움직일 수 있게 됐습니다. 그가 헤라클레스를 향해 양손을 뻗었습니다. 헤라클레스가 그의 손을 잡아끌었습니다. 테세우스의 몸이 돌에 붙어 있는 것 같았습니다. 헤라클레스는 계속해서 끌어당겼습니다. 마침내 초인간적인 그의 힘으로 망각의 의자에서 테세우스를 떼어냈습니다. 하지만 페이리토스를 풀어주려고 하자 기이한 현상이 나타났습니다. 그의 팔을 당기는 순간 땅이 흔들리며 동굴 벽의 돌들이 떨어졌습니다. 아테나가 말했습니다. "그를 그대로 둬. 이건 분명 제우스가 보내는 신호야. 그는 페이리토스가 풀려나길 원치 않는 거야. 그에게서 떨어지지 않으면 우리도 그와 함께 이 지진으로 묻히고 말 거야." 그들이 피하자마자 땅이 열리며 지진이 페이리토스를 삼켰습니다. 그는 영원히 저승에 갇히게 될 것입니다.

테세우스와 헤라클레스는 오래도록 서로 끌어안았습니다. 테세우스는 페르세포네를 향해 돌아서더니 용서를 구했습니다. 그녀는 미소 지으며 그를 용서했습니다. 그 순간 나타난 머리가 셋 달린 괴물 개 케르베로스가 짖으며 테세우스를 공격하려고 했지만, 페르세포네가 막아줬습니다. "그만! 조용히 해!" 그 끔찍한 짐승은 저승의 여신의 말에 평범한 멍멍이처럼 순종했습니다!

그때 하데스가 들어왔습니다. 그가 화난 표정으로 물었습니다. "웬 소동이야?" 헤르메스가 속삭였습니다. "쉿! 우리가 그의 낮잠을 깨웠나 봐. 이렇게 깨면 늘 기분이 언짢은데. 운이 좋지 않아." 말을 마치자마자 헤르메스는 삼촌에게 달려들어 껴안았습니다. "안녕하세요, 삼촌! 누이 아테나와 함께 삼촌을 뵈러 왔어요. 안녕하셨죠?" 하데스는 짐짓 미소 짓지 않았습니다. 그는 헤르메스에게 관대한 만큼 애정도 있었지만 너무 일찍 화를 풀고 싶지 않았습니다. 아테나가 헤라클레스의 등을 떠밀며 속삭였습니다. "자, 지금이야." 영웅이 한 걸음 앞으로 디디며 더듬더듬 말했습니다. "음… 안녕하세요, 하데스. 제 사촌이 명령한 임무를 수행하기 위해 이곳에 왔습니다. 전 당신의 개 케르베로스를 그에게 데리고 가야 합니다. 산 채로요." 테세우스는 몸이 부르르 떨렸습니다. 그가 저승에 갇힌 이후 계속해서 그를 괴롭혔던 것이 바로 그 끔찍한 개였거든요. 헤라클레스가 아무리 놀라운 힘을 가졌다지만 과연 이 짐승을 데려갈 수 있을까요? 그리고 하데스가 그것을 허락할까요?

하데스가 턱수염을 만지작거리며 대답했습니다. "정말? 내 개를? 네가 무기를 사용하지 않고 그를 잡고 데려갈 수 있다면 허락하지. 성공한다면 그렇게 해." 그는 자신의 대답에 만족해하며 팔짱을 꼈습니다. 그는 아무도 케르베로스를 맨손으로 잡을 수 없다고 확신했습니다. 헤라클레스는 과연 머리 셋 달린 개의 날카로운 송곳니와 독침이 달린 용의 꼬리를 이길 수 있을까요?

– 다음 편에 계속

헤라클레스의 마지막 과업

> **전편 요약** : 헤라클레스는 망각의 의자에서 테세우스를 풀어줬습니다. 그는 하데스에게 케르베로스를 데려가게 해달라고 부탁했습니다. 하데스는 그가 무기를 사용하지 않고 케르베로스를 생포하는 조건으로 허락했습니다.

지금껏 헤라클레스를 놀라게 한 건 없었습니다. 하지만 저승의 개는 보통 괴물이 아니었습니다. 그는 죽은 자들의 왕국에 속한 괴물이었습니다. 게다가 이것은 그의 사촌이 명령한 마지막 과업이었습니다. 그는 장이 꼬이는 것 같았습니다. 이를 눈치챈 아테나가 남몰래 기뻐했습니다. 왜냐면 그녀는 두려움을 모르는 사람보다 두려움을 경험하고 극복한 사람이 성취한 모험을 백배 천배 더 좋게 평가했으니까요. 그녀는 언젠가는 헤라클레스도 다른 진정한 영웅들이 느꼈던 두려움을 느끼며 성숙해질 수 있을지 의심스러웠습니다. 그런데 케르베로스 앞에서 그런 일이 일어났습니다.

헤라클레스는 뒤집어쓴 사자 가죽을 무의식적으로 어루만지며 케르베로스를 잡을 방법을 궁리했습니다. 아테나가 슬그머니 다가와 그의 귀에 속삭였습니다. "네메아의 사자를 공격할 때처럼 케르베로스를 공격하면 돼. 목을 졸라." 헤라클레스의 눈빛에서 장난기가 번뜩였습니다. 여신이 좋은 방법을 알려준 것이죠. 자신감을 회복한 그가 개에게 천천히 다가갔습니다. 케르베로스가 으르렁대며 맞섰습니다. 헤라클레스는 천천히 개 뒤로 돌아갔습니다. 개 뒤에 선 헤라클레스가 근육을 팽팽히 긴장시키며 괴물의 목덜미로 덤벼들었습니다. 그리고 세게 죄었습니다. 개가 펄쩍 뛰며 자신의 목을 죄는 사람을 잡기 위해 세 개의 머리를 버둥거렸지만 닿지 않았습니다. 개는 헐떡거리며 무시무시한 소리를 질렀습니다. 전갈처럼 독침이 있는 용의 꼬리를 흔들며 헤라클레스를 수차례 찔렀습니다. 헤라클레스는 침에 찔려 몸을 떨었지만 죄고 있는 목을 놓지 않았습니다. 개는 숨이 막혀 혀가 점점 길게 늘어졌습니다. 이들의 육탄전은 굉장했습니다. 짐승은 몇 번의 경련 끝에 힘이 점점 약해지더니 저항을 멈췄습니다. 결국 케르베로스가 굴복하고 바닥에 누웠습니다. 자신의 패배를 인정한 것이죠. 헤라클레스는 짐승이 다시 숨을 쉴 수 있게 목을 풀어줬습니다. 그리고 개의 목에 커다란 사슬을 묶고 다시 공격하지 못하도록 세 개의 주둥이에 망을 씌웠습니다.

헤르메스와 테세우스가 동시에 손뼉을 쳤습니다. 페르세포네와 아테나 역시 그들을 따라 손뼉을 쳤습니다. 승부를 즐길 줄 아는 하데스가 승리자와 악수했습니다. 헤라클레스는 스스로 만족스러웠지만 처음으로 허세를 부리지 않았습니다. 아테나는 '두려움을 느껴 자존심이 상했군. 하지만 그건 옳지 않아. 그가 열두 가지 과업을 완수하면서 자신이 진정한 용기가 있다는 것을 증명한 건 마지막 과업뿐인걸.'이라고 생각했습니다. 헤라클레스가 말했습니다. "전 아직 임무를 완수하지 못했어요. 케르베로스를 미케네로 데려가야 해요." 그는 헤르메스, 아테나, 테세우스와 함께 하데스, 페르세포네와 서둘러 작별하고 쇠사슬에 묶인 케르베로스를 끌고 갔습니다. 개가 어찌나 무겁던지 끌기가 정말 힘들었습니다! 개는 새 주인을 받아들였지만 자신이 살던 지하 세계를 떠나고 싶어 하지 않았습니다. 테세우스와 헤르메스는 개에게 다가갈 엄두를 내지 못했습니다. 갑옷을 입은 아테나만이 위험을 무릅쓰고 개에게 다가갔습니다. 케르베로스가 카론의 배에 올라탈 수 있게 도와준 것도 그녀였습니다. 카론은 당황해서 어찌할 바를 몰랐습니다. 저승의 간수를 나가게 둬도 괜찮은 걸까요? 아테나는 카론을 잠재우고 직접 노를 저었습니다. 끙끙거리며 움직이는 개의 무게 때문에 배가 위험하게 흔들렸습니다. 그래도 스틱스강을 무사히 건넜습니다. 하지만 저승의 출구를 몇 미터 남겨두고 빛 때문에 앞이 안 보인 케르베로스가 두려움에 질려 앞으로 가길 거부했습니다. 당황한 개가 머리들을 마구 흔들었습니다. 헤라클레스는 자신의 머리를 묶고 있던 띠를 풀어 세 조각으로 잘라 개의 눈을 가렸습니다. 그리고 에리만토스의 멧돼지처럼 그 짐승을 들어 어깨에 짊어졌습니다. 헤라클레스 뒤에서 몸을 움츠리고 따라가던 테세우스는 태양을 다시 보며 행복감에 취했습니다.

그들은 개를 끌기도 하고 들기도 하며 그렇게 미케네에 도착했습니다. 헤라클레스가 소리쳤습니다. "사촌! 사촌! 내가 왔어! 네가 요구한 대로 저승의 개를 데려왔다고!" 하지만 에우리스테우스는 성벽 위로 모습을 나타내지 않았습니다. 공포에 질린 그는 언제나 그랬듯 항아리 속으로 피신했습니다.

적잖이 당황한 헤라클레스는 미케네의 성문 앞에 앉았습니다. 그에게 길든 개도 당황한 듯 보였습니다. 대낮의 빛이 계속해서 그의 눈을 상하게 했습니다. 헤라클레스는 자신이 아무 생각 없이 개를 쓰다듬고 있다는 것을 깨달았습니다. 그러다 갑자기 웃음을 터트리며 케르베로스에게 말했습니다. "이보게 친구, 난 에우리스테우스에게 자네를 산 채로 데려다준다는 임무를 완수했네. 그가 자네를 원치 않는다면 할 수 없지 않은가, 그렇지? 자, 이제 자네를 집으로 다시 데려다줌세!" 케르베로스도 이해한 것 같았습니다. 그가 다정하게 끙끙거렸습니다. 헤라클레스는 자리에서 일어나 하데스의 왕국을 향해 다시 길을 떠났습니다. 테세우스가 그에게 말했습니다. "난 여기서 형과 헤어져야겠어. 집으로 돌아가야 해. 아테네는 왕이 필요하거든. 고마워!" 헤라클레스가 멀어지며 그에게 큰 소리로 말했습니다. "가능하면 곧 널 찾아갈게."

- 다음 편에 계속

데이아네이라를 소개받은 테세우스

전편 요약 : 헤라클레스는 저승에서 테세우스를 구하고 자신의 열두 번째이자 마지막 과업을 성공했습니다.

테세우스가 아테네 사람들의 신뢰를 다시 찾는 데는 오랜 시간이 걸렸습니다. 이미 오래전에 어린 헬레네를 가족의 품으로 돌려보냈고, 페이리토스의 이름을 말하는 사람도 이제 없었습니다. 테세우스는 자신의 끔찍한 행동을 속죄하기 위해 최선을 다했습니다. 아테네 시민들은 조금씩 그를 용서했습니다. 이제 그의 취기와 어리석은 행동은 강하고 약한 면을 두루 갖춘, 끔찍할 정도로 인간적인 왕에 대한 기억 정도로 남았습니다. 왕위를 되찾은 테세우스는 그 어느 때보다 평등하고 공정하게 통치하려고 노력했습니다. 하지만 그의 마음은 공허하고 매우 외로웠습니다.

어느 날 아침 사촌 헤라클레스가 찾아오자 그는 뛸 듯이 기뻤습니다. 테세우스와 마찬가지로 헤라클레스도 늙었지만 그의 얼굴은 환했습니다. 그는 가늘고 긴 황금빛 눈을 가진, 자신보다 훨씬 젊고 매우 아름다운 여인과 함께 왔습니다. 헤라클레스가 사촌에게 말했습니다. "데이아네이라를 소개할게. 우리가 저승에서 만났던 멜레아그로스 기억하지?" 테세우스가 눈썹을 찌푸렸습니다. 그때의 기억을 지우려 노력했던 테세우스는 그 이름이 전혀 생각나지 않았습니다. "그렇다니까! 내가 저승에서 그를 만났을 때 그의 누이와 결혼하겠다고 약속했었잖아. 그래서 약속을 지켰어. 그녀가 바로 여기 있네!" 젊은 여인이 테세우스 앞에서 우아하게 몸을 숙여 인사했습니다. 테세우스가 그녀를 일으켜 친근하게 포옹했습니다. "우리 사이엔 그럴 필요 없어요, 형수! 잘 오셨어요!" 데이아네이라의 얼굴이 붉어졌습니다. 테세우스는 헤라클레스가 매우 운이 좋은 사람이라고 생각했습니다.

헤라클레스가 이야기했습니다. "우리가 여기 오지 못할 뻔했다는 걸 알아? 생각해봐. 글쎄 아테네까지 오는데 강물이 불어난 거야. 물론 나야 헤엄쳐 건너는 게 아무 일도 아니지. 너도 알다시피 내게 그런 것쯤이야 아무것도 아니잖아." 테세우스는 헤라클레스가 비록 늙긴 했지만 허풍이 여전하다고 생각하니 웃음이 나는 걸 억지로 참았습니다. "하지만 데이아네이라는 어떻게 건너겠어? 그때 소용돌이 한가운데에서 켄타우로스가 능숙하게 노를 저으며 오더군." 상대의 반응을 보기 위해 그가 잠시 말을 멈췄지만 테세우스는 가만히 듣고만 있었습니다. 헤라클레스는 이야기를 계속했습니다. "좋아, 켄타우로스들과 나 사이에 어떤 일

이 있었는지 다 잊은 모양이군. 난 그들을 전혀 좋아하지 않아. 그건 그들도 마찬가지고. 하지만 어쩔 수 없잖아, 그렇지?" 이번에는 데이아네이라를 돌아보며 동의를 구했습니다. "그 켄타우로스가 자기 이름은 네소스이고, 데이아네이라를 안전하게 건네주겠다고, 자기를 믿어도 된다고 하더라고. 난 그를 믿고 제안을 받아들였어. 어쩔 수 없잖아. 그래서 난 먼저 물속으로 뛰어들어 강을 건너갔어. 그런데 반대편 기슭에 도착하자마자 내가 뭘 봤는지 알아?" 테세우스는 여전히 아무 말 없이 다음 말을 기다렸습니다. 헤라클레스가 한숨을 쉬었습니다. "넌 상상력이 왜 그렇게 빈약하니? 그러니까 그놈이 내 부인을 건네주기는커녕 덮치려 하고 있더라니까. 피가 거꾸로 솟더라고. 내가 들고 있던 화살을 쐈더니 그놈의 심장을 관통해버리더라고. 거리가 적어도 800미터는 됐을걸!" 테세우스가 대단하다는 듯 작게 휘파람을 불자 헤라클레스가 가슴을 내밀며 뽐냈습니다. 테세우스는 사촌의 이야기보다 데이아네이라의 애매한 미소가 마음에 걸렸습니다.

식사 후 헤라클레스는 체육관으로 운동을 하러 갔습니다. 테세우스는 피곤하다는 핑계를 대며 그와 함께 가지 않고 우연인 척 궁전의 정원에서 바람을 쐬고 있는 데이아네이라를 만나러 갔습니다. 그가 빈정대듯 물었습니다. "형수, 위대한 영웅과 함께하니 행복한가요?" 테세우스가 빈정거리는 것을 느낀 데이아네이라는 엄숙한 말투로 대답했습니다. "헤라클레스를 사랑하는 게 쉽진 않지만, 그에게서 사랑받는 게 훨씬 더 어렵죠. 제 말은 혼자 지속적으로 그의 사랑을 받는 게 그렇다는 거예요." 테세우스가 다음 질문을 할 때는 말투에서 빈정거림이 사라졌습니다. "헤라클레스가 바람피울까 봐 걱정돼요?" 데이아네이라는 테세우스의 눈을 바라보며 솔직한 마음을 알려줬습니다. "전 남몰래 부적을 갖고 있어요. 아무에게도 말하면 안 돼요. 이 병의 액체만 있으면 헤라클레스의 사랑을 영원히 간직할 수 있어요." 젊은 여인은 자주색 액체가 반짝이는 병을 꺼내 보여주며 속삭였습니다. "비밀을 지킨다고 맹세하세요." 테세우스는 약속했습니다. "이건 네소스의 피예요. 그가 죽으면서 말했어요. 헤라클레스의 사랑이 제게서 떠났을 때 헤라클레스의 옷에 이 피를 적셔 입히면 그의 사랑이 다시 제게 돌아올 거라고요." 데이아네이라의 눈에서 흥분의 빛이 반짝였습니다. 테세우스는 이 고백에 두려움을 느꼈습니다. 켄타우로스가 데이아네이라의 남편이 바람을 피우지 않도록 도와주려는 이유는 무엇일까요?.

– 다음 편에 계속

이올라오스와 테세우스의 재회

전편 요약 : 헤라클레스가 테세우스를 찾아왔습니다. 그는 새 아내 데이아네이라를 테세우스에게 소개했습니다. 데이아네이라는 남편이 외도하지 않도록 지켜준다는, 켄타우로스 네소스의 피가 든 병을 가지고 있었습니다.

테세우스는 헤라클레스와 데이아네이라를 아쉬운 마음으로 떠나보냈습니다. 가까운 시일에 사촌을 다시 볼 수 없으리란 불길한 예감이 들었습니다. 그는 데이아네이라가 털어놓은 비밀 때문에 난처했습니다. 헤라클레스에게 말해줘야 하지 않을까요? 하지만 비밀을 지키겠다고 약속했으니…. 약속을 어길 수는 없는 노릇이었습니다. 그는 마음 졸이며 그들이 멀어지는 것을 바라보느라 다른 방문객이 오는 것을 보지 못했습니다. 갑자기 테세우스 뒤에서 누군가 말했습니다. "내게 인사도 하지 않나요?" 아테네의 왕은 깜짝 놀라 뒤를 돌아봤습니다. 그에게 말을 건 사람은 낯이 익었지만, 누군지 알아볼 수 없었습니다. 턱엔 수염이 더부룩하게 자랐고, 옷은 먼지투성이였습니다. 커다란 모자가 그의 머리를 전부 가리고 있었습니다. 낯선 사람이 다시 말했습니다. "테세우스, 내 친구. 기억력이 나빠졌군요?" 이 목소리는… 이 목소리는…. 네 그랬습니다. 테세우스가 큰 소리로 말했습니다. "이올라오스! 이올라오스! 도대체 어떻게 된 거야?"

이올라오스는 아무 말이 없었습니다. 그의 눈은 더러운 진흙이 묻은 것처럼 더 이상 맑지 않았습니다. 그가 중얼거렸습니다. "난 생애 최악의 행동을 하고 말았어요. 난…." 그는 목이 멨습니다. 테세우스는 측은해서 눈물이 났습니다. 그가 친구의 어깨를 잡고 궁전으로 데려가며 얘기했습니다. "나중에 얘기해도 돼."

그날 저녁 두 사람은 궁전의 정원에서 단둘이 만났습니다. 테세우스는 그 정원을 그토록 좋아했던 파이드라가 생각나 우울해졌습니다. 게다가 그곳은 전날 데이아네이라의 비밀을 들은 곳이기도 했습니다. 자신과 헤라클레스가 겪은 사건들이 주마등처럼 눈앞을 스쳐 갔습니다. 그는 자신도 모르게 헤라클레스가 이룩한 과업의 수를 헤아렸습니다. 열한 가지였습니다. "이보게 친구, 이올라오스. 내 사촌이 이룬 과업들이 열한 가지밖에 생각이 안 나네." 이 말을 듣고 이올라오스가 갑자기 몸을 떨었지만 자기 생각에 빠진 테세우스는 알아채지 못했습니다. "자 봐, 내가 정리해 볼게. 네메아의 사자, 레르나의 히드라, 에리만토스의

멧돼지, 케리네이아의 암사슴, 스팀팔로스 호수의 새들, 에우게이아스의 마구간, 크레타의 황소, 디오메데스의 암말, 아마조네스 여왕의 허리띠, 게리온의 소들, 저승의 개 케르베로스…. 한 가지가 부족해!" 아이처럼 헤라클레스가 이룬 과업을 세는 테세우스를 보며 이올라오스의 입가에 엷은 미소가 번졌습니다. 그가 대답했습니다. "아니, 끝에서 두 번째 과업을 잊었잖아요. 헤스페리데스 정원의 황금 사과요." 테세우스가 외쳤습니다. "그래? 그건 전혀 모르겠는데! 자넨 그때도 그와 함께했나? 내게 그 이야기 좀 해주게!" 이올라오스가 쉽게 그의 청을 들어줬습니다. "물론 나도 거기에 참여했었죠. 신들이 헤스페리데스의 정원이라 불리는 멋진 정원을 갖고 있다는 걸 아나요? 흰 팔을 가진 헤라가 열심히 그 정원을 가꾼답니다. 그녀는 그곳에 황금 사과가 열리는 신기한 나무를 심었어요. 이 성스러운 나무의 열매들은 대지의 여신 가이아가 결혼 선물로 그녀에게 준 것이었어요. 에우리스테우스는 이 신성한 과일을 따서 가져오라고 헤라클레스에게 요구했죠."
테세우스와 이올라오스는 오렌지 나무 그늘 아래에 앉아 있었습니다. 해가 졌습니다. "하늘의 저 멋진 색들이 보이시죠? 황금 사과를 돌보는 건 일몰의 세 님프 헤스페리데스의 임무였습니다. 오늘 저녁처럼 태양의 신의 마차가 질주를 마치면 숨이 턱에 찬 말들이 어느 산기슭에서 멈추죠. 그 산이 바로 헤스페리데스의 정원이 숨겨진 아틀라스산이랍니다. 그곳에 신들의 음식과 음료인 암브로시아와 넥타의 원천이 있어요. 헤스페리데스는 그곳에서 합창을 해요. 그곳은 당신이 상상할 수 없을 정도로 아름다운 장소랍니다." 이올라오스는 그곳을 회상하며 위로를 받는 것 같았습니다. 이마의 주름이 펴지고 목소리도 예전의 즐거운 억양을 조금 되찾았습니다. 테세우스는 기뻤습니다. 그가 물었습니다. "아틀라스라는 산은 어디 있는데?"

이올라오스가 말을 이었습니다. "그것이 바로 헤라클레스가 답을 찾아야 할 문제였어요. 우리는 무턱대고 길을 떠나 캅카스라는 산에 도착했어요. 짙은 안개 때문에 빨리 걸을 수가 없었어요. 여느 때처럼 헤라클레스가 욕하며 화를 냈어요. 갑자기 안개가 걷히면서 우리 바로 앞에 바위에 묶인 프로메테우스가 나타났어요! 난 바로 그를 알아봤죠. 거인이라고 할 수 있을 정도로 커다란 티탄족 프로메테우스가 머리를 가슴 쪽으로 숙이고 있었어요. 헝클어진 긴 머리칼 때문에 얼굴을 볼 수 없었어요. 그는 거대한 금속 사슬로 바위에 묶여 있었는데, 아, 너무 끔찍했어요! 거대한 독수리가 그에게 덤벼들더니 부리로 그의 배를 찢어 간을 파먹었어요. 프로메테우스는 고통스러웠지만 비명조차 지르지 못했어요. 인간을 창조한 그가, 인간을 구하기 위해 직접 제우스와 맞섰던 그가 그렇게 박해받고 있었

죠. 난 간신히 비명을 참고 헤라클레스를 향해 돌아섰어요. 그가 어떻게 했을 것 같나요?"

— 다음 편에 계속

제97화

프로메테우스와 아틀라스를 풀어준 헤라클레스

전편 요약 : 이올라오스는 테세우스에게 헤라클레스의 열한 번째 과업인 헤스페리데스 정원의 황금 사과를 훔친 이야기를 시작했습니다. 헤스페리데스 정원을 찾는 도중 이올라오스와 헤라클레스는 바위에 묶인 티탄족 프로메테우스를 만났습니다.

"화살 한 개, 그저 화살 한 개와 2초의 시간이면 충분했어요. 헤라클레스는 주저하지 않았어요. 그가 활시위를 당겨 프로메테우스의 간을 먹고 있는 독수리를 겨냥하는 데 필요한 시간은 단 2초였어요. 새는 심장 한가운데 화살을 맞고 쓰러졌죠. 프로메테우스가 천천히 고개를 들었어요. 그리고 바짝 말라버린 입술로 들리지도 않게 "고마워."라고 속삭였죠. 헤라클레스는 곧장 양 주먹의 힘만 사용해 무거운 사슬을 끊었어요. 프로메테우스가 풀려났죠." 이올라오스는 지금 눈앞에서 그 일이 일어나고 있는 것처럼 생생히 기억했습니다. "아세요, 테세우스? 비록 단점투성이이긴 하지만 그도 따뜻한 마음을 가졌다고요. 아버지 제우스가 불복종의 죄를 벌하기 위해 프로메테우스에게 그런 형벌을 내렸다는 걸 그도 알고 있었죠. 모두가 알고 있었으니까요. 그렇다고 해서 그를 그대로 둘 순 없었어요. 내가 얼마나 안도하고 기뻤는지 당신도 상상할 수 있을 거예요! 그리고 헤라클레스에게 늘 관대했던 제우스도 아무런 행동을 하지 않았죠. 그는 마음속으로 자신도 안도했다는 듯 아들이 프로메테우스를 구하도록 내버려 두었어요. 프로메테우스는 헤라클레스에게 감사하며 헤스페리데스의 정원으로 가는 길과 과업을 달성할 수 있는 방법을 알려줬어요!" 테세우스가 물었습니다. "어떤 방법인데?" 이올라오스가 웃음을 터트렸습니다. "그렇게 재촉하지 마세요. 얘기해드릴게요.

프로메테우스가 알려준 덕분에 우리는 아틀라스산까지 빨리 갈 수 있었어요. 그런데 우리 앞에 또 다른 거인이 나타나는 바람에 우리는 아름다운 경치를 감상할 여유가 없었어요. 그 거인은 프로메테우스보다 더 컸어요. 그의 옆에 서면 내가 왜소해지는 것 같더라니까요! 그는 무슨 무서운 벌을 받고 있는지 한쪽 무릎을 꿇고 있었어요. 양어깨에 하늘을 짊어지고 있었죠! 맞아요, 창공, 모든 별들이 걸려 있는 하늘을 이 거인이 어깨에 짊어지고 있었어요. 헤라클레스가 내 귀에 속삭였죠. "우리 아버지가 이자도 벌했군." 프로메테우스는 가혹한 형벌을 당하면서도 얼굴이 고귀했는데

아틀라스의 얼굴은 힘들어서 일그러져 있었어요. 이마 위로 땀이 강처럼 흘렀죠. 당신도 아시잖아요, 하늘이 얼마나 무겁겠어요! 헤라클레스가 아틀라스에게 다가가서 인사한 후 말했어요. "절 좀 도와주세요. 당신은 헤스페리데스라는 님프의 아버지시죠? 헤라 여신의 황금 사과를 지키는 아름다운 님프들의 아버지시죠?" 아버지로서의 자존심에 만족한 아틀라스가 대답했어요. "그렇네. 내게 어떤 도움을 원하나?" "제가 한 가지 제안을 하겠습니다. 제가 당신을 대신해서 제 어깨에 하늘을 떠받들고 있을 테니 그사이에 당신은 딸들에게 가서서 황금 사과 세 개만 따다 주십시오." 아틀라스는 무거운 짐을 내려놓을 수 있다는 생각에 기뻐하며 서둘러 그 거래를 승낙했어요. 난 걱정이 됐죠. 헤라클레스가 과연 하늘의 무게에서 벗어날 수 있을까요? 아틀라스가 자진해서 다시 그 자리로 돌아올 일은 절대로 없을 텐데 말이죠.

헤라클레스가 거인 아틀라스의 자리로 들어갔어요. 당신도 상상할 수 있겠지만 아틀라스는 대단히 만족한 표정으로 일어나서 몸을 펴더니 스트레칭을 했어요. 그는 아픈 어깨를 오래 주무르더니 딸들이 지키고 있는 정원으로 갔어요. 난 그를 따라가야 할까, 헤라클레스 곁에 남아야 할까 망설였어요. 헤라클레스는 어깨에 하늘을 짊어지고도 전혀 힘들어 보이지 않았어요! 그가 내게 눈을 깜빡이며 머리로 그를 따라가라는 신호를 보냈죠."

밤이 됐습니다. 석양의 불꽃이 진 하늘은 짙은 어둠에 황금색 작은 빛들이 박혀 있는, 별이 반짝이는 아름다운 모습으로 변해 있었습니다. 테세우스는 아테네의 따뜻한 밤이 좋았습니다. 이올라오스와 속내 이야기를 한 그날 밤은 특히 더 그랬습니다. 추억에 잠긴 이올라오스가 이야기를 이었습니다. "높은 담 뒤에 숨겨진, 세상에서 가장 멋진 정원을 상상해보세요! 아틀라스가 철책 문을 밀고 들어간 후, 난 밖에서 담에 작은 구멍을 뚫고 귀를 바짝 댔어요. 내 판단이 옳았어요! 세 님프가 아버지를 보고 환호성을 지르며 환대하는 동안 살펴보니 마법의 사과나무 아래에서 용이 잠들어 있었어요! 무서운 용이오. 그래서 헤라 여신이 용들을 그토록 좋아하는 거죠. 난 거기에 용이 있을 줄은 몰랐어요. 그 용의 이름은 라돈인데 난 그놈한테 들킬까 봐 눈곱만큼도 움직일 수 없었어요. 정원에는 다채로운 꽃들과 울창한 풀들이 넘쳐났어요. 환상적인 깃털을 가진 새들이 여기저기 날아다녔어요. 신들의 정원이라는 것을 알 수 있었어요. 그때 아름다운 선율의 감미로운 노래가 들렸어요. 헤스페리데스가 돌아온 아버지, 다시 찾은 아버지를 위해 노래를 불렀던 거예요. 그녀들은 자기들이 살고 있는 멋진 정원과, 그곳에서 절대로 벗어나지 못하는 고통을 노래했어요. 그녀들은 오렌지 나무를 어루만지는 태양과 레몬 나무의 매콤한 향기, 아몬드의 씁쓸함을 노래했어요. 그녀들은 수많은 삶의 즐거움과 나뭇가지 사이로 불어오는 바람의 외로움을 노래했어요. 그녀들은 오랜 방황 끝에 안식처로 돌아온 아버지를 만난 것처럼 아버지와의 재회를 즐겼어요. 아틀라스가 사과나무 아래에 눕더니 스르르 잠이 들었어요. 잠이 깨면 헤라클레스와 한 약속을 기억할까요?"

– 다음 편에 계속

제98화
헤스페리데스의 사과 세 개를 얻은 헤라클레스

전편 요약: 이올라오스는 테세우스에게 헤라클레스의 과업에 대한 이야기를 했습니다. 헤라클레스는 쇠사슬로 묶여 있던 프로메테우스를 바위에서 풀어준 후 아틀라스와 거래를 했습니다. 그가 아틀라스 대신 양어깨에 하늘을 짊어지고 있는 동안, 아틀라스는 그의 딸들인 헤스페리데스에게서 황금 사과 세 개를 가지러 갔습니다.

한밤에 마주 앉은 두 친구를 바람이 가볍게 스치고 지나갔습니다. 테세우스와 이올라오스는 천천히 궁전의 정원을 나와 아테네의 어두운 거리들을 거닐었습니다. 발걸음은 바다로 향하고 있었지만 그들의 생각은 신들의 정원에 머물러 있었습니다. 이올라오스가 이야기했습니다. "밤이 되자 달빛에 빛나는 황금 사과가 보였어요. 그 빛이 반짝거리며 잠든 용의 비늘에도 반사됐죠. 위험을 감수하고 금지된 나무의 열매를 내가 직접 따야 할까요? 내겐 망설일 시간이 없었어요. 작은 빗방울이 떨어지기 시작했어요. 님프들이 갑자기 깨어나 입을 크게 벌리고 웃었죠. 신들의 정원에 비가 오는 건 매우 드문 일이었으니까요! 아틀라스가 화를 내며 일어났어요. 어딘가 가려고 서두르는 것 같았어요. 그가 투덜거리며 말했어요. "딸들아, 너희들에 대한 추억을 가지고 가고 싶구나. 예를 들면 예쁜 황금 사과 몇 개 정도…." 그러자 그의 딸들이 주저하지 않고 헤라의 사과나무로 갔어요. 각자 돌아가며 아버지에게 선물로 드릴 황금 사과를 한 개씩 땄죠. 거인은 그 과일들을 자신의 커다란 손으로 조심스럽게 잡고는 딸들을 포옹하고 정원을 떠났어요. 용은 계속 코를 골며 잠을 잤죠!

난 헤라클레스에게 가는 아틀라스의 뒤를 종종걸음으로 쫓아갔어요. 헤라클레스는 마치 전날부터 깃털 가방을 어깨에 짊어지고 있었다는 듯 생기발랄하고 원기 왕성했어요. 아틀라스는 난처해서 어쩔 줄 몰라 했어요. 생각건대 자신의 무거운 짐을 전혀 돌려받고 싶지 않았던 게 분명했죠! 자유가 진짜 좋잖아요. 앉았다 일어날 수 있고, 서 있을 수 있고, 가고 싶은 곳을 마음대로 갈 수도 있고…. 아틀라스는 오랫동안 구부리고만 있던 다리를 사용하여 걷는 게 아이처럼 즐거웠거든요. 그가 말했어요. "이보게 헤라클레스, 여기 황금 사과를 가져왔네. 내가 자네를 대신해서 이 사과들을 에우리스테우스에게 직접 가져다주면 어떻겠나?" 예상했던 일이 벌어진 거죠! 헤라클레스가 궁지에 몰렸어요. 하지만 그가 당황하지 않고 대답하더군요. "마음대로 하세요." 마음을 놓은 아틀라스가 서둘러 떠나

려고 하는데 헤라클레스가 그를 불러 세웠어요. "잠깐만 기다려보세요. 좀 편한 자세를 취할 수 있게 도와주시겠어요?" 아틀라스가 승낙했어요. "물론이지." 내 말을 믿을 수 있겠어요? 얼간이 중에 얼간이인 그 거인이 황금 사과를 자기 발치에 내려놓고 헤라클레스가 편한 자세를 취할 수 있도록 그 자리에 들어가 하늘을 들었어요." 이올라오스와 테세우스의 웃음소리가 아테네 거리에 울려 퍼졌습니다. 테세우스는 다음 이야기를 예상할 수 있었습니다. 이올라오스는 잠시 웃음을 멈추고 이야기를 마무리한 후 다시 웃음을 터트렸습니다. "헤라클레스는 자연스럽게 허리를 숙여 재빨리 사과 세 개를 집은 후 아틀라스에게 정중히 인사하고 그 자리를 떠났어요! 하늘의 무게를 어깨에 지고 또다시 영원히 꼼짝할 수 없게 됐다는 것을 알게 된 그 거인의 표정을 상상해보세요!"

두 친구는 어느새 바닷가까지 갔습니다. 칠흑 같은 밤바다는 낯설었습니다. 바다는 보이진 않았지만 소리가 들렸습니다. 넓게 펼쳐진 바다를 구분할 순 없었지만 바다가 거기에 있다는 것과 축축한 숨결을 느낄 수 있었습니다. 테세우스와 이올라오스는 바닷가에 앉았습니다. 이올라오스가 본능적으로 목소리를 낮추며 속삭였습니다. "그 모험에서 가장 바보는 에우리스테우스였죠! 헤라클레스가 에우리스테우스에게 황금 사과 세 개를 가져다줬지만, 그는 그것을 원치 않았어요! 신들에게서 훔친 과일을 갖고 있기 무서웠겠죠. 문제를 일으키고 싶지 않았던 그는 그 사과들을 헤라클레스에게 돌려줬어요!" 테세우스가 물었습니다. "우리 사촌이 그 사과를 어떻게 했는데?" 이올라오스가 어깨를 으쓱했습니다. "헤라클레스는 현명한 아테나 여신에게 맡기자는 내 제안에 따랐어요. 그리고 아테나 여신은 즉각 헤스페리데스 정원에 그 사과들을

다시 가져다 놓았죠. 아무도 보지 못하게, 아무도 모르게! 어느 누구도 신들의 신성한 과일을 건드릴 권리는 없으니까요." 테세우스가 다정하게 속삭였습니다. "자네는 늘 우리 중 가장 현명하군." 이올라오스가 침묵했습니다. 그리고 바다 공기를 크게 들이마신 후 그가 고백했습니다. "아니에요, 난 가장 현명한 게 아니라 가장 멍청해요. 얼마 전 저지른 일 때문에 창피해 죽겠어요. 창피함이 사라지지 않아요." 테세우스는 아무 말 없이 친구의 팔에 손을 얹고 그가 말을 할 때까지 기다렸습니다. "내가 조금 전 에우리스테우스를 죽였어요. 살인을 저질렀다고요." 테세우스는 이올라오스가 우는 소리를 들었습니다. 그는 누구보다 양심의 가책이 주는 무게를 잘 알고 있었습니다. 그는 어떠한 변명도 통하지 않는 끔찍하고 부당한 일을 저질렀을 때 느끼는 감정을 잘 알고 있었습니다. 그는 에우리스테우스에게 휘둘릴 수밖에 없었던 자신과 헤라클레스의 삶에 대해 이올라오스에게 이야기할 수도 있었습니다. 그 모든 고통을 겪게 한 장본인이 바로 에우리스테우스였다고 이야기할 수도 있었습니다. 헤르메스의 아들 압데로스가 디오메데스의 암말들에게 잡아먹혀 죽게 한 장본인이 바로 에우리스테우스였다고 이야기할 수도 있었습니다. 하지만 테세우스는 아무 얘기도 하지 않았습니다. 이올라오스가 사람을 죽였습니다. 죽임을 당한 자가 분명 수많은 사람을 고통받게 한 사람이었지만 어쨌든 사람을 죽였습니다. 그는 자신의 행동을 절대 용서하지 못할 것입니다.

장밋빛 손가락을 가진 오로라가 일어날 시간이 됐습니다. 이미 새벽의 색들이 바다에 반짝였습니다. 테세우스는 이올라오스가 흐느끼도록 내버려 두었습니다. 죄악을 씻는 밤이었습니다. 갑자기 서둘러 달려오는 기마행렬 소리가 들렸습니다. 고함 소리도 들렸습니다. 누군가 그를 부르고 있었습니다. "테세우스! 테세우스!" 아테네 왕은 자리에서 벌떡 일어났습니다. 날이 밝자마자 그를 찾는다는 것은 무언가 심각한 일이 벌어졌다는 의미였습니다.

– 다음 편에 계속

헤라클레스에게 닥친 끔찍한 일

전편 요약 : 이올라오스는 테세우스에게 헤스페리데스 정원의 황금 사과를 훔친 이야기를 전부 했습니다. 그는 에우리스테우스의 살해라는, 자신이 저지른 가장 끔찍한 행동에 대해서도 테세우스에게 고백했습니다.

횃불을 든 궁전의 하인들이 테세우스 주변에 몰려들었습니다. 그들은 손짓발짓하며 동시에 말했습니다. 그들 뒤에서 숨을 헐떡이며 한 여인이 나타났습니다. 데이아네이라였습니다. 괴로움에 제정신을 잃은 젊은 여인이 그의 품으로 달려들었습니다. "빨리요, 빨리! 빨리 와주세요! 제가 돌이킬 수 없는 잘못을 저질렀어요! 제발 헤라클레스를 구해주세요! 제 질투심이 그를 위험에 빠트렸어요!" 테세우스는 무슨 일이 일어났는지 설명을 듣기 위해 데이아네이라를 진정시키려 했습니다. "헤라클레스가 제게 전갈을 보냈어요. 제우스에게 제물을 바칠 생각이니 제사에 합당한 멋진 옷을 보내달라고 쓰여 있었죠. 전 그가 어디에 있는지 짐작할 수 있었어요. 그곳엔 다른 여인도 있었죠. 그녀의 이름은 이올레인데 젊고 예뻐요! 그러니까 저보다 젊고 예쁘다고요. 전 두려웠어요!" 데이아네이라가 흐느끼느라 이야기가 중단됐습니다. 핏기 없는 그녀가 말을 못하고 몸을 꼬았습니다. 테세우스는 그녀를 거칠게 다루지 않으려 노력했지만 일분일초가 급했습니다. 데이아네이라가 말을 이었습니다. "전 병을 꺼냈어요. 아시죠? 켄타우로스 네소스가 죽기 직전 제게 준 그 병이오. 전 남편의 사랑을 빼앗기지 않으려고 그 병에 든 피를 헤라클레스의 옷에 발랐어요. 이 사랑의 묘약 덕분에 헤라클레스가 저를 버리지 않을 거라고 확신했거든요. 그리고 심부름 온 사람에게 그 옷을 보냈어요. 그런데 심부름꾼이 떠나고 나서 보니 바닥에 천 조각이 떨어져 있었는데 햇빛에 반사되며 붉은 거품이 났어요. 아, 끔찍해! 그러더니 나무 부스러기처럼 불이 붙었어요. 제가 속은 거예요! 테세우스, 헤라클레스가 독이 묻은 그 옷을 입기 전에 빨리 찾아야 해요! 내 잘못 때문에 그가 죽는다면 저도 따라 죽을 거예요!"

테세우스와 이올라오스는 아연실색했습니다. 테세우스가 물었습니다. "왜 그에게 사람을 보내 알리지 않았죠?" 데이아네이라가 솔직히 얘기했습니다. "그가 어디 있는지 몰라요." 날이 밝았습니다. 테세우스는 당황스러웠습니다. 헤라클레스를 구하려면 어디로 가

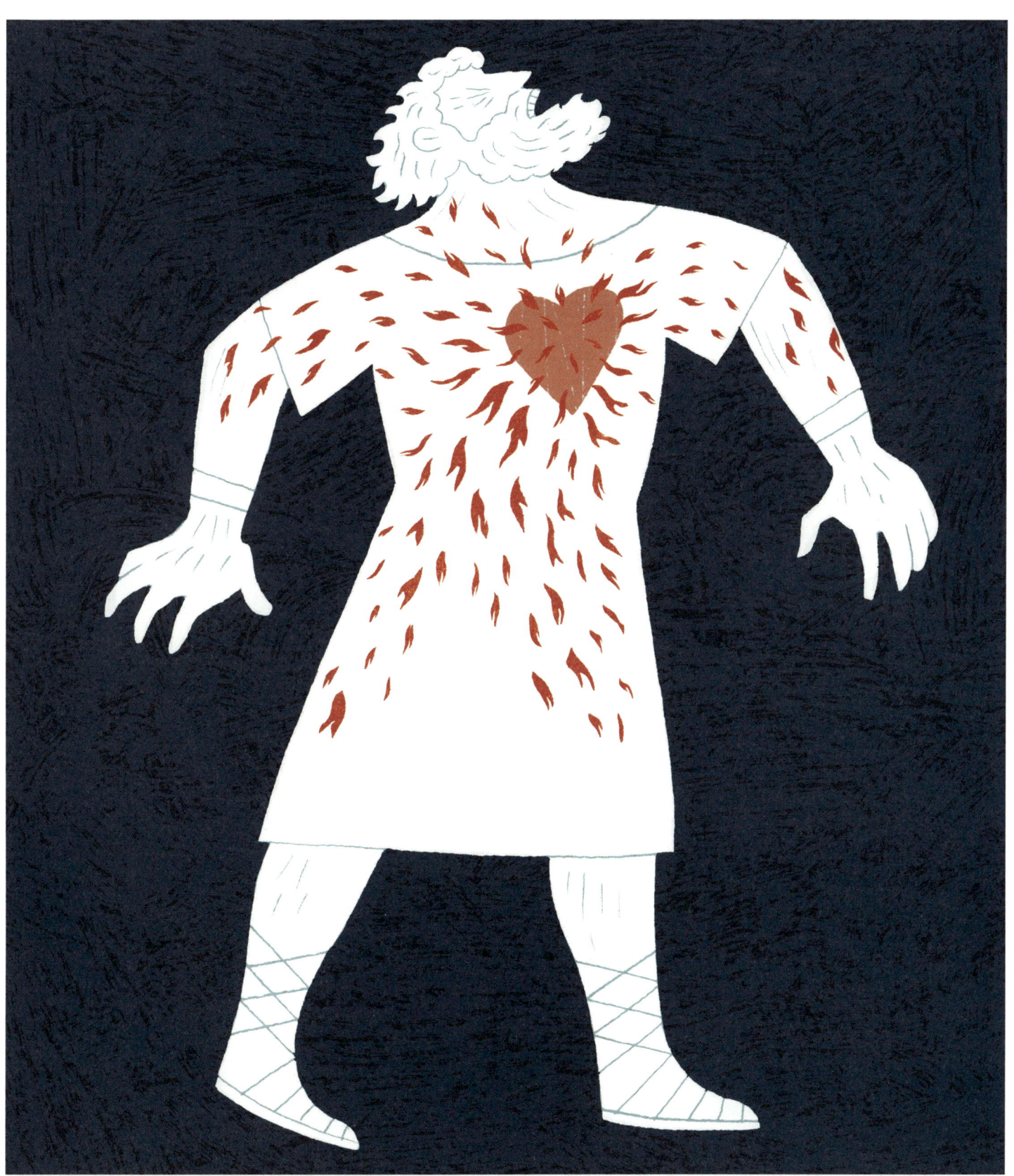

야 할까요? 이올라오스에게 한 가지 생각이 떠올랐습니다. "북쪽 산악 지역으로 가시죠. 델포이의 피티아가 헤라클레스에게, 그가 오이타산에서 생을 마감할 거라고 예언했어요. 지체하지 말고 어서 갑시다!" 고통으로 혼이 빠진 데이아네이라가 중얼거렸습니다. "헤라클레스는 예언을 좋아해요. 떠나기 전에 그가 제게 새로운 신탁을 가져왔어요. 흰 비둘기 두 마리가 그를 찾아왔대요. 그 비둘기들이 말하기를, 보름 후에 그가 죽거나 아니면 제 곁에서 남은 생을 보낼 거라고 했대요." 테세우스와 이올라오스는 말없이 말에 올라타고 오이타산으로 출발했습니다.

매우 긴장한 이올라오스가 길을 가다 헤라클레스에 관한 또 다른 신탁을 얘기했습니다. 그것은 제우스가 직접 얘기한, 심각하게 위협적인 신탁이었습니다. "살아 있는 사람은 어느 누구도 헤라클레스를 죽이지 못할 것이다. 그는 이미 죽은 적에 의해 추락하게 될 것이다." 테세우스의 입에서 "네소스…"라는 이름이 새어 나왔습니다. 그들은 더 이상 아무 말 없이 전속력으로 말을 몰았습니다. 켄타우로스 네소스는 히드라의 피가 묻은 헤라클레스의 화살에 맞아 죽었습니다. 따라서 네소스의 피가 든 병에도 역시 히드라의 치명적인 독이 들어 있었던 거죠!

오이타산에 다다를 즈음 비명 소리가 들렸습니다. 피가 얼어붙는 것 같았습니다. 산기슭에는 공포에 질린 병사들이 나무가 우거진 비탈에 시선을 고정한 채 꼼짝 못하고 있었습니다. 테세우스가 말에서 내리며 초긴장 상태의 병사들에게 물었습니다. "무슨 일인가?" 대답할 새 없이 그들 앞에 나무가 떨어졌습니다. 모두들 급하게 흩어졌습니다. 마침내 병사 한 명이 설명했습니다. "벌써 한 시간째 길을 막고 있는 나무들을 한 그루씩 뽑으며 저렇게 고통스러운 소리를 지르고 있습니다." 소리를 지르는 사람은 물론 헤라클레스였습니다. 다른 병사가 이야기했습니다. "부인이 보내준 멋진 옷을 입고 날이 밝기를 기다렸습니다. 햇볕이 따스해지자 그가 제우스에게 제물을 바쳤습니다. 그런데 그때 마치 독사에 물린 것같이 그가 괴로워했습니다. 옷에 불이 붙었습니다! 옷이 그의 살에 파고드는 것 같았습니다! 헤라클레스는 옷을 찢어버리려고 했지만 찢어진 건 옷이 아니라 그의 살이었습니다! 그가 근처에 있는 강으로 뛰어들자 강이 끓어오르며 그의 피로 물들었습니다. 그래서 그는 우리에게 따라오지 말라고 하고선 미치광이처럼 산으로 갔습니다. 그는 가장 충성스러운 하인 한 명만 데리고 갔습니다." 헤라클레스의 비명이 산에 울려 퍼졌습니다. 병사들의 절망적인 함성도 퍼져나갔습니다. 따라오지 말라는 헤라클레스의 명령에도 불구하고 테세우스와 이올라오스는 오이타산에 오르려고 했습니다. 그들은 과연 헤라클레스를 구할 수 있을까요?

— 다음 편에 계속

영웅의 죽음과 신의 탄생

전편 요약 : 데이아네이라는 헤라클레스의 옷에 사랑의 묘약을 바르는 줄 알고 치명적인 독약을 발랐습니다. 헤라클레스는 옷 때문에 살이 타 들어가며 참을 수 없는 고통을 느꼈습니다.

테세우스와 이올라오스 모두 살면서 온갖 경험을 했지만 지금 그들 눈앞에서 벌어지는 광경은 견딜 수 없었습니다. 그들은 헤라클레스의 비명이 들리는 산 정상에 서둘러 올라갔습니다. 그들은 숲 속 공터에 있는 헤라클레스에게 가까이 가기 위해 장애물을 치웠습니다. 헤라클레스는 가장 충직한 하인의 도움을 받아 장작더미를 세우고 있었습니다. 그가 뽑은 야생 올리브 나무 몸통들, 떡갈나무 가지들이 불에 탈 준비가 된 채 한 무더기로 엉켜 있었습니다. 헤라클레스는 이제 아무것도 보지 못하고 아무것도 듣지 못했습니다. 그는 사촌 동생과 조카가 온 것조차 알아채지 못했습니다. 그는 힘겹게 장작더미의 꼭대기에 올라서서 하인에게 불을 붙이라고 애원했습니다. "힐로스, 나의 친구, 나의 형제여. 내 고통을 줄여줘. 제발 이 장작에 불을 붙여 이 고통을 끝낼 수 있게 도와줘!" 하지만 힐로스는 그의 명령에 따르지 못한 채 무릎을 꿇고 있었습니다. 그때 평소 그 산에서 양들을 방목하는 양치기가 어린 아들을 데리고 산을 넘어왔습니다. 위대한 영웅의 고통에 동정을 느낀 그는 자신의 아들에게 가서 장작에 불을 붙이라고 명령했습니다. 아이가 덜덜 떨며 가까이 갔습니다. 헤라클레스가 장작더미 꼭대기에서 사자 가죽을 펼치고 머리를 몽둥이로 고정했습니다. 그리고 고마움의 표시로 아이에게 자신의 활과 화살을 줬습니다. 아이가 장작에 불을 붙이자 헤라클레스는 행복한 미소를 지었습니다. 곧 그의 고통이 끝날 것입니다. 타닥거리며 커다란 불꽃이 피어올랐습니다. 헤라클레스는 짙은 연기에 가려져 그의 죽음을 바라보고 있는 테세우스와 이올라오스, 힐로스와 두 양치기의 눈에 보이지 않았습니다.

그때 하늘에서 번개가 치더니 장작 위로 떨어졌습니다. 그는 한순간에 재로 변했습니다. 검은 연기 속에서 네 마리 말이 끄는 수레가 보이는 것 같았습니다. 마차를 모는 이는 날개 달린 모자를 쓰고 날개 달린 신발을 신은 헤르메스였습니다! 제우스가 헤라클레스를 땅에서 하늘로 데려가기 위해 헤르메스 신을 보냈습니다. 영웅의 육체는 순식간에 아무것도 남지 않았습니다. 그는 올림포스 신들을 만났습니다. 반신이었던 그가 완전한 신이 된 것입니다.

테세우스와 이올라오스는 친구를 잃어 슬펐지만 동시에 그가 제우스 곁에 있다는 것을 알게 되어 기뻤습니다. 그들은 말없이 오이타산을 내려왔습니다. 새들의 노래가 들리고, 침엽수와 코르크 떡갈나무의 향기가 그윽했습니다. 그들은 슬펐지만 마음이 편했습니다.

아테네로 돌아가는 길에 아이들의 기쁜 함성이 그들의 슬픔을 달랬습니다. 아이들은 겨우 열두 살쯤 됐는데, 서로 툭툭 치며 짓궂게 장난치더니 큰 소리로 이야기하고 더 큰 소리로 웃었습니다. 아테네 사람임이 분명한 아이 하나가 테세우스를 알아봤습니다. 그 아이가 외쳤습니다. "와, 얘들아, 저기 봐. 우리 왕이야! 라비린토스의 미노타우로스를 이긴 바로 그 사람이라고! 아테네에 민주주의를 세운 사람이야! 오이디푸스를 받아준 사람이지! 학대받은 노예들은 모두 그에게 와서 재판을 해달라고 간청하지. 우리에게 필요한 사람이야!" 테세우스는 주변에 몰려드는 아이들을 보며 놀랐습니다. 이올라오스는 진심으로 기뻐했습니다. 그중 가장 반항적인 아이가 물었습니다. "이봐요, 우리의 영웅 폐하. 우리와 함께 가실래요?" 테세우스가 물었습니다. "어디 가는데?" "큰 원정대를 꾸린대요. 그리스의 모든 지도자들이 트로이와 전쟁을 하기 위해 군대를 모집하고 있어요." 군복 대신 기운 옷을 입고 칼 대신 몽둥이, 새총 등을 든 아이들의 차림을 흘끗 보고 테세우스가 재미있다는 듯 물었습니다. "너희들도 거기에 가는 거니?" 소년들이 큰 소리로 대답했습니다. "네! 우리와 함께 가요, 위대한 영웅님!" 테세우스가 그들 한 사람 한 사람을 바라봤습니다. 그는 아이들의 눈에서 젊은이의 열정과 온 세상을 집어삼킬 듯한 욕망을 보았습니다. 이올라오스와 미소를 교환한 그가 대답했습니다. "됐다, 이젠 너희들 차례인 것 같구나. 늙은이들이 젊은이들에게 자리를 내줘야지. 하지만 너희들의 모험에 관한 소식은 계속 관심을 갖고 알아보마. 사람들은 분명 너희와 너희가 벌이는 트로이와의 전쟁에 대해 오랫동안 이야기하게 될 것 같구나. 행운을 빈다. 얘들아, 행운을 빌어!"

끝

테세우스 이야기

1판 1쇄 발행일 2018년 9월 25일

글 | 뮈리엘 자크
그림 | 레미 사이야르
옮긴이 | 김희경
펴낸이 | 김문영
편집주간 | 이나무
교정 | 양은희
펴낸곳 | 이숲
등록 | 2008년 3월 28일 제301-2008-086호
주소 | 서울시 중구 장충단로8가길 2-1(장충동 1가 38-70)
전화 | 2235-5580
팩스 | 6442-5581
홈페이지 | http://www.esoope.com
페이스북 | http://www.facebook.com/EsoopPublishing
Email | esoopbook@daum.net
ISBN | 979-11-86921-63-0 73920
ⓒ 이숲, 2018, printed in Korea.

▶ 이 도서의 국립중앙도서관 출판시도서목록(CIP)은 e-CIP홈페이지(http://www.nl.go.kr/ecip)와 국가자료공동목록시스템 (http://www.nl.go.kr/kolisnet)에서 이용하실 수 있습니다.(CIP제어번호 : 2018025834)

▶ 어린이제품안전특별법에 의한 제품 표시 : **제조국** 대한민국 | **사용연령** 8세 이상 | **주의사항** 책의 모서리가 날카로우니 다치지 않도록 주의하세요. KC마크는 이 제품이 공통안전기준에 적합하였음을 의미합니다.